# MULHERES
## dos Anos Dourados

*Conselho Acadêmico*
Ataliba Teixeira de Castilho
Carlos Eduardo Lins da Silva
José Luiz Fiorin
Magda Soares
Pedro Paulo Funari
Rosângela Doin de Almeida
Tania Regina de Luca

Proibida a reprodução total ou parcial em qualquer mídia
sem a autorização escrita da editora.
Os infratores estão sujeitos às penas da lei.

A Editora não é responsável pelo conteúdo da Obra,
com o qual não necessariamente concorda. A Autora conhece os fatos narrados,
pelos quais é responsável, assim como se responsabiliza pelos juízos emitidos.

Consulte nosso catálogo completo e últimos lançamentos em **www.editoracontexto.com.br**.

# MULHERES
## dos Anos Dourados

*Carla Bassanezi Pinsky*

*Copyright* © 2014 da Autora

Todos os direitos desta edição reservados à
Editora Contexto (Editora Pinsky Ltda.)

*Ilustração de capa*
Thomás Coutinho

*Montagem de capa*
Thais Terra

*Diagramação*
Gustavo S. Vilas Boas

*Preparação de textos*
Lilian Aquino

*Revisão*
Tomoe Moroizumi

Dados Internacionais de Catalogação na Publicação (CIP)
(Câmara Brasileira do Livro, SP, Brasil)

Pinsky, Carla Bassanezi
   Mulheres dos anos dourados / Carla Bassanezi Pinsky. – São Paulo : Contexto, 2014.

   Bibliografia.
   ISBN 978-85-7244-863-5

   1. Mulheres – Condições sociais  2. Mulheres – Comportamento  3. Mulheres – Conduta de vida  4. Mulheres – História  I. Título

14-05376                                                             CDD-305.409

Índice para catálogo sistemático:
1. Mulheres : História  305.409

2014

EDITORA CONTEXTO
Diretor editorial: *Jaime Pinsky*

Rua Dr. José Elias, 520 – Alto da Lapa
05083-030 – São Paulo – SP
PABX: (11) 3832 5838
contexto@editoracontexto.com.br
www.editoracontexto.com.br

# Sumário

INTRODUÇÃO ........................................................................................... 9

OS ANOS DOURADOS ........................................................................... 15

AS REVISTAS FEMININAS ..................................................................... 23
    *Jornal das Moças* ............................................................................... 23
    Revistas contemporâneas ................................................................. 36
        *Capricho e Grande Hotel* ............................................................ 36
        *Revista do Rádio* ........................................................................ 36
        *Querida* ....................................................................................... 37
        *O Cruzeiro* .................................................................................. 39
        *Senhor* ......................................................................................... 39
    *Claudia* ............................................................................................. 40
        Carmen da Silva ......................................................................... 44
    O que esperar da imprensa feminina .............................................. 46

A "NATUREZA FEMININA"
E O "DESTINO DAS MULHERES" ............................................................ 49

"APRENDENDO A SER MULHER"
OU "EM DIREÇÃO AO CASAMENTO" ................................................. 53

NAMORO ................................................................................................... 67
 Amor *versus* paixão ............................................................................. 71
 Conquista ............................................................................................... 76
 O namoro em *Jornal das Moças*, *O Cruzeiro* e *Querida* ............... 84
 Flerte e namoro em *Claudia* .............................................................. 92

NOIVADO ................................................................................................... 99
 O "bom partido" ................................................................................. 100
 É hora de noivar ................................................................................. 109
 A "solteirona" ..................................................................................... 112
 Costume, compromisso e liberdade ............................................... 113
 Arriscado e preocupante ................................................................... 115
  "Beijos perigosos" ......................................................................... 116
  "Perigos do noivado longo" ......................................................... 119

A MORAL SEXUAL ................................................................................. 123
 "Rebeldias" .......................................................................................... 125
 Informação e educação sexual .......................................................... 128
 Virgindade e "experiências pré-conjugais" ................................... 133

JUVENTUDE ............................................................................................ 143
 A presença jovem ............................................................................... 149
 O espaço jovem ................................................................................... 157

ESTUDOS, TRABALHO, EMANCIPAÇÃO ................................................. 175
    "A mulher que trabalha" ................................................................. 179
    "A mulher culta" ............................................................................ 191
    "Feminismo a varejo" ..................................................................... 194
    Emancipada? .................................................................................. 196
        "Para não ser bibelô" ............................................................... 203

O AUGE DO CASAMENTO TRADICIONAL .......................................... 209
    A "rainha do lar" e o "chefe da casa" ............................................. 212

"FELICIDADE CONJUGAL" ..................................................................... 219
    Prendas domésticas ........................................................................ 220
    Cuidados com a aparência ............................................................. 224
    Questões financeiras ...................................................................... 226
    Reputação impecável ...................................................................... 230
    A "companheira perfeita" .............................................................. 232
    A "boa esposa" ............................................................................... 236
    Liberdade para os homens ............................................................. 252
    Afinidade sexual? ........................................................................... 255
    Insatisfações e conflitos ................................................................. 255

PODERES FEMININOS ............................................................................. 271
    Interpretações ................................................................................. 278

MATERNIDADE .......................................................................................... 291

SEXUALIDADE ENTRE CASADOS ......................................................... 295

CONTROLE DA NATALIDADE E ANTICONCEPÇÃO ........................ 303

INFIDELIDADE ................................................................................. 307
    Maridos infiéis ........................................................................ 308
    "A outra" ................................................................................ 332
    Esposas infiéis ........................................................................ 337

SEPARAÇÃO, DESQUITE E DIVÓRCIO ............................................ 347

NOVAS PROPOSTAS ........................................................................ 361

CONCLUSÃO .................................................................................... 377

NOTAS ............................................................................................... 381

BIBLIOGRAFIA ................................................................................. 393

# Introdução

*Nunca digam – isso é natural!*
Diante dos acontecimentos de cada dia.
*Nunca digam – isso é natural!*
A fim de que nada passe por imutável.
Brecht

Mesmo numa época de importantes avanços, as diferenças sociais entre homens e mulheres continuam sendo traduzidas em desigualdades e, muitas vezes, em culpa, preconceito e violência. Mas estas já foram bem maiores e mais explícitas na sociedade brasileira. Nos chamados "Anos Dourados" (apelido dado à época que se estende de 1945 a 1964), por exemplo, as distinções de gênero eram bem mais evidentes. Assim, se queremos entender o que ocorre hoje, é importante observar o passado de nossas mães e avós.

Este livro traz à tona as representações de masculino e feminino que vigoravam nesses Anos Dourados. As revistas femininas são aqui a porta de entrada para uma viagem pela história das relações de gênero. Essas publicações veiculam ideias de seu tempo a respeito dos papéis femininos e masculinos. Seu conteúdo, portanto, é marcado pelo contexto histórico: nunca surgem com ideias revolucionárias, não abrem caminhos, mas também não podem ficar muito distantes das transformações que ocorrem na sociedade, sob o risco de perder seu público leitor. Ao mesmo tempo, as revistas são capazes de formar gostos, opiniões, padrões de consumo e de conduta. Para suas leitoras fiéis, acabam servindo como companheiras de lazer, mas também como guias de ação e conselheiras persuasivas.

Nos Anos Dourados, as revistas femininas eram fonte de informação importante para as brasileiras, especialmente as de classe média urbana, tratando de assuntos e valores correspondentes a esse grupo social. Um mergulho nas páginas de publicações de destaque como *Jornal das Moças* (anos 1940 e 1950) e *Claudia* (anos 1960), além de *Querida* e *O Cruzeiro*, revela mudanças e permanências nos costumes, nas relações familiares, nas normas sociais e regras de comportamento, nas imagens e nos papéis atribuídos a homens e mulheres. As revistas também nos contam algo sobre namoros, casamentos, maternidade, juventude, sexualidade, trabalho feminino. Mas é possível ir além e ainda observá-las com o objetivo de desnudar os jogos de poder envolvidos nas relações entre homens e mulheres, os conflitos de gerações, as insatisfações e decepções existentes e as possibilidades de contestação e rebeldia de uma época tomada ainda hoje como referência. A leitura das revistas traz à tona a "natureza dos sexos" e nos apresenta, entre outras, as figuras da "boa esposa", da "moça de família", da "jovem rebelde", do "bom partido", do "marido ideal", da "outra" e a da "leviana, com quem os rapazes namoram, mas não se casam". Também revela concepções de "harmonia conjugal", "jeitinho feminino", "felicidade", tais como eram divulgadas à época.

Voltamos aqui nossos olhos ao passado com vistas a possíveis e desejadas interferências no tempo presente. Objetivo último: fazer com que nada passe por imutável, para que as diferenças sexuais não signifiquem mais desigualdades sociais. Afinal, não estamos falando de história natural, mas de história social.

※

Antes, é preciso esclarecer como a questão de gênero é tratada neste livro. Quando falamos em gênero, estamos falando da construção cultural do que é percebido e pensado como diferença sexual, ou seja, das maneiras como as sociedades entendem, por exemplo, o que é "ser homem" e "ser mulher", e o que é "masculino" e "feminino". Assim, podemos tratar essas noções como conceitos históricos. Nessa perspectiva, as ideias sobre "masculinidade" e "feminilidade", as oposições do tipo "santa"/"puta", "moça de família"/"leviana", e os papéis e identidades tais como "esposa ideal", "boa mãe", "pai de família", "homossexual", são encarados como concepções produzidas, reproduzidas, mas também transformadas ao longo do tempo, que podem variar em cada contexto social.

Os relacionamentos familiares, as relações de trabalho, a sexualidade, a maternidade, a distribuição de tarefas e de poderes e até as escolhas individuais são compreendidos e se manifestam de maneiras diferentes em cada contexto social, configurando relações de gênero distintas, em vários lugares e momentos históricos diversos.

As concepções relacionadas à diferença sexual tanto são produto das relações sociais quanto produzem e atuam na construção dessas relações. Em outras palavras, assim como as ideias de gênero influenciam a vida das pessoas, as experiências de homens e mulheres concretos e os elementos materiais de sua existência, por sua vez, afetam e moldam o pensamento num movimento dialético. Gênero, portanto, refere-se tanto às ideias que têm como referência a diferença sexual e que servem de base para outras interpretações do mundo quanto às práticas sociais orientadas por essas ideias.

As relações de gênero são definidas pela maneira como as pessoas dão significado e interpretam suas experiências (entre elas, a da percepção das diferenças sexuais), em épocas e contextos determinados, e, ao mesmo tempo, passam a agir de acordo com as representações construídas.

Veremos como tudo isso que foi dito sobre a questão de gênero se aplica à história contada nesta obra.

Uma versão anterior deste livro (com o título *Virando as páginas, revendo as mulheres*) foi publicada há anos e está esgotada há muito tempo. Ela serviu de inspiração para muitos trabalhos de outros pesquisadores e estudiosos (alguns até tiveram a elegância de citar a fonte). Suas ideias e alguns dos documentos levantados também foram "emprestados" por sites, blogs e mensagens eletrônicas, sem o "reconhecimento da genealogia" (para usar a expressão irônica da historiadora Natalie Davis), de maneira descontextualizada, equivocada e até machista. Uma nova publicação em livro se fez necessária. A versão atual, sob o selo da Editora Contexto, traz mudanças na forma e no conteúdo decorrentes do amadurecimento da autora.

Introdução

# Os Anos Dourados

O otimismo do pós-guerra, as esperanças no futuro próximo e a sensação de que o país alcançaria de vez a modernidade ainda hoje dão saudades a muita gente. A nostalgia de uma época que teria sido "dourada" também se alimenta de lembranças (ou construções da memória) de romantismos perdidos, de relacionamentos estáveis e de papéis sociais definidos e seguros. De fato, os anos de 1945 a 1964 significam muito para a história do Brasil em geral e para a das relações de gênero em particular.

Apesar de todas as reavaliações políticas (críticas ao populismo, à ideia de "intervalo democrático", à intervenção estrangeira no país) e a despeito das contestações presentes nos 20 anos que se seguiram (movimentos feministas, *hippies*, juvenis, ecológicos), ou das consequências socioeconômicas negativas do "desenvolvimentismo" sensíveis pouco mais tarde, o imaginário sobre a época ainda remete a idealismos.

A posição brasileira na Segunda Guerra Mundial ao lado dos vencedores propiciou um clima de confiança ao país. Com o final da guerra, ideias democráticas ganharam força, provocando o fim da ditadura de Vargas. Os anos que vão de 1946 a 1964 costumam ser vistos como um período democrático. Comparados aos anteriores e aos imediatamente posteriores, eles delimitam um intervalo de tempo com maior liberdade de expressão. Entretanto, apesar da representatividade formal garantida, das medidas populares tomadas pelo governo e da aparente autonomia dos três poderes, ocorre uma ampliação do poder estatal e se mantêm inabaladas velhas concepções de poder autoritário baseado na figura forte do chefe da nação.[1] Nem tão liberal, nem tão estável como acreditam alguns,[2] o período em si, do ponto de vista institucional, é marcado por uma certa continuidade. A relativa liberdade existente não é suficiente para promover transformações radicais com mecanismos eficazes e irreversíveis de democratização no país.

Do ponto de vista econômico, mesmo com a retração ocorrida na dinâmica de substituição das importações, nos anos 1950, o Brasil ingressa numa fase de desenvolvimento mais acelerado. A urbanização e a industrialização avançam com vigor. A produção industrial diversifica-se. Inúmeras transformações ocorrem na infraestrutura e no cotidiano das cidades (principalmente no estado de São Paulo). Os grandes centros atraem um enorme número de migrantes, aumentando as diferenças regionais.

A economia e a sociedade brasileira tornam-se mais complexas. Ampliam-se e sofisticam-se as relações capitalistas. A influência do capital estrangeiro se faz mais intensa, principalmente a partir do governo JK. Posições político-econômicas adotadas pelo Brasil propiciam a crescente interferência dos Estados Unidos nos assuntos internos brasileiros. Contraditoriamente, um forte sentimento nacionalista está em voga. A segunda metade dos anos 1950 é tempo de euforia. O projeto desenvolvimentista do governo recebe grande apoio popular. O chefe da nação, cuja figura remete à imagem do "burguês democrata", promove transformações sem, contudo, mudar aspectos essenciais da desigualdade social no país.[3]

Tanto a indústria pesada quanto a de bens de consumo, inclusive a automobilística, ganham força no período de 1956 a 1962. Novas empresas são implantadas demandando novos setores de produção e serviços, um maior número de pequenas indústrias e o incremento da infraestrutura (especialmente energia elétrica, transporte rodoviário e comunicações). Crescem os setores de finanças e de serviços em geral. Alteram-se ainda os padrões de consumo. O salário mínimo, embora deficiente, possibilita aos trabalhadores um maior acesso a produtos industrializados; grupos cada vez mais amplos da sociedade podem usufruir da tecnologia e dos bens de consumo, e o consumismo passa a ser incentivado.

O leque de ocupações no mercado de trabalho aumenta consideravelmente, promovendo a expansão da classe média, além do proletariado industrial.[4] Cresce de forma significativa a oferta de emprego nos serviços urbanos (bancos, comércio, publicidade e propaganda, transportes e comunicação), nos serviços burocráticos em geral (empresas privadas e funcionalismo) e nas profissões liberais.

Essas transformações têm reflexos importantes no *status* socioeconômico das mulheres. Por um lado, o incremento do setor secundário e as mudanças na produção eliminam várias ocupações artesanais ou domésticas, expulsando um número significativo de mulheres do mercado de trabalho. Por outro lado, surgem para elas novas oportunidades em consequência do aumento de empregos no setor terciário.[5] Cresce também nessa época a demanda por trabalhos considerados femininos.[6]

Além disso, aumenta significativamente o nível de escolaridade tanto da população em geral quanto da feminina (com destaque para o ensino médio). A educação escolar das mulheres passa a ser mais valorizada ao lado das concepções arraigadas de que as mulheres devem dedicar-se preferencialmente ao lar e aos filhos, fazendo com que o trabalho da mulher continue cercado de preconceitos e sendo visto como subsidiário ao do chefe da família.[7]

Muitas das distâncias entre homens e mulheres diminuem com as transformações urbanas: novas formas de lazer, novos pontos de encontro surgem nas cidades. Modificam-se regras e práticas sociais que vão do convívio nas ruas ao relacionamento familiar.[8] Por outro lado, prevalecem aspectos tradicionais das relações de gênero, como as distinções de papéis com base no sexo, a valorização da castidade para a mulher e a moral sexual diferenciada para homens e mulheres. Uma época anterior à chamada Revolução Sexual e ao movimento feminista de "Segunda Onda", que só vai ganhar força no Brasil nos anos 1970, traz limites relativamente mais firmes e claros para as representações de masculino e feminino.

A família conjugal é o modelo dominante. Nas casas de classe média, as famílias são de fato tipicamente compostas por pai, mãe e filhos, e a prole é reduzida, se comparada com o passado.[9] Os padrões tradicionais de casamento, entretanto, mantêm-se com toda sua força até 1965.[10] A autoridade máxima ainda é conferida ao pai, "o chefe da casa", e garantida pela legislação que reconhece o trabalho masculino como a principal fonte de recursos da unidade doméstica. As leis também enfatizam a imagem da mulher exclusiva ou prioritariamente dedicada ao lar e à procriação.[11]

A Igreja Católica continua poderosa como orientadora de conduta, mas vai perdendo terreno para novas influências advindas dos meios de comunicação, do feminismo internacional e da educação laica. De modo geral, essa instituição permanece apegada a concepções conservadoras: prega a submissão da esposa ao marido, é contra o trabalho feminino fora do lar, proíbe a dissolução do casamento e critica duramente muitas das modificações que estão ocorrendo na sociedade.[12]

Cresce para os brasileiros o acesso a informações sobre a emancipação feminina em outros países que se dá, principalmente, em razão da maior possibilidade de participação das mulheres no mercado de trabalho e, no início dos anos 1960, da difusão da pílula anticoncepcional (que também chega ao Brasil na mesma época). Por outro lado, repercutem por aqui campanhas governamentais estrangeiras de incentivo aos valores tradicionais da família, às virtudes da maternidade e à dedicação exclusiva da mulher ao lar para que os homens reassumam seus postos de trabalho abandonados com o advento da guerra (ocupados, então, por mulheres) e para que a sociedade "volte a ser o que era".

A influência cultural norte-americana tem no cinema e na música suas principais portas de entrada por aqui. O prestígio dos Estados Unidos aumenta no Brasil ao mesmo tempo que decresce a influência europeia e a valorização de antigas tradições e formalismos. O *american way of life* torna-se modelo invejável entre as classes médias brasileiras. E Hollywood inspira comportamentos e valores, especialmente entre os jovens.[13]

No contexto de modernização promovido pela urbanização, a imprensa, o rádio e o cinema desenvolvem-se no sentido de se estabelecerem como meios de comunicação de massa, mas esse processo ainda é bastante limitado pelo estágio de desenvolvimento econômico do país.[14] A TV, quando surge, ainda incipiente, não chega a competir com o rádio ou com revistas e jornais em termos de público consumidor.[15]

As rádios brasileiras, ao mesmo tempo que veiculam os padrões da moral dominante, abrem alguns canais de expressão para outros valores e figuras femininas alternativas ou "desviantes".[16] O cinema nacional desponta nos anos 1950 com romances bem comportados e chanchadas maliciosas, mas não chega a competir com a hegemonia norte-americana neste setor. A imprensa moderniza-se, principalmente no que diz respeito às revistas ilustradas. O vínculo entre imprensa feminina e consumo se intensifica acompanhando o crescimento da indústria de bens ligados à mulher e à casa[17] e o aumento do poder aquisitivo de setores da população. Ainda que o ideal da "mulher de prendas domésticas" continue extremamente forte, passam a fazer parte da realidade doméstica os enlatados, os eletrodomésticos e os descartáveis.

Os Anos Dourados assistem também a importantes transformações culturais quando a vontade de inovar atinge a música (surge a bossa nova), o teatro, a literatura, as ciências sociais, a arquitetura e as artes. Contribuem para isso: a formação de um público consumidor dessas manifestações culturais (especialmente na classe média urbana escolarizada), a precariedade da "indústria cultural" de então (que dá espaço para a criatividade e a erudição) e uma "mentalidade cultural" voltada para "o ideal do moderno", que adquire grande força a partir dos anos 1950.[18] Porém, o projeto, ou o desejo, de modernização (antes da modernização propriamente dita) considera o moderno um progresso em si sem submetê-lo, nessa época de euforia, a uma análise crítica.

Os anos 1950 são ainda um marco no sentido do estabelecimento de uma determinada identidade jovem diferenciada e da possibilidade histórica de um tipo de "rebeldia juvenil", com consequências sociais significativas em muitos países, inclusive no Brasil.[19] Nos anos 1940, a beleza e a aparência "jovem" já eram bastante valorizadas, mas a *opinião* e o *gosto* dos próprios jovens só começam a ganhar espaço nos meios de comunicação brasileiros a partir dos anos 1950, mais precisamente na segunda metade.

O início dos anos 1960 carrega uma pesada herança do final da década anterior: aumento das taxas inflacionárias, questões sociais não resolvidas e queda nos investimentos. Jânio Quadros assume a presidência em 1961 com promessas de moralização da política. Mas renuncia no mesmo ano. João Goulart ocupa seu lugar em meio a agitações políticas e sociais que se alastram no país. O novo governo sofre pressões de todos os lados: dos grupos populares que se mobilizam, dos empresários, dos proprietários de terra, dos interesses internacionais. Os membros da classe média que manifestam opiniões políticas estão divididos, *grosso modo*, entre conservadores e partidários de mudanças (por exemplo, vários intelectuais, estudantes e artistas). A aventura política até 1964 – marcada por palavras de ordem como nacionalismo, desenvolvimentismo ou reforma e por agitações sociais significativas – chegará ao fim com o Golpe Militar.

O pós-guerra e os anos 1950 foram de esperança e otimismo no futuro do país. Época de mais certezas, de clareza sobre mocinhos e bandidos, de verdades sobre o certo e o errado. Na primeira metade da década seguinte, entretanto, já surgiram dúvidas, questionamentos, conflitos, num prenúncio do que estava por vir.

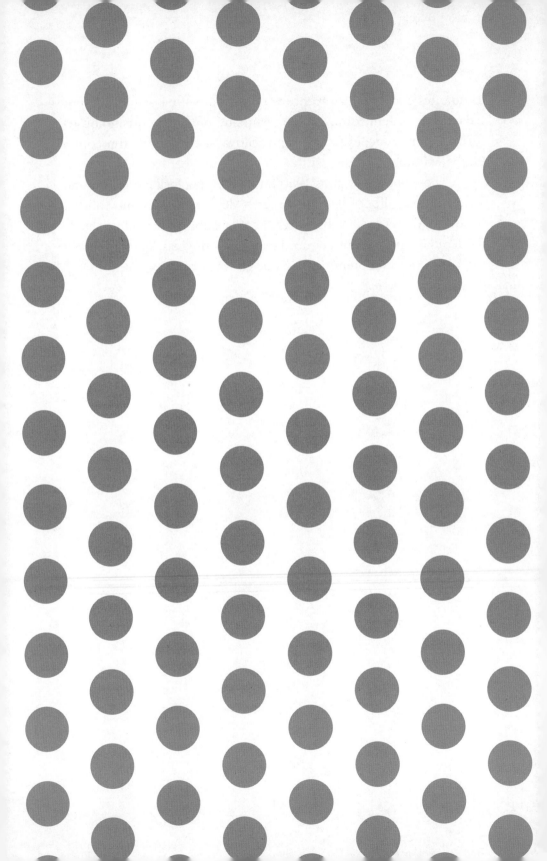

# As revistas femininas

Casamento, filhos, moda, beleza, culinária, prendas domésticas, decoração, crônica social, etiqueta e "matérias de comportamento" compunham o universo de assuntos das revistas destinadas ao público feminino nos Anos Dourados. Tratava-se de uma gama de temas cujos referenciais obrigatórios eram os papéis domésticos tradicionalmente reservados às mulheres e as características consideradas "próprias da mulher", englobadas na ideia de "feminilidade" que então se difundia. Todas as revistas promoviam e valorizavam a "família brasileira" - na verdade, um determinado tipo de família proposto como modelo para toda a sociedade.

### *JORNAL DAS MOÇAS*

"A revista da mulher no lar e na sociedade" - como *Jornal das Moças* se intitula - vangloria-se de ser o "arauto das coisas boas que só a família pode proporcionar". O semanário "ilustrado e literário" publicado pela Editora Jornal das Moças Ltda., do Rio de Janeiro, já circulava havia mais de 30 anos em 1945, mantendo-se por meio de assinaturas e vendas avulsas em "bancas de todo o Brasil". Bastante popular, *Jornal das Moças* ocupa, conforme o Ibope, o primeiro lugar na imprensa feminina em 1945 e o primeiro lugar entre as revistas femininas semanais durante a década de 1950.[20]

*Jornal das Moças* coloca-se explicitamente a serviço dos "bons costumes" e da "família estável". Considera que as prioridades da vida feminina devem ser o lar, o casamento e a maternidade. E praticamente não faz distinção de classes como se os modelos de mulher veiculados por ela pairassem sobre as diferenças sociais. Porém, seu público-alvo é, sem dúvida, a classe média. As leitoras de *Jornal das Moças* são donas de casa, estudantes, professoras, funcionárias públicas, balconistas, costureiras, bordadeiras etc., e correspondem a faixas etárias, graus de escolaridade e poder aquisitivo variados. Porém, a revista passa pelas mãos de toda a família; homens e crianças também a leem.

Nas matérias hoje chamadas "de comportamento", *Jornal das Moças* aborda questões do tipo: como conquistar e manter um homem?; como deve agir uma boa esposa?; o que faz uma boa mãe?. Elas estão espalhadas por suas páginas em forma de artigos, frases curtas, testes, reportagens e pesquisas, ficção e entrevistas, mas também em colunas específicas assinadas: "Bom dia, senhorita", escrita por Roberto Moura Torres; "Bazar feminino", por Glycia Galvão; "Carnet das jovens", por Dorothy Dix.

Outro grande atrativo da revista é sua seção de bordados e figurinos de moda, "Jornal da mulher", com modelos norte-americanos, franceses, italianos e brasileiros. Na capa colorida, sempre uma mulher elegante. Nas segunda e quarta capas, respectivamente, "Galeria dos artistas da tela" (fotos de estrelas hollywoodianas) e "Galeria dos artistas de rádio" (brasileiros).

Cinema e rádio, duas paixões da época, também estão por toda a revista: em propagandas, textos de moda e beleza, entrevistas, notas e reportagens, e nas seções intituladas "Cine em revista", "Drágeas cinematográficas" e "Radioatividades".

As revistas femininas

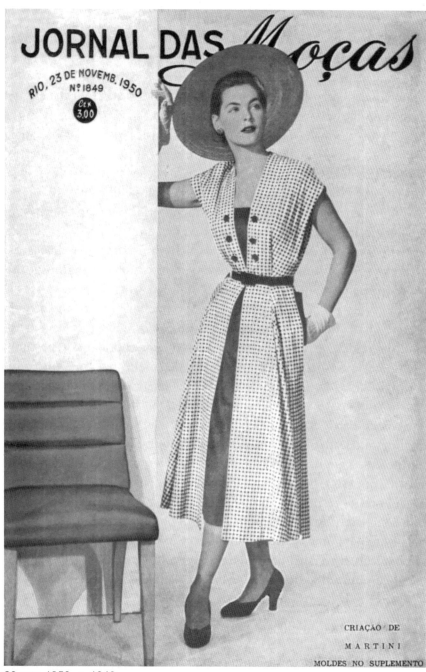

23 nov. 1950, n. 1849.

A atração exercida pela cultura norte-americana no pós-guerra faz com que *Jornal das Moças*, particularmente na segunda metade dos anos 1940, dedique algum espaço a "Lições de inglês", "Modas de Nova York", além de fazer frequentes elogios aos "irmãos Aliados" que lutaram "contra a barbárie nazista" e pela "causa da Cristandade". Os artistas de Hollywood estão sempre em foco, porém menos por sua atuação profissional e mais por sua aparência física e sua vida particular. Entretanto, não há qualquer fofoca picante ou contrária aos valores da "família brasileira"; na verdade, as particularidades dos astros de cinema só são veiculadas se podem servir como exemplos edificantes.

*Jornal das Moças* publica bastante material copiado de revistas norte-americanas. Por meio de textos ou enquetes sob a rubrica "atualidades", as leitoras brasileiras observam como suas irmãs do norte vivem o casamento, a maternidade e o trabalho feminino. A revista, porém, mantém uma atitude ambígua diante de costumes e novidades estrangeiros. Ao mesmo tempo que promove o cinema e os astros de Hollywood, várias vezes os critica como "liberais demais", alertando as leitoras de que "no Brasil é diferente". Certos hábitos, posturas e episódios são adjetivados como "coisas de americano", no sentido de excentricidades de estrangeiros que não cabem em nossa cultura.

As estrelas do rádio vão aparecer com mais frequência nas páginas da revista a partir do início dos anos 1950, e as de TV e teatro, mais no final desta década. Em geral, artistas são considerados "gente diferente", pessoas pertencentes a um "outro ambiente" e que "têm vida de artista", um estilo por vezes não recomendável para "moças de família" e "senhoras de respeito". Mesmo assim, na grande maioria das vezes, ao falar sobre certa atriz ou cantora, a revista procura mostrar como tal estrela é também uma excelente dona de casa ou tem paixão pelos filhos. O potencial subversivo da carreira artística (uma opção para além dos papéis femininos tradicionais) acaba esvaziado em frases do tipo:

> "Eu seria capaz de abandonar o rádio pelo lar." (declarou Julie Joy, 09.05.1957)

> "Antes de sua carreira está a felicidade do lar e a responsabilidade de mãe." (em matéria sobre Lídia Matos, 16.05.1956)

"[...] eu prefiro o papel de verdadeira dona de casa, esposa e mãe." (palavras de Mona Freeman, 19.02.1953)

"Marilyn provou que também é boa esposa." (sobre Marilyn Monroe, 01.05.1958)

"Ser mãe! Esse é o maior desejo de Emilinha!" (sobre Emilinha Borba, 16.05.1957)

Boa parte das páginas da revista é dedicada à culinária, prendas manuais, decoração e organização do lar. Há também seções especiais a respeito do cuidado com os filhos – "Evangelho das mães" (sobre a "sagrada missão da maternidade") e "Falando às mães" (conselhos médicos do Dr. Werther) –, além de informações, curiosidades e dicas variadas, nem sempre muito exatas ou científicas, do tipo: "dizem que travesseiros são prejudiciais" ou "afirma-se que a memória é mais clara no verão que no inverno". Muitos assuntos são tratados na base do "é comum", "costuma-se" ou "não fica bem". O recurso à ciência como base de argumentação, por exemplo, só será encontrado em textos sobre crianças, e apenas a partir de meados dos anos 1950, quando a revista passa a divulgar com maior frequência a opinião de médicos e enfermeiras, mas, mesmo assim, muito marcada por concepções religiosas e morais. De todo modo, o que é dito sobre maternidade transmite e reforça os códigos morais vigentes a respeito do papel feminino no lar, além de procurar submeter as mães ao saber médico (numa época em que ainda é muito comum recorrer a remédios caseiros e à sabedoria de avós e parteiras).

*Jornal das Moças* está repleto de informações, conselhos e curiosidades à semelhança dos antigos almanaques, numa mistura de regras sociais, cultura em gotas, pitadas de religião e lugares-comuns; assuntos que vão de insetos raros ou frases românticas até liçõezinhas de moral ou truques domésticos. A revista também publica seções como "Santos evangelhos", "Nomes de nossa História", "Lendas da humanidade", "Interpretações dos sonhos", "Tudo isso é verdade", entre outras. Esse tipo de "conhecimento" está de acordo com a ideia em voga nos anos 1940 e 1950 de que basta à mulher algumas doses da chamada "cultura geral" e certos conselhos práticos e morais para que ela possa cumprir bem os papéis femininos e "saiba manter uma conversa", sendo uma boa anfitriã ou uma companhia agradável. Nessa época também é comum pressupor que as mulheres "não perderiam tempo" com textos longos ou temas que não lhes dissessem respeito diretamente, de acordo com o que a sociedade esperava delas.

As sugestões de moda e beleza dadas por *Jornal das Moças* valorizam a chamada "estética feminina", mas sem ousadias ou doses significativas de sensualidade explícita. A ênfase maior recai no cuidado com as *aparências*, uma das palavras favoritas da revista. As lições de etiqueta são bastante frequentes também. Tudo dentro dos "limites da moral e dos bons costumes", a fim de que a mulher saiba evitar comentários maldosos, a irritação do marido ou o desequilíbrio das finanças domésticas em razão de "futilidades próprias de mulher".

Não existem diferenças significativas no conteúdo moral transmitido por artigos, reportagens e conselhos de uma mesma época. As opiniões das seções "Falando às mães", "Bom dia, senhorita" (conselhos sentimentais) e "Você e seu lar" (dicas domésticas), por exemplo, são semelhantes ou complementares. Também não há divergências entre os textos redigidos por mãos masculinas ou femininas.

A revista ainda brinda as leitoras com contos em todos os números. Em geral, a mensagem dos textos de ficção não se distingue da dos artigos veiculados. Eles também reforçam "a moral e os bons costumes", embora de maneira mais sutil, pois chegam às leitoras como mero entretenimento. Seus autores são brasileiros e estrangeiros. Várias histórias se passam nos Estados Unidos ou em países europeus. Diversos contos começam em um exemplar e terminam em outro.

Variando com o tempo, estão presentes na revista: poemas, folhetins, radionovelas, fotonovelas (a partir de 1948), palavras cruzadas, horóscopo, quadrinhos, comentários muito breves sobre livros e discos, curiosidades do Brasil e do mundo, horário dos trens (1955-1956).

A moral religiosa católica, assim como as festas e instituições cristãs, tem lugar garantido em *Jornal das Moças*. A revista procura acompanhar o calendário: na Páscoa e Natal predominam artigos e contos religiosos; em maio, homenagem às mães e culto à Maria.

À semelhança de outras publicações da época, *Jornal das Moças* contém "notas sociais": notícias de formaturas, chás beneficentes, bailes, festas de carnaval. A revista praticamente não fala de política, mas os militares recebem elogios e homenagens, e os governantes são respeitados. O tom ufanista perpassa todas as referências à pátria.

Existem ainda colunas de fofocas inocentes sobre vários tipos de pessoas famosas, como a intitulada "Tia Carlota in... forma". No final dos anos 1950, a crônica mundana se faz mais presente na revista, nas seções "Coluna dos clubes", "Coisas da vida", "Um broto por semana", "Rio social", "São Paulo em foco", "JM em Brasília", entre outras.

A partir de 1958, aparecem as intituladas "Feminismo a varejo", "Avulsos femininos", "Elas são assim" e "Mulheres famosas", que trazem pequenas notas sobre mulheres dos mais diversos países. Aqui, os assuntos são bem variados: "divórcios na Polônia", "milionárias inglesas", "o direito das islâmicas", "maridos alcoólatras", "senadora belga", "mulher comandante em Israel", entre outros. O efeito desses artigos é uma questão problemática: com essas leituras as consumidoras da revista podem sair do seu cotidiano mais restrito e saber o que se passa com as "mulheres do mundo"; por outro lado, porém, podem encarar essas *outras* mulheres simplesmente como estranhas, bizarras, distantes, "estrangeiras".

Uma seção permanente de piadas, a "Troças e traços", preenche as páginas finais de *Jornal das Moças*. Embora sejam publicadas em uma revista para mulheres, são raras as piadas que remetem a imagens femininas favoráveis. Geralmente a mulher é retratada de forma pejorativa em contraposição à superioridade e à racionalidade masculinas. Em muitas delas, as mulheres são fúteis, escravas da moda, extrema e ridiculamente vaidosas e possuem uma lógica tortuosa (o "eterno feminino") que algumas vezes beira a estupidez.

### Pai e filha

– Minha filha, você só me fala de vestidos, meias, sapatos... Será que não poderia falar de coisas mais elevadas?
– Posso, papai, agora mesmo eu ia falar dos chapéus que desejo comprar.

("Troças e traços", 26.11.1959)

### Impontualidade

– Como os homens são pouco pontuais! Estou nesta esquina desde as 19h à espera do meu marido e já são quase 20h.
– E a que horas combinaram de se encontrar?
– Às 17h.

("Troças e traços", 14.06.1945)

### A melindrosa

– Seu guarda, aquele moço está me insultando.
– Como, senhorita, se ele nem a olha?
– Pois é por isso mesmo, seu guarda.

("Troças e traços", 25.09.1958)

### Lógica feminina

– Que idade tens?
– 30 anos.
– Há 5 anos já disseste que tinhas feito 30.
– Então! Eu não sou dessas que hoje dizem uma coisa e amanhã dizem outra.

("Troças e traços", 26.01.1956)

Para que seja entendida, uma piada deve se basear em ideias conhecidas e convencionais; para que seja engraçada, deve reforçar (caricaturando, exagerando) ou reverter essas ideias (surpreendendo o leitor). Podemos levantar algumas das ideias que estão por trás do que é considerado cômico nas piadas de *Jornal das Moças*. Por exemplo: as mulheres são péssimas motoristas... e não se dão conta disso. Quando lhes convém, fazem uso, com sucesso, de artimanhas de feminilidade. Beleza e inteligência são características incompatíveis nas mulheres, sendo que os homens dão preferência à primeira. As mulheres são fofoqueiras incorrigíveis ou falam demais, não dando chance aos homens, pobres coitados obrigados a ouvi-las. Elas competem muito entre si, especialmente devido à inveja ou à disputa pelas atenções masculinas.

### Acordo
Uma – Os homens dizem que ela é atraente...
A outra – Eu também a detesto.
("Troças e traços", 31.05.1956)

### Elas
– Você acha que a Creusa se veste bem?
– Não, ela é hábil em despir-se...
("Troças e traços", 30.05.1957)

### Ela x Ela
– Talvez não acredites, mas, neste mês, eu já disse não a 3 homens.
– Acredito sim, mas o que é que eles vendiam?
("Troças e traços", 28.05.1955)

### Amigas
– Como vai, querida? Você está uma belezoca. Apenas sua peruca é que está ficando branca.
– Mas eu não estou de peruca...
("Troças e traços", 15.10.1959)

As solteiras buscam desesperadamente um casamento (muitas vezes incentivadas pelos próprios pais), enquanto os homens procuram a todo custo evitá-lo (a não ser que haja alguma vantagem financeira). Os jovens têm namoros ousados longe da vigilância e da censura paterna. Entretanto, as moças vivem impasses entre o que é proibido pela tradição e o que é tolerado nos novos tempos.

As piadas retratam também o "rapaz namorador" ou "aproveitador" e a moça que flerta com mais de um ou que já teve vários namorados e não é confiável.

As secretárias têm envolvimento amoroso com os patrões, assim como as empregadas domésticas "boazudas". Essas profissionais, e também as enfermeiras, são constantemente assediadas pelos homens.

A opção pelo casamento envolve interesses materiais, e tanto homens quanto mulheres estão dispostos a se casar por dinheiro.

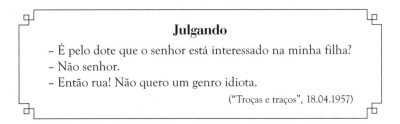

**Julgando**
- É pelo dote que o senhor está interessado na minha filha?
- Não senhor.
- Então rua! Não quero um genro idiota.

("Troças e traços", 18.04.1957)

O casamento marca o fim do amor e o início das decepções e brigas intermináveis do casal. As figuras de esposa que fazem rir são frequentemente as gastadeiras, feias ou dominadoras, para o desgosto dos maridos. O matrimônio só traz infelicidade ao homem e é, quase sempre, um bom investimento para a mulher.

**Reflexões de um marido**

Podemos dizer que um romance passou de seu estado preliminar quando o noivo deixa de brigar por sua noiva e passa a brigar com ela.

("Troças e traços", 23.08.1945)

- Tu ainda tens coragem de me olhar de frente?
- Ora, querida, a gente se acostuma a tudo.

("Troças e traços", 06.01.1955)

> – Quando me casei com você, pensava que fosse corajoso.
> – Eu já não dei provas disso, casando-me com você?
>
> ("Troças e traços", 28.11.1957)
>
> **Dicioná... rio moderno**
> *casamento* – um grande negócio... para as mulheres.
> *briga conjugal* – monólogo feminino
>
> ("Troças e traços", 17.10.1957)

Os maridos são sempre infiéis. E há ainda os que gastam dinheiro com jogos e farras.

E, por fim, as sogras: odiadas e temidas pelos genros (e com menos frequência, mas com igual intensidade, pelas noras), elas infernizam os casamentos.

> – Fique mais à beira do precipício, minha sogra, a paisagem é belíssima.
>
> ("Troças e traços", 15.04.1954)

Curioso é que muitas das piadas continuam atuais, ou seja, compreensíveis e até engraçadas ainda hoje, décadas depois – sinal da permanência de velhos códigos –, mesmo que agora provoquem apenas sorrisos discretos.

No que diz respeito às relações de gênero, as piadas de *Jornal das Moças* reforçam preconceitos sobre a incapacidade das mulheres para determinadas atividades ou para o raciocínio lógico, ridicularizando a inversão de papéis e de autoridade na família, maliciando a respeito de determinadas profissões femininas, atribuindo-lhes uma preocupação exagerada com futilidades. Com isso, o cômico atua como forma de controle e desaprovação de determinadas atitudes ou situações e justifica o pensamento que defende a superioridade do masculino com relação ao feminino. Por outro lado, as piadas podem funcionar como crítica de valores sociais, tais como a felicidade obrigatoriamente advinda com o casamento, a incontestável autoridade paterna, o consumismo, a manutenção das aparências a qualquer custo, o romantismo piegas etc. Além disso, por vezes, as piadas expressam uma visão alternativa, uma crítica aos hábitos sociais, mostrando possibilidades e ampliando opções de comportamento ao retratar situações em que as mulheres são ousadas, namoradeiras ou poderosas, os casamentos são feitos por interesse econômico e os homens são fracos e submissos.

*Jornal das Moças* está repleto de propagandas: produtos de higiene pessoal, utensílios domésticos... As ilustrações que acompanham alguns anúncios parecem um tanto ousadas se comparadas às ideias e ao tom dos artigos da revista, por exemplo: mulher com roupa íntima ("Sutiãs Morisco destacam toda a beleza e sedução do seu busto"); um casal que se beija na boca (em propaganda do batom Van Ess); moça fumando (cigarros Continental) em público, entre homens. Contudo, a publicidade também promove a imagem da mãe preocupada com o bem-estar da família, a da jovem ansiosa por se casar e a da dona de casa "moderna, simples e prática". Esta última recebe maior ênfase a partir de meados dos anos 1950, graças ao crescente desenvolvimento das indústrias de bens de consumo.

A "supremacia do prático e simples", como "uma verdade incontestável da vida moderna", já anunciada na revista em 1945, contrasta com a constante valorização das prendas manuais exemplificadas pelas sugestões de panos de prato bordados ("um para cada dia da semana"), toalhas de "pano de saco", capas de liquidificador, de bujão de gás, de tampa de vaso sanitário e de encosto de cadeira, que fazem parte do gosto e do cotidiano doméstico na época. Além disso, o convite para que a leitora se torne uma mulher "de amanhã" – ou seja, use eletrodomésticos, mude a decoração da casa, habitue-se a comprar revistas – não ameaça as tradicionais atribuições de gênero; esta mulher continua a única responsável pelas tarefas domésticas.

Em vários momentos de sua trajetória nos Anos Dourados, *Jornal das Moças* congratula-se por ser a "líder das revistas femininas", "100% familiar", "feita para a mulher no lar e na sociedade", "a revista mais útil, instrutiva e indispensável a qualquer lar", "a criadora no Brasil de um tipo padrão de revista para a mulher no lar", uma combatente eficaz contra a "dissolução do lar". Dirigida por homens, afirma que tratar de "assuntos femininos" é uma forma de valorizar a mulher e suas atividades cotidianas.

Em meados dos anos 1950, revistas semanais de rádio, cinema e fotonovela já são bastante populares entre o público feminino. *Querida*, com seus quatro ou cinco contos publicados em cada exemplar, é a favorita entre as quinzenais. *Jornal das Moças* parece, então, incomodada com algumas das mudanças no mercado editorial, mas se mantém firme em sua linha "exclusivamente para a mulher-família".

Apesar do fôlego, contudo, *Jornal das Moças* vai perdendo terreno. Na passagem para os anos 1960, enfrenta tempos difíceis, e são visíveis em suas páginas os sinais de decadência, com uma produção mais descuidada. É provável que *Jornal das Moças* tenha sido incapaz de sobreviver à concorrência de publicações com um maior suporte financeiro e consideradas mais modernas em termos de conteúdo e aspectos gráficos.

Uma visão geral das mensagens de *Jornal das Moças* detecta mudanças sutis com o passar do tempo, mas, *grosso modo*, não há grandes transformações no discurso da revista entre os anos 1945 e 1960. Durante todo esse período, ela veicula valores conservadores, procurando – em diversas frentes e com argumentos mais ou menos variados – manter a família e as relações de gênero nos moldes tradicionais que garantem a ordem estabelecida. Isso não quer dizer que a revista se descole da realidade social. Pelo contrário, um olhar panorâmico sobre esses 15 anos mostra como, muitas vezes, *Jornal das Moças* se modifica e se adapta ou se ressente com as transformações e faz críticas de quem está saindo de cena, opondo-se a outras revistas e outras tendências de *seu tempo*.

## REVISTAS CONTEMPORÂNEAS

Em termos de conteúdo e mesmo de apresentação, não há diferenças significativas entre *Jornal das Moças* e publicações contemporâneas como *Vida Doméstica* (cujo forte é a crônica social), *A Casa* (com ênfase em decoração), *Você* (para moças, com artigos do tipo "como conseguir um marido", contos sentimentais e fotonovelas) e *Alterosa* (que não é especificamente feminina, mas tem uma seção para mulheres).

### *Capricho e Grande Hotel*

Estas duas revistas de fotonovela, também bastante populares na década de 1950, constituem-se na grande novidade da época em termos de imprensa feminina. Exploram o veio sentimental e são proibidas em diversos lares em razão de focalizarem muitas vezes paixões arrebatadoras ou trazerem cenas consideradas "picantes". Recebem as mesmas críticas moralistas que o cinema e alimentam sonhos (que não passam disso, na maioria das vezes), mas não propõem qualquer mudança significativa nas relações de gênero. Pelo contrário.

### *Revista do Rádio*

Especializada em falar dos artistas, tem como público leitor principalmente mulheres de posições subalternas na estrutura social, um público distinto daquele de *Jornal das Moças*. As senhoras de classe média da época não querem ser identificadas com as "macacas de auditório", fãs incondicionais e exaltadas dos programas de rádio.

O conteúdo da *Revista do Rádio* prende-se a temas relacionados ao ideal de amor romântico burguês, tais como "lares felizes" (bons casamentos), a vida familiar dos artistas, seus namoros e rompimentos amorosos. Um modelo de felicidade dificilmente atingível, mas sempre uma referência, é apresentado às leitoras. Nesse sentido, não há qualquer oposição entre seu conteúdo e o de *Jornal das Moças*.

## *Querida*

Revista carioca publicada desde 1953 pela Rio Gráfica Editora – tem boa parte de seu material importado dos Estados Unidos. São artigos sobre família, comportamento, juventude, moda, beleza, decoração, culinária, artistas de rádio e cinema, enfim, os chamados "assuntos femininos". Contudo, seu ponto forte são os contos, considerados "ousados" na época – daí o aviso estampado na capa: "para adultos".

Talvez sejam realmente os contos picantes que marcaram mais a memória, mas há na revista uma grande quantidade de histórias de mães e esposas extremamente dedicadas, que dão ou recebem lições de fé, esperança e "comportamento exemplar".

Apesar de alguns dos contos abordarem temas mais audaciosos que os de *Jornal das Moças* (mas equivalentes aos de vários contos da revista *Claudia*), como divórcio, relacionamentos ilícitos, filhos ilegítimos ou paixões proibidas, tanto eles quanto as "histórias verídicas" publicadas em *Querida* reforçam mais do que ameaçam a moral estabelecida. Um exame detalhado mostra que todos os contos de *Querida* trazem uma lição de moral (que é basicamente a mesma moral das outras revistas).

Uma avaliação do grau de modernidade aparente (que leve em conta a ousadia de conteúdo e qualidade de produção gráfica) coloca a revista *Querida* numa posição intermediária entre *Jornal das Moças* e *Claudia*.

Mar. 1960.

O fato de existirem muitas críticas à *Querida* na época e de muitas jovens lerem esta revista sem a aprovação dos pais, às escondidas, é um indício dos preconceitos e da rigidez moral, pelo menos aparente, de muitas famílias. Mas é também uma amostra da indisciplina e dos limites do controle sobre as jovens. Estas, se não são o público-alvo da autointitulada "revista para adultos", pelo menos recebem uma significativa atenção em vários de seus artigos.

## *O Cruzeiro*

Publicação de interesse geral, também tem textos e matérias destinados especialmente às mulheres, englobados sob os títulos "Assuntos femininos" ou "Para a mulher". Nas seções femininas de O *Cruzeiro*, as leitoras encontram contos e páginas dedicadas a moda, aparência ("Elegância e beleza"), crônica social, culinária ("Lar doce lar"), humor ("Garotas", sobre os interesses de moças bonitas e namoradeiras) e conselhos e respostas a cartas de leitoras e leitores dados por Maria Teresa (em "Da mulher para a mulher", cujo conteúdo é bastante semelhante ao dos artigos de *Jornal das Moças*).

## *Senhor*

Revela outras possibilidades da época que não podem ser visualizadas nas revistas femininas. Publicada a partir de 1959, no Rio de Janeiro, é uma revista relativamente cara e destinada a leitores mais sofisticados intelectualmente, homens em sua maioria. Com uma programação visual de alto nível, seu conteúdo segue padrões morais mais liberais que o de outras revistas. No material veiculado em *Senhor* (artigos, contos, crônicas e piadas) parece haver uma maior simetria entre masculino e feminino se comparado ao de outras revistas da mesma época. Certos artigos seus trazem até algumas doses de feminismo.

# *CLAUDIA*

Com muitas cores, otimismo e um ar de modernidade, a revista *Claudia* surge em 1961. Sucessora temporal de *Jornal das Moças*, *Claudia*, "a revista amiga", desde o início se apresenta como uma publicação moderna, diferente das outras, fruto dos "novos tempos". De fato, essa publicação da Editora Abril é considerada um marco na história da imprensa feminina por ter introduzido o estilo "magazine moderno". Recheada de propagandas, elaborada com vistas às possibilidades abertas pela urbanização crescente e a expansão da classe média, tem como público-alvo as mulheres capazes de consumir os produtos anunciados. A marca da publicidade é bem mais acentuada e diversificada nesta revista que em *Jornal das Moças* ou *Querida*. O "ideal da vida moderna" em *Claudia*, mais do que nunca, vincula-se ao consumo de bens como eletrodomésticos, alimentos enlatados, produtos de beleza, roupas e acessórios que entram e saem de moda com grande velocidade.

Por volta de 50% da tiragem total da revista, 150 mil exemplares, é distribuída entre São Paulo e Rio de Janeiro. Em editorial enviado aos anunciantes em julho de 1961, *Claudia* fala de sua expectativa com relação ao público leitor.[21]

> Por que *Claudia*? O Brasil está mudando rapidamente. A explosiva evolução da classe média torna necessária uma revista para orientar, informar e apoiar o crescente número de *donas de casa* que querem (e devem) adaptar-se ao ritmo da vida moderna. *Claudia* será dirigida a estas mulheres e será dedicada a encontrar soluções para seus novos problemas. *Claudia* não esquecerá, porém, que a mulher tem mais interesse em polidores do que em política, mais em cozinha do que em contrabando, mais em seu próprio corpo do que em outros planetas... *Claudia*, enfim, entenderá que o eixo do universo da mulher é seu lar.[22]

As revistas femininas

Jun. 1962, n. 9.

Fiel a essa proposta, *Claudia*, como qualquer revista feminina, tratará de moda, aparência, decoração, culinária, saúde, economia doméstica, "comportamento". Porém, dará um salto em relação à produção e à forma de *Jornal das Moças* (e de outras revistas da época). Algumas de suas diferenças mais nítidas quanto ao conteúdo dos textos mostram como a nova revista procura acompanhar as mudanças sociais relacionadas ao aumento das possibilidades educacionais, profissionais e de lazer das mulheres conforme captadas pela editora no início dos anos 1960. O próprio perfil das leitoras das duas revistas – condições de vida, interesses e estilos – parece ser diferente.

Seguindo uma tendência da imprensa comercial da época, *Claudia* abre um espaço maior para a participação de mulheres no trabalho de produção e redação de textos. Em 1963, Carmen da Silva passa a publicar artigos em *Claudia*, na seção "A arte de ser mulher". Seus conselhos, baseados na Psicologia, conferem um tom mais radical à revista, procurando "despertar a consciência" das leitoras. A polêmica seção de Carmen da Silva alcançará um grande sucesso, influenciando inúmeras leitoras, inclusive algumas que, nos anos 1970, se tornariam feministas militantes.

Mesmo deixando de lado os escritos de Carmen da Silva, é fácil notar que a revista *Claudia* não é tão homogênea em termos de opiniões como *Jornal das Moças*; muitas vezes as ideias a respeito de um mesmo assunto variam conforme o articulista. Existe também algum diálogo entre a publicação e as leitoras (e leitores), através da seção de cartas, que dá uma ideia das expectativas do público e da repercussão de alguns artigos e matérias. Por vezes, mas nem sempre, *Claudia* opta por publicar opiniões distintas, como se promovesse um debate sobre determinado tema, deixando que, ao final, cada leitora decida por si mesma. Mesmo que assim o faça para fugir da tomada de posição – que agradaria uns e desagradaria outros –, tal opção denota uma postura mais flexível adotada pela publicação.

*Claudia* adota uma linguagem coloquial, procurando uma proximidade com as leitoras. O tom de muitos textos já não é tão autoritário ou enfático como o de outras publicações. Porém, é dessa forma que *Claudia* consegue ser bastante persuasiva.

Diferentemente das revistas femininas do passado, em suas páginas usa-se mais "psicologia", apela-se com maior frequência para o "discurso competente" da ciência ou os dados de pesquisa (que confirmam ou substituem o recurso mais antigo de evocar o "senso comum"). Porém, o rigor científico e as afirmações baseadas no prestígio destes conhecimentos algumas vezes desembocam em caminhos duvidosos.

As ideias aqui apresentadas sobre *Claudia* são fruto da leitura e análise dos exemplares da revista publicados entre 1961 e 1964, com atenção especial dada aos artigos, cartas, contos, testes e matérias das seções "A arte de ser mulher", "Direito, mulher e lei", "Ponto de vista" e "O ponto de vista dele". A partir disso, é possível concluir que, em geral, *Claudia* reafirma a responsabilidade da mulher para com os afazeres domésticos (ainda que trabalhe fora), o cuidado dos filhos em casa e a manutenção da harmonia conjugal. E não considera política e economia – a não ser a doméstica – "assuntos de mulher". Ao fazer um balanço do ano de 1964, *Claudia* menciona a ascensão meteórica dos Beatles, mas nem sequer cita a dos militares com o golpe no país. Os únicos sinais dos "novos tempos" são o aumento do preço da revista e a justificativa de seu editor, em julho de 1964, apoiando as diretrizes do novo governo: "O Brasil entrou num período novo, sadio".

A moral sexual hegemônica de décadas passadas prevalece em muitos textos em que Família, Igreja e Lei são praticamente incontestáveis. Mas outros escritos já relativizam e até questionam, com o apoio de cartas de leitores, certos aspectos dos valores tradicionais; vários deles trazem opiniões polêmicas sobre sexualidade, trabalho feminino, casamento e o papel social da juventude. Em alguns artigos publicados, a mulher já é vista como um indivíduo com possibilidades de realização pessoal para além das proporcionadas pelo exercício dos papéis de mãe, dona de casa e esposa.

Em resumo, mesmo dentro de limites (impostos tanto pela época, pelo tipo de público, quanto pela direção da revista composta por homens), *Claudia* comporta várias tendências com a predominância das mais convencionais. Convivem na mesma revista, por exemplo, a preocupação em moldar "boas esposas" ao lado da concepção de "mulher moderna" que não vive única e exclusivamente para o marido e os filhos e procura ter participação ativa no mundo fora do âmbito doméstico. A revista admite muitas vezes perspectivas contraditórias, o que sugere possibilidades e tensões entre os discursos e mesmo entre as escolhas e os estilos de vida das leitoras.

Numa época de contestações e maior fluidez de certos valores, durante os quatro primeiros anos de vida de *Claudia*, se comparados às décadas de 1940 e 1950, conviveram várias tendências que se refletiram no conteúdo dessa revista feminina.

Os artigos de Carmen da Silva merecem uma atenção especial, pois suas propostas representam, no mínimo, uma fala nova no âmbito das revistas femininas.

## Carmen da Silva

Carmen estreou em "A arte de ser mulher" em setembro de 1963, dando uma "orientação psicológica" inovadora e provocativa para os padrões da época. Em suas próprias palavras:

> [...] consegui uma coluna à qual, Deus me perdoe, a direção deu um nome de "A arte de ser mulher". Bem, está certo, se você acha que acrobacia é arte. Função: redatora de "assuntos femininos". Como de hábito, um mundo dividido em dois [...]. Proposta autoassumida: mexer em abelheiro; no meu e nos alheios. Mexi. Meus artigos caíram como UFOs incandescentes no marasmo em que dormitava a mulher brasileira naquela época. Logo comecei a receber uma avalancha de cartas em todos os tons: desesperados apelos, xingamentos, pedidos de clemência: deixe-nos em paz, preferimos não saber! Consciência dói – olé se dói, mais do que "patada en los huevos" – e lá vinha eu mês a mês com minha lenga-lenga, remoendo, insistindo, revolvendo as feridas.[23]

Falando das mulheres para as quais acreditava estar escrevendo:

> Comecei a escrever pensando no tipo de mulher que eu tinha conhecido aqui [no Brasil]. A mulher que trabalha ou dona de casa que está completamente amarrada pelas limitaçõezinhas burguesas; seu papel feminino. A mulher que tem família no Norte ou Nordeste e está no Rio trabalhando, morando sozinha ou com uma colega, mas com toda aquela carga de preconceitos na cabeça [...] se sentindo horrorosamente culpada e sonhando com a saída tradicional: o casamento.
> Comecei a escrever para abrir uma brechazinha nesse tipo de mulher. Naturalmente eu tinha preocupação de não ir longe demais [...], ir despertando a consciência.[24]

Carmen contou que, ao ser contratada, desentendeu-se inicialmente com a equipe de redação da revista que havia idealizado uma "leitura para a dona de casa" que "daria a ela a sensação de estar lendo coisas importantes sem muito esforço e ao mesmo tempo tocava seu cotidiano [...] aquela coisa muito tradicional de casamento, de como se entender com o marido".[25] Uma das limitações às quais teve que se sujeitar foi não empregar a palavra *feminismo*.

Seus artigos dessa época giram em torno das possibilidades de "viver melhor" (sem medos, fantasias ou preconceitos), da posição da "mulher no mundo" (condição feminina, trabalho, emancipação) e de questões ligadas a sexo, amor, comportamento, solidão e relacionamento com os homens. Eles dão um toque mais ousado e feminista a *Claudia*, várias vezes entrando em contradição com outras páginas da revista.

Depois do ingresso de Carmen, os artigos de opinião mais polêmicos assinados por outros autores tornam-se mais raros, e os temas mais controversos passam a figurar sob a forma de reportagens, pesquisas ou entrevistas.

Os textos de Carmen da Silva em *Claudia* acabam tendo tanto destaque que terminam publicados em livro três anos após sua estreia na revista.

## O QUE ESPERAR DA IMPRENSA FEMININA

As revistas comerciais são feitas, entre outras coisas, para serem vendidas, atrair anunciantes e proporcionar lucro a quem as produz. Para fidelizar um bom número de leitoras, as publicações femininas buscam, na medida do possível, refletir um aparente consenso social, ou melhor, as ideias dominantes sobre as representações de masculino e feminino e o relacionamento de homens e mulheres. Atuando ao lado de instituições estatais, educacionais, religiosas, jurídicas, familiares, o discurso das revistas convive e se relaciona com vários outros, influenciando e sendo influenciado por eles. Com isso, as revistas femininas também acabam enfatizando desigualdades de classe, étnicas e de gênero presentes na prática social de sua época. Nos Anos Dourados, por exemplo, elas fazem isso ao divulgar um ideal de mulher (branca, de classe média, com determinado estilo de vida e capacidade de consumo), um modelo de família (conjugal, hierárquica, com papéis masculinos e femininos distintos e predefinidos), valores culturais específicos (os burgueses) e uma ideia de felicidade ligada ao consumo de bens e à adesão a determinadas modas e normas sociais. Esses modelos, ideais e valores, embora sejam datados e construídos socialmente, são apresentados como naturais, universais, frutos do bom senso e verdades incontestáveis.

Porém, as revistas não são meros instrumentos de defesa e reprodução do sistema. Elas possuem características próprias que as distinguem de outros espaços onde também as relações sociais são configuradas. O que ocorre é que as revistas não só devem parecer justas e neutras, como também precisam mostrar-se amigas das leitoras, proporcionando-lhes uma sensação de bem-estar, correspondendo de alguma forma aos seus interesses e inquietações, levando em conta suas expectativas. Essa condição acaba por colocar limites ao discurso das revistas e aos valores que elas difundem. Em outras palavras, as revistas femininas devem tentar atender à demanda de seu público leitor específico, considerando seu modo de agir e pensar, ao mesmo tempo que procuram discipliná-lo e enquadrá-lo nas relações de poder existentes, funcionando como um ponto de referência, oferecendo receitas de vida e regras de comportamento, dizendo o que deve e, principalmente, o que não deve ser feito. Em geral, essas publicações *ajudam* as leitoras a se adaptar ao mundo em que vivem aconselhando-as a exercer "corretamente" sua "feminilidade".

Quanto à relação entre a imprensa feminina e seu tempo, é preciso relativizar as afirmações de que as revistas femininas se transformam de acordo com o desenrolar da vida social ou que sofrem uma interferência estreita do contexto histórico, funcionando como termômetro dos costumes da época, onde cada novidade acaba incorporada. Na verdade, as revistas femininas não são o espelho fiel (ou mesmo o distorcido) da realidade, elas apenas contêm uma visão desta. Assim, em suas páginas, muitos dos aspectos e conflitos presentes no contexto social podem ser abafados em função da manutenção da ordem. Muitas vezes, as revistas até podem ir, por algum tempo, contra a corrente de determinadas transformações sociais.

Além disso, as revistas sofrem a influência e respondem a articulações entre relações de classe e de gênero. Assistem à convivência, nem sempre harmoniosa e muitas vezes contraditória, do tradicional com o moderno e de valores capitalistas com normas patriarcais. Sendo assim, quando esses fatores entram em conflito – como, por exemplo, quando um aumento na demanda por trabalho feminino provocado por uma alteração na economia põe em risco a imagem "naturalmente feminina" da dona de casa dedicada ao lar em tempo integral –, as revistas podem dar respostas diferentes, ou seja, corresponder de maneiras distintas a estes fatores e suas influências.

Por tudo o que foi dito, antes de mergulhar em suas páginas, é preciso ter claro que as revistas femininas veiculam percepções da realidade global, assim como contribuem na sua construção e atuam no contexto social do qual fazem parte. Como isso ocorreu com publicações dirigidas às mulheres nos Anos Dourados é o que veremos a seguir.

# A "natureza feminina" e o "destino das mulheres"

> Em geral toda mulher deseja casar-se. É raro aquela que, por temperamento, não nutre esse ideal. Desde pequena já manifesta tendências para dona de casa e, quando mocinha, passa a sonhar com o príncipe encantado [...]. (O Cruzeiro, 03.09.1955)

Estas palavras publicadas em O *Cruzeiro* poderiam ser lidas em *Jornal das Moças* ou em qualquer outra revista feminina dos anos 1940 e 1950. A ideia de que a natureza conduz as mulheres ao casamento, à maternidade e à domesticidade é marcante na imprensa feminina desta época, constituindo-se em uma das bases de seu conteúdo. A união com um parceiro do sexo oposto e a procriação envolvem aspectos que vão além da necessidade geral de reprodução e manutenção da espécie humana, aspectos culturais e históricos. Em outras palavras, união e procriação podem ser vividas e interpretadas de maneiras diferentes em cada contexto social e mudar com o tempo. No entanto, essa dimensão social e temporal é negada quando as revistas femininas apresentam casamento e maternidade, somados ao desempenho das tarefas domésticas, como integrantes de um destino *natural* da mulher. Atrelado a uma noção de "essência feminina", esse destino é tido como praticamente incontestável. As mulheres são assim definidas como esposas, mães e "rainhas do lar" em potencial.

Revistas como *Jornal das Moças* ainda colaboram com a identificação do que seria essa essência feminina e sua contrapartida, a masculina, baseando-se em uma ideia predeterminada da diferença sexual. Por exemplo, na aparentemente neutra e científica seção "Falando às mães" de *Jornal das Moças*, um médico aconselha sobre brinquedos "próprios" para meninas e meninos:

> [...] há brinquedos básicos que falam o idioma da humanidade inteira, e para estes não há probabilidade de passar da moda nem de época [...] uma menina é uma pequena mãe, e uma boneca sempre terá guarida em seus braços, por muito que a moda lhes modifique a vestimenta, as linhas e os traços. E um menino estará sempre por aquilo que reclamam sua destreza desportiva ou seu instinto de defesa, quando não de ataque. Uma pessoa que vai fazer um presente de um brinquedo deve procurar o simples, o que responda ao natural instinto da criança [...]. (Dr. Werther, "Falando às mães", *Jornal das Moças*, 08.06.1953)

Fica claro, portanto, que, ao educar as crianças, a sociedade vai moldando o que afirma ser um simples destino. E *Jornal das Moças* participa desse processo ao reproduzir, a seu modo, uma mentalidade poderosa na época.

Mas, para além do que seriam as "determinações da natureza", existem regras sociais e modelos que devem ser aceitos a fim de que o "destino feminino" se cumpra adequadamente. Assim, *Jornal das Moças* recomenda que as mães preparem suas filhas para que sejam boas mães e donas de casa exemplares, além de mulheres recatadas e bem comportadas. Já os garotos, estes precisam crescer mais livres, sem a superproteção materna; seus interesses por esportes e carros, por exemplo, vistos como "próprios dos meninos", devem ser incentivados.

Os limites da masculinidade e da feminilidade reservam quase sempre imagens de força e iniciativa para o homem; doçura, passividade, "instinto maternal" e sentimentalismo para a mulher.

> Criança que chora é criança. Homem que chora é mulher. Mulher que não chora é homem. (*Jornal das Moças*, 30.08.1945)

Há uma ênfase bastante didática nos "incontestáveis papéis femininos", especialmente quando se referem às jovens. Se o casamento é considerado a porta de entrada para a realização dos ideais de feminilidade, as moças precisam ser educadas para que não se desviem desse caminho e não escapem do futuro reservado à mulher.

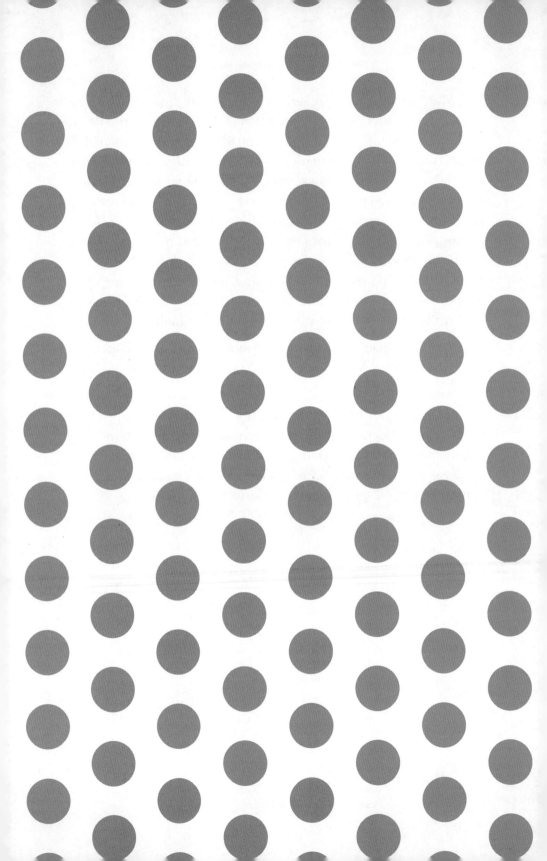

# "Aprendendo a ser mulher" ou "Em direção ao casamento"

*Jornal das Moças* valoriza a autoridade e o "bom senso" dos adultos na família. Os jovens devem obediência e respeito incondicional aos pais, e estes são responsáveis pela conduta dos filhos. Nessa época, ao pai cabe a palavra final no que diz respeito à educação dos rebentos. É ele quem deve tomar as decisões consideradas importantes e reprimir os comportamentos inadequados. A mãe, por sua vez, é a encarregada do controle, do cuidado e dos ensinamentos cotidianos.

> As mães devem vigiar as filhas no sentido de fazê-las compreender que devem conservar a harmonia de seus movimentos e portar-se corretamente na sociedade. (*Jornal das Moças*, 07.03.1946)

As imagens que os diversos artigos e contos dessa revista parecem ter das moças é que ou são ingênuas e puras, facilmente deslumbráveis e corruptíveis por maus exemplos, ou são inconsequentes, inconstantes e impulsivas. Um dos exemplos mais ilustrativos desse espírito é um texto publicado em 7 de julho de 1955.

> Os pais precisam lutar contra o ambiente no sentido de que suas filhas não acreditem que o *impróprio* possa cometer-se sem que traga consequências e males irreparáveis: Mas como? Com uma só arma, a única que resta: aconselhando-as, falando-lhes muito, fazendo-lhes ver a realidade da vida, mostrando-lhes o perigo. O mal está em todas as partes; no que veem, no que leem, no que ouvem.

Os pais são aconselhados a educar suas filhas contra as más influências. E onde *Jornal das Moças* as localiza? No cinema e na literatura, por exemplo, que apresentam "hábitos de países estrangeiros", tais como moças "cheias de iniciativa", que passam parte da noite na casa de rapazes solteiros bebendo uísque, ou noivos "íntimos demais" – comportamentos que "nem mesmo nestes países devem ser aceitáveis".

> O maior mal de tudo isso consiste em que as meninas que assim procedem não caem no ridículo, nem na maledicência, nem as exclui a sociedade, segundo os autores das novelas cinematográficas. Pelo contrário, o mais completo êxito coroa essas aventuras. Os homens mais sensatos se enamoram delas e as fazem suas esposas.

Veículo de divulgação de novos padrões de conduta, mais liberais, o cinema que atrai a juventude é visto como um perigo. Algumas de suas novidades, alerta a revista, prejudicam as próprias jovens.

> Torna-se necessário fazer compreender às jovens de hoje que *a sociedade não deixa impunes as aparências condenáveis*, ainda que sejam somente aparências. Que as mocinhas que procedem incorretamente têm muitos admiradores, porém que todos eles se sentem temerosos ante a ideia de convertê-las em suas *esposas*, pois o *casamento* é para a vida toda, e nenhum homem deseja que a *mãe* de seus filhos seja apontada como uma doidivanas. (Roberto Moura Torres, "Bom dia, senhorita", *Jornal das Moças*, 07.07.1955, destaques meus)

Na verdade, a urbanização que se processa na época – para além da influência de outras culturas via cinema, literatura e viagens – é o fator decisivo na evolução da moral e dos costumes e na transformação de padrões de comportamento no Brasil. Nas cidades, as residências relativamente distantes dos locais de estudo, trabalho e recreação, os apartamentos pouco espaçosos, a maior oferta de diversões comerciais, os passeios de automóvel e o costume do *footing* possibilitam contatos cada vez mais frequentes e uma convivência bem mais próxima entre os jovens de ambos os sexos. Eles circulam agora mais facilmente de dia e mesmo à noite, por praias, cinemas, festas e excursões. Os filhos adquirem maior liberdade com relação à supervisão dos pais. Ocorrem mudanças no relacionamento entre rapazes e moças (antes acostumados a se tratar com certa cerimônia e distância, a se encontrar espaçadamente, a ser constantemente observados), com menos restrições para os namorados e mais autonomia para os noivos.

Graças à urbanização, antigas formas de namoro, assim como velhas regras de decência e recato, são substituídas ao longo do tempo por outras, mais íntimas, e a iniciativa da escolha do cônjuge se transfere dos pais para os próprios interessados. A liberdade individual nessa questão passa a ser mais valorizada. As manifestações afetivas e as trocas de carinho, ainda que discretas para os padrões atuais, vão se tornando cada vez mais presentes no cenário das cidades. Com relação ao início do século, portanto, são sensíveis as modificações nos padrões de namoro, no relacionamento familiar e no convívio de homens e mulheres de classe média.[26]

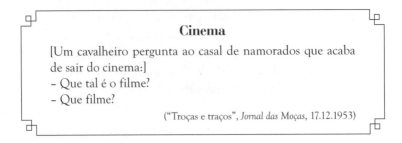

### Cinema

[Um cavalheiro pergunta ao casal de namorados que acaba de sair do cinema:]
– Que tal é o filme?
– Que filme?

("Troças e traços", *Jornal das Moças*, 17.12.1953)

*Jornal das Moças* reconhece que os tempos mudaram, porém reafirma o casamento como o destino das mocinhas. Mas – bem entendido – só daquelas que se comportam de acordo com as normas da sociedade. Uma sociedade aparentemente contraditória, na qual garotas mais liberais são apreciadas pelos homens, mas não são escolhidas como esposas justamente por terem esta característica.

As jovens solteiras são divididas entre "moças de família" e "garotas de programa" (não necessariamente prostitutas). As do primeiro tipo devem conter sua sexualidade em limites bem estreitos e serão respeitadas pelos rapazes principalmente se souberem "fazer-se respeitar", não permitindo maiores intimidades e não dando motivos a fofocas, críticas ou más interpretações. Só assim poderão ser consideradas candidatas adequadas ao papel de esposa. As "moças de família", portanto, não podem ser confundidas com as "levianas" (com quem os rapazes namoram, mas não se casam), nem em termos de reputação e menos ainda em termos de atitudes.

Quais são as "aparências condenáveis"? Mesmo que nem tudo esteja explícito na linguagem cuidadosa da revista, podemos responder: impulsividade, sensualidade e indiferença diante dos preceitos morais. Percebemos, porém, que ela acaba dizendo mais do que isso pelas insinuações feitas nas entrelinhas e nas expressões carregadas de conotações que deveriam ser bem compreendidas por mães e filhas ("o impróprio", "males irreparáveis", "o perigo", "o mal"). O olhar atual pode tentar captar o que em 1955 não precisou ser dito com todas as letras. As leitoras sabiam do que se tratava, pois o código de moralidade defendido e preservado por *Jornal das Moças*, nessa época, é de domínio geral.

Em seus pontos de encontro e diversão, os jovens têm oportunidade de praticar o flerte, que consiste na troca de olhares, sorrisos e sinais significativos (podem incluir palavras) numa tentativa de seduzir ou simplesmente demonstrar interesse pelo outro. O flerte pode evoluir para um "namoro sério" (com vistas ao noivado) ou para um namoro ligeiro, "de brincadeira", "sem futuro".

Flertar é visto como próprio de jovens e solteiros; "não fica bem" para mulheres maduras (elas correm o risco de parecer "fáceis", "oferecidas"); e é impensável para as casadas. Numa época em que o namoro é considerado pela moral dominante apenas uma etapa na escolha do cônjuge e que, portanto, deve ter em vista o casamento, o flerte feminino inconsequente não é encarado com simpatia.

> Geralmente a moça flerta para distrair-se e, com isso, mancha o idioma do amor. Gostam de sentir-se perturbadas e perturbar o coração dos homens; depois vem o cansaço e buscam sempre novos *partenaires*. Estas criaturas não pensam em amor, mas jogam com uma ilusão, um divertimento leve, que encobre uma sensualidade disfarçada.
> Tenha cuidado, minha amiga, não sirva de assunto para uma conversa frívola entre rapazes:
> – Vais sair com fulana? Ah! Muito bem, ela é bonita e abraça muito bem.
> – Eu? Não! É apenas um flerte agradável, isto é tudo. Ela não é uma moça com quem a gente se case... (Françoise Perret, "Flertar não é amar", *Jornal das Moças*, 18.06.1953)

Além de dar margem a comentários prejudiciais à reputação da moça e atrapalhar suas chances de um bom casamento, o flerte é condenado por "encobrir uma sensualidade". Em *Jornal das Moças*, não se critica o uso de batons, cremes de beleza, vestidos acinturados ou outras formas de realçar o corpo feminino – que, na verdade, também seriam expressões de sensualidade. Porém, no caso do flerte feminino evidente, a ousadia e a ausência de pudores é que são condenáveis.

Pode-se dizer que o flerte é considerado perigoso também porque explicita a iniciativa por parte da moça – quando a regra afirma que a intenção da conquista deve (pelo menos aparentemente) partir do homem. Essa atitude pode deixar os homens confusos ao provocar uma "inversão de papéis". Em última análise, o flerte feminino ameaça o controle masculino sobre as mulheres.

À jovem cabe evitar a todo custo ser taxada de "leviana", "vassourinha" ou "maçaneta" (a que "passa de mão em mão"), mantendo-se dentro dos limites reservados às "moças de família", ou seja, aquelas que os homens procuram para esposa, fiéis, recatadas e puras. Em outras palavras, mulheres mais fáceis de manejar e perfeitamente enquadradas.

Existe uma preocupação constante da sociedade, refletida e reiterada pelo discurso das revistas dos anos 1940 e 1950, em normatizar e controlar a sexualidade feminina. *Jornal das Moças* faz sua parte ao levar às leitoras os parâmetros de certo e errado para que sirvam de modelos de comportamento e para que as próprias mulheres possam se policiar e também umas às outras. Mesmo nos espaços de descontração (festas, passeios, praias...) ou nas oportunidades de encontro e convivência de homens e mulheres em locais de estudo e trabalho, as moças precisam proteger sua reputação, pois estão sob a mira de olhares vigilantes. O recato e a virtude continuam a ser qualidades morais obrigatórias nas candidatas à esposa.

Uma jovem não deve [...] parecer exageradamente coquete e sofisticada, já que não fica bem para seu prestígio tal empenho; ao contrário, pode dar motivo a maliciosas interpretações nas festas ou reuniões. (*Jornal das Moças*, 12.06.1958)

[A] jovem que, nas festas, parece monopolizar as atenções de todos os cavalheiros, não poupando esforços para que formem um círculo ao seu redor, faz-se alvo de todos os olhares, [e] aquela que adota atitudes de noivado com um só durante uma reunião [...] [devem ser descartadas como convidadas nas próximas festas]. (*Jornal das Moças*, 20.05.1958)

Numa época em que a eleição do cônjuge já cabe prioritariamente às duas pessoas que formarão o casal e em que o ideal do amor romântico é valorizado até pelos meios de comunicação, é preciso criar oportunidades "proveitosas" para que essa eleição ocorra de maneira adequada. A subjetividade e o amor recebem, assim, novas balizas que garantem a estabilidade social.

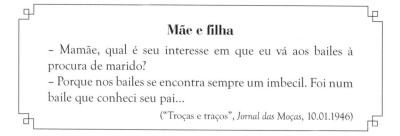

**Mãe e filha**
– Mamãe, qual é seu interesse em que eu vá aos bailes à procura de marido?
– Porque nos bailes se encontra sempre um imbecil. Foi num baile que conheci seu pai...
("Troças e traços", *Jornal das Moças*, 10.01.1946)

Não é raro as revistas dos anos 1950 aconselharem as jovens a sair em grupo, e não só de moças (o mais comum na época), mas também mistos. Em primeiro lugar, porque é bom que as garotas convivam com rapazes para que aprendam algo sobre os homens e possam eleger seu futuro esposo com mais segurança. Mas também porque é perigoso para a fama de uma "moça de família" (ou aquela que serve para "constituir família") andar sozinha ou encontrar-se com um homem em "local suspeito", em situação que sugira "muita intimidade". Ser vista na companhia de diversos rapazes, abraçando e beijando ou mesmo flertando nitidamente com eles (ou, como se diz na época, "pulando de galho em galho") é ainda pior.

Além de submetidas aos "olhares gerais" que as vigiam e julgam, as moças estão diretamente sujeitas à orientação e à disciplina dos pais, aos quais devem satisfação a respeito de seus interesses e escolhas afetivas. Essa interferência na vida das jovens pode ocorrer em maior ou menor grau, dependendo dos hábitos de cada família. Conforme determinam seus pais ou responsáveis, em ocasiões como bailes, encontros, viagens, passeios, a "moça de família" deve estar acompanhada por um parente ou "alguém de confiança" (vizinhos, tias, amigas da mãe etc.) que garanta sua reputação. No *footing* ou nos momentos reservados ao namoro, podem servir de acompanhantes irmãos (ou primos), que teriam a função de "segurar vela", ou seja, vigiar a moça e, depois, contar aos pais como ela se comportou ou simplesmente para assegurar aos outros (incluindo os pretendentes) que a jovem em questão é respeitável.

O costume que obrigava as "moças de família" a sair acompanhadas foi se afrouxando ao longo dos anos, mas ainda era bastante comum e arraigado na primeira metade dos anos 1960, especialmente em cidades menores.

---

**Dúvida**
– Não sei se brigo com ele ou agradeço o elogio.
– Que disse ele?
– Que eu era o tipo ideal para um passeio no conversível.
("Troças e traços", *Jornal das Moças*, 03.02.1955)

> **Garotas de hoje**
> – Por que tu não deste um grito bem alto quando ele te beijou?
> – Eu??? Então você acha que eu sou tola? Ele me ameaçou...
> – Não diga! E o que foi que ele lhe disse?
> – Que, se eu gritasse, ele não me beijaria outra vez...
> ("Troças e traços", *Jornal das Moças*, 31.08.1961)

Havia moças que, para ter mais liberdade, tentavam burlar o controle dos pais. Frequentemente, namorados tentavam subornar com doces, dinheiro ou agrados os "seguradores de vela" para que dessem um pouco mais de privacidade ao casal. Uma leitura atenta, especialmente das entrelinhas, dos textos de *Jornal das Moças* revela a existência de atitudes rebeldes de moças tidas como "de família" que não se comportam exatamente de acordo com os padrões impostos; impulsivas, sensuais, "inconsequentes", escapam, na medida do possível, do controle social.

*Jornal das Moças* é bem didático ao alertar para os perigos que correm tais meninas. Afirma que garotas que assim agem, por rebeldia ou ingenuidade, acabam mal (no mínimo são desprezadas ou humilhadas). Até os contos que a revista publica participam desse esforço disciplinador, já que ela opta claramente por histórias edificantes e moralizadoras. Em um deles, intitulado "Alto, louro, simpático... e rico", a história de Helena entretém ao mesmo tempo que serve de exemplo às leitoras:

> Helena, uma boa moça que trabalhava fora para ajudar a família, ouve de uma cartomante que seu futuro marido será alto, louro, simpático e rico. Um dia, ao sair com sua amiga Dulce, conhece Cláudio, um rapaz que correspondia à descrição.
> Cláudio convidou-a para seu carro. Com a convicção de que defrontava seu futuro marido, Helena não foi avara com o sorriso nem com os olhares expressivos. Ele retribuiu tudo encantado.

> Não tardou que a intimidade do carro facilitasse outras intimidades. Cláudio não era tolo nem tímido [...]. Helena não soube o que fazer. As carícias tornaram-se ousadas enquanto a companheira atrás com o outro amiguinho ignorava tudo. Notando que estava no caminho errado, Cláudio não se sentiu constrangido em dizer-lhe umas duras verdades. Envergonhada, humilhada, desiludida [...] com os homens, com a leviana Dulce, Helena pediu para que parassem o carro.
> Sentia-se mal e ia descer. Ninguém se opôs. Aquela menina tola e ingênua não era companheira agradável para um passeio de carro. (Lourdes G. Silva, "Alto, louro, simpático... e rico", *Jornal das Moças*, 23.08.1945)

A história segue: Helena lamenta e sofre com o ocorrido, mas, dias depois, começa a "namorar para casar" um "moço bom", com futuro profissional e cabelos negros. Entre eles, apenas mãos dadas, carinho e "o olhar que parece beijar o outro". O final feliz, sinônimo de casamento em contos deste tipo, é o prêmio para moças "bem-comportadas".

A mocinha *ingênua* comete o erro de entrar num carro com um rapaz que, simplesmente por não ser "tolo" (ou seja, cumpre o previsível num homem), tenta "aproveitar-se dela". Helena – que não é "leviana" – escapa a tempo da situação. Como recompensa por portar-se como uma "boa moça", recebe mais tarde uma ótima proposta de casamento e, é claro, de um rapaz de futuro promissor, que cumpriria bem as funções de provedor da família, muito diferente do rico, mas irresponsável, *playboy* (observar aqui dois tipos bem definidos e "opostos" de homem).

A intimidade da jovem com seu noivo, neste conto de 1945, restringe-se às mãos dadas e trocas de olhares. (Anos depois, nas narrativas apareceriam beijos e carinhos no rosto e cabelos: nada muito ousado.)

A história de Helena, como tantas outras, serve de alerta para que as moças não acreditem em futilidades como cartomantes, filmes, livros ou qualquer outra coisa que alimente romantismos e impulsos passionais, capazes de minar as possibilidades de um casamento nos moldes tradicionais ao abalar sua reputação ou mesmo acabar com sua honra (leia-se: virgindade). Mas que também, concretamente, podem colocar em risco a conformidade da jovem com os padrões morais, os limites e o destino reservados a ela.

Por fim, neste conto aparece também a figura da "leviana", personificada por Dulce, que, por oposição, reforça as características de pureza da mocinha da história.

*Jornal das Moças* faz eco com os padrões conservadores: *Jovens, sigam os modelos, aprendam a lição!*

Já nos anos 1960, pode-se dizer que a moral que regula o comportamento das mulheres, assim como os padrões que definem as distinções de gênero, são bem menos rígidos que nas duas décadas anteriores. A revista *Claudia*, em geral, adota uma postura mais sutil que a porta-voz da verdade, *Jornal das Moças*, com relação ao que seria a "natureza feminina" e o comportamento apropriado da mulher.

Porém, *Claudia* continua promovendo a distinção entre o feminino e o masculino frequentemente traduzida em assimetrias e veiculando definições do que é ou não adequado a mulheres e homens com base em uma ideia de diferença sexual preconcebida.

Para a mulher, a grande maioria dos textos de *Claudia* ainda reserva os afazeres domésticos, o cuidado com os filhos e o casamento como metas de vida.

> [...] a mais perfeita felicidade: a de ser esposa e mãe. ("Direito, mulher e lei", *Claudia*, 12.1962)

> [...] a finalidade última do casamento é a prole. ("Claudia responde", *Claudia*, 01.1962)

Entretanto, em *Claudia* já podem ser encontradas outras ambições femininas desejáveis – como o "aprimoramento cultural", os estudos e o trabalho – desde que a dedicação ao lar não seja menosprezada. Dessa forma, sem abrir mão das concepções tradicionais de gênero, *Claudia* denota um avanço no sentido de afrouxar os limites estabelecidos.

As imagens femininas que aparecem em diversos de seus artigos e contos ainda se pautam por antigas referências – como a "boa moça", a esposa dedicada a satisfazer os desejos do marido, a mãe cuidadosa e a dona de casa aplicada e responsável... E continuam presas a concepções de uma "alma feminina" (mais uma vez a ideia de "essência") hipersensível, vaidosa, romântica e sujeita a futilidades, incoerências e criancices. Tais imagens aparecem mesmo em textos assinados por mulheres e em cartas escritas por leitoras. Por outro lado, são relativizadas no conjunto da revista por outros perfis femininos, também presentes (na correspondência publicada ou nos textos de Carmen da Silva, por exemplo), que remetem à lucidez, inteligência, firmeza de caráter e responsabilidade.

Assim como suas antecessoras no mercado editorial, *Claudia* também *ensina a ser mulher* com base em estereótipos consagrados de masculino e de feminino. Em "Etiqueta para menores de 14 anos" podemos ler:

> [...] Só para as meninas:
> 1) seja prestativa, não espere que lhe peçam para ajudar, ofereça-se para isso;
> 2) sempre que puder, ajude sua mãe a arranjar a casa e cuidar dos irmãozinhos;
> 3) quando estiver contrariada ou com raiva, procure não demonstrar. Não grite. Não chore sem razão. ("Conselhos do tio Marcelo", *Claudia*, 08.1962)

Como que dando uma ajuda à natureza, *Claudia* prepara as meninas (só elas) para o seu futuro de tarefas domésticas e cuidados com os filhos. Desde cedo, devem se acostumar a servir, resignar-se, manter as aparências e abrir mão de discussões e enfrentamentos, coisas que lhe serão bastante exigidas no futuro, principalmente no seu relacionamento com os homens. Na parte "Só para os meninos", os conselhos, completamente diferentes, são do tipo: "não brigue no futebol...".

*Claudia*, entretanto, não é uma revista homogênea. Um artigo sobre "Psicologia da mulher" (de março de 1962), por exemplo, afirma "com bases científicas" que feminilidade não é sinônimo de passividade. Porém, as imagens femininas predominantes em *Claudia* nesta época, sem dúvida, são as tradicionais. E mesmo que, muito mais que *Jornal das Moças*, *Claudia* procure saber o que pensam os jovens (e aconselhe os pais a fazerem o mesmo), ela ainda defende que as moças devam ser "bem encaminhadas". Espera que as garotas compreendam e se adaptem ao que a sociedade quer delas na vida adulta, familiar e doméstica.

# Namoro

O namoro nos Anos Dourados, especialmente até fins dos anos 1950, é cercado de regras e costumes que devem ser observados tanto pelo casal de namorados quanto pelos pais, parentes e terceiros envolvidos. Mesmo fazendo parte do senso comum – incluindo o universo discursivo das revistas femininas –, as normas e práticas aceitáveis que cercam o jogo social do namoro são constantemente reproduzidas (ensinadas) e, com isso, reforçadas.

Assim, é dito que, no tempo do namoro, a jovem deve tentar provar que é "boa moça" – pura, recatada, fiel, cordata –, prendada – como deve ser uma dona de casa – e capaz de vir a ser uma mãe dedicada e carinhosa. O pretendente, por sua vez, precisa demonstrar para a namorada e sua família que é honesto, responsável, trabalhador e "respeitador" com relação à sua eleita, enfim, um "bom partido". A mãe da jovem precisa vigiar de perto o comportamento da filha, zelar por sua reputação (o que inclui controlar suas saídas e horários) e manter o pai informado do assunto. Além disso, deve ajudar a filha na escolha do noivo e dar-lhe conselhos práticos sobre a vida de casada. Ao pai cabe avaliar a condição econômica e as intenções do pretendente e cuidar para que sua filha seja sempre vista como uma "moça de família", protegendo sua honra diante dos outros.

O namoro, porém, não interfere apenas na dinâmica do grupo doméstico, mas também influencia todo o conjunto mais amplo de relações e representações de gênero, como veremos mais adiante. Por enquanto, basta lembrar que, no jogo do namoro, não são só as imagens referentes aos jovens (namorados e candidatos a) as que contam nessa época. Também têm peso as que se reportam a outras pessoas: o pai ("vigilante e defensor da honra"[27]), a mãe ("cuidadosa e responsável"), os vizinhos fofoqueiros, os amigos (cúmplices ou críticos) e todo um leque de guardiães "da moral e dos bons costumes".

Historicamente, ao longo do tempo, e com mais intensidade em meados do século XX, o namoro adquire maior importância social na medida em que, em geral, os pais passam a interferir menos na escolha dos cônjuges e a subjetividade dos diretamente envolvidos no relacionamento ganha mais força. No momento em que isso ocorre, a sociedade passa a se preocupar *não só* com o caráter secreto, fora de alcance ou potencialmente perigoso do namoro (cujas intimidades exacerbadas podem comprometer a honra da moça e de sua família) – o que ainda continua dando muita dor de cabeça –, mas *também* com a prática explícita e legitimada do namoro dos jovens, ou seja, seus encontros em casa ou em locais públicos, seus passeios a dois, suas demonstrações de afeto.

O namoro socialmente aceito e desejável nas "casas respeitáveis" é aquele que pode ser visto como "o primeiro passo" em direção ao casamento e à formação de uma nova família. Com tal importância social, não há como o namoro escapar das indefectíveis balizas ditadas pelos padrões de comportamento que procuram garantir as instituições do matrimônio e do modelo dominante de família e, em última instância, a ordem social.

Na verdade, porém, o jogo do namoro não envolve somente o que pode ser regulado e vigiado. Ele inclui também a subjetividade e a espontaneidade, capazes de reformular, burlar, desafiar ou exercer a criatividade diante das regras e práticas estabelecidas. (Assim, cada experiência de namoro é também uma vivência única.)

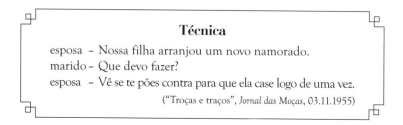

> **Técnica**
> esposa – Nossa filha arranjou um novo namorado.
> marido – Que devo fazer?
> esposa – Vê se te pões contra para que ela case logo de uma vez.
> ("Troças e traços", *Jornal das Moças*, 03.11.1955)

Voltando ao universo das revistas femininas dos Anos Dourados, a definição de namoro como uma etapa preparatória para o noivado e o casamento, uma fase de estudo e descoberta mútua, que exclui as ideias de um fim em si mesmo, de um passatempo, de um gozo de satisfações imediatas,[28] encaixa-se perfeitamente no discurso de *Jornal das Moças*. Por outro lado, também de acordo com o que ocorre nessa época, o amor romântico, que valoriza a escolha e a afetividade, aparece como ideal, especialmente no que diz respeito às mulheres.

> [...] o amor é um tema que atinge por igual os dois sexos, porém é mais abordado por mulheres. [...] Desde que a menina começa a fazer-se mulher e até que a mulher entre nos umbrais da senectude, o amor é o motivo central único em torno do qual giram todos os seus sentimentos. Por isso se diz que Deus fez as mulheres exclusivamente para o amor.
> Nos passeios, nos teatros, nos bailes, nos escritórios, nas fábricas, nas tarefas domésticas, a mulher vive sua vida sem abandonar um só momento o assunto de amor. [...] É algo consubstancial a ela mesma, algo que nasceu com ela e com ela morrerá [...]. (Roberto Moura Torres – "Bom dia, senhorita" – "Falando sobre amor", *Jornal das Moças*, 29.12.1955)

*Jornal das Moças* garante que a mulher, qualquer mulher, vive em função do sentimento amoroso. E vai além: enfatiza o caráter unilateral do amor das mulheres, ou seja, elas devem amar pais, marido e filhos independentemente do fato de serem ou não correspondidas de forma satisfatória. A abnegação faz parte do amor feminino.

O caráter romântico, sensível e sonhador, atribuído às mulheres (em oposição, por exemplo, à praticidade e energia masculinas), é altamente reforçado pelas revistas femininas. *Jornal das Moças*, assim como suas contemporâneas, e mesmo *Claudia*, está repleta de histórias de amor com "final feliz" que quase sempre correspondem a casamento (de fato ou em perspectiva). Essas narrativas – com títulos do tipo "O coração precisa bater", "Uma história sentimental", "... e as estrelas sorriam" – gotejam no cotidiano das leitoras a aventura sentimental, mas canalizam o potencial do sentimento amoroso (uma coragem ímpar e uma grande capacidade de empreender esforços) para um estilo de vida convencional ligado ao matrimônio e à família. Assim, o lado subversivo e perigoso do *amor romântico* acaba neutralizado; o amor é domesticado cedendo aos apelos do "bom senso", das normas sociais, e adaptando-se ao modelo dominante de felicidade preconizado para a mulher.

*As mulheres vivem para o amor*, afirmam em coro as revistas femininas. Mas, na verdade, trata-se de *um* determinado *tipo* de amor; voltado para o casamento tradicional, a maternidade obrigatória e as conveniências sociais. Qualquer exagero ou deslize passional, fora das regras, é condenado.

Os contos sentimentais, com seus temas repetitivos e inescapáveis desenlaces matrimoniais, colaboram para a construção de parâmetros que definem as expectativas das leitoras, incluindo-se entre todas as demais práticas sociais e mensagens que configuram as formas ideais de relacionamentos afetivos e sexuais. Suas narrativas demonstram que "a felicidade" pode sim ser alcançada individualmente sem que haja questionamentos ou modificações da ordem estabelecida. Ensinam também que os desejos não devem violar as normas sociais que são aparentemente fáceis de serem seguidas, bastando ter consciência do que é "certo" e "errado" e evitando as tentações. Punições estão previstas para as rebeldes.

Os artigos seguem os passos dos contos nesse sentido. As revistas, ao mesmo tempo que alimentam todo um romantismo idealizado, criticam as mulheres "sonhadoras" e "ingênuas" que se deixam levar por sentimentalismos e impulsos passionais afastando-se de suas obrigações. E mais: chamam a atenção das mulheres para as regras que não podem ser burladas (e as sanções que o desrespeito acarretaria) e para os limites que devem pautar o desejo afetivo e o comportamento dos apaixonados.

Num tempo em que a vontade das mulheres já tem um peso importante no desenrolar dos relacionamentos afetivos, especialmente na fase "pré-casamento", que é o namoro, todo o cuidado é pouco no momento de garantir sua boa conduta.

## AMOR *VERSUS* PAIXÃO

"O casamento só deve ocorrer quando houver amor" – esta ideia bastante frequente nas revistas femininas tem uma contrapartida: o amor só se justifica, só é aceitável, com o casamento (de fato ou em vista). Assim se constrói a distinção, e a oposição, entre *amor* e *paixão*.

> [...] Um amor impossível é [...] o que jamais poderá se concretizar numa união legal sem incorporar em flagrante violação das leis da *moral* e da *ordem*. Não faltam homens e mulheres que, esquecendo a fé jurada e as obrigações contraídas perante Deus e os homens, chegam a conceber e mesmo a alentar amores cuja mera existência é uma injúria aos princípios morais [...]. *As paixões* são sentimentos monstruosamente desproporcionais que chegam a tal extremo recebendo alimento da imaginação [...]. (Glycia Galvão, "Bazar feminino", "Os amores impossíveis", *Jornal das Moças*, 02.06.1955, destaques meus)

"Os amores impossíveis", proibidos, são movidos pela *paixão*. E a paixão não é concebida entre marido e mulher, nem entre noivos que se amam. Não é um sentimento positivo e sim provocador de uma união irracional entre duas pessoas que nunca poderiam ficar juntas legalmente. A paixão é, portanto, um desrespeito à moral e à ordem. Conclusão:

"O que pode fazer toda pessoa sensata e honesta é negar alimento a [...] sentimentos que ofendem a consciência de quem os sente".

E o amor? O amor verdadeiro é um sentimento que se apoia em valores seguros, vinculados à harmonia de uma união conjugal aceitável e à estabilidade familiar. Particularmente em *Jornal das Moças*, o amor diz respeito ao que se pode chamar de uma ligação espiritual, algo próximo à afeição e afinidade (de pensamento e estilos de vida), pois não há qualquer referência a um sentido mais físico, erótico (este tipo de atração, frequentemente, é atribuído às paixões, aos amantes proibidos, ou às aventuras masculinas).

> [...] [o amor] verdadeiro é aquele que se enquadra em nosso juízo e razão [...]. Paixão é a exaltação, efervescência do juízo [...]. O amor sem necessidade de ser apaixonado tem em si mesmo a virtude substancial que o faz ponderável e heroico até a santidade e ao sacrifício. [assim é o amor das mães e dos esposos – transformando-se de amor-idílico em amizade à medida que a velhice avança].
> O amor-apaixonado é um jogo artificioso; um fogo-fátuo fugaz e exaltado. Nasce do exacerbamento instantâneo de um capricho [...]. [a paixão provoca ações insensatas como a de moças que se envolvem com aventureiros].
> As resoluções extremas, os disparates que se cometem em nome do amor [...] estão longe de ser consequências do amor. *O amor jamais causa danos* [...]. (Roberto Moura Torres, "Bom dia, senhorita", *Jornal das Moças*, 21.10.1953, destaques meus)

São os parâmetros da ordem moral o que distingue os afetos "verdadeiros" dos ilegítimos, os frutos da "lucidez" dos da "loucura", o "juízo" da "exaltação". Não é a intensidade ou a vontade subjetiva que justifica o sentimento, e sim seu enquadramento nas conveniências sociais. A existência da paixão, ao ser explicada pela "falta de razão", uma loucura passageira ou algo decorrente da inexperiência ou da rebeldia juvenis, faz com que sentimentos potencialmente subversivos, como as *paixões arrebatadoras*, possam ser então descartados. Um artigo de *Claudia* intitulado "A paixão" (de dezembro de 1963) usa as palavras "intransigência" e "abandono de fórmulas e valores" para descrevê-la.

Em se tratando de "cometer loucuras" ou de "sucumbir a impulsos condenáveis", as consequências são mais dramáticas e as sanções sociais, mais terríveis para as mulheres do que para os homens, como lembram as revistas.

Em *Claudia*, o sentimento amoroso, especial e quase exclusivamente ligado ao casamento (de fato ou em potencial), também encontra espaço e alimento. O casamento é a forma de realização plena do amor entre homem e mulher, sendo

> [...] sua banalização, ou neutralização ou eliminação, como pretende, consciente ou inconscientemente, uma *falsa* filosofia de vida, o maior perigo que corre hoje em dia a espécie humana. (Alceu Amoroso Lima, "As faces do amor", *Claudia*, 08.1963, destaque meu)

Nesse pequeno trecho, há uma pista da existência de outras formas de encarar o amor na época. *Claudia*, porém, com seu apoio total à família legalmente constituída, não chega a favorecer nem sequer a veicular outras maneiras de se entender o amor entre homem e mulher ou mesmo relacionamentos que não sejam heterossexuais.

Com relação ao amor, a mulher é considerada superior ao homem, porque tem maior capacidade de amar; e o texto entende amor como sacrifício, doação, "transmissão da vida" e fidelidade.

Dessas afirmações, decorre implicitamente que as infidelidades e irresponsabilidades masculinas estão justificadas e legitimadas, porque os homens são "mais fracos" e até "inferiores" às mulheres – características que, de todo modo, os fazem ser mais livres que elas.

Sobre a mulher recai o peso da "missão" (nas palavras do texto) "de amar e se fazer amar", que é "o destino de sua própria condição". Em outras palavras, das mulheres são *exigidos* sacrifícios e fidelidade, em nome do amor, com base no que se crê ser a essência do feminino. Esse discurso submete as mulheres a uma moral diferente da que deve reger o comportamento masculino, utilizando o velho, mas sempre renovado, argumento da "natureza" distinta dos sexos. Em troca, a mulher recebe do discurso algumas compensações; é agraciada com o "poder de amar" (e superar o homem nisso) e com o título de "mestra e modelo no assunto do amor".

※

"Só o amor não basta", afirma *Jornal das Moças*. O amor é considerado importante para a união conjugal, mas um "bom casamento" (com base financeira e interesses sociais compatíveis) é muito mais valorizado. Um esquema matemático da importância dos desejos atribuída nas páginas de *Jornal das Moças* seria: paixão < amor < bom casamento.

> [...] o amor não sustenta ninguém e precisa de uma base financeira para se sustentar [...]. Um casamento sem amor é cinza e pó, mas o casamento que só tem amor é um globo belíssimo colorido que arrebenta em nossas mãos tal como se fosse uma bola de borracha. [...] quando termina a lua de mel, quando cessam os arrulhos [...] o casamento se converte numa pesada cadeia de obrigações. (Glycia Galvão, "Bazar Feminino", *Jornal das Moças*, 07.04.1955)

Em *Jornal das Moças* são valorizados outros aspectos além do amor – considerados, inclusive, mais importantes que este – que justificariam a constituição e manutenção de uma união conjugal. Para a mulher, as responsabilidades de esposa e mãe devem estar acima de desejos românticos. Para o homem, há também atribuições inevitáveis, de "chefe de família", mas há válvulas de escape na camisa de força do casamento, como o direito às chamadas "liberdades masculinas".

A relativização da importância do amor romântico (juntamente com as críticas feitas às paixões avassaladoras) é uma forma de ordenar os sentimentos para que não ameacem as relações sociais estabelecidas. Ridiculariza sentimentalismos (normalmente atribuídos ao feminino) e descarta desejos que podem subverter as instituições. Evita questionamentos no que diz respeito às diferenças de classe (que poderiam ocorrer, por exemplo, com relações afetivas entre indivíduos de grupos sociais distintos ou com a contestação do modelo dominante de "família burguesa"). E, finalmente, resguarda a reprodução dos padrões familiares conservadores com suas desigualdades de gênero intocadas.

O processo pode ser resumido da seguinte maneira. As revistas alimentam *nas jovens* o ideal do amor romântico (ainda que domesticado e com vistas ao casamento). Colocam, dessa forma, *o homem* nas alturas, o "príncipe encantado" (ou, mais atualizado, o galã de cinema) que as levará para o altar "no dia mais feliz de suas vidas". O homem, posto no pedestal, torna-se a meta, o objetivo de vida dessas jovens. O futuro marido passa a ser visto como aquele capaz de dar toda a felicidade almejada pela mulher... E, então... as revistas procuram tirar as moças das nuvens das idealizações românticas chamando-as de volta à realidade dos *deveres* e *obrigações* de esposa e mãe, que estariam acima das decepções, ciúmes, paixões e dos "caprichos femininos". O amor aparece como a maior contribuição da mulher, mas se ele for "exigente demais", é desvalorizado ou considerado perigoso para as instituições. Aqui, o círculo se fecha: as revistas contribuem para a preservação da estabilidade social.

Nos contos de *Jornal das Moças* não se concretiza ou promove a infelicidade: os relacionamentos afetivos com deformados ou deficientes; os amores por moças de "má reputação" ou por rapazes "irresponsáveis"; os namoros com mais de um homem; as atrações por divorciados e, principalmente, os relacionamentos com pessoas casadas. Nas histórias, os personagens de comportamento exemplar abrem mão de seus sentimentos se há algum empecilho como esses.

Para personagens paralíticos, aleijados ou coxos não há "final feliz", a união não se concretiza (a pessoa deficiente, por exemplo, perde seu amado para uma pessoa "normal"). Esse desfecho é condizente com a valorização social da aparência física e pode ser explicado também pelo fato de que a procriação é considerada um dos objetivos fundamentais do casamento.

Paixões por pessoas casadas quase nunca vão em frente; nestes casos, o desfecho da história varia entre a loucura ou morte de um dos envolvidos, a separação definitiva dos apaixonados, a transformação do sentimento em amizade ou uma "surpresa" que elimina o obstáculo moral que antes impedia os enamorados de ficarem juntos. Nos contos em que a mulher leva adiante um romance com um homem comprometido, ela sempre acaba mal, abandonada e arrependida.

Nas páginas de contos de *Claudia* do início dos anos 1960, os enamorados não enfrentam barreiras que não sejam as puramente subjetivas, não havendo histórias com os obstáculos "clássicos" e os dramas dos "amores impossíveis" como os que instruíam as leitoras de *Jornal das Moças*.

## CONQUISTA

"Devem as Mulheres declarar-se?". "Não." Nos anos 1940 e 1950, espera-se que o homem tome a iniciativa da aproximação e da declaração amorosa.

> Haveria casamentos mais felizes se a mulher pudesse escolher o companheiro? Nunca se fez esta experiência. As mulheres sempre têm sido as escolhidas pelos homens e não os homens pelas mulheres, submetendo-se sempre a este *costume* aceitando o candidato que se lhes apresenta, sob pena de *ficarem solteiras* por toda a vida [...]. (Doroty Dix, "Carnet das jovens", *Jornal das Moças*, 29.07.1948)

As insatisfeitas com esse papel passivo devem conformar-se, pois "é o costume". Porém, ficar solteira é tido como um fracasso ou um grande castigo. As mulheres acima de 25 anos ainda sem aliança no dedo devem se preocupar com o futuro, pois já "passaram da idade", e conquistar um marido a partir de então é muito mais difícil. Sem o casamento, garante *Jornal das Moças*, a mulher não consegue realizar-se, pois todas as mulheres (mesmo as que se dedicam a causas sociais ou políticas) precisam de um marido. Nas entrelinhas, a mensagem: a conquista de um marido é mais significativa que todas as outras bandeiras.

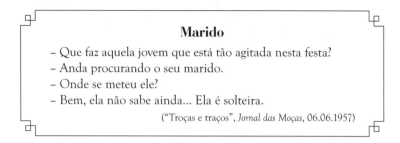

> **Marido**
> – Que faz aquela jovem que está tão agitada nesta festa?
> – Anda procurando o seu marido.
> – Onde se meteu ele?
> – Bem, ela não sabe ainda... Ela é solteira.
> ("Troças e traços", *Jornal das Moças*, 06.06.1957)

Nos contos de *Jornal das Moças*, as "solteironas" têm diante de si as seguintes possibilidades: solidão e tristeza; uma "vida vazia" na companhia de um animal de estimação; dedicar-se exclusivamente ao trabalho ou arrumar uma maneira de corresponder a seu instinto materno sem ser mãe.

Mas, para além da frustração individual, percebemos que há muito mais em jogo. Não se casar (por opção ou azar) significa não corresponder às expectativas da sociedade. É, portanto, uma ameaça ao ideal de felicidade que tanto contribui para a manutenção da ordem dominante.

Já que conseguir marido deve ser o objetivo maior de todas as moças e qualquer "bom rapaz" é um esposo em potencial, as revistas ensinam as leitoras a observar, conhecer e agradar os homens promissores. Além disso, apesar da esperada passividade feminina, considerando a importância social do casamento na vida de uma mulher (a ponto de o celibato ser estigmatizado), há mulheres que não esperam o marido cair do céu, batalham por ele com armas próprias. De fato, a passividade imposta às mulheres muitas vezes é apenas aparente. Ou seja, as revistas mostram que elas têm meios de "agir" sem que a ilusão do poder masculino da "iniciativa" seja abalada ou o "orgulho do homem" fique ferido.

> É certo que uma moça nunca deve tomar a iniciativa de uma declaração. Mas essa reserva não deve ir ao ponto de fazer com que ela finja indiferença que não experimenta, quando em presença de um rapaz [...] a mulher tem mil maneiras, *dentro do limite da moral*, de conquistar um rapaz. Ela pode conquistá-lo [...] dando-lhe a ilusão de que está sendo conquistada [...]. (Maria Teresa, *O Cruzeiro*, 12.02.1955)

> U'a mulher deve saber *conservar* a todo o momento o *seu lugar* [...]. Espere que a iniciativa *venha* dele. O homem gosta de conquistar e não que o conquistem e, se apesar disso, você intentar, deve fazer com que ele não perceba suas intenções diretas [...]. (Jornal das Moças, 05.05.1955, destaques meus)

Os espaços e atribuições ligados ao masculino e ao feminino estão bem delimitados. Sem extrapolar tais limites, a mulher pode, contudo, lançar mão do "jeitinho feminino", aqui, o artifício da sedução – um poder dissimulado que as mulheres realmente detêm, mas que, pelo menos aparentemente, não subverte a supremacia masculina. Fazem parte das artimanhas sugeridas por *Jornal das Moças*: usar o penteado de que ele gosta; vestir-se com as cores que ele mais aprecia; renunciar ao passeio a que ele não pode ir; elogiá-lo sempre e estimular sua vaidade; mostrar-se delicada; "saber calar e falar no momento exato"; tentar satisfazê-lo, adotando ao mesmo tempo uma atitude de "amável indiferença" para não parecer "demasiado solícita", pois "o homem deseja ganhar o amor, e não o aceita sem esforço".

É fato que tais artimanhas dão às mulheres uma margem de manobra, um espaço maior de ação, mas também é verdade que acabam por reforçar o lugar masculino no primeiro plano das relações de gênero. A hierarquia fica ainda mais clara quando, por exemplo, as revistas ensinam à jovem a melhor maneira de se comportar diante de um rapaz, de modo que ele a veja como uma "boa moça"; pois não basta a ela atraí-lo; alimentar o potencial de um possível futuro casamento deve ser o principal objetivo. A grande maioria dos conselhos, nesse sentido, procura fazer com que a moça adapte suas atitudes e personalidade em função de agradar o homem. Quando *Jornal das Moças* publica um teste intitulado sugestivamente "Sairá ele com você uma segunda vez?"[29] (em 6 de outubro de 1955), deixa claro que, se as respostas da mulher forem corretas – de acordo com as regras sociais –, *ele* a aprovará. Alguns trechos ilustrativos:

[...] 2 - E se ele a deixa escolher o lugar aonde irão?
a) pede para que ele venha buscá-la em casa?
b) propõe que se encontrem num restaurante?
c) pergunta onde ele acha melhor?
Resposta: a (a) é preferível, mas tenha cuidado: se você vive sozinha, ele interpretará isso como um convite arriscado. [...]

11- Se ele lhe conta uma história um pouco ousada destinada a fazê-la rir, mas cujo humor lhe parece condenável...
a) você ri ruidosamente?
b) assume um ar glacial?
c) sorri dizendo que seu espírito não compreende prontamente este gênero de histórias?
Resposta: (c).

12 - A questão do vinho...
a) deixa que ele encha a sua taça todas as vezes que estiver vazia e bebe-a imediatamente?
b) se a garrafa esvazia, deixa que ele encomende outra mesmo sabendo que o jantar está quase no fim?
c) você não toca na taça que está cheia diante de si?
R: Zero para (a) e (b). Não despreze o vinho, mas beba pouco. Os vinhos generosos sempre fazem a gente cometer tolices. Ele se divertirá... mas julgará você leviana... [...]

15 - Quando chega o momento de pagar...
a) você se oferece para partilhar as despesas?
b) você o deixa pagar?
c) você coloca delicadamente uma nota sobre a mesa para pagar com tato?
R: (b) [...]

21 - Se ele, após o teatro ou cinema, lhe propõe ir ao apartamento para beberem alguma coisa...
a) você aceita alegremente?
b) você o convida então para irem ao seu apartamento?
c) você lhe sugere um café próximo?
R: mesmo se ele se divertir, não gostará se você adotar (a) ou (b). [...]

23 - Se ele tentar abraçá-la antes de ir embora...
a) você permite?
b) repele-o com um ar escandalizado?
c) você desprende-se gentilmente e estende-lhe a mão?
R: Zero para (a) e (b). Não o repila grosseiramente, é melhor adotar (c).

A garota deve, portanto, *agradar, mas não muito*, ou seja, não pode deixar o rapaz fazer tudo o que deseja quando se encontram (ter intimidades, envolver-se em carícias não condizentes com o comportamento de uma "moça de família"), pois "mesmo se ele se divertir, não gostará". Isso porque a considerará uma moça "fácil" (que, se foi "fácil" com ele, poderá sê-lo também com outros rapazes). O relacionamento se resume, portanto, a um jogo de meias palavras e passos estudados, em que a mulher deve ser disciplinada, controlada e perspicaz a ponto de escolher a resposta, a atitude, certa.

**O galanteador**
ele - Amanhã, gostaria de tomar o café com um abraço bem apertado.
ela - Pois não, avisarei o garçom!
("Troças e traços", *Jornal das Moças*, 03.06.1954)

De um ângulo, pode-se perceber no teste proposto por *Jornal das Moças* a tentativa de colocar as opiniões e os desejos masculinos como reguladores das atitudes femininas. Porém, se visto com outros olhos, esse teste também pode revelar que, mesmo numa sociedade permeada pelo consenso de que o homem deve dominar e ser ativo e de que a mulher deve se submeter, as mulheres têm formas de controlar determinadas situações. Conhecendo a mentalidade dos homens, elas buscam agir no sentido de conquistá-los, como se o macho fosse a caça. As mulheres devem saber como prendê-lo através de uma série de artifícios dos quais podem ter consciência. Afinal, é ele quem paga a conta...

As revistas ensinam que agir de maneira adequada proporciona *aceitação social*. Esta dá à mulher o direito a um determinado tipo de deferência e proteção masculina (financeira, por exemplo) considerada importante numa época em que parte do mercado de trabalho é de difícil acesso às mulheres, e o casamento é tido como seu objetivo prioritário de vida.

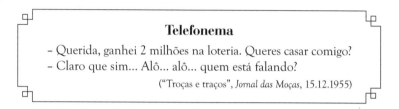

**Telefonema**
- Querida, ganhei 2 milhões na loteria. Queres casar comigo?
- Claro que sim... Alô... alô... quem está falando?
("Troças e traços", *Jornal das Moças*, 15.12.1955)

"Sair com o namorado é uma espécie de jogo", afirma um artigo de 1955 que recomenda à jovem estar sempre em dia com filmes, livros e locais da moda a fim de ser uma companhia *agradável*. Além disso, ela precisa demonstrar que respeita os limites da moral e sabe colocá-los ao rapaz quando se fizer necessário.

> [...] Não perca a oportunidade de conhecer um pouco do seu namorado. Trate de não ter que recordar-lhe que você não é desse "tipo de moças". Não permita nenhum tipo de familiaridade temendo perdê-lo com uma atitude muito séria. Muito pelo contrário, agindo assim você ganhará a confiança dele. Mesmo que aparentemente ele se mostre aborrecido... [...]. Deixe passar uma semana, se o rapaz não lhe telefonar outra vez [...] ele não tinha boas intenções [...].

A jovem também deve se preocupar com o julgamento de outras pessoas de seu círculo social, cuja opinião é considerada tão importante ou mais que a do namorado; algumas vezes ambas se confundem, pois a cobrança social para que o rapaz com intenções de casamento namore uma "moça de família" e não "umazinha qualquer" ("desclassificada", que não merece respeito...), é muito forte.

> [...] em grupo [...], seja cordial com as outras moças [...] não queira ser o centro das atenções masculinas [...] não queira ser "a

mulher fatal", nem namore os companheiros de suas amigas […]. Não menospreze as pessoas de sua família que estiverem acompanhando você caso você não possa sair sozinha com um rapaz. Isto impressiona muito mal […] seja uma jovem que sabe onde tem a cabeça e não seja nem muito antiquada nem muito moderna. O equilíbrio está sempre no caminho do meio. (Glycia Galvão, "Bazar feminino", *Jornal das Moças*, 26.05.1955)

Se a jovem "muito moderna" (ousada e consciente de sua sensualidade) não é bem vista, a "antiquada" (tímida demais e incapaz de "animar uma conversa") também não agrada. Porém, a bagagem cultural (adquirida em leituras e no contato com peças de teatro, filmes e obras de arte) é valorizada principalmente em função da conquista amorosa. Não está em jogo, portanto, em *Jornal das Moças*, o aprimoramento intelectual da mulher como uma forma de autossatisfação ou emancipação pessoal. O "verniz cultural", no fim das contas, é somente uma forma de atrair a atenção masculina, um entretenimento inofensivo ou uma exibição de "dotes espirituais", do mesmo modo que saber ouvir e calar nas horas certas para contentar o possível futuro marido.

Diferentemente das mulheres, os homens podem ser bem mais explícitos e diretos em suas tentativas de conquista. De fato, socialmente, espera-se que o homem inicie o namoro e dite sua evolução: aproximação, declaração, propostas de encontro, convites para sair, definição do momento em que o relacionamento se torna mais íntimo e se e quando ele deve se tornar um noivado. Também é esperado que o homem estabeleça o ritmo do avanço das familiaridades e da troca de carícias entre o casal. Se, com suas incursões no terreno da intimidade sexual, tentar passar dos limites definidos para a "moça de família", ele será absolvido em nome das atribuições naturais da masculinidade: "ele age assim porque é homem" e "não é bobo". Está claro que cabe à mulher o papel de freio aos desejos do corpo. Preservar sua virgindade até o casamento e garantir a fama de "boa moça" é basicamente *sua* responsabilidade.

### Explicando

– Por que é que todas as noivas se vestem de branco?
– Porque o branco é a cor da pureza e da felicidade.
– Ah! É por isso que o noivo se veste de preto.

("Troças e traços", *Jornal das Moças*, 23.12.1954)

O "rapaz aproveitador", sem "intenções sérias" (casamento no horizonte), aparece como uma ameaça às jovens que, se caírem em suas garras (por ingenuidade ou rebeldia), além de não chegarem a se casar com o sedutor, podem comprometer seriamente suas chances matrimoniais com outros homens. O jovem solteiro "namorador" arrisca a reputação das moças e é um pesadelo para os "pais de família", que procuram afastá-los de suas filhas. Porém, para um rapaz, receber o rótulo de "namorador" não é tão grave e nem provoca a reprovação social como ocorre no caso da jovem "namoradeira" ou daquela que se deixou levar por sua lábia e lhe permitiu desenvolver "intimidades reprováveis". Esse rapaz não é excluído do grupo social, pois se acredita que simplesmente atende à sua "natureza" de homem, sendo inclusive, algumas vezes, admirado e invejado por seus companheiros. Moralmente, espera-se que, passado o "fogo da juventude" (esse tipo de justificativa só serve para os homens), este rapaz se torne um marido responsável. Mas se isso não ocorrer, ele receberá a fama ambígua de "solteirão incorrigível", *bon vivant* – admirado, ainda que temido e criticado (ou cobiçado por quem tem a pretensão de conquistá-lo).

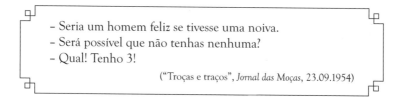

– Seria um homem feliz se tivesse uma noiva.
– Será possível que não tenhas nenhuma?
– Qual! Tenho 3!

("Troças e traços", *Jornal das Moças*, 23.09.1954)

As revistas alertam suas leitoras para que não se deixem levar pelos truques de sedução de homens "mal-intencionados". Se não forem orientadas, as moças podem ser enganadas facilmente, pois – de acordo com imagens femininas muito presentes em *Jornal das Moças* e *Claudia* – as garotas são românticas ingênuas e influenciáveis.

É sabido que nem todas as jovens se submetiam aos padrões; provavelmente mesmo entre as "de família" havia as ousadas, as rebeldes... Se existiam tantos conselhos, é porque talvez houvesse quem não dava ouvidos a eles, por exemplo, no que diz respeito a uma expressão mais livre da sexualidade. Tal garota podia acabar estigmatizada, como alertavam as revistas, ou conseguia a façanha de manter as aparências de "moça de família", com todas as suas regalias e prisões. Encontraremos mais mulheres assim ao longo deste livro e veremos com mais detalhes como, ao desafiar as normas do comportamento apropriado, elas participam, em última instância, da reformulação dos limites de gênero.

> – Imagine, Melanie, que ontem fui apresentada a um rapaz que nunca havia beijado uma pequena!
> – Eu tinha vontade de conhecê-lo!
> – Agora já é tarde...
> ("Troças e traços", *Jornal das Moças*, 14.03.1957)

## O NAMORO EM *JORNAL DAS MOÇAS*, *O CRUZEIRO* E *QUERIDA*

Nos anos 1940 e 1950, de acordo com as revistas femininas, o *período do namoro* funciona como uma fase de sondagem do que pode vir a ser o futuro cônjuge. Significa também um tempo de adaptação ao outro e uma avaliação das perspectivas de convivência. Bem entendido isso, nesse período é preciso evitar o comprometimento apressado e a falta de "seriedade", pois o namoro quase obriga ao noivado e ao casamento, ou pelo menos estes devem estar entre os planos de relacionamentos afetivos que envolvem "pessoas respeitáveis".

Qualquer alteração visível nos padrões de duração e da forma do namoro levanta suspeitas sobre a conduta dos namorados: as verdadeiras intenções do rapaz, a honra da jovem e o grau de responsabilidade dos pais com relação à moça.

Embora as revistas femininas desses anos não falem abertamente sobre experiências sexuais (em sentido amplo) – procurando esconder o termo por trás de expressões como "familiaridades excessivas" ou "intimidades silenciosas" –, no período do namoro, tais experiências estão terminantemente proibidas às jovens desejosas do "apreço social" e de um "bom casamento".

> [...] é *leviana* sim a moça que consente em ser beijada pelo namorado que conheceu hoje, no baile, e com quem bebeu muito champanhe [...] tem razão para temer o que o rapaz agora ande a dizer na roda de amigos. Felizmente não permitiu que outro namorado, depois, desfrutasse em sua companhia de *intimidades silenciosas* [...] ela o teria prendido por um tempo, sim, mas não para amá-la, antes para *desfrutá-la* e deixá-la depois com a alma cheia de remorsos [...]. (Maria Teresa, *O Cruzeiro*, 08.01.1955)

Já o assédio muito insistente de um rapaz pode levar a pensar que, em vez de querer uma esposa, ele esteja apenas perseguindo "objetivos imediatos",[30] em outras palavras, quer "aproveitar-se da moça". O jovem solteiro "bem-intencionado" (aquele que encara a namorada como a possível "mãe de seus filhos") deve conter seus impulsos e "respeitar" sua escolhida. Porém, esse é um conselho que visa mais às moças que aos rapazes, já que, como vimos, em questões que envolvem sexo, os homens são geralmente perdoados por agirem como machos.

> Uma moça de boa formação moral só consente em namorar com o rapaz que lhe pareça correto. E um rapaz nessas condições jamais tentará ultrapassar com carinhos os limites da dignidade [...] certamente terão o cuidado de evitar certas ocasiões perigosas para que mais tarde não se envergonhem de si

mesmos. Mas poderão ser inteiramente devotados um ao outro sem permitir, contudo, que se quebre a linha do respeito mútuo [...]. (Maria Teresa, *O Cruzeiro*, 08.01.1955)

Nas páginas da imprensa feminina, a jovem aprende que deve repelir o rapaz "afoito", porque, se ele for realmente "sério", voltará "regenerado e respeitoso".[31] A moça precisa ser cautelosa e comedida, impondo uma resistência conveniente a cada avanço do rapaz. Ela não pode "ceder" e muito menos mostrar-se "oferecida". Além disso, deve dar preferência a um pretendente estudioso ou com emprego fixo, responsável e em condições de lhe garantir um "bom futuro" (sustentar o lar, estabelecer um relacionamento estável e lhe proporcionar filhos).

Mas as moças também não devem "brincar com sentimentos". Não devem "tomar às pressas algo sério como o amor", nem "fazer crer a um enamorado que aceitam o seu amor quando isso não seja verdadeiro". Não podem prometer a seus admiradores coisas que não irão cumprir. Não devem aceitar ou oferecer presentes a um rapaz, a menos que tenha com ele uma "relação de compromisso". Não podem "exagerar suas expressões de agrado" com relação a um homem, principalmente se ele não for seu namorado.[32]

### Conclusão
– Sabia que o senhor viria visitar minha irmã.
– Como adivinhou?
– A mana tirou o retrato do José e colocou o seu.
("Troças e traços", *Jornal das Moças*, 25.09.1958)

### Culpa do papagaio
– Por que rompestes o noivado com a Maísa?
– Por culpa do papagaio. Sempre que eu ia visitá-la, o louro gritava: "Bom-dia Carlinhos", "Bom-dia Carlinhos".
– Só por isso?
– Lógico! Pois eu não me chamo Carlinhos...
("Troças e traços", *Jornal das Moças*, 26.02.1959)

Outros conselhos dados pelas revistas femininas – muitas vezes acompanhados de queixas contra o comportamento da juventude[33] – revelam a preocupação em controlar cada detalhe do namoro das moças: não faça alusão a outro homem nem fale muito de si mesma; não use *rouge* de tonalidade audaciosa ou carregue nos tons da maquiagem (para não ser confundida com alguém de "baixo nível"); contenha suas demonstrações de carinho.[34] Porém, para que você possa conservar seu namorado, evite desagradá-lo e, mais ainda, dar-lhe ordens: "se o ama de fato, desejará vê-lo feliz e não transformado num pobre homem *dominado* pela mulher".[35]

*❧*

É curioso que nos contos publicados em *Jornal das Moças*, e mesmo nos de *Querida*, as personagens femininas muito ricas quase sempre são apresentadas como mulheres fúteis, "independentes demais", volúveis e "levianas". Por que essa imagem tão negativa das mulheres ricas? Talvez seja uma crítica velada à liberdade de movimentos e escolhas que elas têm em razão de seu dinheiro. Indo mais longe, talvez o pressuposto seja de que a dependência financeira com relação a um homem garanta o bom comportamento da mulher, ou pelo menos o controle social sobre seu estilo de vida. Ou a depreciação das personagens ricas pode se tratar de uma espécie de compensação de classe, já que a classe média se arvora guardiã da moral e dos bons costumes, tendendo para um maior conservadorismo (menos interessante para a classe alta e mais difícil de ser entre os menos favorecidos). De todo modo, temos aqui mais uma das formas discursivas voltadas a disciplinar as jovens de classe média para que sigam as convenções sociais e valorizem o casamento, não dando atenção ao mau exemplo, mas sempre um exemplo, das mulheres mais liberais de classe alta.

No conto "Felicidade, onde estás?", de *Querida*, a moça rica, Célia, chega a seduzir sexualmente Barney, marido de Billie. De fato, Barney era apaixonado pela belíssima Célia, mas se casara com Billie depois de esta ter lhe salvado a vida. Para deixá-lo livre, Billie abre mão de seu amor e pede o divórcio. Barney então procura Célia, que o recebe bêbada, vestindo apenas um roupão.

> Esperava há tanto tempo por aquela mulher! Esperaria mais um pouco. Queria tudo direito, primeiro meu divórcio, depois o casamento. Tudo dentro da moral, da lei, da decência, mas quando ela me beijou esqueci tudo. Estava completamente perdido. Não havia mais coisa alguma no mundo a não ser aquela mulher a quem eu amava, a semiescuridão de uma sala, os gemidos de uma orquestra enchendo o ambiente de desejos.[36] (*Querida*, 02.1959)

Mais tarde, Barney sente-se envergonhado, porque imagina ter se aproveitado de Célia, até que descobre que ela teve relações com ele simplesmente "por esporte": "Meu querido – disse ela –, se eu me casasse com todos os homens de quem gosto, já estaria na cadeia por poligamia!". Barney percebe então que Célia é uma leviana e resolve voltar para a esposa, que espera um filho seu, porque finalmente compreende "que 'dama' é toda mulher decente, honesta e leal, capaz de amar".

Em outra história, uma jovem milionária – "dessas moças modernas sem coração e sem sentimentos" – é trocada pelo noivo por uma "boa moça" mais pobre. Em outro conto, a viuvinha rica só consegue se casar novamente quando resolve abandonar seus "prazeres mundanos dos esportes e dos salões" para dedicar-se inteiramente a seu amor, o novo marido.[37]

As personagens femininas jovens e muito pobres dos contos de *Jornal das Moças* são sempre "boas moças" que procuram agir de acordo com os padrões morais dominantes (apesar de algumas vezes não consegui-lo[38]); muitas delas acabam premiadas com um "bom casamento".[39] Porém, a grande maioria dos contos sobre mocinhas tem como personagem principal uma jovem de classe média. Nessas histórias, os pais (ou avós ou algum outro adulto) sempre sabem "o que é melhor" para a jovem.[40] No fim das narrativas, a garota que se mostrou rebelde, "mimada demais", "prepotente" ou "temperamental como os artistas" termina por estragar sua vida e a dos outros (familiares, admiradores) ou recebe uma lição (ou um castigo) que a faz "arrepender-se amargamente".[41]

O conto "Poeta", de *Jornal das Moças*, é exemplar no sentido de alertar as jovens indisciplinadas sobre as punições que poderão advir de seus atos, entre as quais a mágoa pelos erros cometidos é a mais leve. É a história de uma moça muito requisitada pelos rapazes e que também era cortejada por um poeta. Porém, ela o desprezava e zombava de seus sentimentos, pensando que:

> Valia a pena aproveitar a mocidade [...]. Para que se amarrar logo para o resto da vida se a oportunidade de um ótimo casamento se apresentaria logo que ela quisesse? [...] [O poeta] não era seu tipo. Quando casasse, casaria com um sujeito como Rubens. Barulhento. Atrevido. Apertando bem a gente nas danças [...]. Isso sim é que se podia chamar de homem [...].

Como a jovem só gostava de Rubens, o rapaz bonito que era o centro das atenções nas festinhas e flertava com todas as garotas, o poeta desiste de querer namorá-la ao mesmo tempo que passa a fazer sucesso com outras moças. Quando se dá conta de sua perda, a moça termina chorando de despeito.

"Poeta" é uma das várias histórias que retratam tipos de homem que, embora apreciados por muitas (como Rubens), não são sérios e confiáveis. Elas levam invariavelmente à conclusão de que o envolvimento com tais tipos conduzem a mágoas ou até consequências mais graves como a decadência moral, o desprezo social ou mesmo a morte.

Vários contos, especialmente os mais picantes da revista *Querida*, narram as desventuras de mulheres que acabaram sofrendo muito por terem feito "escolhas erradas", como apaixonar-se por homens "ordinários" (cafajestes, infiéis, violentos) ou "proibidos" (casados, padres), desafiar as restrições paternas e a moral estabelecida, abandonar os filhos, revoltar-se contra Deus etc. A redenção e o "final feliz" são possíveis em alguns casos, após as personagens passarem por inúmeras provações até que tudo volte à "mais perfeita ordem", como em "Sem família", publicado em *Querida* (em fevereiro de 1959). Nesse conto, a jovem Dot fica chocada ao descobrir que é adotiva e ilegítima e passa a desrespeitar seus pais e se descuidar de sua reputação. Envolve-se com Barry, mas, "por prudência", não chega a ter relações sexuais com ele antes do casamento. O matrimônio dos dois se revela um desastre e Dot resolve fugir, abandonando também seu amado filho. Quando volta para recuperá-lo, o marido não admite que o menino seja levado pela mãe e, em seguida, pede o divórcio. Porém, a descoberta de que Barry era bígamo anula seu casamento com Dot e devolve o garoto para os braços da mãe. Ao final, Dot se casa com Greg, que também assume a criança. Dot, então, aprende a ter fé em Deus e ser grata ao casal que a criou.

※

As mudanças nas formas de namoro e noivado, acentuadas ao longo da década de 1950, não passam despercebidas em *Jornal das Moças*. Ainda que a publicação esteja mais inclinada aos valores conservadores no que diz respeito aos relacionamentos entre homens e mulheres, sinais do novo podem ser notados a partir da própria revista: nas inúmeras alusões aos padrões "liberais" do cinema, às crescentes "familiaridades" no namoro, à "indisciplina" de muitos jovens, ou nos apelos ligados à manutenção da família e dos "bons costumes". Ao mesmo tempo, *Jornal das Moças* veicula novidades de outros países e reconhece a inevitabilidade da ocorrência de certas transformações ao longo do tempo. Além disso, a revista procura informar sobre a "última moda", a maneira "moderna" de educar e incentivar os filhos, os "ídolos" e preferências da juventude, atualizando seu conteúdo.

Constantemente, tece considerações a respeito das diferenças entre os "tempos antigos" e os "de hoje" (anos 1950). Nas entrelinhas, percebemos as diferentes gerações em conflito.

> Antigamente as jovens não saíam com seus noivos como agora. *Sempre* iam acompanhadas por pessoas da família e de responsabilidade. Nunca o noivo ficava a sós com a jovem, pois seus pais a vigiavam. Outrora não se via a liberdade de costumes que observamos a cada instante. Nenhuma jovem dançava com um rapaz sem que este lhe fosse apresentado. Nenhum galã tinha entrada na casa da bem-amada sem uma

solicitação rigorosa e formal. E tudo isso num tempo em que a maioria das pessoas se conhecia. Hoje, dificilmente se conhece o vizinho. Talvez quem assim reclama tenha razão e que no passado não era dessa maneira, porém [...] o amor de hoje [...] tem a mesma significação de qualquer época [...]. (Roberto M. Torres, "Bom dia, senhorita", *Jornal das Moças*, 10.03.1955)

"Os tempos mudam" – o que antes não era socialmente aceito, "hoje" já pode ser. O artigo constata uma alteração nos costumes de um passado não muito distante (pois há pessoas que se lembram dele e reclamam das transformações), mas conclui, apaziguando os ânimos: há coisas que não mudam jamais.

Uma das coisas que parece não mudar é o reconhecimento da importância da interferência dos pais no relacionamento amoroso dos filhos como parte do cuidado que se deve ter com a educação e o desenvolvimento dos jovens. Tanto *Jornal das Moças* quanto *Claudia*, e também *O Cruzeiro* e *Querida*, concordam nesse ponto. Na opinião das publicações que já circulavam nos anos 1950, os pais não só têm o direito, mas também o dever de preocupar-se com o namoro dos filhos e se utilizar de sua autoridade em nome da felicidade destes. Se não sabem como fazê-lo, as revistas ensinam.

De fato, apesar das possibilidades de os jovens das classes privilegiadas entrarem em contato com outros de sua faixa etária fora do círculo familiar e longe dos olhares vigilantes dos adultos, e a despeito da maior liberdade de expressão juvenil, a influência dos pais no namoro e no noivado dos filhos ainda é marcante, podendo dar-se em forma de controle, aprovação ou reprovação, chegando ao veto conforme o caso e o grau de dependência dos filhos para com eles.[42]

Contudo, muitos antagonismos e conflitos entre pais e filhos vão se acomodando tanto pelos laços de afetividade, pelo respeito aos pais e o acatamento de suas preferências, quanto pela gradativa diminuição do rigor por parte dos pais (que caminha, por exemplo, da filha mais velha para a filha mais nova).[43]

Embora muitos pais ainda exijam que suas filhas estejam acompanhadas em certos lugares, os encontros em grupos de rapazes e garotas sem supervisão adulta são cada vez mais tolerados. Os encontros a dois, porém, continuam sob a suspeita e a reprovação de muitas famílias, fazendo com que, quando ocorrem, tudo seja feito às escondidas.

*Jornal das Moças* procura aconselhar os pais no sentido de influenciar corretamente as escolhas afetivas de suas filhas, evitando empurrá-las para casamentos prematuros em razão de seu medo de ter uma filha solteirona ou da rigidez de sua forma de educar, que leva a moça a querer casar-se rapidamente para adquirir independência.[44] Porém, nenhuma ressalva feita aos pais em *Jornal das Moças* se compara à crítica atroz dirigida àquelas mães que desencorajam suas filhas com relação ao casamento, ao falar mal do comportamento moral dos homens e acusar os maridos de explorarem suas esposas: mães que agem assim levam suas filhas a temer o sexo oposto e desacreditar da vida conjugal, preferindo ficar solteiras ou sendo incapazes de encontrar satisfação no casamento.[45]

## FLERTE E NAMORO EM *CLAUDIA*

O flerte, o namoro e o comportamento das jovens também são assuntos da revista *Claudia* na primeira metade dos anos 1960. Nessa época, as regras sociais que envolvem o namoro das "moças de família" já não são tão rígidas quanto às de meados dos anos 1950, e, em geral, as garotas têm mais liberdade para agir e escapar dos olhares vigilantes dos mais velhos.

Entretanto, críticas ao flerte também aparecem em *Claudia*. O texto "Eu sou namoradeira... e daí?" (de novembro de 1962), por exemplo, guarda muitas semelhanças com as mensagens de *Jornal das Moças*. Sua autora, Dona Letícia, sugere: "e se pedíssemos a opinião dos rapazes?" – dando, mais uma vez, grande relevância ao julgamento masculino.

> [...] os costumes mudaram (mesmo entre as meninas educadas com a máxima severidade). [...] seria ridículo fechar os olhos e negar o que todos nós sabemos. O importante para você e *para os que a julgam*, é compreender a diferença entre um flerte inocente e certas facilidades, que fazem uma jovem perder o seu próprio respeito e o dos rapazes.

O que difere esse artigo do tratamento dado por *Jornal das Moças* ao mesmo assunto é que os argumentos usados para convencer a jovem a conter-se agora vão além da simples ameaça da reprovação social. Entre os recursos utilizados, estão a menção ao "autorrespeito" da moça e o levantamento de supostas justificativas da própria "namoradeira" para, em seguida, refutá-las uma a uma.

> Se você flertar não há dúvida de que será muito solicitada, mas única e exclusivamente para passatempo [...] você será procurada porque é acessível.
> Um rapaz [...] disse-me: "Uma vez que a gente encontra nas *moças de família* as mesmas vantagens que nas outras, por que não aproveitar?" [...]. [Os rapazes] não são discretos acerca de suas façanhas: "Fulana? Sim, muito boa!". "Cicrana, fácil!". "Tudo o que a gente quiser, meu velho!".
> Você conhece um único rapaz capaz de casar-se com uma moça que todos os companheiros consideram fácil?

O pressuposto do discurso: namorar por simples prazer é errado, o certo é a jovem conter as manifestações de sua sexualidade dentro de determinados limites morais. Não são os "rapazes aproveitadores" os verdadeiros culpados pela eventual desilusão e má reputação das garotas, são *elas* mesmas ao não saber escolher bem suas companhias ou "dar-se ao respeito". Em função das perspectivas de um possível casamento, as jovens são aconselhadas a abandonar "o namoro em si, o flerte pelo flerte". O flerte não é sinal de emancipação ou uma manifestação de interesse afetivo, e sim uma atitude leviana que acaba por colocar a jovem diante da grande ameaça (um argumento "irrefutável"): a perda da virgindade, etiqueta exigida de toda solteira "boa moça".

> Você está, sem dúvida, convencida de que sabe onde parar. Considera normal excitar um rapaz e, num dado momento (quando começa a ficar com medo, não é?), exigir dele prudência e respeito. (Cuidado, um dia um deles dirá que não há nenhum motivo para medo, você acreditará e poderá se arrepender...)

A solução apresentada: servir-se dos princípios religiosos e morais para escapar às tentações e frear os impulsos.

> Não, não é idiota nem antiquada uma moça *reservada* [...]. Lembre-se que aquele que você procura através de namoricos não se encontra assim. Esse vai procurar uma jovem no meio das que se dão um pouco mais de respeito. Esse não achará idiota que ela seja ajuizada, não achará antiquado ela manter-se pura, e nem ridículo o fato de ela pretender casar-se sem ter feito antes todas as experiências. (Dona Letícia, "Eu sou namoradeira... e daí?", *Claudia*, 11.1962, destaques meus)

Quando menciona as moças tidas como "de família", mas que permitem aos rapazes as mesmas liberdades que as "outras", o próprio artigo revela que algumas moças (convencionalmente candidatas à esposa) estão, com suas atitudes e modos de pensar, pisando fora das linhas definidoras de sua condição de garota "respeitável" (recato, pureza, passividade). Com isso, numa espécie de efeito colateral indesejado, revela o dinamismo das aparentemente fixas relações de gênero nessa época.

Que fique bem claro: expressões como "boa moça", "moça de família", "jovem correta" ou "leviana" são usadas em *Claudia* como rótulos que servem de parâmetro para a distinção entre moças dignas da aprovação social e do respeito masculino (parte do rol das futuras esposas) e garotas de programa (estigma que assinala e marginaliza as jovens rebeldes às normas sociais).

Alguns aspectos do conteúdo dessas expressões foram modificados com o tempo. Por exemplo, as festas e os bailes dos anos 1960, frequentados por rapazes e moças "de família", caracterizam-se, nas cidades grandes, por ambientes de maior intimidade permitida que nas duas décadas anteriores. Em certos grupos de jovens, já estão surgindo outros modos de pensar. Os próprios limites da definição de "moça de família" parecem um pouco mais fluidos. Entretanto, adverte *Claudia*: mesmo com as mudanças nos costumes, a oposição "moça de família" *versus* "leviana" e a desigualdade que ela estabelece entre as jovens continuam marcantes.

Com tal argumento, *Claudia* também legitima a interferência dos pais no relacionamento amoroso das filhas como parte dos cuidados necessários à sua inserção na sociedade e à defesa de sua honra.

O relacionamento, proposto por essa revista, entre pais (especialmente a mãe) e filhas corresponde a um meio-termo entre amizade e disciplina com vigilância. A autoridade paterna continua incontestável, mas já existe um maior diálogo permeando este relacionamento. A "rebeldia" das jovens apaixonadas – duramente criticada em *Jornal das Moças* – tende a ser vista em *Claudia* como uma "crise passageira", própria da idade, justificada pela instabilidade emocional provocada pelo sentimento amoroso. Não se fala, contudo, em revolta contra a autoridade paterna ou a arbitrariedade das normas sociais.

Como nas revistas publicadas na década anterior, as possibilidades otimistas de um namoro, em *Claudia*, se traduzem por *casamento*.

A participação das mães no sentido de levar a bom termo esse plano é requisitada, aparentemente, em nome da felicidade das filhas. Mas também se revela importante em função da garantia da ordem: a escolha de um "bom moço", o enquadramento do comportamento juvenil, o favorecimento da união conjugal legítima e a afirmação da família modelo.

> [a mãe] se é perspicaz e cautelosa, pensará imediatamente em conhecer o rapaz. Pode pedir à filha para trazê-lo em casa, com outras moças e rapazes, sem dar a impressão de que quer agarrá-lo. Terá assim oportunidade de conhecê-lo melhor e *controlar* o namoro. ("A crise dos 15 anos – apaixonada", *Claudia*, 01.1962, destaque meu)

A "intervenção enérgica e decidida" dos pais só é aconselhada por *Claudia* quando a filha se interessar pelo "homem errado" (casado ou com defeitos graves). Nesse caso, a moça deve ser afastada do sujeito, de preferência "sem cenas ou proibições drásticas", e mantida sob discreta vigilância, pois "as reprovações muito severas são perigosas". A orientação dada às mães é tentar criar as filhas num "ambiente são", procurando agir com elas como "verdadeiras amigas" e encarando os sentimentos juvenis com naturalidade. Com isso, as moças estarão menos sujeitas a "erros" e "enganos" e procurarão não dar "aborrecimentos à família". (Fica claro que a severidade dos pais é contestada não pela crença no discernimento das jovens, mas em favor de uma tática disciplinar mais eficaz.)

Como *Jornal das Moças*, *Claudia* critica as mães que assustam as filhas alertando-as sobre os ardis masculinos e colocando-as contra os homens ao falar-lhes apenas sobre "os lados negativos e 'proibidos' do amor". *Claudia* adverte que, dessa forma, as moças não ficam verdadeiramente preparadas para o amor, correndo o risco de cometer enganos em suas escolhas afetivas. Quando a jovem é criada "à moda antiga", sob "férrea disciplina" e com medo de homem, aumenta o perigo de que venha apaixonar-se por um "conquistador barato" cheio de "falsos encantos" e "galanteios".

Tanto para *Claudia* quanto para *Jornal das Moças*, apaixonar-se por um "conquistador" traz consequências trágicas. Em *Claudia*, elas podem configurar-se em uma "grave crise" e um "profundo choque emotivo" – argumento que vai além da simples "destruição da reputação da jovem", tão alardeado nas publicações da década anterior.

Muito mais que *Jornal das Moças*, *Claudia* costuma apelar para "pesquisas" e consultas a adolescentes, pais, educadores e psicólogos, a fim de legitimar as conclusões de seus artigos e matérias. Antes, o lastro definitivo era a moral (em última análise, a religião); agora, em *Claudia*, a *ciência*, muitas vezes, cumpre essa função. De fato, o tom de *Claudia* é mais laico que o de *Jornal das Moças*. Porém, em vários assuntos, os objetivos de ambas as revistas são os mesmos. Por exemplo, nesse caso tanto uma como a outra se empenham em alertar as moças (e seus pais) contra os "aproveitadores".

Os contos sentimentais de *Claudia* adotam um tom um pouco menos moralista que o de outras revistas femininas; suas histórias denotam maior afetividade e afinidade entre os casais que as de *Jor-*

*nal das Moças* e são mais leves e ingênuas que os melodramáticos contos de *Querida*.

Personagens femininas fúteis, ambiciosas, ou amantes de festas e aventuras, ou ainda ciumentas e levianas, terminam não se casando a não ser que mudem de comportamento, adotando atitudes condizentes com as esperadas de "boas moças".[46] Mas nada muito grave – como morte, gravidez ou total abandono – ocorre com elas. Por isso os contos de *Claudia* talvez consigam ser mais persuasivos e, portanto, mais eficazes no favorecimento da moral dominante.

Na história intitulada "O adeus", uma jovem volúvel chamada Ana engana seu noivo com outro rapaz por quem pensa estar apaixonada. Quando percebe que perdeu o noivo para uma "boa moça", Ana se dá conta de que é esse tipo de garota que fisga "os melhores homens" e que são as "que se comportam mal", como ela, Ana, que acabam dando esses homens de presente às bem-comportadas. Resta a Ana namorar um terceiro rapaz, Roberto, "um balão perdido" como ela.

No conto "Só para mulher bonita",[47] um anúncio de jornal chama para um concurso com prêmios "moças bonitas que queiram dar um sentido à sua beleza". Um dos vários testes da competição pede às concorrentes que escolham uma das seguintes opções para seu futuro: estrela de cinema, garota-propaganda ou esposa de homem honesto e trabalhador. A resposta considerada mais adequada é a última, pois "é a única que acaba levando a algum lugar", e a jovem que opta por esta revela "a beleza de sua alma".

# Noivado

O noivado é a etapa seguinte ao namoro, com a diferença de que oficializa um compromisso com o casamento. A decisão de tornar pública a intenção de unir-se em matrimônio deve partir do homem (o que não descarta a possibilidade de haver pressão da namorada ou de seus parentes para que ele "se decida").

Com o noivado sancionado, iniciam-se os preparativos para o casamento; a noiva e sua mãe finalizam o enxoval, enquanto o noivo, se ainda não tem, procura obter estabilidade econômica para que possa sustentar com dignidade sua nova família.

O noivado é considerado também um período "mais perigoso" que o namoro, pois, com aliança já no dedo, o casal pode sentir-se tentado a avançar nas intimidades sexuais que deveriam ser exclusividade da vida matrimonial. Cabe à moça, principalmente, refrear esses avanços, pois sua reputação continua em jogo e espera-se que ela chegue virgem ao casamento.

# O "BOM PARTIDO"

Os contos de *Jornal das Moças* e os de *Claudia*[48] são muito úteis para um mapeamento dos homens considerados "bons partidos". As características desses tipos masculinos envolvem desde condições econômicas até aspectos de "caráter e personalidade".

As condições econômicas estão ligadas às possibilidades de manter mulher e filhos. De preferência, não se deve contar com o trabalho da esposa para completar o orçamento doméstico. O ideal é que os recursos do marido sejam suficientes para que a mulher possa se dedicar inteiramente ao lar. Assim, um ótimo candidato é aquele que "já está bem de vida" ou "tem futuro", ou seja, "é honesto, orgulhoso e trabalhador", capaz de "subir na vida com o próprio esforço". Um tipo cobiçado, por exemplo, é o estudante de Medicina, profissão que permite a um homem adquirir "estabilidade financeira e posição".

---

**Sogro camarada**

– Qual foi a reação de papai quando disseste que tinha somente Cr$ 5000 para o nosso casamento?
– Pediu-me algum emprestado.

("Troças e traços", *Jornal das Moças*, 20.10.1955)

**Lógica**

– Como é que o senhor pretende casar-se com minha filha, se não tem um níquel?
– O senhor acha que, se eu tivesse dinheiro, me casaria com sua filha?

("Troças e traços", *Jornal das Moças*, 22.03.1956)

**A riqueza e a fama**

Disse a jovem ao grande industrial:
– Você pensa que me fascina por sua fama e riqueza? Que me importa sua fama?!

("Troças e traços", *Jornal das Moças*, 25.05.1957)

As características de personalidade e caráter valorizadas no noivo estão ligadas à criação de relacionamentos estáveis, que garantem casamentos indissolúveis e famílias estruturadas. Assim, ganha pontos o rapaz (mas também pode ser um "solteiro maduro", de 30 anos de idade) "respeitador", paciente, inteligente, atencioso.

No conto "A surpresa", a mãe de Mathilde procura convencê-la a se casar com Arthur (o que, finalmente, acabará ocorrendo) com os seguintes argumentos:

> Arthur é um rapaz que reúne tudo: bom tipo, simpatia, distinção e fortuna. Quantas não sonham com um noivo assim? Um marido desses! Promete-lhe uma vida grata, a realização de todos os seus caprichos, o futuro resolvido... Além disso, minha filha, é preciso encarar a realidade: você vai fazer 25 anos [precisa casar-se logo] [...] ademais você não faz ideia do que é trabalhar para os outros, e nem se habilitou para isto. (*Jornal das Moças*, 16.08.1958)

O "marido provedor" e sua "esposa dona de casa em tempo integral" são papéis definidos e futuros preestabelecidos que influenciam escolhas pessoais.

O tipo "cético e materialista", o "*playboy* aproveitador" (mesmo sendo rico), o "irresponsável", o "atrevido", o "mulherengo", o homem já comprometido e o que pretende "dar o golpe do baú" (casar interessado apenas no dinheiro da família da noiva) devem ser descartados.

---

– Perdi ontem 2 milhões de cruzeiros.
– Poxa! Como foi possível?
– O Mendonça me negou a mão de sua filha.
("Troças e traços", *Jornal das Moças*, 27.09.1959)

Mas não só eles. Homens rudes, grosseiros, ignorantes, insensíveis (que não compreendem "as afeições femininas") são também desaconselhados pelas revistas, pois, com tais características e posturas, comprometeriam a "harmonia familiar", causando desconforto e provocando mágoas na esposa.

Nesse sentido, *Jornal das Moças* aconselha explicitamente as noivas a observarem o comportamento do candidato a marido *antes* do casamento (pois, quando a união for consumada, "será tarde demais"). Se, por exemplo, ele for intransigente e autoritário, certamente fará a esposa sofrer com sua tirania.

> Se a escravidão do noivado é doce, no casamento é intolerável, chegando a causar separação [...]. Pode-se sentir verdadeiro amor pelo homem que a trata como subalterna? Um homem caprichoso trará inquietude à esposa e transformará o lar num verdadeiro inferno, onde suas ordens são leis, virando um pequeno ditador. (Roberto Moura Torres, "Bom dia, senhorita", *Jornal das Moças*, 07.04.1955)

É fácil perceber o que algumas mulheres toleravam para manter o tão desejado casamento: tornavam-se escravas dos humores masculinos. Os textos de *Jornal das Moças* alertam para esse problema como algo que *poderá* ocorrer *no futuro* se as mulheres se enganarem em suas escolhas no tempo do noivado. Eles defendem as mulheres, mas defendem, sobretudo, a estabilidade do casamento. É significativa, pois, a ausência de artigos em *Jornal das Moças* que façam menção a maridos violentos ou autoritários demais, amparando as esposas que sofrem com esses comportamentos depois de legitimada a união. A figura do "mau marido" (dominador ou que faz uso da força contra a mulher e os filhos) e o decorrente "casamento infeliz", nesse sentido, inexistem na revista. Além disso, *Jornal das Moças* insiste para que o noivo seja bem escolhido tanto quanto para que a noiva saiba adaptar-se à sua condição de futura esposa.

Já no tempo de noivado, a jovem precisa fazer concessões, pois, tendo um noivo, é necessário mantê-lo. Assim, é bom que ela não abuse "das discussões com o noivo, desejando sobrepor-se ao mesmo", mas, pelo contrário, mostre-se "perfeitamente feminina" para que o homem, sensibilizado, fique "cheio de boa vontade para com o sexo frágil".[49]

A postura indiferente também é criticada: se a moça finalmente conseguiu alguém com quem se casar, por que se arriscar a perdê-lo? É censurada ainda aquela que deprecia seu noivo, que não considera, e nem ao menos finge, que ele é "o primeiro dos homens em seu coração".[50]

O fingimento é permitido em nome da manutenção do relacionamento; a aparência (já que é impossível controlar totalmente os sentimentos femininos) precisa ser preservada.

---

**Fidelidade**

noivo – Não quero que saia só...
noiva – Não precisas ficar com ciúmes.
Pode ter confiança em mim. Eu já fui fiel a mais de dez.
("Troças e traços", *Jornal das Moças*, 01.01.1953)

---

E, finalmente, *Jornal das Moças* romantiza as relações entre noivos ao mesmo tempo que apela para a adequação à moral estabelecida e às necessidades do cotidiano concreto, "deixando de lado todos os sonhos e encarando a realidade".[51] Nesse movimento do discurso estão em jogo, mais uma vez, a manutenção da união estável e a valorização do modelo dominante de família.

❦

E o que fazer com o namorado que sempre adia a data do noivado? E com os "solteirões convictos" que "insistem que sem mulher e filhos se vive mais tranquilo, mais livre"?

Se o casamento "é o objetivo de vida das mulheres" e se há homens que não querem se casar, como resolver este impasse? *Jornal das Moças* faz o diagnóstico:

> [...] o *egoísmo* masculino [...] impede o matrimônio em alguns casos, transformando os homens em solteirões [...]. Se as moças têm tendências a casar-se muito cedo, os homens, pelo contrário, geralmente procuram adiar o casamento a uma idade mais avançada ou preferem ficar solteiros. Isto não acontece pelas dificuldades econômicas e sim por temor exagerado das responsabilidades [...]. Existem os que andam muito satisfeitos no seu estado de solteiro, crendo escapar de um perigo, quando na realidade não fazem mais do que perder os melhores anos de sua vida em namoricos que [...] os têm em contínua inquietação sentimental. [...] Geralmente quando um solteirão compreende o vácuo de sua vida, já não há maneira de corrigir o erro de haver deixado passar a existência sem fazer feliz a ninguém e sem o ser também pelo egoísmo de evitar deveres. (Roberto Moura Torres, "Bom dia, senhorita", *Jornal das Moças*, 08.09.1955)

A mulher geralmente se casa mais cedo, afirma a revista e confirmam as estatísticas.[52] Uma das explicações pode estar no fato de que às mulheres dessa época são dadas menos opções de vida para além do desempenho dos tradicionais papéis de dona de casa, esposa e mãe. Do homem, entretanto, é esperado o sustento da família e, para isso, é necessário que ele esteja em condições financeiras no mínimo razoáveis, o que demora algum tempo para ocorrer.[53]

*Jornal das Moças*, porém, refere-se aos chamados "solteirões convictos", que, para adiar indefinidamente o casamento, alegam outros motivos: excesso de encargos e perda da liberdade. De fato, expressões como "ser caçado" e "enforcar-se", usadas para referir-se ao noivo, são comuns na época. Inúmeras piadas lembram os prejuízos que o casamento traz para o sossego e a independência masculina: despesas maiores, esposas dominadoras, crianças irritantes, trabalho em dobro, problemas domésticos, amantes dispendiosas...[54]

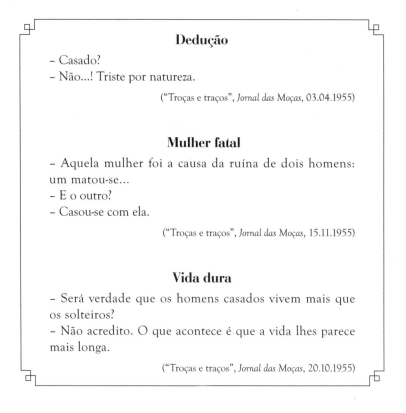

**Dedução**

– Casado?
– Não...! Triste por natureza.

("Troças e traços", *Jornal das Moças*, 03.04.1955)

**Mulher fatal**

– Aquela mulher foi a causa da ruína de dois homens: um matou-se...
– E o outro?
– Casou-se com ela.

("Troças e traços", *Jornal das Moças*, 15.11.1955)

**Vida dura**

– Será verdade que os homens casados vivem mais que os solteiros?
– Não acredito. O que acontece é que a vida lhes parece mais longa.

("Troças e traços", *Jornal das Moças*, 20.10.1955)

As moças solteiras, das quais se procura reprimir a sexualidade, teriam no casamento uma possibilidade (que muitas vezes não se concretiza) de libertar-se de limites desse tipo. Para algumas jovens, o casamento poderia significar também uma maneira de sair da casa dos pais em busca de maior autonomia (o que nem sempre acaba ocorrendo, pois o vínculo matrimonial pressupõe outras dependências). Contudo, para os rapazes, com muito mais liberdades concedidas, esse problema não se coloca na mesma intensidade. Por vezes, ocorre o contrário (ou pelo menos é o que se espera): ao se casar, o homem vê parte de sua independência comprometida. Dentro das expectativas sociais, as liberdades masculinas não podem atrapalhar os deveres de "pai de família". Já a possibilidade de se relacionar com várias mulheres descompromissadamente, na prática, continua mantida, já que a infidelidade masculina após o casamento é bastante tolerada na época.[55]

Porém, na defesa que *Jornal das Moças* faz do casamento, tais explicações não contam. Sua justificativa para a resistência de alguns homens ao compromisso matrimonial é simplista, mas carregada de significado: se o homem evita seu "dever" (de ser um responsável chefe de família), ele é um "egoísta e socialmente inútil". Aqui, como ocorre em outros termos com as mulheres, a adequação dos homens aos papéis de gênero atribuídos ao masculino é tida como o cumprimento de um "destino", ou pelo menos do "caminho correto" traçado para a vida deles (sem outras escolhas possíveis ou capazes de trazer tanta satisfação).

> **Grande prêmio**
> – Qual a sua opinião a respeito do casamento?
> – A melhor possível, pois depois que me casei sou um homem 100% feliz.
> – Então você é de opinião que todo homem deve se casar?
> – Ao contrário! Não se diz que casamento é loteria? Tendo eu ganho o grande prêmio, que podem esperar os outros?
> ("Troças e traços", *Jornal das Moças*, 23.09.1954)

O atributo principal definidor dos homens é sua adequação ao mundo do trabalho.[56] Mas os homens também são avaliados socialmente pelas aparências relacionadas à sua família, especialmente o comportamento de sua esposa e filhas. Um exemplo extraído da coluna de fofocas de *Jornal das Moças*:

> Tutuca é a filha de nosso muito conhecido sr. Jânio Quadros. Menina simples e carinhosa para seu papai. É bom ver-se dessas coisas na televisão. O ambiente familiar desses senhores ilustres é uma esperança para nós que tanto esperamos de suas ações. Pai que tem filhos assim só pode ser gente de bem. ("Tia Carlota in... forma", *Jornal das Moças*, 08.10.1959)

(Sem comentários!)

*Jornal das Moças* chega a afirmar que, em "assuntos políticos", os homens casados são mais aptos que os solteiros, pois "possuem um interesse nobre que é velar por um bom governo para os seus filhos".[57]

De muitas maneiras, a revista procura convencer e fornecer argumentos às mulheres de que o casamento faz bem ao homem, pois possibilita estabilidade emocional, segurança afetiva, dignidade, responsabilidade, maior aceitação social.

> [...] a mulher é a pedra de toque na carreira de um homem [...] o matrimônio implica a maior seriedade por parte do homem [...]. Muitos homens que de solteiro eram uma praga para a família e a sociedade, como jogadores, boêmios, mulherengos, e que se casam [...] por amor [...] perdem os maus hábitos de solteiro e adquirem o que caracteriza o homem útil. (Roberto Moura Torres, "Bom dia, senhorita", *Jornal das Moças*, 08.09.1955)

Em diversos contos de *Jornal das Moças*, sujeitos de "vida vazia", solteirões convictos, despreocupados e mulherengos mudam completamente depois que se casam, "iniciando o caminho da perfeição que todo homem encontra ao lado de uma mulher".[58] Isso aconteceu, por exemplo, na vida de Marcos, que se casara com uma "boa moça", mas não estava satisfeito e "começou a sentir lástima de si mesmo, como tinha sentido quando era criança e via os leões enjaulados no zoológico".

[...] Por fim Marcos encontrou um emprego de gerente de uma firma de publicidade. Em menos de um ano, ficou rico e já não tinha nem sombra dos complexos de fracasso que antes o perturbavam. Nasceu-lhes um filho e ambos [ele e a esposa] sentiram que *seus destinos estavam cumpridos*. ("A grande mentira", Jornal das Moças, 24.09.1959, destaques meus)

Emprego, equilíbrio financeiro e, principalmente, o nascimento do filho são apresentados às leitoras como razões (por vezes até mais fortes que a própria afeição à esposa) que "mantêm o marido em casa", conformado com sua nova vida.

※

Além do fato de existirem rapazes realmente desinteressados num futuro casamento, namorando apenas com outros fins, o fantasma do "aproveitador" (aquele que faz uso da moça apenas para satisfazer seu apetite sexual) pode ser também encarado como uma construção social que funciona como um bicho-papão para assustar as jovens ingênuas ou ousadas demais, evitando riscos de resistências femininas à moral estabelecida. A oposição "rapaz sério" *versus playboy* (ou variações do mesmo tipo, como "D. Juan", termo usado pela revista *Claudia* para qualificar o "conquistador"[59]) reforça positivamente o primeiro, realçando a figura masculina que a ordem social considera mais adequada à sua manutenção.

É bastante provável que algumas jovens julgassem atraentes os rapazes mais ousados, bonitos, sensuais e irreverentes – o que não corresponde às prioridades e expectativas paternas e nem às conveniências sociais –, achando "sem graça" o ideal do "bom rapaz", talvez mais uma tradução da vontade dos mais velhos que das garotas propriamente ditas. Poderia ocorrer que nem sempre as "boas qualidades" do noivo encantassem do mesmo modo as moças e seus pais. Porém, não há como verificar a partir da leitura das revistas até que ponto estas preferências pesam, nessa época, na escolha do noivo. O fato é que, nos Anos Dourados, havia muita pressão social no momento de investir em um relacionamento afetivo e, mais ainda, no de estabelecer vínculos conjugais.

## É HORA DE NOIVAR

A duração da fase do namoro deve corresponder a um termo médio entre "namoros relâmpagos" e "namoros demorados, intermináveis", o mesmo ocorrendo com o período do noivado.

> O cavalheiro que corteja uma jovem tem a obrigação de decidir sua situação dentro de um prazo razoável, formalizando o noivado ou retirando-se com desculpas que correspondam a seu gesto. (*Jornal das Moças*, 07.03.1946)

A moça cujo namorado demora a se comprometer com um casamento sem apresentar a todos um "motivo justo" sente-se lesada, pois não pode optar por outro pretendente e, pior, torna-se alvo das fofocas.

> Se [o rapaz] não pensa em casar-se, por que e para que mantém estas relações? Por distração? Para o *homem*, um namoro intensivo não passa de um episódio comum, pois ele nada perde, não se compromete, não se arrisca. Para a mulher é diferente. Ante um romance malogrado, logo aparecem comentários maldosos [...] começam as conjecturas que por certo não são favoráveis à jovem [...]. O homem que não pensa em casar-se [...] não merece outra coisa a não ser desprezo e indiferença das mulheres, principalmente daquela que foi enganada em seus sentimentos mais puros. (*Jornal das Moças*, 10.02.1955)

Nestes casos, o melhor que a moça tem a fazer é romper a relação, pois não há "mulher que possa sustentá-la honrosamente com um homem que afirma que não deseja casar-se".

[...] se ela não o despede, porque ficará sem noivo e se exporá a comentários dos amigos e conhecidos, que consegue com tudo isso? Apenas alentar um noivado interminável! Em qualquer dos casos não fez mais do que adiar um rompimento inevitável [...] a atitude que toda mulher deve tomar é de repúdio imediato e enérgico. Ao tomar essa resolução, deve possuir *coragem* para defender *seu decoro* afrontando a insídia dos outros [...] (*Jornal das Moças*, 10.02.1955, destaques meus)

Fica claro, porém, que tomar a iniciativa de acabar com um noivado ou um namoro longo *também* prejudica a reputação da jovem, mesmo que tenha sido ela a "vítima enganada", pois não há como evitar totalmente as especulações maldosas sobre o que teria levado o homem a não querê-la como esposa.

Segundo as convenções sociais, logo que o rapaz esteja em condições econômicas (aliás, é bom que demonstre estar), ele deve "pedir a moça em casamento" sem protelar a decisão. Para garantir que isso ocorra, a família da jovem pode colaborar financeiramente com o futuro casal.

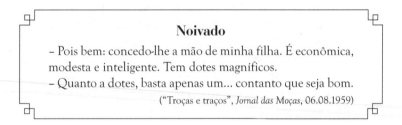

**Noivado**
– Pois bem: concedo-lhe a mão de minha filha. É econômica, modesta e inteligente. Tem dotes magníficos.
– Quanto a dotes, basta apenas um... contanto que seja bom.
("Troças e traços", *Jornal das Moças*, 06.08.1959)

*Jornal das Moças* procura mostrar que o casamento é praticamente obrigatório; mais cedo ou mais tarde o homem acaba se casando, sendo mais conveniente, portanto, que o faça na época certa, a esperada. Dessa forma, também podem ser evitadas discrepâncias de idade e de nível social.

Nas décadas de 1950 e 1960, é costume e socialmente desejável que a diferença de idade entre os que se casam não seja muito grande e que, de preferência, o mais velho seja o homem. As revistas femininas reforçam essas ideias e os dados demográficos confirmam as expectativas.

São considerados ridículos, por exemplo, o relacionamento com um homem muito mais jovem e o namoro em público de uma mulher "de certa idade" (acima dos 25 anos). Por outro lado, não são tão malvistos os casamentos em que o homem é 10 ou 15 anos mais velho que a noiva; nesses casos é válida a justificativa de que "ter o amor em comum já é o suficiente". (Alguns contos sugerem que maridos bem mais velhos têm mais ciúmes; nestes casos a esposa deve empenhar-se mais para dar-lhe "provas de fidelidade".)

Uma mulher com mais de 20 anos e sem um marido em perspectiva pode sentir-se constrangida diante das cobranças sociais e corre o risco de ser considerada "encalhada". Por sua vez, um homem de 30 ainda é um "bom partido". Essa constatação talvez ajude a explicar o hábito feminino de esconder a idade.

---

**Pensamentos**

ele – Eu só me casarei depois dos trinta.
ela – Eu só farei trinta anos depois de me casar.

("Troças e traços", *Jornal das Moças*, 28.05.1955)

**Ela x ela**

– Meu noivo faz anos no dia 10 e eu queria fazer-lhe uma surpresa. O que você me sugere?
– Diga-lhe a idade que tem...

("Troças e traços", *Jornal das Moças*, 20.10.1955)

Ideias do tipo "amor não tem idade" ou "é viável um casamento em que a mulher é 5 ou 6 anos mais velha que o marido" são uma raridade nas revistas femininas. *Claudia*, por exemplo, legitima sua opinião sobre a idade do casal apelando para "os sociólogos", mas não diverge em nada de *Jornal das Moças* a esse respeito: "O ideal seria uma união na qual a mulher é alguns anos mais jovem que o marido".[60]

## A "SOLTEIRONA"

A mulher solteira com mais de 25 anos recebe o rótulo de "solteirona". Esse estigma reflete uma situação socialmente indesejável – uma mulher "incompleta", nem esposa nem mãe – e afeta mesmo quem fez do celibato uma opção. Segundo a mentalidade da época, acaba "solteirona" a mulher que perdeu as oportunidades de casamento em razão de ter "passado da idade", não ser mais virgem, ter má reputação ou relacionar-se com um homem inadequado.

Muitas vezes ela é vista como um peso para a família (pois não arranjou marido para sustentá-la). Nesse caso, trabalhar é uma das saídas "honrosas". Alternativas distintas do trabalho assalariado ou da associação com parentes são altamente censuráveis, mas existem (e são até tradicionais): tornar-se concubina ou prostituta.[61]

Mesmo sujeita a zombarias e, muitas vezes, a sentimentos de culpa, a "solteirona" não escapa ao controle social sobre sua reputação. Para manter-se respeitável, não deve sair sozinha à noite, e está "proibida de sustentar flertes de mocinhas" ou insinuar-se sem pudores para um homem. Dedicar-se a aventuras amorosas ocasionais também é condenável. Se, além de solteira, a mulher madura for independente, será tida como uma ameaça, uma tentação que ronda "homens bem casados" e compromete a solidez dos casamentos constituídos.

É fato que o desenvolvimento urbano traz novas oportunidades de vida para as solteiras de classe média, como as ofertas de trabalho remunerado que lhes permitem sustentarem-se sozinhas, mas é também verdade que, em *Claudia*, "solteirona" ("ficar pra titia", como usa a revista) ainda é um estigma.

## COSTUME, COMPROMISSO E LIBERDADE

"Noivado", um artigo publicado em *Claudia*, compara os antigos padrões com as tendências "atuais" dos relacionamentos entre "as garotas e os brotos": "Hoje" (1962) os jovens já não são tão formais em seus compromissos e dão menos satisfações aos pais até que se decidam finalmente pelo casamento. Mas o costume do noivado oficial prevalece, entre outros motivos, segundo o texto, porque proporciona algumas regalias ao casal, por exemplo, o reconhecimento social do compromisso assumido a dois e maior liberdade de movimentos, especialmente no caso da moça. O controle social sobre seu comportamento continua existindo, mas um pouco mais brando.

> [Os noivos] serão os primeiros a convencer-se de que isso pode trazer-lhes grandes vantagens. "Ela" terá sua aliança (para mostrar a parentes e amigas) e poderá encontrar o noivo com mais facilidade, telefonar-lhe, receber cartas, ser vista com ele no cinema, em casa de amigos, dançando sem que ninguém possa criticá-la por isso. ("Noivado", *Claudia*, 02.1962)

Quanto ao grau de interferência (desejável) dos pais, *Claudia* aconselha: mães muito críticas ou superprotetoras – que "se regalam em descrever os 'perigos' do amor, os 'defeitos' dos homens e as 'desilusões' da vida em comum" – não obtêm a confiança das filhas; o mesmo ocorre com as que "têm verdadeiro horror de que a filha fique 'pra titia' e querem atirá-la o mais cedo possível ao casamento". Os pais são instados a evitar o autoritarismo e a buscar o entendimento. Tanto a opinião dos pais quanto a dos filhos devem pesar no momento do noivado. Porém, se a mãe se der conta de que, objetivamente, o rapaz não se adapta "ao caráter e à educação da filha", deve manifestar-se; mas só deve proibir o relacionamento se constatar no pretendente "defeitos muito graves" ou "taras de família".

> [caso contrário] é preferível deixar à moça a possibilidade de conhecer melhor seu namorado deixando-a sair com ele em companhia de outras moças e rapazes – retardando a data do noivado, isto é, dando tempo ao tempo [...]. Uma adolescente apaixonada não pode resignar-se a desfazer um noivado só porque "a mamãe não quer", deve-se ter confiança em [...] seu bom senso, seu equilíbrio moral, dando-lhe a possibilidade de avaliar por si os dotes positivos e negativos de um homem. ("Noivado", *Claudia*, 02.1962)

Aqui, outro indício de que a opinião dos jovens está mais valorizada nos anos 1960 do que em épocas anteriores. A revista, inclusive, recomenda aos pais que se adaptem aos novos tempos e confiem que as filhas tenham aprendido o que lhes solicita a moral estabelecida.

*Claudia* argumenta que para "um bom casamento" é preciso amor, mas lembra: "não se pode casar sem um mínimo de segurança econômica, porque é necessário ter em conta as exigências dos filhos que virão".

Os recursos materiais têm, portanto, peso fundamental no sucesso de um casamento e as despesas com os filhos (já que a procriação está implícita no modelo de união conjugal) devem estar *necessariamente* incluídas nos planos do casal. Por outro lado, esta revista vai um pouco além de suas antecessoras, como *Jornal das Moças*, quando admite a ideia de que a mulher *pode trabalhar* "ao lado 'dele', contribuindo ativamente para as finanças domésticas", em vez de "sentar e esperar que o noivo consiga uma boa posição para casar-se, para mantê-la e aos filhos, a empregada e oferecer-lhe ainda uma vida brilhante e luxuosa".[62]

*Claudia* reconhece que, se, em um casal de namorados, ambos trabalham, as despesas conjuntas podem ser divididas. Porém, continua a respaldar a ideia tradicional de que o homem é quem oficialmente paga as contas. Portanto, sugere: "se falta dinheiro ao rapaz", a moça deve combinar com ele uma forma de "salvar pelo menos as aparências", a fim de "evitar os comentários alheios".[63]

A resistência do homem solteiro ao casamento também é mencionada. Ao ditado "A vida de casado é boa, mas a de solteiro é melhor", *Claudia* sobrepõe outro: "Bobo o homem que se casa antes dos quarenta; mais bobo ainda o que se casa depois".[64]

A revista dos anos 1960 ensina suas leitoras a mesclar amor e juízo; quando isso não é possível, o segundo deve prevalecer. Por exemplo, aconselha: é bom namorar "um rapaz de seu próprio ambiente" e que possa lhe proporcionar a felicidade de ser esposa e mãe de família.

Na questão do "rompimento do noivado", existem algumas diferenças entre as opiniões emitidas pelas publicações femininas dos anos 1940 e 1950 e por *Claudia* da primeira metade da década seguinte. Nessa época, o rompimento do noivado ainda é "temido" e provoca uma "difícil crise", mas já superável, ou seja, não é mais encarado como algo tão terrível para os sentimentos da moça e principalmente para a sua reputação, ou mesmo para a honra de sua família. Em tais situações, as mães devem consolar suas filhas até naturalmente surgir outro candidato, que poderá ser desta vez um "ótimo partido". Ao responder à carta de uma jovem cujo noivo nutre "ideias contrárias às suas", *Claudia* recomenda, sem hesitar, que ela termine logo o noivado.[65] Portanto, o mau comportamento ou a reputação manchada da jovem não são mais os únicos fatores presentes nas conjecturas das "outras pessoas" sobre os motivos do término de um noivado longo.

## ARRISCADO E PREOCUPANTE

Apesar de receber a aprovação geral, por demarcar uma situação mais estável e próxima do casamento que o namoro, a passagem para a etapa do noivado é também o início de muitas preocupações. Entre elas, a de que o casal de noivos, em sua cumplicidade quase fora de alcance do controle externo, não espere pelo casamento para começar a ter relações sexuais. É aí que mora "o perigo", identificado pelas revistas femininas de maneiras menos ou mais explícitas, conforme a época, o que também define o tipo de "soluções" apresentadas em seus discursos.

## "Beijos perigosos"

As revistas anteriores à *Claudia* tratam o assunto recorrendo a uma linguagem indireta. A expressão "virgindade feminina" (ou mesmo "relações sexuais") sequer aparece explícita em suas páginas. Mas não é difícil, conhecendo o contexto da época, deduzir o que, em última instância, significa, por exemplo, "transgressão ilícita": o rompimento do hímen.

> Em um noivado, o intercâmbio de delicadezas se impõe e quando não existe entre dois seres essa propensão é porque o afeto verdadeiro ocupa muito pouco espaço no pacto sentimental. (*Jornal das Moças*, 05.04.1945)

Porém,

> [...] evite a todo custo ficar com seu noivo [...] a sós [quando] deixam-se levar pela onda dos instintos para lastimarem, mais tarde, pela vida toda [...] vocês cometem o crime de roubar ao casamento sensações que lhe pertencem, correndo o risco de frustrar a vida matrimonial; além das recriminações que [...] se farão pela transgressão ilícita que se permitiam [...]. (*O Cruzeiro*, 07.10.1955)

Pois,

> [...] as noivas devem ter "energia moral" para que assim o homem confie na segurança e firmeza de sua futura esposa. Se ele sentir que ela não é capacitada, não vai querê-la mais. (*O Cruzeiro*, 09.11.1953)

Além disso,

> [...] recebemos cartas de rapazes que se dizem receosos de que a namorada ou noiva tenha concedido ao seu antecessor os mesmos carinhos excessivos que agora lhes dispensa [...] quando uma jovem está enamorada, tem de sustentar um combate muito árduo e sem paralelo, pois se vê forçada a lutar contra os próprios sentimentos. Além de ser influenciada pelos impulsos biológicos, ela sente também o temor constante de que, no caso de recusar ao noivo determinadas intimidades, ele se aborreça e vá satisfazer seus desejos nos braços de mercenárias [...] as noivas esquecem todas as considerações e obedecem unicamente à ânsia de evitar, da parte de seu amado, uma infidelidade que não podem tolerar. (*O Cruzeiro*, 30.07.1960)

Os argumentos são complementares. É claro que, se o amor é valorizado na escolha do cônjuge, tem que haver afeição e atração entre os noivos. Mas, antes do casamento, estas devem se expressar mais no plano espiritual que no físico. As trocas de carícias e, sobretudo, as relações sexuais são moralmente proibidas entre um casal que pretende construir uma família "de respeito".

Às "moças direitas" cabe a principal responsabilidade pela contenção sexual. Aos rapazes, ficam a opção e o apelo para que se mantenham dentro dos limites morais – sem lançar mão de "subterfúgios que condenariam se fossem aplicados a eles próprios" – *com suas noivas*. No que diz respeito ao casal de noivos, "é imprescindível que estas duas metades contribuam com todos os seus esforços para a moralidade".[66]

Os contos publicados nas revistas colaboram no sentido de reforçar as argumentações dos artigos a esse respeito. Em um deles, a moça perde o pretendente por ter sido "fácil", cedendo a seus apelos sexuais. Nas palavras do personagem masculino:

Infelizmente, nós, os homens, somos excessivamente volúveis. A facilidade dos beijos de Alina já começavam a fastidiar-me, pois eu não tivera o prazer da luta, da disputa... Decidi partir. (*Jornal das Moças*, 29.07.1948)

Em outra história, o rapaz desiste de tentar seduzir a namorada ao vê-la com um bebê nos braços. Convencido da pureza da jovem, resolve pedir-lhe em casamento.

> [Ricardo] sentiu que nunca mais pensaria em Rose de modo impuro, nunca mais poderia separar a imagem da moça da mãe [santa] pura e virginal com uma criança no colo. (*Jornal das Moças*, 27.09.1956)

Mesmo nas narrativas mais picantes de *Querida* não há muita escapatória para a moça que "se deixou levar pelos desejos". Histórias de limites violados quase sempre terminam com castigos e sanções; é muito difícil quebrar regras e depois redimir-se, a não ser com muito arrependimento, dor e sacrifício. Em "Beijos perigosos" (de agosto de 1961), Marilyn recebe as atenções de um viúvo jovem e manco, Jake Burns, mas só tem olhos para o bonitão Ennis, empregado de seu pai. Marilyn, então, cede aos apelos de Ennis, engana seus pais e vai encontrá-lo em seu quarto:

> E ali, o fogo provocado pelos beijos e carícias do rapaz consumiram-me toda, transformando-me por um momento num ser inteiramente subjugado pela paixão. Mais tarde, tornando à realidade, solucei, aterrada.

Ennis é despedido e foge, porque na realidade não amava Marilyn. Mas agora ela está grávida. Para reparar a situação, o pai propõe que a jovem se case com Jake, e Marilyn resolve aceitar a única solução para o seu *pecado*. Embora Jake dê seu nome ao bebê, Marilyn não consegue amá-lo como homem. E, por algum tempo, Jake se volta para a bebida. Ocorrerá, então, um incêndio em que Marilyn e o filho acabarão sendo salvos por Jake, que, para isso, arriscará a própria vida.

A partir de então, percebendo como seu marido é um homem bom, Marilyn *decide* amá-lo. Arrepende-se finalmente de seus erros e passa a frequentar a igreja, agradecendo a Deus por sua bondade.

## "Perigos do noivado longo"

*Claudia* também lida com o que afirma ser "o problema mais escabroso para todo casal apaixonado", que não é outra coisa senão as ainda imorais relações sexuais antes do casamento. Como as outras revistas, no texto intitulado "Perigos do noivado longo",[67] *Claudia* não explicita o termo e segue ideias bastante semelhantes às de suas antecessoras, embora pareça um pouco mais tolerante com algumas "moças que cedem".

> [...] se o rapaz precisa frear a exuberância de seus sentimentos e intensidade de suas emoções, a moça deve ajudá-lo, dia a dia, a ter por ela um completo e absoluto respeito. Não queremos aqui culpar ou desprezar as moças que "cedem" (muitas vezes por excessiva ingenuidade, impulsividade ou por um incompreendido sentimentalismo sem ter culpa verdadeira), mas somente recordar que, para merecer a estima e a confiança do homem, precisa proteger-se (a preço de sacrifício), não se limitando a esperar passivamente que este respeito lhe seja devido.

O artigo afirma que "as pessoas de *bom senso*" podem se espantar diante da ideia de uma jovem ter dúvidas quanto ao "que é ou não permitido entre os noivos", mas defende que, "mesmo educada com *saudáveis princípios morais*", qualquer mulher está sujeita a "momentos de fraqueza". Logo a seguir, porém, aponta os problemas e, sub-repticiamente, recorre a ameaças, como, por exemplo, ao afirmar que muitas vezes o noivo é sincero ao pensar que poderá cumprir suas promessas de que "'depois' continuará a amá-la como 'antes'", mas ele não consegue fazê-lo; mesmo quando quer bem à noiva e tem a intenção de casar-se com ela, fatalmente perderá o respeito por aquela que consentiu em ter "apenas uma aventura agradável".

Além de esgrimir os velhos argumentos sobre as sanções sociais reservadas às "moças que cedem" (abandono, mancha na reputação, fim das possibilidades de casamento), o texto acrescenta *outros motivos* que podem convencer os noivos a afastar a tentação de "se abandonar" aos desejos antes do matrimônio. Afinal, "um erro tem sempre seu preço".

> [...] se os noivos sabem [...] o que esperam obter da vida em comum, em que ambiente desejam educar os filhos, e sob que bases morais pretendem apoiar suas relações, saberão equilibrar-se durante o noivado; *porque* compreenderam que poderiam, com um erro, de que mais tarde se arrependeriam, *incriminar a recíproca estima*. Dificilmente uma mulher chega a perdoar um homem, mesmo que este tenha se tornado seu marido, de haver praticado esse *erro*, que nenhuma moça pode avaliar, e contra o qual inconscientemente se rebela, mesmo quando crê desejá-lo, porque sua educação moral e religiosa a ensinam que é um "pecado".
> E, por outro lado, dificilmente um homem pode perdoar uma mulher, mesmo casando-se com ela, de não haver "resistido", de não ter demonstrado que era "diferente das outras", única, perfeita, exatamente como *ele* a idealizara. (destaques meus).

Se esgrimir com a existência da censura *social* não bastar para conter a sexualidade das moças apaixonadas dentro dos limites estabelecidos, são apresentados, então, novos argumentos, mais modernos, como o perigo da perda da afeição mútua, algo que diz respeito à *intimidade* do casal.

E se, mesmo com todas as advertências, a jovem escolher livremente arriscar-se e ter relações sexuais com o noivo, o discurso da revista também encontra um meio de minar o potencial dessa escolha – afirma que "inconscientemente" o desejo dela é outro –, utilizando explicações supostamente ligadas à Psicologia e empregando uma linguagem pseudocientífica. De todo modo, o objetivo ainda é garantir a manutenção do ideal da virgindade das mulheres solteiras.

*Claudia* não critica a "juventude atual". Pelo contrário, cobre-a de elogios, dizendo que "a maior parte" considera o noivado com "maturidade e juízo admiráveis"; os noivos procuram se conhecer e se adequar às "exigências espirituais, físicas e psíquicas" um do outro.

Fica claro, porém, que a "nossa juventude", a qual o texto enaltece, não é realmente toda a juventude, mas refere-se apenas aos jovens que se enquadram em padrões morais determinados. E se, por um lado, o controle familiar sobre o comportamento sexual das filhas tende a afrouxar-se no início dos anos 1960, por outro, recai com mais ênfase sobre os próprios jovens que formam o casal a responsabilidade com relação à manutenção da castidade das moças respeitáveis.

# A moral sexual

A moral sexual que vigora durante os Anos Dourados tem dupla face: cobra pureza da mulher solteira ao mesmo tempo que permite e incentiva experiências sexuais do homem com várias mulheres.

> Adão foi o único homem da Terra que não mentiu quando disse a Eva:
> "És a única mulher na Terra a quem eu amo."
> ("Troças e traços", *Jornal das Moças*, 12.05.1955)

Mesmo com todas as mudanças sociais ocorridas na primeira metade do século XX, a regra que obriga as moças a conservarem a virgindade até o casamento permanece com toda a força. São raros os homens que admitem se casar com uma mulher "deflorada por outro". A anulação do casamento devido à constatação de que a noiva não é virgem está prevista pelo Código Civil, e o Código

Penal, por sua vez, reserva punições para o "induzimento a erro essencial" (engano quanto à virgindade da noiva) e o "crime de sedução".

As mulheres que perdem a virgindade procuram guardar segredo. Em geral, se a falta for descoberta, elas ficam "mal faladas" e passam a ser evitadas como companhia por "moças de família", além de raramente atraírem rapazes com intenções de compromisso. Embora em meados dos anos 1960 "um número crescente de mulheres não virgens atualize as possibilidades de um casamento legal"[68], em certos grupos[69] não há, segundo estudiosos e observadores da época, indicações de que as sanções contra moças não virgens tenham diminuído nas famílias de classe média.[70] É possível dizer, portanto, que mulheres que não se comportam de acordo com a moral sexual dominante não chegam a miná-la de maneira significativa nessa época.

A ligação estreita entre o conceito de honra feminina e o de virtude sexual (virgindade, pureza, ignorância) favorece o controle sobre a sexualidade das mulheres e, em última análise, privilegia a hegemonia do poder masculino nas relações sociais.

Além disso, as distinções em termos de valorização social criam uma hierarquia entre as próprias mulheres: as "moças de família" (ou "boas moças") estão acima das "levianas"; e as prostitutas ocupam o grau inferior nessa escala de respeitabilidade. Tachar uma moça de "leviana", torná-la "mal falada", acaba sendo uma forma de marginalizar o que é diferente, o que foge à regra. Pois a moral que estabelece o "comportamento correto" não pode ser contestada e o estigma – baseado em transgressões reais ou apenas em fofocas maldosas – acaba sendo algo socialmente necessário para a manutenção da ordem. A condenação preconceituosa de algumas serve como exemplo para as outras, mostrando-lhes que é preciso agir dentro dos padrões.

Os homens, por sua vez, não só estão socialmente liberados para manter relações heterossexuais desatreladas do casamento, como também são estimulados a interessar-se por sexo desde a adolescência (ou mesmo antes). Sua virilidade será avaliada, em grande medida, por seu histórico de experiências com mulheres. Para tais aventuras, os rapazes são levados a procurar não as "moças de família", suas namoradas e noivas, mas mulheres com quem não pensam em casamento: as "levianas", "galinhas", "biscates", "garotas fáceis" ou, simplesmente, as prostitutas. Com muita frequência, as garotas escolhidas para o sexo sem compromisso são de nível social mais baixo.

De acordo com as convenções sociais, ao se casarem, os homens não deixam de procurar para o sexo recreativo outras mulheres que não a esposa.

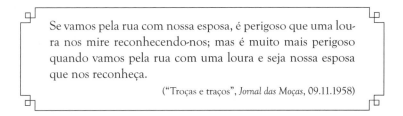

Se vamos pela rua com nossa esposa, é perigoso que uma loura nos mire reconhecendo-nos; mas é muito mais perigoso quando vamos pela rua com uma loura e seja nossa esposa que nos reconheça.

("Troças e traços", *Jornal das Moças*, 09.11.1958)

Porém, qualquer que seja a conduta sexual do "pai de família" fora de casa, dentro do lar ele faz de tudo para manter esposa e filhas nos limites de uma moralidade rigorosa e tradicional. O respeito social desse homem depende em grande parte do controle que exerce sobre o comportamento e a reputação de sua mulher e filhas.

Um comportamento feminino desviante (ou "desviado" por alguém) ameaça a *honra* familiar, a *moral* estabelecida e, finalmente, as próprias *relações de gênero* justificadas por esta. Os conceitos de "honra", "reputação", "respeitabilidade" são utilizados como referências que estabelecem e legitimam a hierarquia de gênero que favorece o masculino. Além disso, essas referências garantem a hegemonia da ordem social estabelecida (valores burgueses dominantes, modelo de organização familiar possível somente nas classes privilegiadas etc.), reproduzindo, então, juntamente com as desigualdades de gênero, as *desigualdades de classe* então existentes.

## "REBELDIAS"

Apesar de todas as advertências feitas às jovens – expressas mais autoritariamente em *Jornal das Moças* e revistas contemporâneas, e mais sutilmente, porém com a mesma força, em artigos de *Claudia* –, há moças que burlam regras e desafiam a moral estabelecida, permitindo e gozando, em vários graus, de intimidades proibidas a "moças de família", com um namorado ou mesmo com diversos rapazes.

Algumas delas conseguem manter a identidade estratégica de "boa moça", garantindo as regalias de tal *status*. Outras "caem na boca do povo", criam fama muitas vezes maior que seus atos e padecem os castigos alardeados pelas revistas. O próprio discurso da ordem pode se utilizar dessas atitudes "rebeldes" para se reforçar, obtendo base empírica para os estereótipos que estabelece e conseguindo exemplos que completam suas falas disciplinadoras. Além disso, até que ponto uma moça considerada "de família" e que assume essa identidade diante das possibilidades de repressão, embora se comporte diferentemente do esperado em suas relações com o namorado, *também* não está um tanto submissa ao modelo proposto, já que não se revolta contra ele de maneira aberta e transparente?

Porém, não há como negar que as jovens "rebeldes" – que não correspondem às expectativas paternas e sociais e agem distintamente dos modelos vigentes e de acordo com outras noções, mais subjetivas, que regem sua sexualidade e seu comportamento moral – representam *possibilidades* da própria época em que vivem. De um modo ou de outro, moças com tais atitudes acabam participando da reformulação dos significados de gênero, pois, de fato, *resistem e se contrapõem* às representações fixas (dicotomias como mulher de família *versus* puta; boa moça *versus* leviana; homem ativo *versus* mulher passiva; e imagens como a da jovem pura e ingênua); às normas que definem o "próprio" e o "impróprio", o permitido e o proibido; e à dupla moral sexual vigente. Assim, suas atitudes também fazem parte das forças que promovem mudanças nas relações de gênero ao longo da história.

Um exemplo de "namoro avançado", com maior intimidade sexual, é o que ocorre em lugares mais afastados da cidade, dentro de automóveis ou motéis. Porém, nessa época, ele ainda não se confunde com o "namoro sério", já que, "mesmo nos círculos mais modernizados, uma coisa é o convívio descontraído e livre entre jovens" que tende à satisfação erótica, "outra é o namoro 'sério', para casar".[71]

Apesar dos riscos de "perder o respeito" da parte do próprio namorado ou noivo, algumas jovens permitem certas "liberdades" desde que a virgindade – selo de qualidade exigido para o casamento – seja mantida e que mais ninguém saiba. Nesses termos, a intimidade pode incluir carícias por cima e por baixo da roupa, os malabarismos de "fazer nas coxas" ou até sexo oral ou anal.

Muitas vezes, esse tipo de relacionamento não vinga, ou seja, não desemboca em casamento e a moça mais "liberada" acaba sendo de fato trocada por outra mais ingênua; os segredos se espalham juntamente com as fofocas e está fabricada mais uma "mal falada".

Em outros casos, o casamento "redime" a "moça fácil" ou "conserta a situação" (por exemplo, se o casal for pego pelos pais da jovem em atitudes suspeitas ou evidentemente reprováveis).

Na prática, a oficialização do noivado pode servir de sinal verde para intimidades não ocorridas no tempo de namoro. Porém, nem a proximidade do casamento livra as jovens dos estigmas sociais ligados à virgindade, pelo menos até meados dos anos 1960. Algumas décadas depois *Claudia* relembraria o que "naquele tempo chamava-se pureza" e o que era então "ser ousada":

> A *virgindade* fazia parte do enxoval. Não que todas a tivessem. Certamente não. O que se levava na bagagem não era só o hímen, era o seu valor. É provável que a maioria fosse mesmo virgem, como saber? Mas muitas das que não eram fingiam sê-lo – algumas até para as amigas, todas para a família. Ser virgem, pelo menos oficialmente, era uma forma de respeitar os pais.
>
> Nem mesmo as mais ousadas, as que assumidamente haviam se desfeito desse item, podiam suspeitar que em tão pouco tempo ventos mais fortes de liberação começariam a soprar, e a revolução sexual viria banalizar um gesto que naquela época ainda era corajoso. (Marina Colasanti, *Claudia*, 10.1991)

## INFORMAÇÃO E EDUCAÇÃO SEXUAL

O assunto "sexo" é, com raras exceções, um tema tabu nos anos 1940 e 1950. Para manter a "pureza" e não despertar o interesse "prematuro" para as questões da sexualidade, a opção dominante é o silêncio aparente e a desinformação. Assim, as ideias que circulam entre os jovens, principalmente quando se trata de garotas, são muitas vezes esparsas, desvirtuadas e carregadas de preconceitos. E até mesmo os rapazes convivem com a falta de esclarecimentos, medos infundados e ausência de conhecimento adequado. Os pais, mal informados ou moralistas, abstêm-se de trocar ideias com os filhos sobre a questão, e os meios de comunicação ou as escolas ainda estão longe de tomar para si a tarefa de facilitar o acesso a informações sobre sexo, desenvolvendo programas de educação sexual ou tratando mais abertamente da questão.

A orientação hegemônica da Igreja e dos colégios católicos, por exemplo, é a de que a questão sexual não deve fazer parte da instrução juvenil (a não ser em forma de advertência), pois sexo e pecado com frequência andam juntos. Os adolescentes católicos aprendem que a expressão da sexualidade pode ser suja e vergonhosa e que as relações sexuais só devem ocorrer dentro do sagrado matrimônio e com fins procriadores.

Dificultar o conhecimento a respeito do corpo é uma das formas de evitar que as mulheres possam expressar, sem tantos medos, a sua sexualidade. Mas, algumas vezes, o feitiço vira contra o feiticeiro da moral familiar, provocando "desastres" como o da gravidez indesejada ou a incompatibilidade conjugal.

Diante de situações como essas, o problema dos jovens desinformados preocupa não só os setores mais liberais da sociedade na época, como também *Jornal das Moças*, médicos, educadores e certos religiosos que passam a defender o conhecimento, mas assentado em "bases morais". Os manuais sobre o assunto multiplicam-se principalmente a partir da segunda metade dos anos 1950; entretanto, muitos não são bastante claros, outros estão carregados de preconceitos, alguns são "só para adultos". Mesmo quando certos educadores, médicos, padres e jornalistas adotam uma postura mais aberta à ideia da informação sexual, seus pronunciamentos permanecem, em geral, marcadamente moralistas. O médico e sacerdote João Mohana, autor do conhecido *A vida sexual dos solteiros e casados*, fez questão de enfatizar: "está faltando um livro elucidativo do ponto de vista prático e decente do ponto de vista ético. [...] Elucidativo e ao mesmo tempo decente, eis o livro que procurei escrever".[72]

No entanto, se na virada dos anos 1950 para os 1960 há um aumento sensível nas opiniões manifestas e nas publicações sobre sexo, esse movimento é acompanhado pela maior convivência dos jovens com seus iguais e, portanto, por mais oportunidades de trocar ideias, tornando o processo de aprendizado sobre sexo menos solitário e perturbador.

A educação sexual para as jovens é defendida em pelo menos dois artigos de *Jornal das Moças*. As palavras "sexo" (ou derivadas) e "prazer" não aparecem. E o objetivo principal é a preparação para o casamento e para a maternidade, sendo que a questão da satisfação pessoal nem sequer é mencionada. Os títulos são bastante expressivos dessa mentalidade: "Educando para o lar" e "Preparação das noivas". Ambos os textos reconhecem que o problema da desinformação atinge mais as moças que os rapazes e acusam *as mães* de serem as responsáveis por negligenciar a tarefa de educar as filhas nesse sentido.

> Assistimos quase que diariamente a fracassos. Algumas de nossas jovens nem mesmo os menores conselhos receberam de suas mães [...]. Casam-se muitas jovens sem a menor instrução sobre o matrimônio, ignorando intimamente a missão que lhes foi destinada.
> Quanto ao problema da maternidade, inúmeros especialistas de puericultura têm recebido em seus consultórios futuras mães completamente ignorantes da mais nobre missão da mulher.
> E, ainda que pareça uma inverdade, há moças que ignoram como vêm ao mundo as criancinhas. A maioria sabe que não é cegonha que as traz, mas desconhece como nascem elas...
> Não é preciso lembrar quão graves são as consequências desse desconhecimento, entre elas o traumatismo moral que sofrem as moças quando se apercebem da realidade, habituadas como estavam, a viver no mundo da fantasia.
> (*Jornal das Moças*, 06.10.1955)

Sem explicitar, a revista aborda o problema das mulheres que, por serem mal informadas a respeito de relações sexuais e gravidez, correm sérios riscos, entre eles o de ter um "casamento fracassado" e o de ser incapazes de enfrentar adequadamente a "missão materna". *Jornal das Moças* defende a transmissão do conhecimento sobre "certos fatos da vida" feita "de maneira sutil", "verdadeira e paulatina", desde a infância, para que, quando chegar o momento, as moças estejam preparadas para "enfrentar a realidade". Os textos são escritos à base de subentendidos; os termos "menstruação", "fertilidade" e "relação sexual", por exemplo, não aparecem. Assim, embora reconheça a importância do assunto, a revista parece encarar *sexo* e *reprodução* como temas embaraçosos.

A defesa que faz da educação sexual é baseada nas seguintes justificativas: por uma questão de saúde e para evitar a falência da vida conjugal ou a ocorrência de um "traumatismo moral" em razão de "sustos e decepções". Não se fala em satisfação sexual e sim em "missão" a ser cumprida, em realidade a ser enfrentada. O desempenho da mulher no matrimônio e no exercício da maternidade é, acima de tudo, "encargo" e "dever". E os fracassos, quando ocorrem, são apresentados como culpa dos indivíduos – moças despreparadas, mães negligentes... –, e não dos valores morais que impedem a livre divulgação de informações e coíbem a experiência pré-matrimonial, por exemplo.

O casamento, que pressupõe o sexo permitido para a "mulher de bem", está ligado à maternidade e à constituição de uma família estável e duradoura. Porém, a "inclinação natural" das mulheres para a maternidade, como faz acreditar a revista em outros momentos, não é tão inata assim; as moças precisam ser preparadas (educadas, disciplinadas) para o exercício desse papel feminino desde a infância. O fato de talvez faltar às próprias mães noções essenciais ou a intimidade e a abertura necessárias para dialogar com as filhas não é lembrado.

*Jornal das Moças* veicula, do fim dos anos 1940 até a metade dos 1950, a propaganda do folheto *Ser quase mulher e ser feliz* distribuído pelos fabricantes do absorvente Modess, que dá uma ideia do tratamento sutil que os temas ligados ao sexo recebem nas publicações dessa época.

> [O folheto] facilita a missão das mães, poupando-lhes o *constrangimento* que por vezes sentem em elucidar suas filhas sobre estes problemas... (*Jornal das Moças*, 15.07.1948, destaque meu)

> Um dia sua filha fará "certas perguntas" [...] você terá que explicar-lhe "certos fatos" relacionados com a vida feminina e é melhor que ela aprenda em casa do que "por ouvir falar" [...]. Nós lhe oferecemos um livreto escrito de forma discreta e compreensível [...] "naqueles dias" o uso de *Modess* é indispensável [...]. (*Jornal das Moças*, 08.04.1954)

Seria ingênuo afirmar que as moças não têm qualquer acesso a informações sobre sexo. Porém, não se pode esquecer que o assunto sexo é tabu em todo o período enfocado, que a sexualidade feminina (pelo menos das esposas e candidatas a tal) passa por um rígido controle – que implica desinformação – e que grande parte das moças se angustia por desconhecer ou ter visões deturpadas sobre tais "fatos da vida".[73]

Em meados dos anos 1960, segundo um médico entrevistado por *Claudia*, o tipo de dúvidas das moças com relação ao sexo revela "um alto grau de ansiedade":

> [...] [jovens] vão se casar dentro em pouco e nada sabem a respeito de uma das atividades fundamentais da vida conjugal, que é a função sexual [...] as moças em geral não ousam fazer [estas perguntas] aos próprios pais, se é que estes estão preparados para respondê-las [...]. (*Claudia*, 04.1964)

A seção de cartas dessa revista recebe vários pedidos de orientação e de indicações de livros sobre sexo, o que demonstra a preocupação de leitoras com o assunto e a abertura de um espaço na imprensa feminina para esse tipo de esclarecimento. Contudo, as respostas publicadas não ultrapassam a linha dos conselhos sobre as obras mais adequadas para leitura ou a constatação da necessidade de pais e filhos conversarem sobre o assunto.

No artigo "Falando claro do amor" (de março de 1963), *Claudia* esclarece algumas dúvidas sobre fisiologia e psicologia ligadas à sexualidade. Em "O como e o quando do sexo" (de outubro de 1964), trata de alguns aspectos do "papel do sexo no casamento". Em ambos os textos, as relações sexuais aparecem vinculadas ao matrimônio, não tendo sido encontrado nos exemplares de *Claudia* pesquisados qualquer artigo que traga informações sobre *sexo* desvinculado da união conjugal.

*§*

Nenhum dos números examinados de *Jornal das Moças* fala sobre mães solteiras. Muito provavelmente esse assunto não é considerado apropriado para "a revista da família".

Já em *Claudia* a questão da mãe solteira se faz presente, porém não nos artigos ou reportagens, mas somente nas seções que respondem cartas de leitoras. A tolerância após o fato consumado e irreversível é a marca das respostas dadas às mães solteiras. *Claudia* não critica essas mães específicas (por aquilo que continua considerando ter sido um "erro"), mas procura, sim, encorajá-las para que, a partir de agora, sigam uma "vida honesta".

> [...] parabéns pela decisão de ter a criança, o que revela sua grandeza moral mesmo numa situação de infortúnio [...] ("Direito, mulher e lei", *Claudia*, 04.1964)
>
> [...] você é uma mulher com algo de experiência e com uma comprovada capacidade de luta; confie pois nas suas próprias forças. ("Claudia responde", *Claudia*, 04.1964)

*§*

Ao lado das sanções morais, o medo de engravidar é um importante obstáculo diante das mulheres solteiras que ousam pensar em experiências sexuais fora do casamento, levando-as, muitas vezes, a abrir mão da possibilidade de fazer sexo recreativo.

A pílula anticoncepcional, que começa a ser difundida, ainda que timidamente, no Brasil, nos primeiros anos da década de 1960, representará um fator de liberação sexual e uma peça fundamental para o questionamento de antigos valores como a exigência da castidade feminina. Entretanto, essas influências da pílula nos padrões de comportamento e na mentalidade social só se farão sentir com maior intensidade na segunda metade dos anos 1960. A falta de informações adequadas, a moral vigente, as dificuldades de acesso à pílula e seus efeitos colaterais pesam enormemente contra o uso deste anticoncepcional no início da década.

## VIRGINDADE E "EXPERIÊNCIAS PRÉ-CONJUGAIS"

Das revistas femininas analisadas, *Claudia* é a única que utiliza claramente as expressões "virgindade" e "experiências pré-conjugais". Tais assuntos ocupam um espaço relativamente grande nessa publicação que comporta vários tipos de opiniões.

Em um artigo de março de 1962, por exemplo, alegações "científicas" são esgrimidas para convencer as leitoras sobre a importância da manutenção da virgindade feminina até o casamento.

> [...] seu argumento de que as experiências pré-nupciais talvez evitem desilusões pós-matrimoniais é, na verdade, muito discutível: nenhum médico, psicólogo ou moralista está de acordo com isso. A dispersão sentimental e física, em vez de acalmar, aumenta a inquietação. As moças muito namoradeiras raramente se tornam mulheres tranquilas. Em 9 casos sobre 10, a mulher tranquila não passou por experiências pré-matrimoniais. (Dona Letícia, "Tentações de uma jovem esposa", *Claudia*, 03.1962)

Esse trecho é um bom exemplo de como, em *Claudia*, muitas vezes novos discursos reforçam antigos padrões morais. Porém, quando publica a reportagem assinada por Alexandre Porro, "O que pensam os homens sobre a virgindade" (em fevereiro de 1963) – com resultados de entrevistas com 1.000 homens em 5 cidades do país (Recife, Salvador, Rio de Janeiro, São Paulo e Porto Alegre) –, *Claudia* abre espaço inédito para discussões sobre o assunto via revista feminina.

Depois de lembrar casos dramáticos presentes "nos jornais das duas últimas semanas", envolvendo moças que perderam a virgindade e tentativas de assassinato ou suicídio porque não houve o perdão dos noivos para sua "vergonha", a matéria menciona as inúmeras cartas recebidas pela redação (mas não publicadas) "que demonstram, sobretudo, a *ignorância* de muitas moças com relação ao seu próprio corpo e aos aspectos morais que o envolvem". *Claudia* justifica, assim, seu "inquérito difícil e delicado", cuja pergunta básica é:

> O homem brasileiro ainda exige, com a mesma firmeza de 50 ou 30 anos atrás, a integridade física da futura esposa? Em outras palavras, [...] a emancipação da mulher (que nos dez últimos anos atingiu cumes altíssimos) influiu de algum modo sobre a relação "homem-mulher", em confronto com uma ou duas gerações atrás [?].

O resultado demonstra que a grande maioria dos homens (70,5%) exige a "integridade física" da futura esposa. O artigo constata com uma satisfação explícita que "os tempos não mudaram" e que "valores e consciências" aqui no Brasil não foram "subvertidos".

> [...] percebemos – com enorme prazer – que [...] tornava-se cada vez mais clara a maioria dos "sim". E esses "sim" significam [...] que a mulher ainda é a de sempre nas suas relações com o homem com quem deverá casar.

*Claudia* admite, todavia, que os 11,4% de "não" são significativos e que a maioria dos "não" é dita no Rio de Janeiro, onde, justifica, a *influência estrangeira* é maior e contribui para "afastar do brasileiro-típico muitos preconceitos e para atenuar o senso de tradição". (Portanto, conclui-se que, para a revista, não são o trabalho feminino, a emancipação ou as reivindicações das mulheres no Brasil, ou seja, fatores internos, que explicam esses números, e sim a penetração de ideias estrangeiras.) Mas, mesmo no Rio de Janeiro, 9,5% dos que exigem a virgindade se declaram, abertamente e de antemão, dispostos a cometer crimes em nome da honra do noivo que casa "enganado".

Do total dos homens que "não aceitariam como esposa uma mulher com um 'passado'", 42,8% poderiam *perdoá-la e compreendê-la* caso a futura companheira fosse "sincera e honesta" (acrescente-se *arrependida*); 16,27%, num "sinal de sabedoria humana" e "humildade" (nas palavras do texto), abster-se-iam de julgamentos "diante de uma mulher que [lhes] confessasse um erro" (aqui, uma contradição, pois a própria palavra "erro" já exprime um juízo de valor).

Quanto aos indecisos (18,1%), a revista avalia que são homens que demonstram "um alto grau de consciência do problema", pois relativizaram suas respostas de acordo com as várias situações. Porém, esses mesmos homens dificilmente perdoariam uma moça que lhes escondesse seu "pecado secreto".

Em seguida, a matéria apresenta alguns depoimentos mais tolerantes. O de um *padre* (*incógnito*), que valoriza a "pureza moral" acima da "integridade física" e defende o perdão para mulheres que, "após um transvio psicológico e moral, souberam reencontrar-se [...] revelando possuir as melhores qualidades para se tornarem esposas fiéis e ótimas mães". O do escritor Jorge Amado (identificado como o autor "das mulheres que amam sem preconceitos"), que diz: "À mulher a quem se quer bem não se pergunta nada". E o de Erico Verissimo, para quem "Cada mulher é dona de seu próprio corpo, seria um intolerável absurdo achar que a mulher não virgem é menos digna do amor de um homem" (porém, em evidente contradição, as declarações de Verissimo são interpretadas pelo articulista como um sinal de intransigência e puritanismo dignos de "um homem do Sul tradicional").[74]

Após examinar as estatísticas de outros países, a matéria de *Claudia* conclui, assumindo abertamente uma posição: "Os dados [brasileiros] que colhemos são tranquilizantes. O Brasil, não obstante tudo, não mudou. Era o que queríamos mostrar aos céticos". E afirma que casos dramáticos de "vítimas do ciúme e da paixão" não devem ser tomados como "pretexto para condenar este nosso aprazimento", porque podem ocorrer em qualquer país, mesmo nos mais liberais.

Está mais do que clara a postura favorável à moral dominante e às desigualdades de gênero existentes. Além de constatar a enorme importância que tem o ideal da virgindade feminina nessa época, é possível perceber claramente o apoio que a revista lhe dá nesse momento.

*Claudia* usa a expressão "experiência pré-conjugal", falando, portanto, em *antes* do matrimônio e não *fora* ou *sem* casamento em vista. Desta forma, o casamento é colocado novamente em primeiro plano, como se estivesse no horizonte de *todas* as mulheres, sem alternativas possíveis. A perda do hímen é apresentada como "erro", sinal de "fraqueza", e não como uma opção consciente fruto de uma maneira distinta de encarar a vida. Das mulheres que assumem, ou melhor, das que "confessam" não ser mais virgens, *Claudia* afirma: os homens esperam humildade e arrependimento, além de ouvir as justificativas clássicas do tipo "eu errei", "fui seduzida", "estava cega de paixão", "fui enganada" etc. – consideradas muito mais aceitáveis do que, por exemplo, "fiz uma escolha consciente".

No caso da enquete "O que pensam os homens sobre a virgindade", o homem é colocado no lugar de juiz da sexualidade feminina e do uso que as mulheres fazem do próprio corpo. Oito meses depois, *Claudia* publica a contrapartida – "O que pensam as mulheres sobre experiências pré-conjugais" (em outubro de 1963) – e confessa que a nova pesquisa foi exigida pelas próprias leitoras, muitas delas "inconformadas com [...] a 'estreiteza mental dos brasileiros', citando muito a Suécia[75] e indagando por que não fazíamos a mesma pergunta às mulheres, que afinal são diretamente atingidas pelo problema".

Aqui, temos um bom exemplo de uma das facetas da dinâmica relação entre a revista e seu público leitor. Dessa vez, porém, a matéria não vem assinada, e a publicação praticamente se abstém de comentários valorativos como os feitos sobre os resultados da pesquisa anterior. É como se *Claudia* tivesse incorporado uma lição: em assuntos muito polêmicos, procurar assumir uma posição neutra. Tanto que vários parágrafos são gastos com explicações sobre as técnicas utilizadas na enquete (a própria lisura da pesquisa anterior havia sido questionada por algumas leitoras).

Os resultados da pesquisa de opinião feita com mulheres respondendo à questão "Como o homem e a mulher devem chegar ao matrimônio, do ponto de vista das experiências sexuais?" mostram que 38% (a maioria, mas bem distante do que se pode concluir daquela pesquisa feita só com homens) defendem que só os homens cheguem ao casamento com experiência sexual; 33% responderam "ambos com experiência sexual"; 13% disseram "isso é indiferente"; e 5% não souberam responder, alegando falta de informações e de diálogo sobre o assunto.

A pequena diferença entre as porcentagens de "só homens com experiência sexual" e de "ambos com experiência" é interpretada pela revista como sinal da "permanência do tabu da virgindade" entre a maioria das mulheres de classe média, convivendo com o "incremento de uma nova mentalidade, que advoga direitos iguais para o homem e a mulher quanto às experiências sexuais".

Dando voz às próprias mulheres e suas justificativas, *Claudia* faz uma análise mais detalhada das respostas.

Entre os argumentos dados pelas mulheres favoráveis a "só homens com experiência" (cuja média de idade é 26 anos e o número de solteiras equilibra-se com o de casadas), predominam os de "caráter social e econômico", que revelam "o acatamento à tradição e aos princípios religiosos", mas também o reconhecimento dos "problemas materiais" que podem resultar do "desrespeito aos mesmos, no nosso meio, em que a mulher se encontra via de regra na condição de dependente". Ou seja, mentalidade conservadora e pragmatismo.

As razões apresentadas para justificar a necessidade de manutenção da virgindade feminina variam muito: respeito aos pais; submissão à exigência masculina; prova de lealdade ao marido; para não constranger ou inibir o noivo; para que a mulher mantenha intacta a idealização romântica do casamento e chegue pura até ele; porque "a nossa sociedade assim o quer e educa as pessoas"; para garantir a reputação feminina; para evitar o problema da mãe solteira. As "vantagens do homem experiente" também contam: maior capacidade para orientar a esposa, transmitir-lhe segurança e compreendê-la; maior convicção no casamento (pois evita que ele se arrependa de não ter tido outras aventuras antes de comprometer-se).

Entre as que optam por "ambos com experiência" (63,47% das quais são solteiras, de 26 anos de idade em média, com nível predominantemente universitário), os motivos alegados referem-se à "condição humana de igualdade entre os sexos". A maioria das que assim pensam apela para o "princípio de justiça". Mas há também as que evocam argumentos relativos: à necessidade de praticar; à possibilidade de ter certezas e desfazer dúvidas sobre o ajustamento sexual já na época do noivado; à noção de que a pureza de sentimentos é só o que importa; à ideia de que os verdadeiros motivos do casamento devem ser o amor e a compreensão e não a curiosidade sexual; para evitar os traumas sexuais das mulheres que chegam virgens e ansiosas à lua de mel; para acabar com a necessidade masculina de procurar "meios ilícitos para a satisfação sexual" etc. Há ainda entrevistadas que propõem uma mudança nos valores culturais para que o sexo seja visto com mais naturalidade.

As "indiferentes", por sua vez, dividem-se entre as que colocam os sentimentos acima do sexo, as que deslocam o problema para o âmbito particular ("cada caso é único") e as que acreditam que o êxito do casamento independe de experiências anteriores. E a maioria das favoráveis a "ambos sem experiência" apresentam motivos religiosos.

Dessa vez, *Claudia* se exime de tomar partido com relação às respostas e apenas defende a necessidade de *educação sexual* para homens e mulheres sem distinção "desde os bancos escolares": "Menos preconceitos e mais esclarecimentos". Com essa postura, aproveita para justificar a própria publicação da enquete com as mulheres, sem se comprometer com assunto tão polêmico.

Num contexto histórico em que mudanças e questionamentos começam a ficar mais evidentes, as mulheres revelam ter um pensamento mais liberal que o dos homens com relação ao uso do corpo e à sexualidade feminina. Porém, esse pensamento não necessariamente corresponde à prática, já que convive com os diversos medos e inibições.

*Claudia*, aqui, procura acompanhar seu tempo: não representa vanguarda, mas opta por não desagradar seu público. Descobre que não pode ficar completamente alheia às tendências de transformação de sua época e aos indícios de tensões (porém, nem sempre de conflitos evidentes) nas relações de gênero.

É na seção de cartas que o debate sobre a valorização ou não da virgindade feminina pega fogo. A partir da publicação da matéria de outubro, por vários meses, leitores de ambos os sexos escrevem para a revista se posicionando diante dos resultados da pesquisa. Alguns exemplos:

Leitora mineira afirma que "a verdadeira causa dos desajustes matrimoniais é a ignorância" e que deve haver castidade e educação para os dois sexos (em janeiro de 1964). Mais duas cartas publicadas (em fevereiro de 1964) apoiam essa opinião, uma de Minas, outra de Pernambuco.

Jovem paulista elogia as mulheres que sabem "controlar os impulsos da paixão", mas acredita que pureza é algo que vai além da castidade (janeiro de 1964). Leitora carioca diz que se as mães comentassem "esses assuntos" com as filhas, estas não necessitariam de "experiências", mas defende que "a mulher que perde a virgindade não perde sua honra" (fevereiro de 1964). E outra paulista cumprimenta a revista por tratar do assunto e propõe a adoção de soluções individuais para cada caso "enfrentando-se corajosamente os preconceitos" (fevereiro de 1964).

A carta de uma gaúcha que diz "todos nós devemos ter nossas experiências pré-conjugais para que se evite um acidente tão comum [...] que é o desajuste sexual" e a de um padre que tem "em alta estima a revista", mas enxerga a matéria sobre experiências pré-conjugais como um "ataque direto e um incitamento velado à corrupção", são publicadas no mesmo número de *Claudia* (fevereiro de 1964).

Certa "mãe de família" chama de "caolho" o moralismo que permite as experiências só para os homens e diz que só há duas alternativas: continência ou liberdade para ambos os sexos (abril de 1964). A mesma senhora volta a escrever dizendo-se satisfeita por ter suas opiniões "aprovadas" por *Claudia* e defende a abolição das "disposições do Código Civil que permitem o marido requerer a anulação do casamento por motivo de falta de virgindade da esposa", segundo ela, uma "lei anacrônica" baseada em "conceitos errados" (julho de 1964).

Um leitor irritado se diz contrário às "relações pré-conjugais", porque elas "diminuem o amor", e acusa *Claudia* de aprová-las (novembro de 1964).

Diante dessas e outras manifestações, a revista, na seção "Claudia responde", assume a defesa da educação sexual e enfatiza a possibilidade de pureza feminina independentemente da virgindade. Além disso, afirma ser seu dever publicar "reportagens neutras" sobre o assunto e se coloca na posição de veículo que esclarece, informa e simplesmente promove um debate.

Às dúvidas de moças que recorrem à revista com problemas concretos, *Claudia* responde com diplomacia. Por exemplo, a uma jovem que não é mais "moça" (virgem), *Claudia* aconselha a se comportar como "verdadeira moça" entre as pessoas de idade e a contar ou calar a respeito de sua condição para os pais, dependendo do seu grau de compreensão:

> [...] arranjar um bom casamento dependerá igualmente do grau de compreensão do rapaz [...], pois não é sempre por querer que uma jovem deixa de ser "moça", quantas armadilhas se armam em torno de sua inexperiência [...] [mas mesmo não havendo esse tipo de justificativa, é inevitável que o rapaz saiba a verdade.] (*Claudia*, 03.1963)

A uma jovem de 22 anos que se considera "flor perdida" (por ter sido "desonrada" por um homem casado que a cobrira de promessas) e que caiu em desgraça, sendo "apontada por todos" em sua cidade, *Claudia* responde:

> Você não está "desonrada" [...] mas sim humilhada e dolorida [...] não se feche em si mesma, estude, trabalhe, leia [e desabafe com uma pessoa amiga] [...] com o tempo estará livre para uma nova escolha [...] trate de olhar para frente e de andar de cabeça erguida. (*Claudia*, 05.1964)

Depois do fato consumado, *Claudia* recomenda enfrentar a realidade com dignidade. Com relação a essas moças, *Claudia* não é tão intransigente (quanto *Jornal das Moças*, por exemplo), pois acena com possibilidades que vão depender da compreensão do homem que cruzar seus caminhos (a opinião masculina continua como ponto de referência).

*Claudia*, porém, é ríspida e moralista diante de moças que não demonstram força de vontade para "corrigir-se" e adaptar-se às normas. A uma leitora que não consegue resistir aos "apelos do sexo" com o seu namorado, dizendo não ser capaz de evitar que o "erro" se repita, embora tenha medo de que o rapaz possa compará-la com as colegas que têm "um namoro digno" ou censurá-la, após o casamento, por "seu passado deprimente", *Claudia* responde:

> De fato o sexo é muito forte, mas não tanto que não possa ser controlado [...] pelos princípios morais e sociais [...] não posso deixar de considerar leviano seu comportamento em face aos preceitos (ou preconceitos) que regem a nossa sociedade [...] [você tem sorte], pois o rapaz se mostra disposto a apagar o erro de ambos. Daí a inutilidade do seu receio de que ele a considerará inferior [...] ele é o responsável pela situação e [...] lhe promete um futuro [...] o homem, no seu caso, se pega pelo filho, não se negue a satisfazer-lhe esta vontade, que é nobre, quando às outras você já cedeu [...] (*Claudia*, 06.1963)

Como que para contrabalançar esse moralismo, o último exemplar de *Claudia* do ano de 1964 abriga um ensaio assinado por Lívio Xavier, Delmiro Gonçalves e Thomas Corrêa, intitulado "Para os mesmos sentimentos, comportamentos diferentes", que proclama em tom otimista:

> O princípio fundamental do comportamento de 1964 é que, antes de mais nada, as coisas dizem respeito a você, somente a você. A sua maneira de sentir e pensar na vida deve suplantar todas as outras coisas, até mesmo as que lhe ensinaram. Tudo parte de você ou se parte dos outros é a sua reação que importa [...].

E, contrariando a tendência de páginas e páginas de revista e mesmo as evidências do contexto histórico, os autores decretam como se fosse um fato o que estaria mais para desejo ou talvez previsão de um futuro muito distante: "a geração atual" vive "a completa liberdade, a camaradagem aberta e franca entre os dois sexos e a derrubada de todos os tabus familiares e sociais". O que os teria levado a tais exageros?

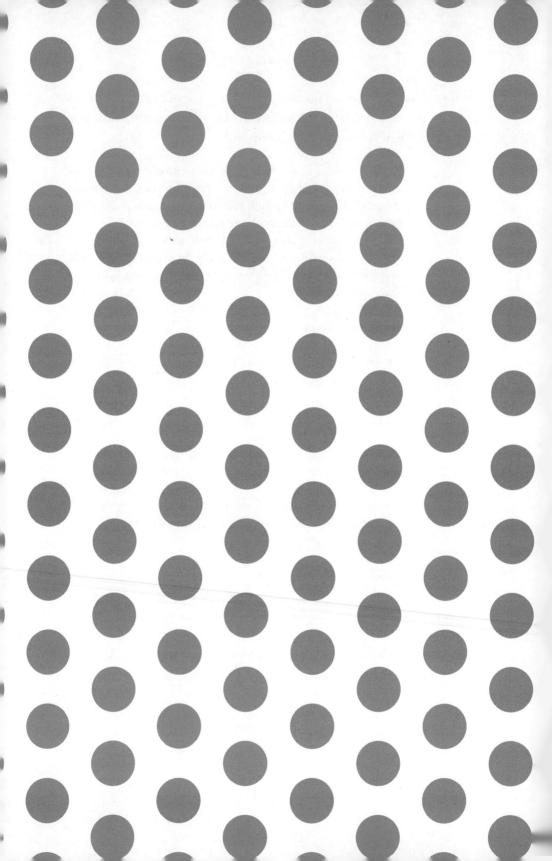

# Juventude

Os anos 1950 assistem à aceleração de um processo de mudanças nos comportamentos familiares. O relacionamento entre pais e filhos tende a tornar-se mais íntimo e cordial. Cresce o investimento familiar no cuidado da prole com expectativa de retorno econômico, no futuro, mas também emocional, no presente. A educação e a perspectiva de uma vida material segura para os filhos vigoram entre as principais preocupações dos pais de classe média. Para disciplinar e lidar com crianças e adolescentes, muitos pais e educadores tentam empregar "psicologia" em lugar de tapas, chineladas ou cintadas.

Com relação ao passado, os jovens são agora mais valorizados, têm maior independência e espaços diferenciados de convívio – situação que proporciona e reflete novas necessidades de consumo. Contudo, a influência familiar sobre os filhos permanece forte. Ainda que a existência de necessidades individuais seja algo cada vez mais reconhecido, os interesses familiares continuam determinantes (no sentido do exercício de pressões e limites) nas escolhas de vida de seus membros. Porém, apesar de morarem com os pais durante um longo período de suas vidas, em geral, os jovens já passam grande parte do tempo com seus iguais, especialmente com amigos, e em atividades que não incluem a presença de adultos.

Entre os fatores que contribuem para modificar valores tradicionais brasileiros com relação aos jovens está a popularidade do cinema norte-americano. O modelo do *american way of life* divulgado por ele ressalta "a novidade", "o futuro", "a modernização" e "o potencial dos jovens", colaborando para um maior protagonismo cultural da juventude no Brasil.

> **Brotos em Copa**
>
> broto 1 – Qual é o teu *big* programa?
> broto 2 – *Week-end* com *my father* e *my mother* levando meu *boy*.
> broto 1 – *OK*! Está piramidal!
> americano – *Very good*! Senhoritas, seu língua é muito parecido com o minha.
>
> ("Troças e traços", *Jornal das Moças*, 22.11.1956)

Certos filmes, por exemplo, retratam jovens comportando-se mais informalmente diante dos pais e mestres, ou mais livres e íntimos em suas manifestações de afeto. Eles avivam as críticas dos conservadores que responsabilizam o cinema pela introdução de hábitos tolerantes em demasia e pelo "desrespeito" dos jovens "de hoje" com relação aos mais velhos. Contudo, as resistências impostas por parte das velhas gerações, escolas, igrejas e outros guardiães da moral tradicional – que criam áreas de atrito com os porta-vozes das novas ideias – tendem a ser superadas com o tempo.[76] De fato, os novos costumes retratados nas telas atraem os jovens urbanos brasileiros, provocando alterações no seu modo de agir e se expressar.

Apesar de todos os limites, inclusive os do *Código de Ética*, os filmes também trazem novidades no que diz respeito às relações entre homens e mulheres, como mostra este texto publicado em 1959 (um tanto exagerado, mas significativo):

> [...] Principalmente nessa esfera, esses modos de comportamento mostrados por Hollywood desviam-se fortemente dos brasileiros. A mulher americana nos filmes é sobretudo extremamente independente, une traços masculinos e femininos e comporta-se muitas vezes ativamente em relação ao homem, quando ela é que procura aproximar-se dele. [...] De fato, ela no filme dirige o homem por vezes um pouco infantil, frequentemente a filha toma o papel da mãe em relação ao pai. O homem veste avental [...] a mulher é "quem usa calças" [...]. A mulher no cinema [...] sabe perfeitamente "até onde ela deve ir" e concede-lhe [ao homem] carinhos em quantidade exatamente dosada [...] "*to have a good time*" [...]. Após o primeiro encontro dá-se o beijo de despedida na boca [...].
> O namoro brasileiro, a relação socialmente permitida antes do noivado [...] traçava limites severos à demonstração de carinho; uma jovem que permitia intimidades com vários homens ou flertava com eles [...] sofria restrições em seu conceito. Um beijo tinha significado importantíssimo, enquanto hoje vence a tendência de considerá-lo apenas "divertimento" e puro desejo sexual, como em filmes americanos [...].[77]

Nos anos 1950, quando se torna de fato um bem de consumo no Brasil,[78] o cinema, ao mesmo tempo que contribui com novos padrões de comportamento e traz novas musas de indiscutível sensualidade (Marilyn Monroe, Jane Mansfield, Gina Lollobrigida e Sofia Loren), cultiva o ideal de menina-moça, pura e meiga (nas personagens retratadas por Doris Day, Grace Kelly, Debbie Reynolds).[79] E, ao lado de galãs bem-comportados, como Rock Hudson, traz os jovens "rebeldes" na pele de Marlon Brando (*O selvagem*, 1953) e James Dean (*Juventude transviada*, 1955) – sinais notáveis da efervescência dos tempos.

*Jornal das Moças*, como é de se esperar, dá preferência ao casal formado pela "mocinha pura" e o "bom rapaz". Em um comentário ilustrado pela imagem de um jovem casal que se olha com ternura, a revista afirma:

> Uma cena de amor é sempre bem recebida pelos fãs, principalmente quando a cena mostra um casal que sabe namorar com *bons costumes*, com respeito, enfim, como dois entes que pretendem *construir um lar*.
> Hoje não é bem isso o que se vê, pelo menos nas filas de ônibus e lotações. Às vezes, até, vemos cenas vergonhosíssimas. A cena que estamos publicando é limpa, pode servir de exemplo para muitos casaizinhos. Seus protagonistas são Pat Crowley e Dean Martin no filme [...] *Hollywood or Bust*. ("Galeria dos artistas da tela", *Jornal das Moças*, 13.02.1958, destaques meus)

No cinema nacional, as versões brasileiras do casal bem-comportado (Fada Santoro e Cyll Farney, por exemplo) convivem com as chanchadas e seus temperos; malícia, carnaval, lábia, a boazuda, o malandro, o gringo etc., que divertem toda a família.

Há sempre um espaço reservado para as estrelas de cinema tanto em *Jornal das Moças* quanto em *Claudia*. Nessas revistas, porém, a adesão nunca é incondicional; em ambas, os artistas são tratados como seres especiais aos quais se faz concessões, inclusive morais, que não são feitas às "pessoas comuns". *Jornal das Moças*, em várias ocasiões, previne suas leitoras contra as "perigosas ilusões" semeadas pelo cinema no "espírito das jovens". *Claudia*, em sua série de reportagens sobre a vida em Hollywood ("Hollywood sem retoques"), retrata com sensacionalismo os problemas morais, os vícios e as desavenças nesse meio artístico.

A praia, além de um local de lazer para famílias, vai se tornando o espaço da juventude por excelência. Nesse espaço, várias normas que regem as relações de gênero podem ser redefinidas, e a distinção, por exemplo, entre o comportamento feminino moral e o imoral se torna, muitas vezes, uma questão delicada, já que os limites estão ficando mais fluidos. É o que faz *Jornal das Moças* admitir que, nas praias do verão carioca, vigora "a lei do vale-tudo":

> Aqui é uma garota atraente que passa... um biquíni alucinante, fazendo com que todos os olhares se voltem para ela. Ela finge que não vê [...] outras vezes passa um garotão, e elas tiram a forra: olham para ele. Enfim, esta é a vida na praia... ("Rio 38 graus à sombra", *Jornal das Moças*, 23.01.1958)

*Jornal das Moças* não chega a criticar esse comportamento praiano ou o uso do biquíni (sendo uma revista de moda, até publica fotos de alguns), pois o exercício de um certo grau de sensualidade à beira-mar já é aceito e praticado nessa época inclusive por "moças de família", que frequentam as areias acompanhadas ou não dos pais. Tempos depois, em *Claudia*, esta questão parece já estar totalmente resolvida.

※

O clima de sensualidade e de alguma permissividade proporcionado pelo carnaval é indiscutível; nessa festa várias mulheres deixam de lado o "discurso da família e da disciplina" e assumem a identidade da "mulher tropical sensual", num desafio às normas tradicionais de gênero.[80] Diante do carnaval, o carioca *Jornal das Moças* assume uma atitude ambígua. Alerta para as graves consequências que podem advir da brincadeira:

> [...] mocinhas perdidas, lares desfeitos, casais separados, moças desviadas – o pior são as garotas de 13 a 15 anos que bebem e cheiram lança-perfume e, por descuido dos pais, sofrem consequências desastrosas. ("Carnaval e fantasia", *Jornal das Moças*, 14.02.1957)

Mas se apropria do lado-família da festa: oferece figurinos para a confecção de fantasias bem-comportadas, publica reportagens e fotos sobre os bailes de salão e as rainhas dos clubes, e divulga o carnaval das *matinées*, das famílias "de bem", longe da algazarra das ruas.

Nos Anos Dourados, é comum que pais e professores procurem exercer um controle sobre o que leem as garotas. Entre as "leituras recomendáveis" estão os romances assinados por M. Delly, bastante populares na época. Neles, "mais do que a heroína, é o amor que vence";[81] e mais que o amor, é a ordem moral a grande vitoriosa.

Como esses romances, há várias outras leituras consideradas instrutivas ou, pelo menos, apropriadas às "moças de família", como as obras da *Coleção Rosa* e os contos de *Jornal das Moças*, entre outras. Em contrapartida, existem aquelas que são rigorosamente proibidas ou sofrem algumas restrições (não necessariamente cumpridas à risca), como as histórias da revista *Querida*, as fotonovelas picantes, os livros de Jorge Amado ou de Eça de Queiroz, por exemplo.

No pós-guerra e nos anos 1950, os jovens se fazem cada vez mais *presentes*. Na primeira metade dos anos 1960, eles vão ocupando cada vez mais *espaço*.

E nas revistas femininas? A partir da Segunda Guerra Mundial e acentuadamente depois de meados dos anos 1950, a juventude se torna um dos alvos privilegiados destas publicações. Elas não só falam cada vez mais *sobre* juventude, mas também falam *para* a juventude. Então, "A presença jovem" é o título que introduz o assunto *juventude* nesse período.

Nos anos 1960, as revistas vão mais além e, por vezes, com pesquisas ou entrevistas, procuram *ouvir* os jovens e compreendê-los. "O espaço jovem" é, portanto, o título da parte desse livro que mostra quando e como os jovens conseguem maior atenção na imprensa feminina brasileira.

## A PRESENÇA JOVEM

Nos anos 1940, a ideia de *juventude* como uma fase de transição (entre a maturidade sexual e a incorporação completa ao mundo adulto e à vida econômica) – preocupante do ponto de vista social, instável, vulnerável e propensa a desvios – já está consolidada. E a beleza e a aparência "jovem" já são bastante valorizadas. Porém, a *opinião* e o *gosto* dos jovens só começam a ser levados em consideração com maior ênfase na década seguinte, em especial na sua segunda metade.

Transformações nas condições de vida e na própria definição de *jovem* ou do conceito de *juventude* ocorrem antes nos países da América do Norte e Europa Ocidental, com destaque para os Estados Unidos. Essas transformações apontam no sentido de fazer do jovem "uma peça importante no xadrez social".[82]

Os Estados Unidos vivem uma situação de prosperidade material que possibilita a afirmação e a difusão do *american way of life*, que, somadas às alianças impostas pela Guerra Fria, ampliam a área de influência cultural norte-americana em várias partes do mundo, incluindo o Brasil. A exemplo do que ocorre com a numerosa população juvenil norte-americana, os rapazes e as moças de classe média no mundo ocidental passam a ter acesso a um repertório maior de informações proporcionado tanto pelo desenvolvimento dos meios de comunicação de massa (também um fator de integração) quanto pela educação mais liberal que começa a ganhar adeptos.

Pelos padrões de classe média, sempre que possível os jovens até certa idade são mantidos afastados do mundo do trabalho sob a justificativa de que devem priorizar os estudos. A expansão das escolas secundárias (agora também mais diversificadas) e dos cursos universitários (principalmente nos Estados Unidos e na Europa Ocidental) proporciona aos jovens espaços de concentração e discussões próprias e, em certo sentido, maior autonomia em relação ao mundo adulto. Além disso, os que recebem mesada ou trabalham em tempo parcial engrossam o mercado consumidor (de roupas, cosméticos, equipamentos esportivos, revistas, discos, cinema etc., com alguns produtos voltados especialmente para a juventude). A propaganda e o *marketing* empenham-se em veicular a imagem do jovem capaz de escolher, decidir... e comprar.

Os novos canais de mobilidade que surgem com as oportunidades educacionais e de emprego proporcionam o vislumbre, por parte de muitos jovens, de possibilidades maiores de ascensão econômica e *status* social – o que também colabora para o declínio relativo do poder paterno, fazendo brotar nas mentes juvenis um sentimento de importância maior e independência.

Nessa mesma época surgem o *rock'n'roll* (com seu ritmo agitado e por vezes sensual, cujo principal expoente é o controvertido Elvis Presley), o *twist* e outros tipos de música e dança apreciados pelo público jovem, capazes de provocar mudanças significativas nos costumes. Música e comportamento passam a ser vistos como inseparáveis no "universo juvenil".

Intensificam-se as informalidades, a sensualidade, a consciência corporal e o chamado "sentimento de idade", tornando possível o surgimento de uma identidade própria e de questionamentos especialmente juvenis (o que, contudo, não implica a existência de uma cultura jovem isolada das instituições e valores hegemônicos). A "afirmação da diferença" ou mesmo a revolta juvenil se expressam, em geral, sem objetivos bem definidos ou perspectivas políticas explícitas. Isso faz com que os jovens mais radicais dessa época recebam o rótulo de "rebeldes sem causa" e suas atitudes sejam interpretadas como fruto da "distorção da noção de adolescência", um período isento das responsabilidades do mundo adulto. O filme *Juventude transviada* (título moralista dado no Brasil em substituição a *Rebel without a cause*) procura traduzir essa tendência e consagra James Dean como herói ou um dos símbolos destes jovens rebeldes.

Os jovens brasileiros dos centros urbanos não ficam imunes ao contexto de transformações sociais que, nos anos 1950, afetam a juventude como um todo. Mas o Brasil tem seu próprio modo de acompanhar as tendências internacionais.

Por exemplo, já na época, observadores como Paulo Francis apontam semelhanças e diferenças dos jovens brasileiros apresentados como "rebeldes" ou "transviados" em relação aos *angry young men* (ingleses) ou aos representantes da *beat generation* (americanos):

> [...] os nossos "transviados" partilham esse estado de espírito [dos rebeldes de outros países] se bem que de forma não tão consciente, não tão explícita. Falta-lhes uma ideologia, [...] seu uniforme, seu comportamento, suas maneiras etc., são derivados dos filmes de Hollywood, em que a versão da *beat generation* é, por motivos comerciais, destituída das características mais agressivas do original. (Paulo Francis, "Os decadentes; um estudo muito pessoal da chamada juventude transviada", *Senhor*, 05.1959).

É certo que "o menino que subiu os degraus do cinema Pax, no Rio de Janeiro, de motocicleta, para assistir a um filme de Marlon Brando sobre delinquentes de motocicleta" - como escreve Francis - não é o protótipo do jovem brasileiro, faz parte de uma minoria. E uma minoria de classe média. Na descrição de Jorge Americano, os *playboys* da "juventude transviada" são "moços bonitos" que andam em grupos "pelos bairros à procura de reuniões familiares" onde há dança e uísque; se o dono da casa não é "compreensivo", acabam com a festa, "quebrando cristais e espancando os rapazes da família". Eles também

> [...] danificam automóveis estacionados, furtando-lhes as marcas e as guarnições externas, ou furtam os carros e depois os deixam após uma "trombada". [...] Agarram raparigas notívagas pelas ruas, levando-as para bairros remotos, abandonando-as lá. Andam pelas estradas circunvizinhas arrancando marcos de sinalização [...] partem de automóveis, depois das 10 horas, por uma rua extensíssima cheia de ponta a ponta de sinais e cruzamentos, à velocidade máxima que o carro dá. Dá abaloamentos, dá mortes ou não acontece coisa alguma.[83]

Embora seja uma preocupação das autoridades e de muitos lares, a delinquência juvenil praticada por gente "bem-nascida" não é dirigida contra as instituições mantidas pelos adultos, sendo mais uma forma distorcida de recreação. Não se trata também do reflexo de algum conflito de classe. Mesmo reservando críticas ferozes a estes "desordeiros" e "desajustados", a sociedade parece reagir de forma mais condescendente (menos punitiva e violenta) para com eles do que reagiria se os envolvidos fossem pessoas mais pobres. Ao relatar episódios ocorridos nos anos 1950, Jorge Americano conta que "os jornais sérios verberaram a impunidade dos *playboys*, ladrões de automóveis, filhos de gente rica", mas "os moços se orgulhavam de tais aventuras"[84] e nada de mais aconteceu.

O fenômeno específico da "juventude transviada" foi, entre os brasileiros, muito mais masculino que feminino. Na época, para as moças, o controle social e a repressão são mais rígidos que no caso dos rapazes; elas raramente surgem como integrantes dos "bandos de bagunceiros" e, nos noticiários, aparecem muito mais como suas vítimas do que como cúmplices. Além disso, muitos aspectos do comportamento desses rapazes reforçam as desigualdades de gênero, o que fica evidente, por exemplo, nas "provas de virilidade" que os integrantes dos "bandos" precisam dar, nas discriminações que eles alimentam contra garotas e, muitas vezes, na própria leitura que fazem da distinção entre moças "de família" e moças "desfrutáveis".

A considerada rebeldia feminina das garotas de então se dá em outros níveis. Ela vai desde as pequenas transgressões (como fumar escondido ou ler coisas proibidas) até o exercício da sexualidade fora dos padrões impostos às "moças de bem". As entrelinhas de vários textos das revistas demonstram que muitas jovens pensam e agem para além dos parâmetros das regras sociais, da vigilância ou da vontade de seus pais. Elas, sim – as "de família" ("mães" e "esposas" em potencial), que adotam comportamentos desviantes –, ajudam a relativizar os significados de gênero em sua época.

Se uma garota desse tipo, por exemplo, permitir ou incitar (ou ambas as coisas) carícias íntimas com o namorado, ela não pode ser confinada – segundo os valores morais vigentes na época – nem na categoria de "puta", nem na categoria de "pura e ingênua". Também não se pode dizer que tenha abandonado a identidade feminina ou características que a definem como mulher. E mesmo se for tachada de "leviana" – um rótulo afinal não muito específico –, outros atributos e pertinências (por exemplo, sua formação moral, a escola em que estuda, o grupo que frequenta, a família a que pertence, a origem social etc.) mantêm sua ligação, em vários aspectos, com a figura da "moça de família". Assim, o comportamento "impróprio" dessa jovem colabora para a dilatação dos limites estabelecidos para o feminino e contribui para a evolução do próprio conceito de "moça de família".

Nessa época, as transformações no comportamento juvenil e a insubordinação de muitos jovens são verdadeiros fantasmas na "mente dos mais velhos". Os que viam na juventude, quando bem educada e disciplinada, uma inocência saudável e uma esperança de progresso social contínuo tiveram surpresas acompanhadas de um pessimismo com relação ao futuro. Em vários aspectos, o poder e o domínio dos "mais velhos" e dos "homens" começam a ser relativamente questionados (um prenúncio da contestação de jovens e mulheres nos anos 1960).

*Jornal das Moças*, com sua postura conservadora, não vê com bons olhos essas mudanças e se preocupa com as "moças modernas" e os "rapazes irresponsáveis". É sintomático que, a partir de 1955, aumente significativamente o número de artigos sobre *a juventude* – comparando-a com a de outras épocas, criticando seus "excessos" e elogiando os jovens que são bem-comportados e enquadrados.

> Se você é jovem, aproveite a juventude, divirta-se; esteja sempre alegre, se assim o sente; mas pense que a juventude não confere direitos para mostrar-se alheia às elementares regras de urbanidade e bom comportamento [...]. (*Jornal das Moças*, 10.01.1957)

A revista *Alterosa*, no artigo "A juventude não transviada" (de fevereiro de 1960), depois de afirmar que os "jovens transviados" são uma minoria de desajustados, tece elogios à "juventude de nossos dias", que dá exemplos "de amor aos estudos, de trabalho racional" e que, em nome disso, abandonam "boates e lambretas".

Em uma entrevista publicada em *Querida*, pais famosos se dizem assustados com esses "tempos de lambretices" e "escapadas para a escuridão do aterro" e demonstram preocupação:

> [...] não só pelo futuro das meninas, mas muito principalmente com [...] a irreverência completa (ou quase) dos garotões, que perderam completamente a noção daquele respeito que é indispensável se ter por uma moça, mesmo nestes tempos angustiados de foguetes espaciais. (*Querida*, 08.1961)

"Bons exemplos" da nova geração, por sua vez, são elogiados em *Jornal das Moças*. (Tais exemplos, se invertidos, dão uma ideia do que a revista considera o "mau comportamento juvenil".)

> Existe no posto cinco e meio, em Copacabana, um grupinho da nova geração que se reúne habitualmente para ir à praia, ouvir discos, dançar, ir aos cinemas etc. Juventude sadia, que não faz estrepolias nas *matinées* de domingo, e sabe se divertir sem escandalizar os mais velhos... [...] no baile de sábado [...] beberam guaraná e coca-cola, esbaldaram-se no samba e no *boogwoog* [...] mas tudo como manda o velho figurino, isto é, com as mães do lado tomando conta... Uma beleza! Às 10h em ponto a festa terminou para não perturbar o sossego dos demais moradores do edifício. [...] ("Rio social", *Jornal das Moças*, 10.05.1956)

As moças entrevistadas na seção "Um broto por semana" sonham com casamento e filhos. Algumas querem também ser professoras. Uma deseja viajar pelo mundo, outra deseja tornar-se pintora, outra ainda deixou o balé por vontade dos pais. Entretanto, entre essas mesmas jovens – que se dizem "iguais a todas as moças", cujo sonho maior é sempre "casar e ser mãe", ou que afirmam que "a moça casa e o diploma só serve para vaidades [...] para ficar na gaveta", ou que fazem "o curso de bordado e arte culinária para dedicar sua vida ao lar" – existem várias que apoiam o *divórcio*. O argumento mais comum apresentado por elas é que o divórcio daria chance para uma nova oportunidade de casamento quando a primeira não é bem-sucedida.

Esse exemplo revela a impossibilidade de fixar rótulos ou medir o grau "de consciência", desafio, ou rebeldia das jovens do período (e mesmo em qualquer época). Convivem ideias retrógradas e modernas nas concepções das garotas entrevistadas, escolhidas pela revista dita "100% familiar", para servirem de modelo às demais leitoras. É fácil, portanto, imaginar que a realidade dos pensamentos da juventude de classe média de 1959 seja bem mais complexa.

Há um indisfarçável saudosismo nos artigos de *Jornal das Moças*: os "tempos antigos" são idealizados em detrimento dos "atuais". O tema dos "bailes" é um bom exemplo.

Se os bailes sempre foram "ocasião de 'liberdades' arriscadas para solteiras e casadas" e a dança, "a forma social do abraço prolongado",[85] nos anos 1950 eles se tornam uma verdadeira mania juvenil, deixando os conservadores muito apreensivos. *Jornal das Moças* critica a quantidade de bailes, os tipos de música e dança, a intimidade que permitem aos jovens... E aconselha:

> [...] as jovens de hoje podem frequentar bailes, mas devem dar preferência aos organizados em casas familiares, pois nos salões há sempre o contato com indivíduos que ali vão, não para dançar, mas para fazer pouco das moças inexperientes. A dança não deve ser proibida, porém dançada como nos nossos dias não tem o sabor de sociabilidade e nem serve para que os jovens se conheçam. (Roberto M. Torres, "Bom dia, senhorita", *Jornal das Moças*, 02.09.1954)

Um dos textos da revista reproduz a queixa de uma senhora com relação ao comportamento das filhas (que de fato nem são tão "modernas", já que se fazem acompanhar pela mãe aos bailes que frequentam):

> Em nosso tempo uma jovem dançava onde seus pais a levavam [...] ali lhe eram apresentados os jovens, conhecidos de seu pai ou dos amigos deste. As pessoas de mais idade, enquanto seus filhos dançavam, passavam horas agradáveis [...].

> Hoje as filhas nos querem levar a qualquer clube [...] dançam com qualquer rapaz. Entram e saem da sala a qualquer hora, fugindo de nossas vistas, deixando-nos sozinhas [...]. (Roberto M. Torres, "Bom dia, senhorita", *Jornal das Moças*, 14.02.1957)

Em alguns momentos, *Jornal das Moças* faz coro com os que criticam o *rock*, o cinema, os clubes e outros tipos de diversão por provocarem a rebeldia juvenil.[86] Mas, certas vezes, por talvez reconhecer ter perdido a batalha, retrocede em seus julgamentos.

O fenômeno musical do *rock* e toda a irreverência que representa (em termos de comportamento, aparência, humor, criatividade...) atingem o Brasil. Esse estilo musical, apesar das polêmicas, consegue se impor (inclusive pelo interesse da produção e comércio de discos). E nem mesmo *Jornal das Moças* fica imune à nova moda.

Elvis Presley aparece várias vezes na revista, nos anos finais da década de 1950. Em "Elvis, o causador da maluquice mundial" (texto de 31 de janeiro de 1957), o cantor é comparado às "vedetes dos *shows* seminudistas", e o *rock*, "uma moda passageira", é responsabilizado pela onda de "histeria juvenil". Logo, porém, um Elvis mais domesticado incorpora-se às páginas da revista:

> Elvis Presley é o movimento em pessoa. Combatido por muita gente, acabou sendo aceito não só pelos brotos como pelos mais velhinhos... dançar *rock n'roll* não é mais bicho de sete cabeças [...] "*Hound dog*" vende tanto que em algumas lojas o LP já vem embrulhado. (*Jornal das Moças*, 18.07.1957)

No ano seguinte (em 22 de maio de 1958), uma foto de Elvis Presley servindo o exército vem acompanhada da legenda: "homenagem a esse moço que representa uma geração [...]".

Nessa época, muitos galãs começam a ser protagonizados por pessoas mais jovens. E mesmo vários compositores de bossa-nova, exclusividade nacional, são bastante moços. No início dos anos 1960, os Beatles se tornam os novos ídolos da música jovem internacional.

Outros tipos de herói também começam a povoar as mentes de alguns (poucos) jovens nos anos finais da década de 1950, como Fidel

Castro e os revolucionários de Cuba. *Jornal das Moças* então reage, opondo-se ao "materialismo":

> [...] somente o espírito, a cultura, a integridade moral [...] [poderão] combater as ideologias subversivas; fruto da mente doentia dos homens ambiciosos de poder terrestre [...]. (*Jornal das Moças*, 02.04.1959)

## O ESPAÇO JOVEM

Nos quase 20 anos da "era dourada", a tendência das revistas de encarar a questão da juventude como mero problema de educação, poder e disciplina vai, gradativamente, abrindo espaço para a preocupação de *compreender* os jovens. Esta última disposição é bem mais acentuada nos anos 1960 e muito evidente na revista *Claudia* dessa época.

*Querida* aconselha as filhas a acatarem as decisões paternas "para o seu próprio bem"; porém, se os pais forem rígidos demais (a possibilidade de as filhas julgarem os pais é uma novidade que não aparece em *Jornal das Moças*), a revista sugere que as garotas procurem agir com paciência e persuasão, mas "nunca com indisciplina".

Esse mesmo tipo de postura aparece em *Claudia* quando as filhas parecem ter razão, ou seja, conseguem demonstrar "juízo" e adequação a uma série de outras regras e expectativas sociais. Por exemplo, a seção "Claudia responde" (de junho de 1964) dá razão às queixas de uma garota de 18 anos que se diz de "bom senso", namorada há mais de um ano de um rapaz "mais velho, com responsabilidade e profissão liberal", e que está proibida pelos pais de chegar em casa após as 20h; *Claudia* aconselha a jovem a, em primeiro lugar, tentar um diálogo sereno com os pais, mas se eles continuarem intransigentes, a revista sugere que ela recorra a pequenas mentiras e tenha paciência e bom humor – ou seja, empregue o "jeitinho" – até que os hábitos de sua casa sejam finalmente mudados. A seção "Direito, mulher e lei" (de dezembro de 1962) informa uma moça sobre os procedimentos legais a serem tomados para possibilitar seu casamento com "um rapaz maior, de ótima família", sem o consentimento dos pais.

Não se pode esquecer que, já no início dos anos 1960, em vários grupos de jovens a passividade política e a conformidade social dão lugar ao ativismo e à contestação. A Europa e os Estados Unidos assistem a manifestações de radicalismo estudantil e de rompimento com os padrões estabelecidos (expresso pelo desregramento, a vadiagem, a falta de ambição ou a insubordinação) ao lado de um aparente aumento do interesse pelas experiências sexuais por parte de moças de classe média.

Preocupada com a juventude brasileira, *Claudia* publica, em maio de 1964, a reportagem "Guerra de mentira, amor de verdade", procurando saber dos jovens o que pensam sobre seus pais e os mais velhos em geral.[87]

Os resultados da enquete são recebidos com um suspiro de alívio: "as coisas 'lá em casa' vão melhor do que parece", "o respeito pelos pais não desapareceu", "somente três em cada cem jovens não se dão bem no lar". Porém, esse "dar-se bem" não significa ausência de desentendimentos; metade dos rapazes e moças já discutiu seriamente com os pais por diferenças de opinião com relação a namoro, horários, diversões, estudos, liberdades etc. – motivos que, entretanto, muito raramente ameaçam a paz familiar como um todo.

"Respeito" é o principal sentimento dos jovens diante dos mais velhos, considerados "bons exemplos" por 90% dos entrevistados, embora 76% destes prefiram, "como é natural", a companhia de pessoas da mesma idade. Enfim, os dados da pesquisa apontam, sobretudo, para uma convivência harmoniosa, sem grandes enfrentamentos, entre pais e filhos.

A reportagem diferencia rapazes e moças, perguntando aos primeiros se seguiriam a profissão do pai (82% de respostas negativas) e às garotas o que reprovariam na conduta de suas filhas. Entre a maioria das respostas dadas por elas estão: andar em más companhias; ser leviana; desobedecer ou mentir para os pais; andar com desconhecidos ou com diversos rapazes e "ter excessiva liberdade" com eles. A preocupação com a aparência (roupas justas, pintura em excesso, cigarro) é duas vezes maior do que a com o trabalho das filhas e três vezes maior do que com a sua possível falta de ideal. Repetem-se, portanto, antigas fórmulas conservadoras.

No mesmo número da revista, a articulista Carmen da Silva comenta os resultados dessa pesquisa em "A arte de ser jovem (e de compreender os jovens)". Considera saudável a convivência de afeto e conflito no relacionamento de pais e filhos. Para ela, essa situação reflete o amadurecimento dos jovens, que, ao mesmo tempo que questionam os limites impostos pelos pais, precisam deles para se sentir seguros e equilibrados até que os "apoios externos" (ordens, proibições e conselhos paternos) possam ser substituídos por "uma estrutura de sustentação interna" (valores morais assumidos livremente, autodisciplina, capacidade de orientar-se sozinho). Assim, afirma Carmen da Silva, os pais devem saber a hora de disciplinar e de aconselhar, e o momento de passar a confiar no critério dos filhos e lhes dar liberdade.

O artigo também examina outras possíveis fontes de problemas nesse relacionamento: as dificuldades paternas em aceitar o crescimento dos filhos e o próprio envelhecimento, ou o equívoco dos pais que procuram se realizar através dos filhos. Nos casos em que ocorre um conflito de interesses, Carmen da Silva justifica as inseguranças e as instabilidades juvenis, mas cobra daqueles "em plena idade madura", os pais, um "exame de consciência" e a iniciativa na busca da conciliação e da harmonia. E finalmente, com relação aos pais, a autora se mostra satisfeita (revelando, portanto, sua posição pessoal) ao constatar, a partir do resultado do inquérito de *Claudia*, "que está desaparecendo da família brasileira – felizmente! – a preocupação paterna de afirmar a autoridade em si".

Enfim, Carmen da Silva não desqualifica a autoridade dos pais nem os exime de suas responsabilidades, mas também não critica ou ironiza as razões dos filhos. Nesse sentido, há uma grande diferença com relação a *Jornal das Moças* e suas certezas absolutas, sua balança favorável aos pais, suas críticas sem nuances aos jovens "irresponsáveis", às mocinhas "caprichosas", às garotas "muito modernas".

A revista *Claudia*, em geral, adota uma postura de "ouvir os jovens", pesquisar para saber o que eles "pensam e desejam", pois, como justifica: "não podemos nos dar ao luxo de ignorar" o comportamento, os conflitos, as diferenças e os pensamentos da juventude.[88] Seus objetivos explícitos são: ajudar os pais na educação dos filhos e proporcionar a seus leitores jovens parâmetros para avaliação de seu comportamento diante das tendências mais gerais.

Carmen da Silva, com algum grau de liberdade, caminha a passos mais largos no interior dessa mesma publicação. Chama a atenção para a postura contraditória das jovens que reclamam da falta de liberdade, mas que agiriam exatamente como seus pais em relação a suas filhas. Avalia isso como um sintoma da "desorientação feminina", e mais, um sinal de "desajustamento no seio da sociedade cosmopolita brasileira".

> [...] hoje em dia, as moças parecem haver aprendido as formas externas da independência, sem entretanto haverem conquistado uma autêntica e profunda emancipação; reclamam direitos da boca para fora, mas não estão plenamente convencidas – [...] no íntimo da alma, no âmago da razão – de que o exercício de tais direitos seja desejável e sadio [...].

E chama a atenção para "a discrepância entre os conceitos admitidos e os preconceitos subterrâneos, o desequilíbrio entre as fórmulas de vida que pretendemos adotar e o lastro de tradições do qual ainda não conseguimos nos desprender". A seu ver, está confirmada a tese, bancada por vários especialistas e estudiosos, de que:

> [...] a mulher latino-americana, principalmente nas grandes cidades, costuma ser a "nova rica" da liberdade: ostenta-a, engalana-se com ela, trata de deslumbrar os outros e a si mesma com a embriagadora noção de ser moderna, evoluída, independente, mas está longe de ter adquirido o sereno usufruto, a tranquila confiança que nasce da longa familiaridade com um bem, da certeza de que ele nos pertence de modo indiscutível, inalienável.

Diante disso, Carmen da Silva propõe a busca do equilíbrio sensato por parte de pais e filhos, educadores e sociólogos. Sem abrir mão das ideias mais liberais, procura conferir maior profundidade e coerência à sua adoção.

Os artigos de Carmen da Silva vão além de simples constatações, de reafirmações do senso comum ou mesmo de aguçadas interpretações pessoais. Eles sacodem as opiniões vigentes sobre o comportamento da juventude, tradição e modernidade e, na medida do possível, colaboram para sua reformulação.

> Nossa mocidade não está nem totalmente perdida, transviada, corrompida. E os pais de nossos dias, ao abandonarem a posição de verdugos que tinham no século passado, não se tornaram débeis, cúmplices passivos, vítimas inermes. Os pais amam e educam seus filhos. Os jovens amam seus pais e têm com eles os lógicos e inevitáveis conflitos [...]. Essas mocinhas e rapazes que vemos nas faculdades, nos escritórios, nas fábricas, nas repartições, nos bares, trepados em lambretas ou amontoados em grandes grupos ruidosos nos autos conversíveis, toda esta juventude despenteada, barbuda, barulhenta, alegre, vestida com as indumentárias mais incríveis, parece ter a cabeça no devido lugar. Muito mais do que os submissos, hipersensíveis, cloróticos e neuróticos adolescentes de um passado não muito distante, mas que já nada ressuscitará.

No início dos anos 1960, espera-se que os jovens (em torno dos 20 anos ou mais cedo, se estiverem preparados) procurem algum tipo de trabalho que não prejudique os estudos e que sirva para bancar suas despesas pessoais (diversão, transporte e objetos de uso) e, conforme a renda, contribuir no orçamento familiar.[89]

Ainda segundo a pesquisa de *Claudia*, 57% dos jovens entrevistados trabalham, enquanto 43% recebem mesada ou vivem exclusivamente "às custas dos pais". Nas classes A e B, quase metade dos jovens trabalha. Dos filhos que trabalham, 75% ajudam nas despesas da casa; 5% dos pais consideram "natural" ou "obrigatória" a contribuição dos filhos no orçamento doméstico e 82% dos pais estão satisfeitos com a "colaboração" e o "alívio" proporcionados pelos ganhos de seus filhos.

Mais rapazes que moças estão no mercado de trabalho, com uma diferença de 8% entre eles (61% contra 53%).

Normalmente, os filhos não deixam o lar até que se casem, a menos que necessitem mudar de cidade. No entanto, sua dependência para com os pais diminui com o passar do tempo e com a ampliação do leque de opções dado aos jovens. Ainda assim, as restrições que os pais impõem às moças quanto a horários, divertimentos, amizades, escolhas de carreira, têm como parâmetro os valores conservadores.[90]

No início dos anos 1960, surgem alguns acréscimos ao rol de "diversões da juventude", especialmente em cidades como Rio e São Paulo: são mais frequentes os passeios motorizados, os bares tornam-se ponto de encontro de rapazes e garotas "de família", os bailes abrem espaço para as "reuniões dançantes" com luzes fracas (tipo boate) embaladas pelos ritmos do *surf*, *hully gully*, *twist* ou bolero, ou reuniões onde se ouve bossa nova.

> [uma paulistana de 18 anos define a] notável diferença entre baile e reunião: baile é acontecimento provinciano, com rapazes de gravata e às vezes mães vigilantes distribuídas em volta da dança; reunião é na esportiva e sem mães. A gente faz o que quer: cai no *hully gully*, senta no chão, conversa, toca violão, se quiser fica quieta [...] [os temas das conversas são] um pouco de tudo: música, estudo, religião, política. (*Claudia*, 04.1964)

Nos anos 1950, a moda feminina seguiu diversas tendências: "estilo sensual", "gênero bem-comportado", "sóbrio e elegante". As jovens usavam vestidos acinturados, saias muito amplas ou justíssimas, blusinhas rendadas de algodão, meias de náilon com costura atrás e sapatos de salto alto, óculos gatinho, maiôs de helanca. Mas também podiam ser vistas desfilando em calças compridas justas e com barra na altura do tornozelo, bermudas, mocassins com meias soquete ou sapatilhas rasas. Em ocasiões sociais, podiam usar penteados elaborados, mas também aderir aos cabelos curtos ou à onda dos irreverentes rabos de cavalo. Por meio das roupas e dos acessórios, boa parte das jovens procurava *distinguir-se* das mulheres sérias e adultas. No fim da década, os biquínis despontaram nas praias brasileiras.

Na primeira metade dos anos 1960, o uso do biquíni já está bastante difundido. A moda pede roupas coloridíssimas, minissaias, calças compridas de helanca, *chemisiers* e vestidos tubinho. Valoriza-se cada vez mais o que o mercado passa a designar como "moda jovem". Figurinos exóticos, delineadores nos olhos, aparência "rebelde" e consumismo muitas vezes se confundem.

"O que desejam as jovens?", pergunta a revista *Claudia*. "Liberdade, Igualdade, Casamento" é a resposta, segundo reportagem publicada em abril de 1964.[91]

Quase metade das garotas entrevistadas se disseram incompreendidas pelos pais em questões que vão de sexo a cigarros proibidos.

De todas as moças ouvidas, uma porcentagem bem alta (94,4%) declarou não conceber seu futuro sem o *casamento*. O temor de "ficar pra titia" foi revelado abertamente por 8,6% das jovens. Entre as que disseram não abrir mão da perspectiva do casamento, mais de 60% fixaram a idade ideal para o matrimônio entre 20 e 25 anos; 6,78% a prolongaram até os 30 anos, e quase um terço (as restantes) afirmou que não há período ideal, apenas oportunidade.

Dados estatísticos de 1961 referentes ao estado de São Paulo revelam que a maioria das mulheres da capital casa-se entre 20 e 24 anos de idade, enquanto a maior porcentagem de casamentos no interior realiza-se com mulheres menores de 20 anos, seguida de perto pelos números daquelas que se casam entre os 20 e 24 anos. *Claudia* interpreta esses dados como um sinal de "progresso" da capital em relação ao interior. Segundo Mino Carta, que assina a matéria, as moças não acreditam mais em príncipes encantados, mas ainda sonham com tipos personificados por artistas de cinema (como Mastroianni, Belmondo e Delon), e a primeira qualidade que esperam de um marido é que saiba compreender a mulher.

Mais de 56% das entrevistadas mostraram-se inconformadas com a condição de superioridade masculina na sociedade; cerca de 4% declararam-se a favor de que as mulheres, desde a adolescência, tenham "ampla liberdade sexual"; outras criticaram a discriminação feita pelos pais entre filhos e filhas, as diferenças de oportunidades de trabalho para homens e mulheres e as convenções e os preconceitos em geral contra a mulher. Depois de apresentar esses resultados, porém, a matéria afirma que 385 das 500 moças entrevistadas (77%) disseram que pretendem ser apenas donas de casa, não trabalhar fora.

*Claudia* não comenta esses resultados, mas diante deles é possível concluirmos que boa parte das jovens que protestam contra a desigualdade dos sexos não relaciona, nessa época, emancipação feminina necessariamente com participação da mulher no mercado de trabalho.

Referindo-se a outra pesquisa,[92] Mino Carta lembra que as preocupações principais dos rapazes entrevistados são, em ordem decrescente: a potência sexual, o serviço militar, o futuro profissional e, em quarto lugar, os problemas que envolvem a busca da "mulher certa". No caso das "adolescentes", contudo, a preocupação é quase única: o homem.

As distinções sociais de gênero terminam, em última análise, condicionando as preocupações diferenciadas de garotas e rapazes nessa época.

O texto publicado em *Claudia* reconhece a impossibilidade de se definir uma atitude média da "moça brasileira" diante dos "problemas existenciais", devido às enormes diferenças econômicas, regionais etc.

> Há as moças do *João Sebastião Bar* [...] a boate dos intelectuais de São Paulo [...]; há as moças que nas tardes de domingo *fazem footing* na cidadezinha do interior diante da igreja; há as moças de Araguaína, uma vila de cabanas e barracos à margem da Belém-Brasília: aos 10 anos seguem o primeiro homem que aparece, largam o pau a pique dos pais sem olhar para trás.

Até em uma mesma cidade, afirma, pode-se encontrar uma gama bem variada de "existências", "situações" e "tempos". Como exemplos, a matéria cita declarações de moças de favelas, de classe média, operárias, estudantes, secretárias, universitárias etc., sobre suas preferências e esperanças, adotando um tom mais humano e abrindo espaço para subjetividades.

Porém, em um momento ou outro, as opiniões das jovens vêm acompanhadas de juízos de valor, preconceitos e comentários irônicos por parte do jornalista. As observações de Mino Carta conduzem a leitura por determinados parâmetros de avaliação (por exemplo, o que é "certo" ou "errado", o que significa "responsabilidade", "coerência", "moralidade") que não são necessariamente os das entrevistadas.

*Claudia* respalda-se em psicólogos e psiquiatras para afirmar que a tendência das adolescentes em idealizar o amor se deve à "descoberta da dor [na puberdade] como condição da feminilidade" e ao "temor *instintivo* que a moça tem de que algum homem 'lhe faça mal'".

Explicações como essas estão impregnadas por valores morais que vigoram na época (ênfase na castidade; feminilidade relacionada à fragilidade; perda da virgindade vista necessariamente como má e dolorosa). São, contudo, apresentadas como fruto de deduções "científicas" diante de reações instintivas, "naturais", parte da fixa e imutável "essência feminina".

"O mundo treme diante deles e eles tremem diante do mundo". Essa frase do texto "O que desejam as jovens?", de Mino Carta,[93] introduz uma série de comentários sobre os jovens "rebeldes" (*playboys*, *playgirls*, *beatniks* etc.) que assustam, com suas atitudes, os cidadãos "sérios e responsáveis" e fazem com que vivamos "dias graves e incertos".

Na sequência imediata do texto, são mencionados os jovens com posicionamentos políticos, sugerindo, implicitamente, que não há diferenças entre estes e aqueles que adotam outros modos – ou "modas" – de "rebeldias, desacatos e irresponsabilidades" juvenis. O discurso assume uma postura contrária ao que chama de "esquerdismo" adotado por certos jovens. Abertamente, desqualifica e ridiculariza tal posicionamento. E exime de qualquer potencial subversivo as convicções e os comportamentos desses jovens (especialmente das garotas). Do ponto de vista do poder dominante, o texto é tranquilizador, pois retrata as tendências esquerdistas juvenis como inofensivas, contraditórias, inconsequentes e passageiras.

> [...] pouco mais da metade das entrevistadas fez referência a problemas políticos e sociais, mas somente uma em nove tem conhecimento razoável destes problemas. Há as que *se dizem* preocupadas com as perspectivas da situação nacional e internacional. Ouvi *moças-bem*, frequentadoras de boates, usar uma linguagem digna de *agentes subversivos* – enquanto moças pobres [...] têm *sonhos pacíficos*: algumas dizem palavras amargas que chocam e entristecem em bocas tão jovens, mas nunca caem nos *chavões propagandísticos*. (destaques meus)

A questão aqui não é discutir o grau de veracidade ou adequação à realidade das ideias expressas no texto de *Claudia* e, menos ainda, fazer uma investigação apurada da consciência ou do imaginário das jovens que se assumiam como politizadas em meados dos anos 1960. O que interessa ressaltar são as maneiras utilizadas pelo discurso da revista para tentar desmontar, desacreditar ou minimizar aquilo que, à primeira vista, é *encarado* como uma ameaça. Assim, suas estratégias são: descaracterizar as preocupações políticas das jovens "burguesinhas" (de classe média e alta) como algo realmente introjetado e, desta forma, potencialmente perigoso; opor *subversão* à *paz* (induzindo o leitor a abominar o primeiro termo e optar pelo segundo); reduzir a autoproclamada conscientização política dessas moças a "chavões propagandísticos", que dispensam, em última instância, qualquer tipo de reflexão mais profundo.

O texto aponta para o que seriam contradições que tornariam ridículas ou inviáveis a crença e a disponibilidade de certas jovens para bancar seus ideais de esquerda:

> Algumas [moças] parecem realmente preocupadas e encaixam nas suas conversas os substantivos "guerra", "revolução" [...]. Outras não fogem de tais substantivos, *mas* ao mesmo tempo presenteiam Mastroianni com adjetivos lisonjeiros.

Com isso, dá a entender que preocupações relativas a questões convencionalmente atribuídas à feminilidade – no caso, admirar um tipo de homem – não combinam com o engajamento em causas sociais ou políticas.

A matéria de *Claudia* destaca o depoimento da moça que cursa uma faculdade, mas não pretende trabalhar, e que

> [...] falou nas amargas condições de vida dos nordestinos e com olhos desafiantes anunciou a leitura de livros proibidos, para depois, por caminhos tortuosos, desviar para o sonho burguês de um casamento feliz, de um lar cômodo, de um número razoável de filhos, de uma vida tranquila e sem sacrifícios [...].

Sugere, então, que casamento, família e conforto não condizem com um ideal revolucionário.

> [...] as referências a problemas políticos - e a um *oco debate ideológico* que hoje está na moda - partem quase sempre de moças das camadas sociais mais favorecidas.
> Numa boate onde se toca a bossa [...] em ritmo de conspiração e garotões abastados debatem assuntos políticos entre um copo de uísque - caríssimo - e um passo mais arriscado

> de *hully gully* – na porta estacionam o Corvette, mas falam encantados numa revolução que lhes tiraria o Corvette – encontrei várias *moças* prontas a se comover com o tom enfático dos rapazes. São do tipo "intelectual": leem Eric Fromm misturado com Marx [...] dizem ter ideias livres a respeito de sexo, usam sempre que possível meias pretas e se declaram de "esquerda". Este "esquerdismo" na base do uísque tem jeito de ser sinal de revolta contra os pais. A intenção é espantar o burguês, uma velha e surrada intenção. No caso, burguês é o pai. ("O que desejam as jovens?", *Claudia*, 04.1964)

Conclusão: a revolta dos jovens das classes favorecidas não passa de uma forma de paquera, moda, *performance*, ajuste de contas psicológico com a figura paterna ou ainda uma inócua salada ideológica, enfim, nada sério ou perigoso.

A revista *Claudia* se propõe a traçar, na medida do possível, um perfil geral das jovens e, no entanto, assume uma atitude tendenciosa ao ressaltar apenas o lado inofensivo e inconsequente de suas posições políticas.[94]

˜

"Garota Zona Sul" é o título de um artigo de *Claudia* (setembro de 1963) que traça o perfil das polêmicas garotas de Copacabana: moças "da média ou alta burguesia" identificadas à primeira vista pelo corte de cabelo desleixado, pelas roupas – *"blue-jeans* e camisa de homem para fora da calça" – e pela maneira particular de andar.[95] "São as pioneiras, que amanhã serão imitadas." "Elas dão muitas vezes a impressão de terem concepção de vida sólida e profunda quando, na verdade, estão inconscientemente rebeladas." Suas marcas principais, portanto, são: a "rebeldia contra as coisas estabelecidas", o radicalismo e... a contradição.

Como sinal de incoerência de tais jovens, a revista aponta que elas estudam, colocam a virgindade em xeque, mas são incapazes de negar enfaticamente o casamento, embora o critiquem por substituir "a tutela do pai pela do marido". Elas também brigam constantemente com os pais, mas nunca saem de casa. Vão à faculdade de manhã, trabalham à tarde (para "justificar estar fora de casa") e saem à noite, "geralmente para dançar *twist* ou ouvir bossa nova, ou passear de carro em busca de 'experiências'". Porém, não suportam os rapazes "sem vida interior". Dizem-se adeptas do "amor livre" (por simples espírito de "rebelião"), mas não estão verdadeiramente livres de "preconceitos e tabus".

O artigo se escora na interpretação de psicólogos para caracterizar a revolta "das mocinhas" contra o pai e a sociedade. Para estes especialistas, tais jovens preenchem os estereótipos do grupo sem aderir totalmente à rebeldia contra a sociedade. A explicação para as "contradições e angústias" da "garota Zona Sul" seria "o tempo disponível para fantasias" somado às atitudes dos pais "que querem impor aos filhos valores e padrões rígidos que eles próprios não acreditam". *Claudia* menciona ainda o contato dessas jovens com turistas estrangeiros e sua filosofia de aproveitar o máximo em pouco tempo. E alerta: as garotas que adotam esse estilo não pensam nas consequências e nas desilusões futuras.

Finalmente, a crítica mais pesada do artigo recai sobre as *mães* "negligentes" em relação às filhas. Segundo um psiquiatra citado, uma mulher angustiada é levada ao "bovarismo sistemático",

> [...] o que acaba por conduzi-la ao trabalho fora do lar, mesmo que o marido possa prover as necessidades domésticas, e que mal chega a ganhar no trabalho externo o *quantum* necessário para pagar uma doméstica que a livre das responsabilidades de criar os filhos, de assistir ao marido e de zelar pelo lar. As atividades de "Assistência Social", onde ela vai cuidar dos filhos alheios, enquanto os seus ficam adoentados em casa, mal alimentados pelas babás mercenárias, que tantas vezes os iniciam nas primeiras aberrações sexuais.

Juntamente com a mulher que *trabalha fora* e não cumpre seus deveres de mãe e esposa com dedicação integral e exclusiva (como mandam as tradicionais normas de gênero), é responsabilizada pela rebeldia dos filhos aquela que se entrega ao jogo do "buraco" em sessões que [...] varam as noites, à força dos comprimidos [...] ao amor extraconjugal, que acaba por ser a *única* porta de saída para a decepção da vida íntima com os maridos angustiados pelas dívidas que asfixiam seu orçamento [...] aos longos colóquios nos consultórios médicos [...] um sucedâneo simbólico para o namorado que os maridos já deixaram de ser.

Os filhos rebeldes (no caso as *filhas*) são justificados; as críticas que lhe são poupadas recaem sobre os pais (o texto usa "pais", mas só especifica os problemas atribuídos às *mães*) inadequados, "negligentes", "egoístas" e "anormais". As transgressões da "juventude transviada" são apresentadas como uma forma angustiada de chamar a atenção em casa. Em outras palavras, o artigo reduz todo o problema da rebeldia juvenil ao relacionamento entre pais e filhos (culpando especialmente as mães), como se os padrões estabelecidos e a moral social estivessem isentos de qualquer responsabilidade, como se não houvesse qualquer questionamento válido ou real a ser feito com relação a esses padrões e a essa moral.

A própria rebeldia e as concepções alternativas de vida, que poderiam ser consideradas ameaças aos valores dominantes, são aparentemente deixadas de lado no texto, passando para o centro das preocupações a "irresponsabilidade" das mulheres que não são "boas mães".

O que seria um inocente e neutro artigo sobre as características de um tipo de garota carioca torna-se um alerta a favor da manutenção das regras e padrões sociais, especialmente quando o texto lembra aos "pais, educadores e psicólogos" sobre as "outras moças", "que por estarem distantes ou serem muito jovens não enfrentam estes problemas e estas angústias, mas que poderão estar começando a enfrentá-los amanhã". Em outras palavras, é como se o artigo de *Claudia* dissesse:
– *Pais, educadores, psicólogos, preocupem-se também com as outras jovens ainda não contaminadas pelo vírus da rebeldia!*

Carmen da Silva, por sua vez,[96] elogia a "mocidade de hoje": mais consciente, lúcida e responsável que a de outras épocas. Se os nossos jovens têm pouca experiência, são por outro lado mais cultos e informados que as gerações anteriores, afirma.

Seu texto vai contra a tendência (alimentada no fim dos anos 1950 e aguçada com os temores diante dos movimentos estudantis e do questionamento juvenil no início dos anos 1960) de criticar os jovens, suas roupas, suas manifestações, seu interesse por política. Louva e incentiva as iniciativas dos estudantes (especialmente as moças) que procuram discutir e participar dos problemas do país. E combate mitos que envolvem a chamada "idade difícil", afirmando que a etapa da juventude não é mais problemática que outras fases da vida, sendo que os pais – "apeados de seu pedestal de ídolos" – são os que enfrentam as maiores dificuldades com suas certezas e exigências descabidas.

Os conselhos que Carmen da Silva dá aos adultos sobre a maneira de educar os filhos também são uma relativa novidade para a imprensa feminina: o controle paterno sobre a conduta dos filhos é necessário, mas não é sinônimo de vigilância; persuasão, afeto e bons exemplos devem tomar o lugar da força e da arbitrariedade; a preocupação com um possível "mau passo" dos filhos tem que abranger toda e qualquer atitude suscetível de provocar no indivíduo uma diminuição do seu autorrespeito e não apenas algo relacionado ao comportamento sexual ("é um absurdo educar as meninas como se sexo fosse tudo"); e, finalmente, o diálogo aberto deve pautar o relacionamento entre pais e filhos, inclusive em temas como sexo (a ser encarado com maior naturalidade e vinculado ao afeto).

Carmen da Silva critica o que chama, com todas as letras, de "dupla moral sexual" e defende a igualdade na educação de meninos e meninas – não no sentido de se abrir mão dos preceitos morais, mas de fortalecer uma "moral sólida", não contraditória e que dispense hipocrisias, proibições e vigilâncias.

> Não podemos pretender dar a nossos filhos uma base moral sólida se lhes ensinamos duas morais diversas. Na maioria dos lares vigoram dois códigos: um para as meninas, outro para os rapazes. Há pais que olham com olhos indulgentes e até cúmplices as maroteiras sexuais dos filhos homens, sendo seriíssimos com as meninas. Como explicar a estas que a moral muda de um sexo para outro? Como justificar os direitos que tacitamente são reconhecidos à outra menina (ou mulher) envolvida no "caso" com o rapaz? E se essa outra é apresentada como desprezível, como entender esses pais que aprovam que seu filho se associe com gente indigna? [...] É um grave erro ensinar às meninas que "os rapazes não se casam com as moças levianas". Em primeiro lugar porque isso não é verdade: há infinidade de "sapecas" muito bem casadas e felizes. Em segundo lugar, o casamento é algo bastante mais sério do que um mero prêmio de boa conduta. Em terceiro lugar, a boa conduta tendente a obter prêmio não é moralmente sólida. (Carmen da Silva, "A chamada idade difícil", *Claudia*, 12.1963)

A virgindade – alardeia – não é mais um valor essencial.

> [O importante] é que a jovem tenha uma estrutura moral capaz de emprestar plena dignidade a seus atos, de modo que o que ela outorgar seja recebido como dádiva preciosa. (Carmen da Silva, "A chamada idade difícil", *Claudia*, 12.1963)

A autora nem discute questões relativas a sexo antes ou depois do casamento, reputação, com quais homens etc.; isso tudo, tão valorizado no discurso tradicional, é secundário em sua proposta. Defende, sim, uma mudança nas estruturas e valores sociais, combatendo a hipocrisia da moral vigente e propondo uma maior liberdade-com-responsabilidade para as moças e os rapazes.

Não é preciso chamar muita atenção para a intensidade da crítica e o grau de inovação que representam as ideias de Carmen da Silva – relativas à "dupla moral sexual", ao relacionamento de pais e filhos e às representações do feminino – se comparados aos das demais revistas para mulheres nos Anos Dourados. Uma leitura atenta basta para reconhecê-los.

Já o alcance de suas propostas ou a medida da representatividade de suas opiniões fora do âmbito das revistas são questões muito complexas e envolvem, entre outras coisas, fatores subjetivos e fluidos relacionados à receptividade de mensagens (a curto e a longo prazos) e ao intercâmbio de opiniões. No entanto, é possível afirmar que, se as ideias de Carmen da Silva são veiculadas por uma revista feminina como *Claudia*, é porque há espaço e possibilidades históricas para seu desenvolvimento e ventilação. E também porque, diante dos jovens que nesse momento ocupam posição de destaque na sociedade, fica difícil apenas criticar ou ignorar seus desejos e manifestações.

# Estudos, trabalho, emancipação

Em que medida a participação das mulheres no mercado de trabalho afeta sua condição social ou altera o poder feminino nas relações de gênero?

Muitos defendem que tal participação implica o rompimento dos limites do privado e a consequente atuação na vida pública, além de proporcionar às mulheres ascensão (ou mesmo independência) econômica, segurança e um *status* mais elevado na sociedade e na família. Há inclusive os que acreditam que o trabalho assalariado contribui para o desenvolvimento de uma consciência crítica a respeito das desigualdades sociais baseadas no sexo e, consequentemente, colabora para a emancipação feminina. Não por acaso a moral conservadora e os discursos machistas combatem o trabalho feminino fora do âmbito doméstico.

Contudo, há quem relativize as conquistas mencionadas. Muitas vezes, o trabalho produtivo da mulher é visto como secundário em relação às funções de mãe e de dona de casa e como subsidiário ao trabalho do homem, considerado o provedor da família. Essas ideias, somadas às representações do feminino como frágil, instável e até menos apto e inteligente, quando não aparecem como justificativa para a marginalização de um grande grupo de mulheres da força de trabalho (e a criação de um exército de reserva segundo as necessidades capitalistas), contribuem para a desvalorização social do trabalho feminino. Ligadas a essa situação estão: a chamada dupla jornada (já que as tarefas domésticas continuam a cargo das mulheres); a desigualdade salarial baseada em discriminações de gênero (com as mulheres recebendo remuneração mais baixa); a ocupação de cargos inferiores na hierarquia profissional; menores perspectivas de progredir na carreira; e concentração em atividades consideradas femininas e economicamente menos valorizadas. Portanto, vale a pena notar o enorme poder das representações que tornam as discriminações de gênero no mercado de trabalho algo tão forte e persistente.

Entre os anos 1945 e 1964, preconceitos excluíram desse mercado muitas mulheres (várias qualificadas e com suficiente preparo educacional). Porém, a evolução do emprego feminino foi sem dúvida um dos fatores de maior influência no conjunto das transformações por que passaram as relações homem-mulher e os significados de gênero nessa época.

O aumento da participação feminina nos serviços de consumo coletivo (enfermagem, medicina, magistério, funcionalismo burocrático etc.), que se dá de forma crescente, sobretudo, a partir dos anos 1950 (embora, proporcionalmente, seja pequena),[97] representa a medida mais importante da integração das mulheres na atividade produtiva nacional. Marca uma ruptura simbólica com a exclusividade do trabalho doméstico; exige qualificação que coloca as mulheres competindo em relativa igualdade de condições com os homens pelos postos de trabalho; torna as mulheres assalariadas e, portanto, membros remunerados da família. As novas possibilidades de emprego (especialmente as no setor terciário), cujo caráter é idêntico ao trabalho normalmente exercido pelo homem, "apresentam um potencial maior de mudança no *status* econômico e social da mulher" e contribuem, sim, para o processo de emancipação feminina.[98] Contudo, a incapacidade de absorção da totalidade da força de trabalho por parte da economia e o imaginário que atrela a mulher à domesticidade são grandes obstáculos ao envolvimento das mulheres no mercado de trabalho.

De 1950 a 1960, cresce a demanda específica por "trabalho feminino" em certos setores e ocupações (por exemplo, no serviço de secretariado, na fabricação de vestuário, na assistência social, no emprego doméstico), não havendo uma distribuição homogênea das mulheres em todos os ramos da economia. Em parte, esse fenômeno ocorre por causa da mentalidade preconceituosa que define determinados campos de atuação como sendo exclusivamente masculinos ou femininos.

Entre os anos 1940 e 1970, aumentam as taxas de atividades das mulheres na faixa dos 20-24 aos 50-54 anos, tempo que inclui o período fértil feminino. E diminuem as taxas de atividade nas faixas iniciais e finais do ciclo de vida em razão do desenvolvimento da escolarização e dos esquemas de aposentadoria, duas importantes conquistas sociais.[99]

Na relação entre salários masculinos e femininos, porém, não ocorrem avanços: em 1960 esta relação está próxima da verificada em 1920, com poucos elementos femininos ocupando posições melhor remuneradas.[100]

No pós-guerra e por toda a década de 1950, é muito comum que as moças de classe média que trabalham ou estudam interrompam estas atividades com o casamento. Como observou o sociólogo Emílio Willems em 1954: "apesar do fato de que as mulheres podem, agora, escolher entre várias possibilidades profissionais, ainda há poucas mulheres, no Brasil, que seguem alguma carreira".[101] Para a maioria esmagadora delas, o casamento está em primeiro plano e nem estudos nem profissão fazem com que ele seja adiado ou rejeitado. Ao longo dos Anos Dourados, é comum ouvir que carreira e matrimônio são inconciliáveis. As mulheres encontram muitas barreiras ao tentar prosseguir com os estudos universitários ou investir em uma profissão. Invariavelmente, seu trabalho profissional será considerado bem menos relevante que o do chefe da família.

Pais e maridos de classe média chegam a se envergonhar por terem filhas ou esposas trabalhando fora do lar. Outros, porém, diante das pressões econômicas, deixam de fazer objeções a que suas mulheres tenham empregos que não o de professora, e não só permitem o trabalho das filhas solteiras como muitas vezes o incentivam.[102] Assim, várias moças dessa classe social entram no mercado de trabalho "para ajudar a família" nas questões financeiras, e outras, simplesmente para adquirir maior independência. Porém, nos anos 1950, é bem mais difícil encontrar mulheres casadas dessa classe social trabalhando fora; é preferível que elas se dediquem inteiramente ao lar e "se preservem da rua".

O controle exercido por maridos, pais e irmãos sobre as mulheres diminui consideravelmente quando elas trabalham fora de casa. Contudo, ou por isso mesmo, elas devem cuidar de sua reputação comportando-se de maneira a não "reduzir as oportunidades para o casamento" ou desagradar o marido. Observando suas contemporâneas, Emílio Willems alerta contra conclusões apressadas, como a de que "as mulheres brasileiras gozam ou desejam gozar o grau de liberdade que é comum em outras partes do Ocidente".[103]

As mudanças que vão se operando na sociedade nos 15 anos que se seguem ao término da Segunda Guerra Mundial afetam, de vários modos, as relações de gênero estabelecidas. Ao lado da emancipação feminina em curso convivem – nem sempre pacificamente, nem sempre em estado de guerra –, visões tradicionais dos papéis masculinos e femininos. A Igreja Católica, em uníssono com outras instituições conservadoras, por exemplo, coloca restrições à dedicação aos estudos e à profissionalização das mulheres.[104] Já o cinema, embora divulgue um modelo tradicional de esposa, também traz imagens de países estrangeiros (EUA, França, Itália etc.) em que a participação feminina no mercado de trabalho é vista com maior naturalidade.

O trabalho em escolas, lojas, escritórios, rompe "o isolamento em que vivia grande parte das mulheres, alterando, pois, sua postura diante do mundo exterior [...], minando o sistema de segregação sexual e o de reclusão da mulher no lar" e diminuindo "as diferenças de participação cultural dos elementos femininos e masculinos" da sociedade.[105] Porém, vários mecanismos que permitem a dominação masculina na hierarquia existente nas relações de gênero de então sofrem readaptações para continuarem em vigor.

A classe média acabará aceitando e valorizando o trabalho feminino fora de casa, afinal o capitalismo, os novos padrões de consumo e a "modernidade", além da emancipação (convicta ou não) de muitas mulheres, exigem que assim seja. Mas num percurso acidentado e cheio de obstáculos.

## "A MULHER QUE TRABALHA"

Uma boa leitura das revistas femininas da época permite perceber de que maneira a nova realidade vai dividindo o espaço e se relacionando com velhas concepções de gênero.

*Jornal das Moças*, num primeiro momento, vê a participação feminina no mercado de trabalho como uma ameaça à ordem social e à harmonia familiar. Numa etapa posterior, essa ideia passa a conviver com uma maior aprovação do trabalho feminino, encarado pela revista como uma consequência praticamente inevitável dos desenvolvimentos econômico e social.

Na segunda metade dos anos 1940 e início da década seguinte, *Jornal das Moças* coloca-se inteiramente contra a participação da mulher casada no mundo do trabalho (a não ser que haja imperativos econômicos incontornáveis). Seus argumentos são de que, trabalhando, a mulher deixa de lado *seus* afazeres domésticos (considerados "virtudes") e suas atenções e deveres para com o marido.

> A mulher que trabalha fora do lar, quando não o faça por necessidade absoluta de sua subsistência ou de alguém sob seu protetorado, é quase sempre culpada da reação que os homens experimentam para com o labor feminino fora do lar, porque desdenham as velhas e tradicionais virtudes domésticas. (*Jornal das Moças*, 22.03.1945)

Se o marido puder sozinho sustentar a casa, o exercício de uma profissão remunerada por parte da mulher é visto como "fuga" dos deveres domésticos.

Apesar de não desejar atender às obrigações domésticas, acima de tudo deve desejar a felicidade de seu esposo, e, sendo assim, o caminho a seguir é o governo de seu lar. (Doroty Dix, "Carnet das Jovens", *Jornal das Moças*, 15.09.1949)

A posição de *Jornal das Moças* a esse respeito não é isolada na sociedade, faz parte da mentalidade da época[106] e sobrevive – ao lado de novas concepções – até pelo menos meados dos anos 1960.

Com o tempo, como a realidade não pode mais ser ofuscada, vão sendo incorporadas nos exemplares publicados nos anos 1950 referências a um processo de "emancipação feminina" (como chamam as próprias revistas), embora a esfera do trabalho ainda apareça como masculina e as referências sejam estrangeiras (especialmente inglesas, norte-americanas, suecas e japonesas):

É cada vez maior a interferência feminina no trabalho dos homens. (*Jornal das Moças*, 15.12.1954)

A mulher de todas as latitudes vem conquistando seu "lugar ao sol". ("A mulher de hoje pode superar o homem", *Jornal das Moças*, 20.05.1958)

Não há, hoje em dia, setor de atividade masculina em que o feminismo não esteja representado por uma das descendentes de Eva. ("Os homens muitas vezes dizem não", *Jornal das Moças*, 29.05.1958)

Exercendo atividades no mercado de trabalho e com possibilidades de acesso à educação, as mulheres são vistas, em vários artigos, como virtuais concorrentes dos homens. Em 1959, *Jornal das Moças* anuncia: "As mulheres dominarão o mundo".[107]

Quando o trabalho feminino já é considerado um fato[108] – mesmo que concretamente os números não sejam tão significativos –, o estremecimento de valores tradicionais já se faz sentir. Vários argumentos são encontrados pelas revistas para manter a mulher "no seu devido lugar", ou seja, atrelada às suas tradicionais funções e atributos de gênero (domesticidade, fragilidade, dependência financeira de um homem). *Jornal das Moças* não se furta a destacar os "efeitos negativos" do trabalho feminino fora do lar.

> A mulher vem procurando a emancipação por todos os meios ao seu alcance, sendo alguns atentatórios à sua feminilidade. Ela não quis resignar-se a um papel passivo e optou por lançar-se em busca de aventuras nas ocupações antes só destinadas ao sexo forte [...] pela satisfação de bastar-se a si mesma, crendo que assim teria o mesmo valor dos homens, e também de proceder como eles, fazendo o que bem entendesse. [...] as mulheres invadiram as fábricas, os escritórios, os comércios, os bancos [...] solicitando uma independência emanada de seu trabalho [...] de sua inteligência.
> É evidente que as mulheres, ao igualar-se com os homens, se elevaram com respeito à sua condição social, porém perderam bastante na sua feminilidade [...]. ("Emancipação feminina", *Jornal das Moças*, 15.07.1954)

Outras consequências indesejáveis da participação da mulher na força de trabalho, segundo a revista, são: o abandono do lar em nome da liberdade econômica ou de algum simples capricho; o agravamento da "crise de ocupações" (em razão do aumento da concorrência); o maior apego das mulheres ao luxo, às diversões, à vaidade e às "vantagens materiais". *Jornal das Moças* também chama a atenção para a condição das mulheres que, ao abraçarem uma carreira profissional, renunciam aos agrados e carinhos e dão à sua existência "um sentido vão e estéril".

"Perder a feminilidade" é, contudo, a ameaça mais comum para a mulher que trabalha e permanece como um pesadelo terrível mesmo depois da maior aceitação social do trabalho feminino. Assim, não faltam apelos para que a mulher "continue a mesma", pois ela não "comete dano ao incorporar-se às atividades múltiplas" se souber "manter-se com toda sua delicadeza e ternura" e "cuidar para que sua integridade feminina não sofra".[109] Os riscos do descuido são: perder o amor, o respeito, "os privilégios de seu sexo" e a proteção dos homens, que começarão a tratá-la como competidora. Além disso, para a mulher, o mundo do trabalho é excessivamente "competitivo e cruel" em contraste com a paz e o aconchego que ela invariavelmente encontra em seu lar.

> [...] nunca é demais que a mulher se esforce para melhorar suas qualidades *tipicamente femininas*, pois essas devem ser realçadas acima de tudo. Preocupação nenhuma, nem *trabalho* de qualquer espécie devem obscurecer o que o namorado, o noivo e o marido procuram fundamentalmente na eleita do seu coração [...] desejam encontrar a mulher, a companheira amorosa, [...] que governe sua casa, a mãe de seus filhos e depois, então, podem vir as demais qualidades [...]. (Roberto M. Torres, "Bom dia, senhorita", *Jornal das Moças*, 05.08.1954, destaques meus)

Ainda que seja socialmente aprovado, o trabalho da mulher continua sendo um caminho hierarquicamente inferior ao do casamento.

Se carreira e marido não combinam e se não é moralmente admitido qualquer outro tipo de relacionamento afetivo que não objetive ou não seja o casamento, trabalhar implica quase sempre solidão, segundo *Jornal das Moças*.

> A humanidade ganhou com a incorporação da mulher à reserva de suas energias, dando-lhe a chance de ver que o matrimônio não é mero contrato para a subsistência. [...] Se não houvesse acontecido essa transformação, o que seria das solteironas, obrigadas a serem uma carga pesada para sua família, sofrendo humilhações? Graças à emancipação, o futuro não as atemoriza [...]. ("Emancipação feminina", *Jornal das Moças*, 15.07.1954)

Em outras palavras, a possibilidade do trabalho feminino é importante... para as solteironas. A relação estabelecida entre trabalho e celibato é recorrente em *Jornal das Moças*, aparecendo sob diversas formas: emprego é para solteiras; dedicação e envolvimento com o trabalho prejudicam o casamento; homens não gostam de "mulheres independentes", entre outros exemplos. *Jornal das Moças* até admite que algumas mulheres possam encontrar satisfação pessoal na profissão, abrindo mão do casamento e optando conscientemente pela solidão. Porém, para as que pensam em escolher a alternativa "trabalho", alerta que "nem todo mundo pode suportar viver só; isso exige uma grande força moral e um certo desinteresse".[110]

Artigos e contos dessa revista enfatizam que as principais preocupações femininas são o amor, o lar, o marido, os filhos e as aparências. Trabalho e política não têm o mesmo peso. O espaço doméstico cabe à mulher por definição, e a desvalorização do trabalho e da participação política como formas de autorrealização colabora para manter as mulheres em casa, sem questionamentos.

Em algumas histórias, aparecem personagens estereotipadas de mulheres muito dedicadas ao trabalho ou independentes financeira e afetivamente. Elas são sempre duronas, frias, altivas e, quando bonitas, melancólicas. São incapazes de amar, pois "nasceram para ser solteira", para "não pertencer a ninguém", para ficarem "casadas com o trabalho". Nos enredos, é comum uma mulher desse tipo acabar solteirona, ter aventuras passageiras "com quem nunca se apaixonaria por ela", "sofrer de amor" ou, ainda pior, casar-se e fazer infeliz "o pobre coitado do marido".[111]

É reconhecida, em *Jornal das Moças*, a existência de mulheres cujo destino, em razão de sua personalidade, não é o casamento e a maternidade. Estas, porém, são tratadas como "um caso raro". As que têm "personalidade livre", que são "senhoras de si" – termos frequentemente usados no sentido pejorativo –, "não servem para o matrimônio". Aberta ou veladamente, há sempre alguma crítica reservada àquelas que não se enquadram nos moldes da noivinha ou da esposa feliz. E se alguém "nasceu para ser solteira", não se trata de opção ou preferência – como se casar não fosse, entre outras coisas, também uma questão de escolha.

Em vários contos, a personagem feminina, depois de algumas peripécias, abre mão de seu trabalho em favor do casamento, passando a dedicar-se *com alegria* ao lar e ao marido.[112]

O ambiente de trabalho não é um espaço sexualmente neutro. A ideia ou situação de um "envolvimento amoroso" entre chefes e secretárias está presente em contos, artigos e piadas da revista. As secretárias se apaixonam, são assediadas ou se tornam amantes do patrão. Ou ainda, quando tudo está dentro dos padrões morais e há reciprocidade, casam-se e deixam de trabalhar para eles... no escritório.[113]

> Aquela pequena, num cruzar de pernas, mostrava como era *boa...* secretária.
> ("Troças e traços", *Jornal das Moças*, 02.05.1957)
>
> – Das candidatas ao cargo de sua secretária escolheste a pior!
> – Eu não escolhi. Foi minha esposa...
> ("Troças e traços", *Jornal das Moças*, 18.09.1958)
>
> – Então seu patrão ofereceu-lhe esse bracelete de diamantes pela perfeição com que escrevias à máquina, não é?
> ("Troças e traços", *Jornal das Moças*, 14.06.1945)

A ênfase na possibilidade do envolvimento "ilícito" entre secretária e patrão pode ser uma manifestação do preconceito em relação à profissional, uma consequência das atitudes de algumas mulheres em busca de ascensão social através de um romance com o chefe, ou um reflexo do fato de as secretárias serem vistas, muitas vezes, não só como profissionais com funções específicas, mas também como mulheres à disposição dos patrões.

A partir da segunda metade dos anos 1950, *Jornal das Moças* já encara a participação feminina no mercado de trabalho como uma realidade. É nessa época que os conselhos para que "a mulher que trabalha" não descuide da aparência e da reputação pessoal ficam mais frequentes. Ela deve fazer isso, porque está mais "exposta à crítica pública".[114] Além disso,

> [...] se é casada, o marido passa a admirar as que dispensam mais tempo com seus predicados físicos; se é solteira poderá ficar sentada em um salão de baile a noite toda "fazendo crochê"; se é empregada, poderá ser preterida em uma promoção [...] (*Jornal das Moças*, 19.07.1956)

Também é nessa época que aparecem artigos que delimitam a esfera de atuação feminina por "questões de saúde" (ou biológicas) ou de "personalidade" (ou psicológicas):

A igualdade de direitos não torna as mulheres aptas aos mesmos trabalhos dos homens. (*Jornal das Moças*, 26.01.1961)

Trabalho noturno faz mal à mulher. (*Jornal das Moças*, 01.01.1959)

[...] A mulher que trabalha fora, que é mãe de família e dona de casa vive sempre esgotada principalmente se vive numa cidade grande onde há carência de quem a ajude. *Torna-se neurastênica* e todos sofrem com seu mau humor [...]. (*O Cruzeiro*, 23.04.1955, destaques meus)

No número "especial das mães" de 16 de maio de 1957, um artigo de *Jornal das Moças* sobre as norte-americanas comenta a respeito da incapacidade das mulheres de ocupar cargos elevados, pois lhes falta o suficiente "espírito de competição", que é um "atributo varonil". E conclui: as mulheres "não nasceram para mandar!". Além desse obstáculo, lembra o texto, existe a incontestável preferência feminina pela dedicação ao lar e "as funções biológicas para as quais a natureza as onerou".

Num momento de mudanças, surgem questões do tipo "Como devem ser tratadas as colegas de trabalho?". A essa dúvida, que parece até embaraçosa, *Jornal das Moças* responde: "com respeito e admiração". A funcionária, por sua vez, deve mostrar-se eficiente, conservando ao mesmo tempo sua feminilidade; deve continuar "a agir como agem as demais mulheres", mas sem esperar, "numa época de igualdade de direitos", que os colegas façam sua tarefa "enquanto trata das unhas ou da maquilagem".[115]

Como um alerta: se as mulheres querem igualdade de direitos, devem também abrir mão de seus "privilégios".

*Querida* é uma revista considerada mais liberal que *Jornal das Moças*; um rápido olhar sobre o que *Querida* diz a respeito do "problema do trabalho feminino" demonstra a extensão e os limites desse adjetivo.

Em sua série de artigos sobre "dificuldades no casamento" (publicada no nº 64, em maio de 1957), *Querida* dá razão aos maridos quando estes se queixam das esposas que trabalham fora. Por outro lado, afirma que não há como proibi-las de ter uma profissão sem torná-las infelizes. Reconhece, portanto, a legitimidade do desejo feminino como um direito conferido pelos "novos tempos". Como solução, propõe que o casal trabalhe junto (o homem como chefe), e dá exemplos: advogado e secretária, médico e assistente etc.

É fácil perceber que esta é uma sugestão de alcance mínimo em termos de independência feminina e possibilidade de concretização; limita-se a casos bem específicos, não leva em conta a individualidade da mulher e a coloca também no ambiente de trabalho sob a chefia direta do marido. A única diferença em relação às ideias veiculadas em *Jornal das Moças* é a valorização da vontade que algumas mulheres sentem de trabalhar.

*Querida* afirma enfaticamente que "lugar de mulher é o lar", argumentando que "o futuro da raça humana" depende da atuação da mulher como mãe e dona de casa. Como suas contemporâneas, a revista recorre ao saber do "especialista" para reforçar as relações de gênero tradicionais. Este adverte as "mulheres modernas" para os problemas da "invasão das mulheres no mundo masculino dos negócios", entre os quais o maior seria "o desmoronamento da estrutura familiar".

> [...] a tentativa da mulher moderna de viver como um homem durante o dia, e como uma mulher durante a noite, é a causa de muitos lares infelizes e destroçados. [...] Felizmente, porém, a ambição da maioria das mulheres ainda continua a ser o casamento e a família.
> Muitas, no entanto, almejam levar uma vida dupla: no trabalho e em casa, como esposa, a fim de demonstrar aos homens que podem competir com eles no seu terreno, o que frequentemente as leva a um eventual repúdio de seu papel feminino. Procurar ser, à noite, esposa e mãe perfeitas, e funcionária exemplar durante o dia, requer um esforço excessivo e demasiada energia da parte de uma mulher, por mais forte e capaz que seja. O resultado, geralmente, é a confusão e a tensão

reinantes no lar, em prejuízo dos filhos e da família. É certo que muitas jovens esposas exercem esta dupla tarefa, logo nos primeiros anos após o casamento, a fim de ajudar o marido a tomar o seu primeiro impulso na nova vida que se inicia. É esta, todavia, em regra geral, uma fase temporária, cuja finalidade é aumentar os meios ainda insuficientes da família que se está formando, e à qual a mulher se adapta no sentido de "compartilhar" e não de "competir", e sem perder de vista sua função primordial e definitiva de esposa e de mãe [...]. (Joseph Whitney, "Lugar de mulher é o lar", *Querida*, n. 84, 11.1957)

Nesse caso, *Querida* chega a ser tão ou mais conservadora que vários dos artigos de *Jornal das Moças*.

Nos Anos Dourados, o desenvolvimento econômico do país abre novas possibilidades de escolarização. No caso das mulheres, o maior acesso à educação e o aumento no nível de escolaridade se relacionam com o crescimento das oportunidades de emprego (embora para elas nem sempre *estudo* leve a *trabalho*).

Isso não significa, contudo, a defesa de uma educação exatamente igual para homens e mulheres e menos ainda o fim da discriminação de gênero neste aspecto. Mas, apesar dos obstáculos sociais à instrução feminina (que crescem conforme aumenta o nível de escolaridade), esta contribui para mudanças significativas no *status* familiar e social da mulher e, em última instância, para questionamentos e transformações importantes nas relações entre homens e mulheres.

O incentivo à educação de níveis médio e superior ocorre em resposta ao aumento da demanda dos serviços burocráticos, financeiros e educacionais nos setores públicos e privados. Quanto mais elevado o nível de escolaridade da mulher, em termos individuais, maior a probabilidade de participação no mercado de trabalho como mão de obra de melhor qualidade.

Nos anos 1950 e 1960, o número de mulheres já se aproxima do número de homens no ensino médio.[116] O ritmo de crescimento da escolaridade de grau médio no período de 1940 a 1960 é um pouco mais acentuado para as mulheres que para os homens,[117] embora, em termos absolutos, os níveis da educação masculina continuem maiores.

Estudos feitos nas próprias décadas de 1950 e 1960 sobre as aspirações à educação e à profissão – entre crianças, jovens e pais de alunos – constatam a coincidência das aspirações, escolhas e vocações com os modelos socialmente dominantes sobre o que cabe ao homem e à mulher de acordo com os seus "dons naturais".

Embora não em termos legais, existe a "consagração do ensino de natureza diversa" constatada na presença majoritária e esmagadora de mulheres nas escolas normais enquanto os homens optam por outros cursos de nível médio, estes de maior prestígio e com possibilidade de maior remuneração no futuro.[118] Em 1954, 86,79% dos alunos que concluem o curso normal são mulheres; 10 anos depois, as mulheres já são 95,24% dos estudantes do curso normal. A articulação entre a "missão do lar" e a "sagrada missão do magistério" é uma tendência que vigora pelo menos desde os anos 1920.[119] Professora de crianças, portanto, é uma das únicas profissões femininas completamente livres de preconceitos sociais, pois é encarada como tendo em si algo de maternal. Essa característica faz com que a mulher obtenha aval ou o "perdão" por trabalhar.

A escola normal deveria formar professores para atuar no magistério primário, mas muitas mulheres a procuram não com objetivos profissionais e sim em busca de uma formação que contribua no preparo para o desempenho da função de mãe educadora de seus filhos. Além disso, a base intelectual da instrução normal proporciona às alunas prestígio social e, em certos círculos sociais, um valor maior no mercado de casamento. Com isso, muitas moças sem intenções de exercer a profissão procuram essas escolas em busca de "cultura geral" e de um diploma "para mostrar aos outros" e, depois, guardar na gaveta.

Na coluna "Um broto por semana", de *Jornal das Moças*, a grande maioria das jovens entrevistadas declara estar fazendo o curso normal. Seu "maior sonho" é formar-se professora – lembrando que nem todas pretendem atuar como tal –, sonho este que se completa, segundo elas próprias, com "o ideal de todas as moças: casar-se e ter filhos".

Um repórter de *Querida*, em agosto de 1961, faz uma enquete entre "homens famosos" (escritores, políticos etc.) a respeito da escolha profissional de suas filhas e constata que a grande maioria deseja que elas sejam professoras. Nas palavras de um pai: "Ser professora é um misto de mãe, de guia, de irmã, de amiga, de anjo protetor [...] não existe função mais nobre". Os pais das adolescentes também dão preferência à escola normal por não verem com bons olhos o regime de coeducação do ensino secundário. Os entrevistados afirmam que deixam a escolha "a critério das meninas", embora tentem influenciá-las. Porém, a resposta mais destacada pela matéria é a que reforça diretamente os papéis de gênero tradicionais:

> Consideramos profissão as atividades exercidas fora do lar. Pelo menos naquilo que se refere aos homens. Já para as mulheres, porém, esta noção tem que ser modificada, pois não será sua participação dentro da família, do lar, a profissão básica feminina, a ocupação, a "carreira", enfim, que todas elas desejam seguir? [...] desejo que minhas filhas tenham formação cristã e que sejam capazes de formar famílias harmoniosas, com a sua capacidade de boas donas de casa, esposas e mães. [...] a mãe de família [...] ainda é e sempre será a mais linda de todas as profissões.

As funções de dona de casa, esposa e mãe são aqui encaradas como "profissão" para, mais uma vez, ficarem em primeiro lugar em detrimento das outras "carreiras" ou opções de vida. Ser professora fica em segundo na hierarquia das ocupações honradas adequadas à mulher.

O fato é que, no Brasil, as escolas normais dão uma importante contribuição para a elevação do nível cultural e profissional das mulheres, além de fornecerem uma opção a mais para os projetos de vida individuais, entre eles o de seguir um curso superior. Ainda assim, a maioria das normalistas que procuram o ensino universitário, nos anos 1950 e 1960, ingressa nos cursos de Educação e Humanidades.[120]

Homens e mulheres do estado de São Paulo estão praticamente equivalentes em termos de participação nos níveis elementar e médio de escolaridade a partir de meados dos anos 1950. A formação superior, porém, recebe um tratamento diferencial para homens (muito valorizada) e mulheres (não tão valorizada por implicar maior dedicação aos estudos e a uma futura carreira).[121] Além disso, mesmo as mulheres se concentrando nos cursos universitários de Ciências Humanas e de Educação, em vários deles, em meados dos anos 1960, o número absoluto de mulheres é inferior ao de homens. Outras áreas consideradas típicas ou próprias para as mulheres são Psicologia, Biblioteconomia, Nutrição e Enfermagem. Esta última é encarada com reservas, pois as enfermeiras manipulam corpos nus, o que, para alguns, compromete a "pureza" feminina. Nas piadas, as enfermeiras são alvo dos gracejos e assédios dos pacientes do sexo masculino.

---

### Termômetro infalível

[médico e enfermeira bonitona confabulam sobre o estado do paciente deitado na cama]
- Que tal o doente, enfermeira?
- Ainda está bem mal! Não me disse, até agora, nenhum gracejo!

("Troças e traços", *Jornal das Moças*, 10.03.1955)

### Vaticínio

- Creio que o nosso amigo Antônio ficará no hospital por muito tempo.
- Viste o médico dele?
- Não, vi a enfermeira.

("Troças e traços", *Jornal das Moças*, 23.12.1954)

### Sintomático

[enfermeira, que é agarrada pela cintura pelo paciente, fala ao telefone com o médico]
- Sim, doutor, o enfermo melhorou bastante.

("Troças e traços", *Jornal das Moças*, 23.12.1954)

## "A MULHER CULTA"

Diante dos avanços da escolaridade feminina, *Jornal das Moças* exprime sua preocupação com a "mulher culta".

> Muito já se escreveu e falou sobre este importante problema, que é o da mulher de nossos dias penetrar no campo de conhecimentos humanos, até então somente reservado para homens [...]. As palavras taxativas que desejavam provar que a mulher perde em atrativos e delicadeza na mesma proporção que adquire conhecimentos profundos não têm razão de ser [...]. Em geral, o certo é que as mulheres continuam a ser tão femininas como eram antes de passar para qualquer universidade, porque sabem que, conservando seus atrativos naturais, não perderão a sua batalha na conquista do amor e da felicidade [...]. (Roberto Torres, "Bom dia, senhorita", *Jornal das Moças*, 05.08.1954)

O acesso de mulheres a saberes que antes eram privilégio masculino é dado como um fato que os homens não podem mais contestar, apesar de seus receios. A revista defende os "estudos e os nobres exercícios da inteligência" por parte das mulheres como uma contribuição às suas "condições morais". Porém, enfatiza a necessidade de as mulheres continuarem ocupando o "seu devido lugar": o da mãe devotada e da "companheira que o marido deseja". Em outras palavras, a figura da "mulher culta" não pode ameaçar o poder masculino e, muito menos, o modelo estabelecido de família.

*Jornal das Moças* alerta para os perigos da instrução e da inteligência feminina em relação ao casamento e adverte:

> O maior cuidado que deve ter a mulher culta é não humilhar com sua sapiência o homem que tomou para esposo. [...] A vida amorosa da mulher culta não deve diferir em nada da outra que não possui tantos conhecimentos [...]. (Roberto Torres, "Bom dia, senhorita", *Jornal das Moças*, 05.08.1954)

Ao assimilar a "novidade" da "mulher que trabalha" ou da que tem um grau maior de instrução, *Jornal das Moças* o faz sem transformar as bases tradicionais das relações entre homens e mulheres.

Apesar das novas possibilidades para a mulher, ainda se espera que ela siga o modelo antigo e – como afirma *Jornal das Moças*, "inteligência e cultura apenas não fazem a esposa perfeita" – o que conta neste aspecto é colocar o casamento em primeiro plano, como objetivo de vida. *Jornal das Moças* aconselha à "mulher de inteligência e de cultura superior" a considerar o *casamento* sua "vocação primordial", assim "verá abrirem-se muitos caminhos". A revista também sugere que, quanto menos exigente e preocupada com questões extralar a mulher for, mais chances terá de ser feliz.

> A maior parte das jovens *dotadas de inteligência considerável* tem o desejo, após deixar a escola, de seguir uma profissão e adquirir a formação necessária para alcançar um determinado objetivo. Se, para algumas, o casamento [...] aparece como desígnio normal da existência, há muitas que pensam realizar alguma coisa antes do casamento. [...] Mas as pessoas que não são especialmente dotadas de inteligência, no geral, não se sentem entusiasmadas a abraçar uma carreira. Deduz-se, então, que elas aspiram mais ao casamento, razão pela qual sempre *são melhor sucedidas*, porque pensam nisso mais cedo e *são menos exigentes*. (Jornal das Moças, 29.10.1959, destaques meus)

A "mulher culta" tem dificuldades em arranjar casamento, a não ser que baixe o nível de suas exigências aos parâmetros adotados por qualquer outra candidata à dona de casa e mãe.

> [...] se uma mulher tem um nível espiritual relativamente elevado, as possibilidades de encontrar um marido à sua conveniência são bastante reduzidas [...] não nos parece supérfluo recomendar a cada moça olhar esse problema de frente, e isso principalmente aos 24 anos e não aos 35... [...]. (Jornal das Moças, 17.09.1959)

"Aos 35...", quando já teria passado da idade!

Da parte dos homens – afirma a revista –, não há interesse em que a esposa seja muito inteligente ou culta.

> Em geral, o homem sabe apreciar a inteligência e a cultura, mas não é isso que ele procura em primeiro lugar. Estas qualidades, apenas, não exercem [...] um poder de atração ou tornam uma mulher mais desejada [...]. Geralmente, ele escolhe a mulher pelos sentimentos [e adequação às funções do lar] [...]. (*Jornal das Moças*, 29.10.1959)

Se o homem com quem a "mulher culta" conseguiu se casar tiver uma cultura inferior, ela deve disfarçar seus conhecimentos e "colocar o seu saber em segundo plano" para não perder o marido.

> Sem dúvida alguma, a inteligência e a cultura são úteis a todas as mulheres, [...] no que diz respeito ao governo da casa e à educação dos filhos [...]. Mas estas qualidades degeneram num *perigo* quando a força da alma e do coração não segue um mesmo ritmo que o desenvolvimento intelectual, ou melhor, quando falta o verdadeiro espírito feminino... (*Jornal das Moças*, 29.10.1959)

E o que é "o verdadeiro espírito feminino"? Nas entrelinhas estão: ser submissa, ingênua, doce ou saber representar bem possuir tais qualidades – tanto faz, realidade ou *performance*, contanto que "o perigo" seja evitado. O problema pode ser imediato – ameaça à união conjugal – e também mais profundo – ameaça às relações de gênero estabelecidas como "verdadeiras" e "corretas". De todo modo, no final dos anos 1950, quando *Jornal das Moças* publica seus artigos preocupados, ao lado da maioria das donas de casa felizes ou resignadas existem mulheres de classe média que investem nos estudos e no mercado de trabalho *apesar* dos "perigos".

**Estratégia feminina**
– A inteligência e a cultura não prejudicam a mulher?
– Não se ela souber escondê-las atrás de um grande charme.
("Troças e traços", *Jornal das Moças*, 21.05.1959)

## "FEMINISMO A VAREJO"

Especialmente nos anos 1958 e 1959, *Jornal das Moças* publica reportagens sobre mulheres de outros países que se destacam nas artes, nos esportes, nas ciências e na política. Dentre elas, foram aqui selecionadas três que, à primeira vista, chamam a atenção por seu potencial de subversão dos aspectos convencionalmente relacionados ao feminino (e que são aqueles também defendidos pela revista). Uma, de 21 de agosto de 1958, é sobre Caroline Davis, diretora do departamento feminino do sindicato dos trabalhadores da indústria automobilística nos Estados Unidos, que, além dos esforços "para eliminar a discriminação antifeminina", profere palestras sobre o direito dos trabalhadores e se esforça para conseguir justiça no trabalho para a mulher. Outra, publicada no mesmo número, fala de Georgette Ciselet, advogada na Corte de Apelação de Bruxelas, autora de numerosos tratados jurídicos e projetos de lei a favor da mulher e membro do Senado da Bélgica. E, a de primeiro de janeiro de 1959, a respeito de Elisabeth Schaer, uma das pioneiras a ocupar o posto de secretária municipal na Suíça.

Aparentemente, exemplos desse tipo representam uma contradição no interior do discurso de *Jornal das Moças*. As três são mulheres que atuam, destacam-se e detêm um poder que ultrapassa o reservado espaço doméstico. Entretanto, as reportagens a respeito de cada uma não deixam de enfatizar os atributos considerados "verdadeiramente femininos" destas "mulheres excepcionais". Caroline, que "já trabalhou como operária, embora seja esbelta e *muito feminina*", possui um lar e um marido "aos quais se dedica como todas as mulheres", "é uma advogada capaz e *gentil*". Elisabeth, além de secretária municipal, "é dona de casa, professora e mãe" e "emprega com os alunos a mesma psicologia que adota com os filhos". Assim, os textos dão a entender que, apesar de tudo o que fazem, elas continuam femininas conforme prescrevem os padrões.

Georgette, por sua vez, "pode ser apontada *como um exemplo*" em meio à confusão de "artistas que se despem para fotógrafos", "mulheres que compareceram diante de tribunais divorcistas como clientes assíduas", ou das "que passam a noite em claro em mesas de jogo e outras que se embriagam para esquecer amores impossíveis" – todas essas situações provocadas pelo mau uso das liberdades que as mulheres passam a adquirir nesse momento. A dedicada defensora dos direitos das mulheres é então convertida em contraponto daquelas que abusam – na opinião da revista – desses direitos.

༜

A palavra *feminismo* é empregada em *Jornal das Moças* com uma conotação positiva e num sentido desprovido de cargas políticas. "Feministas", em *Jornal das Moças*, são mulheres que fazem coisas que comumente cabem aos homens; por exemplo, trabalhar no Polo Norte, dirigir táxi em Paris, ser conselheira municipal na França ou comandante do Exército em Israel. Mas também é considerada feminista a mulher que se destaca no concurso de costura do Canadá ou na pesquisa francesa sobre alimentação, áreas e atribuições tradicionalmente femininas. Juntam-se ainda ao grupo das mulheres tidas como feministas as "americanas pela primeira vez em Yale", as "africanas que lutam pela educação dos filhos", as "noivas americanas que fazem questão de dividir as despesas do casamento" e as "operárias que reivindicam melhores salários", entre outras.

Os exemplos "feministas" vêm misturados, frequentemente numa mesma página, com dicas de beleza, cuidados com animais, fofocas etc., e acabam perdendo praticamente qualquer força que possam ter no sentido de conscientização política, tornam-se meras curiosidades como tantas outras que envolvem "o mundo das mulheres".

Não há qualquer menção a "feministas" no Brasil. Os tipos "feministas" são sempre raros e distantes, casos excepcionais. Apesar de recebidos com elogios e surpresa, não desviam comportamentos ou tornam-se exemplos "perigosos" para as leitoras de *Jornal das Moças*.

Na própria seção intitulada "Feminismo a varejo", há o que se pode chamar de equilíbrio ou contraexemplos, como o da "campeã que deixou as glórias do esporte para ser dona de casa" ou o das nova-iorquinas que "protestaram contra a loja que lava a roupa de baixo gratuitamente para homens solteiros, alegando que, com este serviço, eles se desinteressariam de ter esposas".[122]

## EMANCIPADA?

Quando a revista *Claudia* é lançada, o trabalho feminino já é uma realidade mais palpável para a classe média. É possível que o próprio desenvolvimento da escolaridade feminina, nas duas décadas anteriores e, consequentemente, uma mudança de expectativas culturais e interesses tenham contribuído na formação de um público leitor para o "estilo *Claudia*".

Opiniões heterogêneas a respeito da participação das mulheres no mercado de trabalho fazem parte do conteúdo dessa revista. A seção de cartas recebe frequentemente pedidos de informações sobre cursos que vão do Corte e Costura à Sociologia. "Claudia responde", em agosto de 1963 – numa tentativa de conciliação entre posturas tradicionais e modernas –, aconselha certa jovem a não interromper seus estudos só porque o noivo é de "nível cultural inferior", afirmando que "ele saberá compreendê-la"; abandonar a escola antes do casamento não é uma boa opção mesmo que a mulher pense em se dedicar apenas ao lar depois de se casar, completa a revista, que ainda sugere que as noivas façam cursos noturnos de Economia Doméstica para se prepararem melhor para a vida de dona de casa.

Em abril de 1964, *Claudia* publica "Uma pesquisa sobre o que desejam as jovens", baseada em entrevistas com 500 moças de "várias classes sociais" do Rio de Janeiro e de São Paulo. Dessas jovens, 51,6% apenas estudam; 22,2% estudam e trabalham; 12,6% trabalham e 13,6% ajudam em casa ou, terminados os estudos, não fazem nada esperando o casamento. Os resultados mostram que, dentre as consultadas, uma minoria (23%) deseja trabalhar mesmo depois de casada, sendo que mais da metade delas pretende voltar ao trabalho depois da gravidez. A porcentagem das "candidatas a dona de casa" é muito maior: 77%. Destas, apenas 27,01% admitem trabalhar depois de casadas "se houver necessidade", enquanto a grande maioria (72,99%) não concebe essa hipótese.

Por esses dados, percebe-se que, em termos de expectativas, a maioria das moças da época incorpora os ideais tradicionais de gênero e concorda com eles. Mas não é desprezível a porcentagem de jovens que formulam para si outros futuros, para além das atividades do lar.

*Claudia* constata através de números oficiais[123] e observações variadas relativas à escolaridade feminina que:

> A mulher está ocupando posições antes exclusivas do homem. Muitas moças de hoje estão dentro desta linha de conquista e de competição. ("Uma pesquisa sobre o que desejam as jovens", *Claudia*, 04.1964)

Porém, o casamento continua nos planos das jovens:

> [...] que estudem ou trabalhem, que ensaiem os bons temperos de amanhã ou dancem o *surf*, elas antes de mais nada pretendem, com invencível disposição, ser esposas e mães. ("Uma pesquisa sobre o que desejam as jovens", *Claudia*, 04.1964)

O tom otimista da matéria não disfarça o apoio a ideias tradicionais sobre o feminino, apesar das novas possibilidades (que são sugeridas, mas não exploradas no texto):

> A sua nova dimensão de concorrente do homem oferecerá munições à mulher para *fortalecer a sua posição de dona do lar*. E talvez algo mais do que isso. ("Uma pesquisa sobre o que desejam as jovens", *Claudia*, 04.1964, destaques meus)

O velho argumento de que a educação feminina favorece o melhor desempenho das funções domésticas aparece aqui com um véu de modernidade. O "talvez algo mais" do texto não abala a ideia principal que vincula a mulher prioritariamente às atribuições advindas do casamento, apesar de já não restringir, como no passado, suas atividades ao lar.

A justificativa da "necessidade econômica" para o trabalho feminino ainda é a mais facilmente aceita que a da "busca da realização pessoal", por exemplo. No caso da mulher casada, o trabalho é admitido sem muitos obstáculos ou restrições se for encarado como uma colaboração nos difíceis tempos iniciais do matrimônio.

As palavras de um conto de *Claudia* ilustram as preocupações de muitos pais de jovens educadas com o trabalho e o futuro das filhas:

> [...] fizeram questão que [a filha] estudasse. [...] E mal terminou o curso no colégio de freiras surgiu uma nova preocupação: ficar o dia inteiro em casa como muitas outras não era bom, depois os recursos de que dispunha a família eram escassos [...]. Onde arranjar um emprego que lhe conviesse? Emprego público não. Onde já se viu, menina criada na barra da saia da mãe passar o dia todo no meio da homarada, como há nas repartições. Escritórios também não seriam aconselháveis por causa do perigo das más companhias, dessas moças que levam a vida tão livre... Que horror! [...]. (Alfredo Mesquita, "719-Lapa", *Claudia*, 10.1964)

Reconhecendo a importância do trabalho feminino em sua época e adotando uma posição de vanguarda no sentido da divulgação de novas possibilidades, *Claudia* mantém a seção "Presença da mulher", que trata de profissões exercidas por mulheres.[124] Porém, cheia de receios do termo já considerado no mínimo delicado (poderia, nessa época, prejudicar uma revista comercial), *Claudia* enfatiza que "não é *feminista*, mas feminina".

Em "Presença da mulher", o trabalho é visto como uma alternativa para as mulheres que não a da vida monástica ou a do casamento. *Claudia* constata a atuação feminina em vários campos profissionais e atribui à "mulher que trabalha" um "aumento de responsabilidades", já que suas obrigações para com a casa, o marido e os filhos continuam as mesmas. "Presença da mulher" não trata, por exemplo, de uma possível divisão das tarefas domésticas entre homens e mulheres ou da reformulação total de papéis femininos e masculinos, mas chega a reconhecer o trabalho como uma forma de autorrealização também para a mulher. Nessa seção, o emprego feminino remunerado não é *apenas* uma necessidade econômica de jovens solteiras ou recém-casadas com poucos recursos familiares, nem é mais "um capricho" ou "um grande problema" (como era para as revistas dos anos 1950). Casamento e trabalho também não são mais incompatíveis e a "vida dupla" da mulher (expressão usada pela revista *Querida*) não é mais fonte de dramas conjugais se ela souber *conciliar* suas atribuições domésticas com as novas ocupações – o que, em *Claudia*, já é uma situação possível.

A expressão "mulher moderna" – presente em *Jornal das Moças* desde 1945 – reveste-se de novos significados na primeira metade dos anos 1960: não se refere mais só à mulher que segue as tendências da moda, cuida das aparências e procura instruir-se em função da educação dos filhos, das atenções ao marido ou das reuniões sociais, mas é também a que, sem se descuidar das obrigações do lar, encara a participação no mercado de trabalho como uma possibilidade em sua vida.

> Nas artes, nas ciências, na política, na indústria, no comércio. O registro da atuação feminina e da necessidade cada vez maior da sua atuação lado a lado com o homem na luta pela sobrevivência. A função exclusiva da *mulher no lar* ou a de puro e simples *ornamento* está cada vez mais na saudade, embora *não se dispense e mesmo não se perdoe nenhuma desatenção* sua a qualquer destes aspectos. Daí é fácil depreender o aumento de responsabilidades da mulher moderna, devendo conjugar aquelas funções – as únicas que lhe eram atribuídas – com novos conhecimentos que permitam o exercício das atividades que os homens sempre exercem em horário integral... Novos conhecimentos que vão desde a descoberta das verdadeiras aptidões até o último estágio de aperfeiçoamento, quando o indivíduo está preparado para se realizar perante a si e a sociedade [...]. ("Presença da mulher", *Claudia*, 01.1963)

"Presença da mulher" é um sinal de que *Claudia*, em comparação às outras revistas, dá um passo à frente no sentido de refletir e também de provocar mudanças nas relações de gênero. Entretanto, não é um passo tão grande a ponto de distanciá-la significativamente dos valores tradicionais.

Outro exemplo dessa tendência é um teste que relaciona aptidões, interesses e características de personalidade de adolescentes a determinadas profissões ou atividades. Ele é parte da matéria "A idade ingrata: educando seus filhos", de dezembro de 1963. Uma análise do teste evidencia distinções e mesmo desigualdades de gênero nas opções apresentadas para garotos e garotas, sendo que, em geral, as alternativas profissionais para os meninos são superiores em termos de *status* social, remuneração, poder e possibilidades de ação e criatividade que as sugeridas para as meninas. Por exemplo, para adolescentes classificados pelo teste como sendo de um mesmo grupo, as opções diferem conforme o sexo. Para meninos: banqueiro, industrial, funcionário, dirigente. Para meninas: mãe de família, dona de casa, diretora de colégio, professora de creche.

Não deixa de haver, em *Claudia*, projeções fantásticas baseadas nas conquistas de espaço e poder das mulheres na sociedade. Entretanto, essas projeções estão ligadas às velhas e recorrentes imagens femininas sobre maternidade e poder de sedução: "a sociedade caminha para o matriarcado" e "o homem se tornará escravo dos nutrientes da mulher", que é a "grande mãe, fonte generosa da seiva que nutre"; as mulheres estão se aproximando cada vez mais da cultura "e tomarão por competência própria o poder nas mãos", por isso elas "são um perigo encantador".[125]

Os *problemas* da "mulher independente", emancipada, também aparecem em artigos de *Claudia*. Para um deles, "independente" é a mulher que:

> [...] se basta economicamente, que toma decisões importantes na vida sem consultar ninguém. Frequentemente é solteira e vive sozinha ou com amigas nas mesmas condições. Afirma sempre que está satisfeitíssima com sua situação e considera às vezes com uma certa compaixão (que pode chegar à crítica aberta e à ironia) as mulheres que se contentam em ser boas esposas e boas mães. (Emílio Servadio, "Oito perfis de mulher: a independente", *Claudia*, 02.1963)

O autor do perfil discorda de afirmações do tipo "a mulher que trabalha é menos mulher" ou "somente como mãe de família é que a mulher atinge sua plena função biológica e social". E cita exemplos de artistas ou cientistas famosas que foram também "mulheres amorosas e mães exemplares". Mas adverte: "a condição de 'independência' econômica, sobretudo quando tal independência é obtida através do trabalho, cria para as mulheres alguns problemas", sendo o principal o risco de "*deformar sua feminilidade*", de leve ou gravemente, podendo chegar até a adoção de "atitudes masculinas" encontradas em "mulheres muito decididas", às quais "falta o amor de um homem e de uma descendência" – argumentos bastante semelhantes aos de *Jornal das Moças*.

Algumas mulheres independentes conseguem contornar esses problemas, defende o artigo. Porém,

> [maior *felicidade* encontra aquela que] trabalha ao lado do marido, *colaborando* assim para o melhor andamento econômico da família – tornando-se esta, portanto, a base fundamental e o maior interesse de sua vida.

Novamente, a família é posta como a maior fonte de felicidade para a mulher, superando de longe todas as outras possibilidades de autorrealização e prazer.

Mais adiante, a busca da independência é relacionada ao estilo de vida (estereotipado) da "solteirona", que tem prioridades distintas das mulheres abençoadas com marido e filhos, mas que, por isso mesmo, não consegue ser totalmente feliz.

Alegando basear-se na Psicologia, o texto finaliza com uma definição do que seria a "verdadeira independência" para a mulher, que desvincula o termo *independência* do aspecto financeiro e da capacidade de proceder livremente. Na nova acepção, ser independente é subordinar-se de livre e espontânea vontade ao marido, em nome do amor.

> [...] o psicólogo considera a milionária que não tem um minuto de paz, que passa de um continente para outro, como sendo muito menos independente do que a mulher que livremente aceita *viver em função* da pessoa que ama [...] (Emílio Servadio, "Oito perfis de mulher: a independente", *Claudia*, 02.1963)

Quando *Claudia* pergunta a vários homens o que eles gostam e o que não gostam nas mulheres, as respostas não variam muito:

> "a mulher deve ser essencialmente mulher", "deve saber guardar sua feminilidade", "deve ser doce, delicada e submissa"[...] "seus piores defeitos são a artificialidade, a pedanteria, a suficiência". ("Os homens gostam de você? Por quê?", *Claudia*, 03.1962)

A opinião masculina é tomada como o ponto de referência para as escolhas feitas pelas mulheres, pois, como *Claudia* justifica: "Toda mulher sente prazer em ser apreciada pelo primeiro sexo. Cuidado, portanto!".

Com a emancipação da mulher, conforme matéria publicada em março de 1962, as qualidades femininas foram ofuscadas e os defeitos, ressaltados. A lista de "perigos" decorrentes desta emancipação apresentada por *Claudia* segue o mesmo estilo de *Jornal das Moças*, assim como a lista de "cuidados" a serem tomados pelas mulheres para não perder a feminilidade e as vantagens de ser mulher.

> [...] os tempos mudaram. Hoje a mulher rebela-se, luta por seus direitos, não é mais um ser passivo e tolerante. E o que faz então? Tenta impor-se, tenta conquistar seu lugar ao lado do homem, tenta colocar-se no mesmo plano de igualdade [...]. Usa calças compridas, fuma, dirige carros, sai de casa sozinha, ganha sua própria vida, brada por todos os lados sua nova independência e sua autossuficiência. Que aconteceu? Ela perdeu a feminilidade, esqueceu suas armas secretas, desceu do pedestal e perdeu sua posição particular de frágil estátua a ser adorada, protegida, lisonjeada. ("Os homens gostam de você? Por quê?", *Claudia*, 03.1962)

Uma receita – "difícil, mas possível" – para compatibilizar trabalho fora do lar e tarefas domésticas aparece no artigo "Pró e contra", de fevereiro de 1962, assinado por Adriana, que pretende ensinar as leitoras como dividir melhor seu tempo. Embora considere "um sintoma de progresso" o fato de algumas mulheres não se conformarem apenas com seus papéis de esposa e mãe, a autora defende que a realização pessoal da mulher, que inclui a satisfação em outros campos de interesse, é uma condição relevante para o melhor desempenho "dos papéis mais importantes: o de esposa e o de mãe". Esse argumento é comum a vários artigos de *Claudia* que defendem o trabalho feminino e, como em muitos outros, aqui nada é dito sobre a possibilidade de compartilhar as tarefas domésticas com o homem. No caso de haver choques entre profissão e tarefas domésticas, a sugestão mais comum nos textos de *Claudia* é a contratação de uma empregada doméstica.

## "Para não ser bibelô"

Em agosto de 1964, Carmen da Silva publica em *Claudia* um de seus artigos mais polêmicos: "Trabalhar para não ser bibelô". No ano anterior, "Uma pequena rainha triste" já provocara os leitores com seus questionamentos sobre a felicidade e a autorrealização da dona de casa. Quatro meses depois, volta a explicar "As razões da independência".

Ao responder com um enfático *sim* à pergunta sobre se a mulher casada deve trabalhar, Carmen da Silva apresenta argumentos a favor do trabalho feminino que vão muito além das necessidades econômicas do casal. Para ilustrar suas ideias, recorre à figura da "mulher moderna", reconhecida pelo uso de *jeans e* biquíni, pelos hábitos noturnos, mas também por seu interesse na realidade do mundo atual, seu otimismo, sua força de vontade e autonomia de pensamento, "gozando de privilégios que a época lhe outorga e aceitando as correspondentes responsabilidades".

> Essa é também a moça para quem o casamento não significa uma resignação ao destino ou uma norma inarredável, mas sim uma escolha, uma decisão livremente assumida. Para ela a vida de casada não significa simplesmente sacudir o jugo da autoridade paterna, que nem é tão pesado assim, nem o abandono de suas obrigações – *estudos, emprego* – para viver na ociosidade, se os recursos de seu marido o permitem, ou a escravidão de uma rotina doméstica que nada tem de estimulante ou inspirador, se as limitações econômicas assim o determinarem. (destaques meus)

Com apenas esse trecho, Carmen da Silva já contesta várias concepções correntes sobre o feminino, entre elas: a do casamento como destino, a da necessidade de dedicação exclusiva ao lar, a da inevitável dependência com relação a um homem e a da rotina doméstica como fonte inquestionável de prazer.

A "noiva moderna" – continua a autora – sabe enfrentar as necessidades econômicas ao lado do homem e não espera que o conforto lhe seja entregue sem esforço; seu salário faz parte da receita do casal e ambos, marido e esposa, aceitam como iguais a "prova da realidade".

Além disso, a "noiva realista" não abre mão de satisfações que pode obter por seu próprio mérito e recursos.

O noivo pode desejar prover a casa sozinho e fazer objeções a que sua mulher trabalhe fora. Carmen da Silva explica tais objeções como uma decorrência do "amor próprio masculino" e aconselha a noiva a mostrar ao futuro esposo, com tato, que, "se as mulheres cresceram", "é preciso que também os homens abandonem os preconceitos" e que não há no trabalho feminino qualquer sentido de puro sacrifício ou competição com o marido. Assim, além de defender suas ideias, Carmen da Silva, didaticamente, fornece argumentos (armas) às suas leitoras para que façam o mesmo.

A maior novidade do texto é propor que, mesmo sem qualquer necessidade econômica, as esposas trabalhem, encontrem uma "verdadeira ocupação" para além das compras, distrações, visitas e idas ao cabeleireiro. Pois – afirma – a mulher casada que não tem um objetivo produtivo acaba obcecada em

> [...] povoar seus dias e criar em torno de si um clima de agitação sem causa, destinado a aplacar a consciência que a acusa de ser um ente marginal no seio de um mundo essencialmente ativo, um mundo que depende da atividade para sobreviver.

Carmen da Silva desqualifica as jovens senhoras casadas e ociosas – ocupadas com butiques, jogos e detalhes de decoração – e afirma que a "recém-casada moderna" tem um trabalho remunerado que constitui obrigação e compromisso. Com uma profissão a mulher dá um objetivo à própria vida, "pois o casamento não é um objetivo [...] é uma modalidade de viver". A profissional também é capaz de entender-se melhor com o marido, já que entre os dois se estabelece uma comunicação mais ampla.

A ideia de "viver melhor com o marido" não mais significa dar uma exibiçãozinha de cultura geral para angariar as simpatias do esposo e fazer bonito diante de seus amigos ou ser uma mãe mais capacitada. Carmen da Silva supera esses argumentos, propondo um novo relacionamento conjugal, com base no *diálogo* possível entre seres que dividem uma série de experiências comuns e que podem tratar-se como iguais.

> Porque a noiva de hoje vê a relação com o homem de um modo completamente diverso do que caracterizou o matrimônio da [sua] avó. [...] Ela compreende que [...] mesmo a mais culta e inteligente das mulheres acaba sendo sugada pela futilidade, se vive uma existência fútil e vazia. Sabe que trabalhar é, entre outras coisas, um modo de estar aberto ao mundo, de nele participar como uma presença e não como um peso morto; se seu marido trabalha e ela não, hão de viver os dois em planos diferentes da realidade e isso pode criar entre ambos um abismo de surda desinteligência. Só *entre seres da mesma espécie é possível uma linguagem comum*; e o ócio é a antítese do trabalho, a responsabilidade e o desengajamento são antípodas. (destaques meus)

A boa convivência com o homem ainda é uma preocupação relevante, mas se constrói sobre novas bases.

> A moça de hoje [...] prefere conhecer em carne própria a experiência das preocupações e das pequenas irritações da luta para dar-lhe [ao marido] nos momentos difíceis uma solidariedade genuína, feita de identificação [...] a moça de hoje não pretende ter caprichos e exigir do marido mais do que ele razoavelmente possa dar, em tempo, dinheiro ou demonstrações de afeto; mas ela sabe que a noção do razoável só se forma na escola do trabalho [...] aspira ser sua [do marido] melhor interlocutora, o que só será possível se ambos vivem no mesmo mundo. Não quer, tampouco, que ele possa pensar [...] que desempenha para ela o papel de sinecura: é preciso que ele saiba que é o homem de sua vida [...] exclusivamente isso à margem de qualquer consideração material. (Carmen da Silva, "Trabalhar para não ser bibelô", *Claudia*, 08.1964)

Além disso, há vantagens em a mulher trabalhar que não dizem respeito apenas à relação com o marido. Uma delas é a segurança de, numa época de instabilidade e incerteza, poder contar com os recursos da própria força de trabalho. A outra – nas palavras de Carmen da Silva – é não pagar por "vantagens fictícias [de ser uma bonequinha de luxo] um preço real de *submissão* e *imaturidade*".

Novamente, o objetivo é *a busca da felicidade*, mas o ideal aqui é outro, com diferenças significativas com relação aos modelos propostos por outras revistas femininas e mesmo por artigos publicados na própria *Claudia* na época. A felicidade, nesse texto, leva em conta a participação feminina atuante na realidade socioeconômica, a autor-realização, a valorização social e a segurança das próprias mulheres e, finalmente, uma nova forma de relacionamento homem-mulher.

Apesar de toda sua ousadia, o artigo "Trabalhar para não ser bibelô" toma o cuidado de se referir às mulheres jovens, "moças modernas", considerando, talvez, muito mais difícil mexer com concepções arraigadas de casais constituídos há mais tempo.

Esse artigo provocou reações do público leitor de *Claudia* que podem ser avaliadas, em certa medida, pelas cartas que aparecem na seção "Claudia responde". Seu conteúdo varia de elogios e cumprimentos a críticas ressentidas, tanto da parte de homens quanto de mulheres. Alguns exemplos são especialmente interessantes:

> [...] sou uma recém-casada moderna [...] que realmente gosta de trabalhar fora [...] tive que contornar ferrenha oposição de meu marido... Agora, graças a Deus, caminhamos para uma situação estável, conseguida com esforço conjunto [...]. [secretária, de São Paulo]

> [...] o homem, quando casa, quer ter um lar e não uma companheira de trabalho que entenda tanto quanto ele de finanças [...] é a rotina doméstica a glória da mulher casada [...] a recém-casada que precisa de um objetivo [...] é uma recém-casada derrotada [...]. [engenheiro, do Rio de Janeiro]

> Não faltarão a essa mocidade maravilhosa, embora transviada, mais afeto, compreensão e zelo dos pais? [...] como se enganam as mulheres que pensam ser melhores companheiras quando trabalham fora... Que a mulher trabalhe para não ser bibelô enquanto Deus não lhe houver dado a graça de ser mãe... depois [...] deve dedicar-se inteiramente ao lar [...]. [dona de casa, de Goiás]

> [...] será que não faltou responsabilidade à mãe quando achou que a empregada poderia ficar com a criança [...]? Ou quando foi preciso optar entre uma carreira agradável e a educação integral dos filhos? E ela optou pela carreira? [...] [dona de casa, de São Paulo]

Aos leitores descontentes que lembram que, para a mulher, as obrigações de mãe e esposa são mais importantes que ter uma profissão, a revista retruca com possibilidades de conciliar maternidade e trabalho ou com a defesa do direito feminino de dedicar-se a outros interesses, além dos domésticos, como nessa resposta publicada em dezembro de 1964: "a mãe, apesar dessa sua condição é um ser que já existia antes de ter filhos e [...] que se dedicava a certas coisas que ajudavam a integrá-la ao mundo".

Numa época de instabilidade e reformulação de várias normas de gênero, fica difícil para uma revista como *Claudia* adotar uma linha muito rígida e homogênea ou contentar todos seus leitores; o tema (ou problema) do trabalho feminino é um bom exemplo dessa constatação.

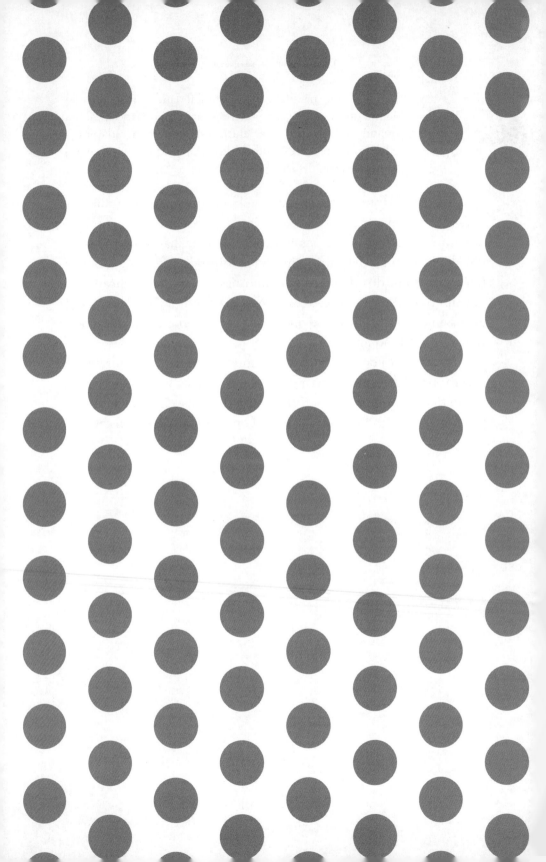

# O auge do casamento tradicional

> O casamento é a verdadeira estrutura da sociedade. É na Família que se baseia todo o esplendor de um povo sadio de moral. (*Jornal das Moças*, 05.10.1944)

Os padrões tradicionais de casamento vivem seu período de ouro entre o final da Segunda Guerra Mundial e 1964.[126] Transformações importantes nos esquemas familiares e também nos modelos socialmente aceitos ocorrerão a partir de então.[127] Mas, nos Anos Dourados, o ideal dominante ainda delega aos homens autoridade e poder sobre as mulheres. O marido é considerado o "chefe da casa" e deve sustentá-la economicamente, enquanto a esposa deve se ocupar das tarefas domésticas e dos cuidados com os familiares. O casamento define atribuições e direitos distintos para homens e mulheres traduzidos frequentemente em desigualdades, já que cabe ao homem a palavra final a respeito dos gastos importantes, da educação e do futuro dos filhos, do local de moradia da família e das atividades econômicas de seus membros.

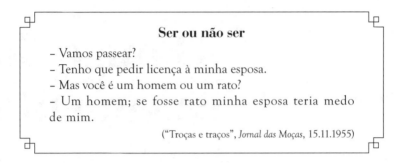

**Ser ou não ser**

- Vamos passear?
- Tenho que pedir licença à minha esposa.
- Mas você é um homem ou um rato?
- Um homem; se fosse rato minha esposa teria medo de mim.

("Troças e traços", *Jornal das Moças*, 15.11.1955)

As próprias leis em vigor no país estabelecem para a esposa um grau muito menor de autonomia. Embora, ao longo tempo, ocorram algumas mudanças em favor das mulheres casadas, a legislação dessa época não rompe com o modelo de família fundada na assimetria de gênero e geracional. O Código Civil (de 1916) ainda vigente considera a mulher casada "relativamente incapaz", sem poder de decisão sobre o patrimônio e a prole. Por lei, todo poder se concentra nas mãos do homem, chefe da sociedade conjugal, administrador dos bens e representante legal da família.[128] Em 1962, o Estatuto da Mulher Casada reconhece finalmente a mulher como "companheira e consorte", podendo "colaborar" com o marido no orçamento familiar, mas reafirma o homem como chefe da casa e principal provedor e só confere à esposa o direito de "praticar todos os atos inerentes ao seu exercício e a sua defesa" se ela exercer uma profissão lucrativa.[129]

Socialmente, as mulheres são avaliadas sobretudo por sua condição de procriadoras e pela fidelidade (exclusividade sexual e atenção) que devem ao marido no casamento, enquanto que a apreciação social dos homens casados supera as referências familiares estendendo-se às suas relações no trabalho.[130]

Apesar dos vários arranjos familiares encontrados na população brasileira,[131] o modelo dominante é o nuclear – aquele da família composta por casal com filhos vivendo sob o mesmo teto. Na classe média dessa época, as famílias são, de fato, tipicamente nucleares e o número de filhos em cada uma é reduzido em comparação com os padrões do passado. A preocupação com o nível educacional dos filhos, a procriação limitada e a privacidade são valores importantes nesse grupo social.

*Jornal das Moças, O Cruzeiro, Querida* e *Claudia* da época favorecem um modelo de união conjugal que corresponde ao ideal dominante.[132] Elogios ao casamento legitimado e à família constituída ocupam muitas de suas páginas.

> Os adolescentes de boa índole têm o seu primeiro sonho com o casamento. Homens ou mulheres imaginam desde logo com seu lar, seus filhos, sua vida feliz sob um teto que será a consagração suprema de sua felicidade. [...]. (*Jornal das Moças*, 05.10.1944)

A associação recorrente entre família e pátria (identificada com o Estado) ajusta-se aos interesses da ordem social e é eficaz especialmente em períodos de guerra ou instabilidade, como os anos 1940, quando o casamento figura também como "um serviço à pátria dentro das normas de lei".[133]

Nas publicações dos anos 1950, a hierarquia de poderes na sociedade conjugal em que o masculino predomina é justificada comumente por referências às leis da natureza. Mas também podem servir como argumentos as leis do Estado, o costume social, o temperamento do homem brasileiro (ou do latino) e as inalteráveis leis divinas, além de ideais cristalizados de harmonia familiar.

> [...] em toda família bem constituída existe uma hierarquia de autoridade. O *marido é o chefe* a quem cabem as decisões supremas. Logo abaixo vem a autoridade da esposa [...]. Entretanto, existem inúmeras famílias em que impera a desordem justamente por não ser respeitada essa hierarquia natu-

ral. E há outras em que há ordem – mas é à esposa que cabe sempre a última palavra. É particularmente dessa "esposa verdugo" que nos ocuparemos hoje.
Ela é respeitada e obedecida. Mas... será amada? E sua família será feliz? Podemos afirmar que não. Todos ali vivem sob o regime de pressão, a começar pelo esposo [...] ele se sujeita porque ama os filhos acima de tudo e tem a mais ampla noção de sua responsabilidade de chefe de família [...] está positivamente errada a vida dessa família e tudo porque a esposa não tem autocrítica [...] nada mais natural, entre o marido e a mulher, do que a troca de ideias cedendo um de cada vez para que haja equilíbrio. De acordo com a natureza, Deus e o Estado deram ao homem a direção da família [...]. (Maria Teresa, O Cruzeiro, 23.04.1955)

*Claudia*, mais sutil, não apresenta as coisas nestes termos, mas, em grande parte de seus textos, fundamentalmente concorda com as distinções e desigualdades de gênero, lançando mão de argumentos ligados à moral, ao "bom senso", à "Psicologia" para legitimá-las.

## A "RAINHA DO LAR" E O "CHEFE DA CASA"

Há condições básicas, essenciais, para um casamento feliz, além do amor. É preciso que o rapaz tenha qualidades que o credenciem como *bom esposo*: lealdade, capacidade de trabalho, iniciativa [...] e que a *moça* se encaminhe para a vida de casada consciente das responsabilidades que a esperam [as tarefas domésticas e a maternidade]. (O Cruzeiro, 13.08.1960, destaques meus)

As esferas de atuação e os deveres de cada um dos cônjuges estão bem delimitados.

Não pode ser bom marido o homem que não trabalha. (*Jornal das Moças*, 01.02.1945)

> [...] uma vez casado deverá fazer face a todas as despesas [...] [o homem casado] já não é mais dono do seu ordenado [...]. (*Jornal das Moças*, 06.10.1955)

> [...] o homem casado não pode limitar-se apenas a prover a família de suas necessidades materiais. A esposa e os filhos contam com sua companhia e assistência. Ele precisa ver os pequenos cuidados que a esposa lhe dispensa e testemunhar-lhe isso [...].(*O Cruzeiro*, 06.08.1960)

> [...] dizer mulher é dizer senhora do lar. (*Jornal das Moças*, 30.05.1946)

Com relação às responsabilidades familiares, as distinções do que seria feminino e masculino são bastante nítidas e permanecem praticamente intocadas nos quase 20 anos da era dourada. O "marido perfeito" e a "boa esposa" também são definidos a partir das respostas dadas por homens e mulheres concretos a essas diretrizes, sendo que de sua adequação às expectativas sociais depende, segundo as revistas femininas, o "bom andamento da união conjugal".

As tarefas de cozinhar, limpar, lavar, passar, cabem à mulher.

> O marido perfeito [...] não deve entrar na cozinha nem que o guisado lhe atraia o olfato. (*Jornal das Moças*, 24.05.1945)

Os homens, dentro de casa, são responsáveis apenas por pequenos consertos ou tarefas esporádicas que exigem muita força física.

> A boa dona de casa deve ser previdente, pois alguns homens, *em suas horas livres*, gostam de preocupar-se com a casa; corte-lhe o mau humor tendo sempre à mão objetos que ele costuma usar nestas ocasiões. (*Jornal das Moças*, 25.10.1945, destaque meu).

*Ajudar* a esposa em casa não é visto como uma obrigação do marido ou questão de justiça; colaborar com a mulher nas tarefas do lar é considerado apenas favor, gentileza ou forma de distração. Do mesmo modo, a *contribuição* monetária da mulher para o orçamento familiar não é encarada como fundamental ou obrigatória e, muitas vezes, sequer é cogitada. A participação masculina nos trabalhos domésticos é tida como "ajuda esporádica" e vista com ressalvas, doses de humor ou resultado de discussões e brigas do casal quando a esposa tem uma "personalidade forte e dominadora".

---

**Retrato de casamento**

[Na sala, a mãe tricotando ouve o filho enquanto o pai lava a louça na cozinha. Sobre a lareira, o garoto vê uma foto do casal.]
– Mamãe, essa fotografia é do tempo em que o papai começou a trabalhar para a senhora?

("Troças e traços", *Jornal das Moças*, 22.10.1959)

---

A postura de *Jornal das Moças* é clara: mudanças talvez, desde que a base da relação se mantenha intacta, ou seja, o poder masculino prevaleça.

> Não há nada ridículo em um marido que sai às compras, que cozinha ou ajuda sua esposa nos labores domésticos se, na vida conjugal, continua sendo o chefe da família e se [a mulher] o respeita como tal. (*Jornal das Moças*, 02.06.1955)

> [...] é natural que [o homem] deseje conservá-lo [seu trabalho] sem perigo de perdê-lo por ajudar sua esposa nos misteres domésticos. Ela deve pensar que quanto mais assíduo seja seu esposo ao trabalho maior bem-estar terão ela e seus filhos [...] seu marido tem suficiente capacidade para saber quando pode ou não ficar em casa [...] as esposas que fazem estas queixas [de que ele não colabora] seguramente nunca fazem objeção quando o marido traz um bom cheque para que elas possam gastar à vontade. (*Jornal das Moças*, 06.04.1950)

As revistas não dão às esposas o direito de questionar a divisão tradicional de tarefas e atribuições ou de exigir a participação do marido nos serviços domésticos. Aliás, avisam-nas de que nem devem fazê-lo sob o risco de irritar o esposo, comprometendo assim a "felicidade conjugal".

> [...] mostre-se feliz quando *ele* passar alguns dias longe de seus negócios, em casa, podendo desfrutar de calma absoluta [...] e, nesse caso, não peça para *ele* ajudá-la na limpeza [...] ou em outros afazeres. Pelo contrário, convença-o de que precisa descansar bastante e recuperar as energias perdidas no trabalho da semana, para que *ele* possa retornar alegre e satisfeito ao serviço na 2ª feira. Convença-o a passar uns dias fora, numa estação de repouso, caçando ou pescando [...] ele voltará mais saudável [...] e lhe agradecerá [...] redobrando seus carinhos. (Mary Jani, "Siga estes 10 mandamentos se você quiser ser feliz no casamento", *Jornal das Moças*, 27.10.1955)

> O marido perfeito está ao nosso alcance, se cuidarmos de seu bom humor e não considerarmos nunca como uma obrigação – ou como uma coisa natural – sua eventual colaboração nos trabalhos domésticos. O trabalho caseiro é nosso, o marido tem o seu. (*Jornal das Moças*, 02.04.1959)

Em *Claudia*, apesar de o tema não ocupar tanto espaço quanto em *Jornal das Moças*, a "ajuda" masculina nas tarefas domésticas é vista praticamente sob a mesma perspectiva: a participação do homem nas atividades atribuídas à dona de casa é considerada uma delicadeza do marido em casos excepcionais do tipo "convidados inesperados para o jantar no dia de folga da empregada".[134]

"Homem de avental é ridículo",[135] segundo *Claudia*, que se refere com humor aos maridos que fazem serviços de casa – algo possível quando se acredita que não há realmente o que discutir (no caso, a divisão sexual de tarefas preestabelecida).

– Querido! – chamou a minha esposa no fundo do corredor. [...]
– Querido! – berrou outra vez. – Você está surdo?
– Que é que há?
– Escute, meu bem – e entrando na sala continuou com voz de mel e açúcar –, quer fazer um favorzinho a sua mulherzinha?
Desconfiadíssimo pelo uso dos apelidos e dos diminutivos, respondi:
– Pois não, se não tomar muito tempo [...]
– Você ajudaria na feira, aqui na esquina?
– Como, na feira? Mas você não pode levar a empregada?
– Não posso, não. [...]
– Pra dizer a verdade – arrisquei tímido – eu queria aproveitar o feriado e ir um pouco à piscina...
– Ah, é? Quer ir à piscina apreciar os brotinhos de biquíni... Nunca levanta um dedo para ajudar em casa, e eu me matando o dia todo...
– Pelo amor de Deus, não fique nervosa, vamos à feira, vamos... [...] ("O ponto de vista dele", *Claudia*, 11.1962)

[...] nunca! Eu ir nessa de americano? Se ceder agora, lavarei pratos pelo resto da vida. *Stop!* Sou latino, que diabo! E não lavei! ("O que desejam as jovens", *Claudia*, 04.1964)

"A mulher faz o marido", ou seja, ele se comporta de acordo com o tipo de esposa que tem. As revistas colocam nos ombros femininos o peso da manutenção da "felicidade do lar" e, muitas vezes, do próprio comportamento do cônjuge. Se a esposa cumprir bem "suas funções" – "um conjunto de deveres que colaborem para o bem-estar do marido e de sua pequena comunidade"[136] – sem questionamentos ou queixas, a "harmonia familiar" estará assegurada. Nada semelhante a esse esforço é exigido dos homens.

[...] o que se entende por um "marido perfeito"? Simplesmente isto: que a mulher não leve muito longe seu espírito de independência, de liberdade, que é provocado pela "emancipação feminina".
No que concerne à mulher é certo que [...] nestas últimas décadas seu raio de ação e atividade foi ampliado de maneira admirável, mas não é menos verdade que o trabalho da dona de casa continua o mesmo [...] *como em todos os tempos, nossa regra primordial consiste em nos dedicarmos ao bem-estar da família, enquanto nossos maridos se empenham em mantê-la* [...]. (*Jornal das Moças*, 02.04.1959, destaques meus)

# "Felicidade conjugal"

O sucesso do relacionamento matrimonial é tema recorrente nas publicações femininas. O amor entre os cônjuges é considerado um ingrediente importante, mas não o suficiente para garantir um casamento harmonioso. Assim, as revistas contribuem com receitas detalhadas para a "felicidade conjugal".

*Jornal das Moças* tem uma visão bem específica dessa felicidade. Em todos os seus textos (inclusive nos contos), o bem-estar do marido é o ponto de referência para medi-la. Os conselhos que oferece às leitoras, na realidade, são sobre como fazer com que o *marido* se sinta feliz no casamento, ou melhor, a felicidade da esposa é tomada como mera consequência da satisfação do homem.

Mesmo quando se trata da "felicidade no lar", o *homem* continua o centro das atenções, seguido pelos filhos: se eles estão bem, a mulher pode considerar que vive em uma casa feliz.

*Claudia* também traz fórmulas de "felicidade conjugal". Procura promover o "entendimento" entre o marido e a esposa, e se preocupa – mais que *Jornal das Moças* – com o bem-estar e a adequação da *mulher* aos seus papéis familiares. *Claudia* não faz tanto uso quanto *Jornal das Moças* de argumentos como a necessidade de a mulher fazer *sacrifícios* por amor à família, cumprir a *missão* divina da maternidade ou suas *obrigações* de esposa. A vida matrimonial em *Claudia* é, na maioria das vezes, uma realidade de fácil adaptação; os problemas conjugais são tratados como crises passageiras em que "o amor supera todos os obstáculos".

O peso total da responsabilidade pela "harmonia conjugal" já não cai mais unicamente sobre os ombros da esposa; é dividido, mesmo que não equitativamente, com o marido. À mulher, contudo, ainda cabe empreender a maior parte dos esforços para mantê-la.

Entretanto, há diferenças significativas, em *Claudia*, entre a seção assinada por Carmen da Silva e o restante dos artigos e reportagens da revista. Mais que promover a "felicidade no casamento", Carmen procura fazer com que a mulher se sinta bem. E não confunde mais "felicidade da mulher" única e exclusivamente com "felicidade conjugal".

※

Há tópicos recorrentes nos conselhos de *Jornal das Moças* sobre como obter a "felicidade conjugal" que revelam expectativas, regras e práticas referentes às relações conjugais em sua época. Estes mesmos tópicos *também* aparecem em *Claudia*, guardando muitas semelhanças e algumas diferenças.

## PRENDAS DOMÉSTICAS

> Para ser uma esposa 100% você deve conhecer um pouco de cozinha [...] a mulher conquista o homem pelo coração, mas poderá conservá-lo pelo estômago [...]. (*Jornal das Moças*, 02.10.1958)

> Podem brilhar ofuscantemente os olhares mais sedutores e desenvolverem-se em malabarismos de elegância as mulheres que em concorrência louca e desmedida se exibem [...], mas jamais se sobreporão à mulher do lar [...] [que tem o dom das] ciências domésticas [...]. (*Jornal das Moças*, 01.02.1945)
>
> A cozinha pode ser a causa do naufrágio de um lar ou de seu levantamento. (*Jornal das Moças*, 27.09.1945)
>
> Toda esposa que deseja conservar seu marido deve dedicar uma boa parte do seu tempo ao estudo e aperfeiçoamento da arte culinária [...] os homens são como peixes, agarram-se pela boca... (Maureen O'Hara, "Os 10 mandamentos para a felicidade conjugal", *Jornal das Moças*, 16.05.1957)
>
> A desordem em um banheiro desperta no marido a vontade de ir tomar banho na rua. (*Jornal das Moças*, 25.10.1945)

Em *Jornal das Moças*, mulher feliz é a que consegue manter-se casada. E uma das melhores formas de conservar um marido é desempenhar bem as atividades domésticas, especialmente as que podem receber mais facilmente o reconhecimento masculino, ou seja, cozinhar e deixar a casa em ordem e aconchegante.[137] Para ser uma "verdadeira dona de casa", ensina a revista, não basta saber "dispor, mandar ou executar", é necessário fazer do lar um local "atraente para o marido".[138]

A ideia de que mulher de prendas domésticas é uma esposa ideal é reforçada pelos contos da revista. "Beleza interior" narra a história de duas irmãs:

> [...] uma delas era a virtude personificada, *hábil nas tarefas do lar* [...], a outra, ao contrário, estava sempre diante do espelho, entregue aos cuidados do cabelo e de seus adornos [...]. Como é lógico imaginar, a faceira arranjou logo um namorado. E quando ele passou a namorar em casa, começou a dar mais atenção à irmã que à noiva. Resultado: [...] vendo que a irmã, embora não tão bonita e faceira, era *a mulher ideal para o lugar de esposa*, rompeu o compromisso com uma e casou-se com a outra. (*Jornal das Moças*, 02.07.1957, destaques meus)

Talvez esteja implícito que é muito mais fácil para um homem encontrar mulheres para suas aventuras sexuais do que se casar com uma boa e dócil dona de casa.

No conto intitulado "Ternura", Ricardo pede Rose (uma babá) em casamento com as seguintes palavras:

> – [...] é hora de que deixes de *trabalhar para os outros* e de embalar os filhos alheios [...] em breve nos casaremos e, embora não tenhamos uma casa [...] com cozinha elétrica e tudo o mais, verás que saberei fazer-te feliz. (*Jornal das Moças*, 27.09.1956, destaques meus)

Esse pedido de casamento, se deslocado do contexto, não se diferencia muito da contratação de uma empregada doméstica: Rose não trabalhará mais para os outros, mas exclusivamente para Ricardo, o marido, que lhe promete *felicidade*, embora sem o conforto de eletrodomésticos sofisticados!

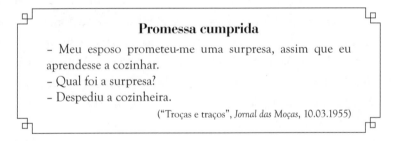

**Promessa cumprida**
– Meu esposo prometeu-me uma surpresa, assim que eu aprendesse a cozinhar.
– Qual foi a surpresa?
– Despediu a cozinheira.
("Troças e traços", *Jornal das Moças*, 10.03.1955)

Em nome do afeto, as revistas apresentam deveres e imposições sociais como meras consequências do amor conjugal.

> [...] seu marido está no direito dele quando clama falta de ordem dentro de casa; se não tem jeito para seus serviços domésticos procure adquiri-lo. A mulher que relaxa a ordem dentro de casa dá prova não somente de estar menosprezando o conforto do marido, mas até demonstrando falta de consideração por ele. (Maria Teresa, *O Cruzeiro*, 20.08.1960)

Nos anos 1960, as habilidades das esposas na cozinha continuam muito valorizadas. Do mesmo modo que suas predecessoras, *Claudia* aconselha as mulheres a não se descuidarem desses dotes, a prepararem os pratos favoritos do marido (mesmo que elas os detestem), a esperarem pelo esposo sempre com boas refeições.[139]

Grande parte das observações do artigo "Para ler na viagem de núpcias", com conselhos para a recém-casada adaptar-se à nova vida, diz respeito ao aprimoramento dos talentos domésticos, especialmente os culinários.

> Não acredite que uma fatia de queijo e um sorriso luminoso possam substituir um jantar malogrado. ("Para ler na viagem de núpcias", *Claudia*, 07.1962)

*Claudia* contribui com dicas práticas para que a "esposa moderna" tenha um bom desempenho como dona de casa, "sem correr maiores perigos", sendo o principal desagradar o esposo. A revista dá toques superficiais de modernidade a funções femininas tradicionais como "cozinhar *para* o marido" e "receber bem os amigos *dele*".

Lembra também às esposas de seus deveres incontornáveis para com a limpeza da casa (que deve ser feita sem incomodar o marido ou deixá-lo em segundo plano), os botões da camisa *dele*, o "aconchego do lar"...[140] Tudo isso em função do bem-estar do esposo que ainda é – se não mais a única, como ocorria em *Jornal das Moças* – a principal medida da "felicidade no lar".

Os dotes domésticos femininos em *Claudia* parecem ser mais importantes para a harmonia conjugal que as afinidades sexuais e quase tanto quanto o "companheirismo" desejável entre marido e mulher.

A não ser pelos textos de Carmen da Silva, questionamentos sobre a disponibilidade, as diferenças individuais ou os interesses subjetivos que marcam o desempenho dos encargos domésticos por parte das mulheres concretas não têm espaço em *Claudia*.

Mas mesmo Carmen da Silva *não* diz nada sobre a possibilidade de uma redistribuição das tarefas domésticas em que o marido divida com a esposa, por exemplo, os cuidados com a higiene das crianças ou a responsabilidade pelo preparo das refeições. Apesar de incentivar a realização pessoal para além do cumprimento das funções de mãe, esposa e dona de casa, Carmen não exime a mulher do peso das obrigações domésticas. Para a autora dos artigos mais polêmicos e inovadores de *Claudia*, "a solução" é a contratação de uma empregada doméstica.

> [...] fechar-se entre quatro paredes apoquentando-se com a limpeza e a comida [...] arcar, enfim, diariamente com obrigações ingratas, miúdas e sempre iguais, é um sacrifício que só se justifica quando não há outro remédio. [...] uma boa empregada, recomendada, séria, se desempenhará com mais eficácia do que ela própria, exigindo apenas um mínimo de vigilância e orientação. ("Trabalhar para não ser bibelô", *Claudia*, 08.1964)

Ainda assim, não admite que as tarefas fora do lar sirvam de "pretexto para a mulher negligenciar as ocupações domésticas", largar totalmente os filhos nas mãos de babás, confiar as necessidades do marido aos cuidados das empregadas ou deixar o orçamento doméstico por conta dos fornecedores, tudo sem fiscalização e orientação.

## CUIDADOS COM A APARÊNCIA

> Vista-se, depois de casada, com a mesma elegância e bom gosto de solteira. Lembre-se: é uma verdade que a caça já foi feita, mas, agora, você deve tê-la bem presa [...] (*Jornal das Moças*, 27.10.1955)

> [a mulher] tem a obrigação de embelezar-se para o marido, que é o homem mais importante de sua vida. (*Jornal das Moças*, 29.10.1959)

> [...] Não há homem que não aprecie chegar em casa, depois de um dia de trabalho agitado no escritório [...], e encontrar a esposa arrumada e com um aspecto atraente [...].
> O homem que chega em casa e encontra a esposa assim [...] esquece a mulher que admirou na rua e se sente feliz e satisfeito de ter em casa alguém talvez ainda mais atraente, à sua espera... (*Jornal das Moças*, 29.10.1959)

*Jornal das Moças* e *Claudia* ensinam: a boa aparência da esposa é um atributo essencial para a "felicidade conjugal", pois mantém a atenção do marido e evita o risco "fatal" de perdê-lo. Fazer-se bonita é a "solução" para as mulheres que se queixam da falta de atenção do marido, a "razão de sua existência". Mas atenção: trata-se de cuidar melhor da aparência pessoal sem, no entanto, descuidar-se dos afazeres domésticos.

> [...] Para vencer a indiferença masculina, a mulher deve procurar tornar-se mais atraente. Aos homens não agrada ver uma mulher, *mesmo sendo uma cozinheira de mão cheia* [...], embrulhada num roupão desbotado. Um aventalzinho elegante sobre um vestido simples pode dar um toque de agradável coqueteria. ("Para ler na viagem de núpcias", *Claudia*, 07.1962, destaques meus)

O recurso para manter o interesse do marido em nada modifica a rotina doméstica: *usar um aventalzinho!*

*Jornal das Moças* critica as mulheres que se importam em demasia com os cuidados pessoais chamando-as de frívolas. *Claudia*, por sua vez, como valoriza o consumismo tanto quanto as virtudes morais, não faz esse tipo de censura; nessa revista, cuidados com a beleza e a aparência nunca são demais.

Ao nos familiarizarmos com as revistas, temos a impressão de que elas justificam a atitude masculina de procurar por outra mulher, mais atraente, devido ao "descuido" da esposa. Já as mulheres não teriam o mesmo direito ou iniciativa quando é o marido que deixou de atraí-las.

> "Ela se tornou desmazelada", diz ele. "Nada mais tem da moça com quem casei." E como as *outras* continuam parecer-lhe jovens e atraentes, serão inevitáveis as comparações com consequências fáceis de imaginar. [...] ("Para ler na viagem de núpcias", *Claudia*, 07.1962, destaques meus)

Mas... e se não der certo? E se os cuidados com a beleza não conseguirem manter ou reconquistar o marido? As revistas não conhecem esta dúvida. Além disso, a rotina doméstica e as insatisfações dela decorrentes não são colocadas em questão.

A esposa carrega a maior parte da culpa no que diz respeito aos fracassos, desarmonias e conflitos do relacionamento conjugal. E sua eventual insatisfação na busca da felicidade-modelo-obrigatória (no matrimônio e no exercício das funções de esposa e dona de casa) é apresentada simplesmente como um problema, uma falha, da própria mulher.

## QUESTÕES FINANCEIRAS

Frequentemente, os casais se desentendem por causa de questões relativas ao orçamento doméstico, constatam as revistas. Diante disso, *Claudia* e *Jornal das Moças* recomendam que as *esposas* não gastem demais e não provoquem discussões com o marido a respeito de dinheiro.

> A esposa não deve [...] *obrigar* o marido a gastos que estejam acima de suas posses, amoldando-se à *mesada* estabelecida de acordo com os meios de que dispõe o casal e não pedindo coisas impossíveis, que acabam sempre por irritar os homens, levando-os mesmo a abominar o dia em que se casaram. (Maureen O'Hara, "Os 10 mandamentos para a felicidade conjugal", *Jornal das Moças*, 16.05.1957, destaques meus)

Como, na maioria das vezes, o homem é o único que recebe salário e o entrega à esposa, o dinheiro aparece como sendo dele, e isso certamente incrementa o poder masculino na relação conjugal.

> Uma boa esposa não gasta em demasia na sua toalete [...] tais despesas, mesmo não afetando o *orçamento do esposo*, quebram a harmonia, o processo econômico que *ele* criou para que a família tenha um futuro melhor. ("Uma boa esposa", *Jornal das Moças*, 17.12.1953, destaques meus)

Os contos completam de forma mais sutil a mensagem dos artigos. Em "A sua mentira", um marido rico usa de uma falência fictícia para "mostrar a realidade" a sua esposa que gasta demais. Acreditando que o casal estava com dificuldades financeiras, ela dispensa as empregadas e torna-se uma excelente dona de casa; só então o marido resolve contar-lhe a verdade, e ela aceita com alegria "a lição que recebeu".[141]

A lição que fica para os leitores, porém, é a necessidade de colocar certas mulheres no "seu devido lugar", no caso, o da dona de casa conformada (e satisfeita) com o que o homem considera bom para ela e a família.

Nos Anos Dourados é comum ler e ouvir que as mulheres, em geral, são "gastadeiras", adoram comprar, têm enormes despesas com futilidades, bobagens da moda etc. Esse perfil está presente principalmente nas piadas, mas também, mais discretamente, em vários artigos das revistas femininas.

---

**Sempre...**

– Não calculas como estou aborrecida hoje. Tive que me desfazer do meu cãozinho.
– Doente?
– Não, estava fora de moda.

("Troças e traços", *Jornal das Moças*, 08.02.1945)

**Estreia**

– Não tenham medo, meus filhos! É a sua mãe que comprou um chapéu novo.

("Troças e traços", *Jornal das Moças*, 29.03.1956)

**Obra de mulher**

Ela fez de seu marido um milionário. Antes de casar-se ele era multimilionário.

("Troças e traços", *Jornal das Moças*, 25.12.1958)

---

Em decorrência da imagem de "gastadeira", surgem a da "interesseira", que se casa por dinheiro, e a da "exploradora", que esfola economicamente o marido – todas essas imagens negativas, em última instância, por meio da censura ou do riso, colaboram para desqualificar e controlar os gastos femininos.

### A vitória

– Você acha que um homem pode gabar-se de ter feito uma conquista?
– Pode, mas só depois de ter sido despedido e de ter dado balanço à carteira.

("Troças e traços", *Jornal das Moças*, 07.08.1958)

### [o milionário fala à moça:]

– Sou riquíssimo, senhorita, e gozo de uma excelente saúde. Por que não se casa comigo?
– Por causa da sua excelente saúde.

("Troças e traços", *Jornal das Moças*, 10.01.1951)

### Elas

– Sei que vais te casar. Amor à primeira vista?
– Não; à segunda vista. Da primeira vez que o vi ainda não sabia que ele era milionário.

("Troças e traços", *Jornal das Moças*, 25.08.1955)

### A vítima

– Vagabundo, ordinário, vá embora! Tudo está acabado. Eu seguirei o meu caminho e você pagará as despesas.

("Troças e traços", *Jornal das Moças*, 18.01.1951)

### Amor conjugal

– Por que te chamo tanto ao telefone? Porque te adoro, querido! Além de tudo, ontem fiquei sem dinheiro.

("Troças e traços", *Jornal das Moças*, 22.03.1945)

Ao lado das esposas que gastam muito, são criticadas as econômicas demais – exagero que também provoca atritos com o marido.[142] Enfim, o que interessa é não dar ao homem motivos para reclamar. Como lembra *Jornal das Moças*, a muitos homens "não importa, tanto como dizem, que sua mulher gaste muito", pois – explica –, agindo desta forma, a esposa "proclama o êxito econômico do marido".[143]

Porém, em alguns momentos, *Jornal das Moças* reconhece que o homem casado "não é mais dono do seu ordenado", devendo abrir mão de vários dos gastos de solteiro e costumar-se a privações pessoais pela família.[144] *Claudia* acrescenta a ideia de que o marido deve sempre reservar uma parte do dinheiro para as despesas pessoais de sua mulher. E, se esta trabalha, ele pode aceitar sua contribuição para o orçamento doméstico, mas não pode exigir que ela lhe preste contas de seus gastos particulares,[145] pois manter economicamente o lar ainda é responsabilidade masculina.

São claras as referências a esposas que administram o dinheiro da casa no dia a dia. Algumas são diretamente controladas e fiscalizadas pelo marido. Outras têm alguma autonomia nessa atividade.

As revistas femininas e seus contemporâneos encaram a administração doméstica cotidiana a cargo das mulheres como uma atividade complementar às obrigações econômicas do marido. Está implícita, portanto, nesse aspecto do relacionamento conjugal, uma noção de paridade entre as atribuições femininas e as masculinas.

Contudo, apesar de ter sob seus cuidados a administração do lar, a "boa esposa" deve procurar não envergonhar o marido, seguir suas opiniões a esse respeito e, quando chegar o fim do mês, precisa fazer sacrifícios e "esticar" os recursos disponíveis sem jamais censurar o esposo pelo fato de ele não ganhar o suficiente.[146]

O controle (ou descontrole) dos gastos domésticos pode provocar conflitos no casamento. As revistas lembram que a mulher deve ajudar o marido provedor *administrando bem* a economia doméstica. Porém, os critérios que definem uma boa administração podem variar e levar a discussões cujo resultado depende, além da hierarquia de gênero socialmente aceita, do jogo de forças e poder no relacionamento de cada casal.

> **Explicando**
>
> – Sim, meu diretor, o senhor me concedeu um aumento não faz três meses, mas infelizmente tive a fraqueza de dizer à minha esposa...
>
> ("Troças e traços", *Jornal das Moças*, 06.06.1957)
>
> – Minha esposa vai veranear em Caxambu e minha filha em São Lourenço.
> –E você?
> – Bem. Eu fico trabalhando para pagar as despesas.
>
> ("Troças e traços", *Jornal das Moças*, 29.04.1954)

Nos Anos Dourados, algumas mulheres – por sua personalidade, capacidade de brigar, usar o "jeitinho feminino" ou qualquer outro subterfúgio – conseguiam impor sua opinião (e até "obrigar", como dizem as revistas, o marido a gastar dinheiro). Mas havia muitas que se submetiam inteiramente às vontades ou desmandos do esposo em nome da "harmonia conjugal".

## REPUTAÇÃO IMPECÁVEL

Em razão da "felicidade no casamento", as mulheres devem evitar comentários desfavoráveis a seu respeito: a mulher casada, mais ainda que a jovem descompromissada, está sob a mira do julgamento social.

> Uma dama casada, ao contrário da solteira, pode ser dona de si mesma, porém é uma escrava da comédia social. (*Jornal das Moças*, 15.07.1948)

Ser "dona de si mesma" significa que a mulher casada não deve obediência aos pais,[147] sua ligação privilegiada passa a ser com o marido.

> Depois que uma filha sai da casa paterna para contrair matrimônio, supõe-se que tem suficiente senso para dirigir suas ações, principalmente porque seu esposo certamente assu-

> mirá a responsabilidade de seus atos. [...] [também] a viúva está fora dos mandatos paternos [...] Sua mãe não tem autoridade alguma sobre ela [...]. (Doroth Dix, "Carnet das Jovens", *Jornal das Moças*, 11.08.1949)

Por outro lado, com o matrimônio, não diminuem as normas sociais que procuram regular o comportamento da mulher de classe média. No meio urbano, mesmo nas grandes cidades, a esposa chega a perder algumas das liberdades do tempo de solteira (como sair em turma de amigos, vestir-se de maneira chamativa, dançar com qualquer parceiro etc.), quando, muitas vezes, a rebeldia, a indiscrição e o "mau comportamento" ainda poderiam ser relevados. A mulher casada deve ter especial cuidado para evitar situações em que um homem possa cortejá-la[148] e precisa demonstrar, em todas as ocasiões, que é honesta e fiel ao marido. *Jornal das Moças* faz várias críticas àquela que continua agindo como no tempo de solteira.

> O dia em que a mulher contrai matrimônio [...] é o dia em que começa a ser julgada e observada; é o dia em que entra a ser sócia da vida e da responsabilidade do esposo. E o homem espera dela muito: capacidade, presença de espírito, discrição, confiança, fé, honra, moral, amor [...]. (*Jornal das Moças*, 08.03.1945)

A revista dá diversos conselhos à mulher casada para que preserve sua reputação e não prejudique socialmente o marido com um comportamento inadequado. Ensina-lhe que deve limitar sua vida social quando ele está ausente. Afirma também que a "boa esposa" não deve ser muito vaidosa, pois a vaidade chama a atenção e atrai "comentários maldosos" sobre o relacionamento do casal ou sobre a presumível intenção da esposa de "ofuscar o marido".[149]

A mulher casada deve conter-se para evitar que as "más línguas" espalhem fofocas mentirosas a seu respeito. Entretanto, o marido permanece o seu maior juiz.

À semelhança de *Jornal das Moças*, *Claudia* aconselha às mulheres a não provocar ciúmes.

> [...] uma mulher fascinante é motivo de orgulho para os homens, uma vez que esta saiba adotar uma elegância sóbria e maneiras gentis, com uma pitada de altivez que parece dizer aos homens: "Olhem-me, mas à distância", [...] a mulher ideal é aquela que é carinhosa em casa e austera fora dela. Se [...] um marido é particularmente ciumento, a mulher não deverá provocá-lo. ("Para ler na viagem de núpcias", *Claudia*, 07.1962)

*Jornal das Moças* e *Claudia* têm ideias muito semelhantes com relação à preservação da boa imagem da esposa diante de seu marido. *Claudia* só vai um pouco além quando afirma que a mulher deve forçosamente contar ao marido sobre seu "passado", especialmente se houver "culpas graves" (está implícito: relacionamentos sexuais anteriores com outros homens), confessando-lhe tudo antes do matrimônio (mesmo assim, é bom que se restrinja a informar o extremamente necessário), procurando evitar a cólera imediata ou a desconfiança posterior do marido.

Em contrapartida, ao se casar, a mulher ganha uma aura de respeitabilidade e passa a ser chamada de "senhora".

Do homem que se casa, espera-se que também abra mão de alguns de seus hábitos da juventude e passe a ser um responsável pai de família. Mas os mesmos padrões sociais que lhe cobram o sustento da casa são bem mais flexíveis com relação às suas saídas, aventuras amorosas, farras com os amigos e proximidade com outras mulheres.

## A "COMPANHEIRA PERFEITA"

Para manter a "harmonia no lar" a esposa deve procurar ser a "companheira perfeita". Em *Jornal das Moças*, esse conselho assume diversas facetas, entre elas a de que a mulher tem a obrigação de sempre ficar ao lado do esposo em todas as horas, integrando-se em sua existência, dedicando-se a seu bem-estar e não discordando (pelo menos explicitamente) dele. Entre os mandamentos para a "felicidade conjugal" estão:

> Acompanhe-o nas opiniões [...] quanto mais você for gentil na arte de pensar, tanto maior será a importância do seu espírito no conceito *dele*.
> Não faça observações sobre seus parentes ou amigos. Lembre-se sempre do que você é para *ele* e tenha cuidado de não perder sua opinião. [...] esteja sempre ao seu lado, cuidando dele, animando-o [...] reconhecendo seus gostos e desejos [...]. (Mary Jani, "Siga estes 10 mandamentos se você quiser ser feliz no casamento", Jornal das Moças, 27.10.1955)

Acima de tudo, a "companheira perfeita" procura satisfazer o marido em nome da almejada "harmonia no lar", diante da qual ficam em segundo plano as diferenças de opinião, os desejos e as inseguranças femininas. O desenho que *Jornal das Moças* faz da "companheira perfeita" remete a revoltas sufocadas, sacrifícios e submissão da esposa (não se espera o mesmo dos homens). O homem aparece quase como um espelho da autoestima feminina: se ele está bem, o casamento vai bem, a mulher deve alegrar-se.

São comuns em *Jornal das Moças* (em *Querida* também) contos que ressaltam as virtudes da boa companheira: "sensível aos encantos da vida tranquila do lar", "santa esposa e mãe",[150] "inteligente e resignada" (e não queixosa, áspera e insolente),[151] capaz de "adivinhar pensamentos" do marido[152], de amar "sem medir sacrifícios, visando única e exclusivamente a felicidade do amado"[153], e de lutar por ele "na sombra e no silêncio". Uma esposa assim "floresce a alma do marido".[154]

*Jornal das Moças* não propõe o diálogo franco e aberto como forma de resolver os eventuais conflitos de interesse em um casal. A ideia de que "marido e mulher devem sempre conversar", na revista, passa por outros caminhos: às esposas é aconselhado mostrarem-se interessadas nos assuntos que preocupam os maridos, estando atentas aos seus problemas. Porém, nessas conversas, o que deve importar realmente à esposa é *agradar* o *marido*, seja incentivando-o e bajulando-o, seja servindo-lhe como uma espécie de distração ou consolo.

> A esposa que realmente deseja o bem do marido deve saber realçar-lhe as qualidades de espírito e coração, o valor pessoal e até *incensar sua vaidade,* pois assim estará criando, entre ambos, liames mais estreitos e que servirão para uni-los ainda mais [...]. *Jamais* uma esposa deve imiscuir-se nas atividades profissionais do marido a não ser para *expressar sua aprovação* pelas suas obras, e, a não ser que o homem seja realmente incapaz, ela evitará opinar sobre suas decisões [...]. ("Um dever de toda esposa", Jornal das Moças, 13.11.1958, destaques meus)

Por um lado, Jornal das Moças aconselha as mulheres inteligentes e com ideias próprias a guardarem para si seus pensamentos e não demonstrarem seus talentos intelectuais (coisa que assusta os homens). Por outro lado, em vários momentos, a revista recomenda às leitoras que, em seus instantes de folga das atividades domésticas (estas sempre em primeiro lugar), procurem "instruir o espírito".

> A esposa modelo deve interessar-se sempre pelos assuntos internacionais, estando bem a par do que ocorre pelo mundo para poder comentar esses fatos com o marido quando esse regressa ao lar depois de haver passado o dia inteiro no escritório. (Maureen O'Hara, "Os 10 mandamentos para a felicidade conjugal", Jornal das Moças, 16.05.1957)

Também é conveniente que a mulher saiba "animar uma palestra", conversar de maneira simpática em reuniões de amigos, "receber" com competência (ser uma anfitriã eficiente e agradável). Para isso, deve estar atenta às novidades sobre educação infantil, cinema, comprar revistas e livros, e manter-se razoavelmente atualizada com o noticiário.

*Claudia* também retrata a companheira perfeita responsável pela "harmonia familiar".

> Num casal, a função feminina é sobretudo manter a união com o marido, a união com os filhos [...]. Seu papel na estabilidade da família é, por isso mesmo, primacial e decisivo [...]. ("As faces do amor", *Claudia*, 08.1963)

"Felicidade conjugal"

Mas tal responsabilidade já não é mais exclusiva da esposa, que agora a divide, ainda que não equitativamente, com o marido. No "Teste dos casados: o amor continua?" (de abril de 1962), os casais são chamados para um "exame de consciência" a fim de constatar o que pode estar errado em seu casamento ou significar uma ameaça à união. Ambos, marido e esposa, devem se submeter ao teste proposto por *Claudia*, mas uma observação deixa bastante clara a tendência de culpar a mulher pelo eventual desinteresse do marido.

> [...] se ele lhe parece um pouco "distraído", está certa de que não foi você que o afastou com suas atitudes? Observe-se bem: continua sendo cuidadosa, romântica e gentil [...]? Sabe ainda demonstrar-lhe, com graça, seu amor, sua admiração? ("Teste dos casados: o amor continua?", *Claudia*, 04.1962)

Marido e mulher devem procurar compreender-se mutuamente, a fazer concessões recíprocas, afirma o artigo "Para ler na viagem de núpcias" (de julho de 1962). Mas novamente observamos que as advertências e os conselhos, na verdade, são para que a *mulher* procure se adaptar aos desejos do marido e à sua condição de esposa nos moldes tradicionais.

A "companheira ideal", em vários textos de *Claudia*, *também* é aquela que sabe passar por cima de suas próprias opiniões e desejos para contentar o esposo. Ela "faz do marido um homem muito feliz", "é capaz de deixá-lo tranquilo se perceber que está nervoso ou cansado", "é carinhosa o suficiente para satisfazê-lo totalmente, porém não para inquietá-lo",[155] "é dócil e compreensiva, alegre e paciente", "concorda com suas preferências quando estão em férias",[156] se entusiasma com suas ideias, piadas e histórias como forma de incentivo.[157]

Se marido e mulher conversam entre si, é um sinal de que o casamento vai bem. Porém, em *Claudia*, muitas vezes, o conteúdo dessas conversas não passa de amenidades ou de gentilezas *por parte da esposa*, tais como "ouvir com atenção" quando o marido conta como foi seu dia ou ter "sempre uma novidade divertida para contar-lhe quando ele chega em casa".[158]

Entretanto, nessa mesma revista, estão presentes as críticas de Carmen da Silva à *falta de diálogo* entre os casais, ocasionada, entre outras coisas, pelo fato de as esposas não trabalharem fora e se dedicarem exclusivamente ao lar. Como marido e mulher têm vivências muito diferentes – explica a autora –, as possibilidades de troca de ideias e experiências e a compreensão mútua ficam mutiladas.

Contudo, *Claudia* – independentemente dos artigos de Carmen da Silva – dá uma importância maior que *Jornal das Moças* ao diálogo entre o marido e a esposa para a solução de algumas crises conjugais. De qualquer forma, o objetivo principal desse recurso é manter a união e evitar o desquite.

## A "BOA ESPOSA"

As mulheres não devem aborrecer os esposos com o que as revistas femininas chamam de "manias" ou "futilidades femininas". Sob esse aspecto, as publicações assumem uma posição ambígua: ao mesmo tempo que reforçam um "mundo feminino" (com atribuições, formas e expectativas de comportamento específicas que incluem valores próprios, hábitos de consumo, atividades domésticas, trabalhos manuais, preocupação constante com a beleza etc.), recomendam às esposas que não incomodem seus maridos com "coisas de mulher". Aconselham-nas a poupá-los de suas "manias de limpeza", inseguranças, ataques inesperados de romantismo, frivolidades e falatórios.

### Feminilidade

– De onde vieste? Está atrasado em uma hora e já há mais de dois minutos que eu estou pronta.

("Troças e traços", *Jornal das Moças*, 15.01.1959)

### Marido experiente

Pedro: – Em que mês do ano as mulheres falam menos?
Antônio: – Não sei!
Pedro: – Ora, em fevereiro [...] porque fevereiro tem somente 28 dias.

("Troças e traços", *Jornal das Moças*, 15.10.1959)

> **Falando**
> – A minha esposa quando pega um assunto é capaz de falar um dia inteiro.
> Pois a minha, mesmo sem assunto.
> ("Troças e traços", *Jornal das Moças*, 23.12.1954)
>
> – Afinal, que é que há? Estás há meia hora ao telefone sem dizer nada.
> – É que estou falando com minha esposa.
> ("Troças e traços", *Jornal das Moças*, 10.06.1954)

A feminilidade incentivada pelas revistas é desejável na medida em que não se contraponha às expectativas e exigências masculinas.

> Não telefone para o escritório de seu esposo a menos que seja importante o assunto que tem a tratar, nem interrompa o seu trabalho para discutir frivolidades que perturbem sua atenção e que o aborreçam. ("Os 10 mandamentos para a felicidade conjugal", *Jornal das Moças*, 16.05.1957)
>
> Não se precipite para abraçá-lo no momento em que ele começa a ler o jornal; não lhe peça para levá-la ao cinema quando ele estiver muito cansado; não use sem bolero o vestido que ele acha muito decotado; não o interrompa quando ele começa a contar uma história; não o acaricie muito em público. ("Para ser amada", *Jornal das Moças*, 03.03.1955)
>
> A esposa que fica amuada, faz beicinho e chora pode ser interessante nos primeiros tempos, mas a insistência deste comportamento acaba por cansar um homem que deseja ter ao seu lado uma mulher, não uma criança [...]. ("Para ler na viagem de núpcias", *Claudia*, 07.1962)

A esposa modelo *não discute* e *não se queixa*.

> Se o marido gosta de fumar, você não deverá armar uma briga pelo simples fato de ele deixar casualmente cair cinza

no seu tapete. O que deve fazer é ter uma boa quantidade de cinzeiros espalhados pelos quatro cantos da casa a fim de evitar discussões sobre o assunto. ("Os 10 mandamentos para a felicidade conjugal", *Jornal das Moças*, 16.05.1957)

Não demonstre aborrecimentos quando o vê sem gravata, mesmo que você não goste [...] ou quando ele fuma charuto [...] afinal, ele possui tantos direitos a sua própria vida quanto você. Procure ter o máximo de compreensão quase adivinhando os desejos íntimos de seu marido. (Mary Jani, "Siga estes 10 mandamentos se você quiser ser feliz no casamento", *Jornal das Moças*, 27.10.1955)

A esposa ideal, e feliz o mortal que a encontra, tem a capacidade de transformar-se, segundo o homem com o qual se casou [...] há caprichos que eles [os homens] detestam; qualidades que apreciam quase unanimemente. ("Você é uma boa esposa?", *Claudia*, 12.1962)

A mulher é "responsável pela paz doméstica e o entendimento conjugal",[159] portanto, deve atender aos seus "deveres matrimoniais" "sem manifestar mau humor ou arrebatamentos de ira".[160]

Nesse aspecto, a revista *Querida* diverge de sua contemporânea mais conservadora: considera saudável que divergências conjugais nos primeiros anos de união sejam explicitadas, pois "as tensões reprimidas são prejudiciais ao casamento".[161] Porém não leva em conta, por exemplo, a desigualdade econômica existente entre marido e mulher que, em uma eventual discussão sobre gastos domésticos, pode favorecer o predomínio da opinião masculina.

*Jornal das Moças*, por sua vez, desestimula qualquer forma de protesto da parte das esposas: brigas ou reivindicações explícitas não adiantam, pelo contrário prejudicam o relacionamento do casal. Além disso, na maioria das situações de desentendimento conjugal mencionadas na revista, a razão é dada aos homens. Argumentos ou motivos de queixas femininas são frequentemente rechaçados, desqualificados (tachados de futilidade, leviandade ou arbitrariedade) ou preteridos em favor da "harmonia do lar" e, principalmente, da manutenção do casamento.

"Felicidade conjugal"

> O mito dos nervos femininos é apenas um álibi para enganar os homens e nada mais. Prova que as mulheres são muito imaginosas, que gostam de representar uma comédia ante os homens [...]. Um pouco de lucidez, [...] de coragem, [...] de generosidade serão os remédios mais eficientes e, também, a certeza de que as mulheres nervosas não são amadas [...].
> (*Jornal das Moças*, 21.08.1952)

Saúde e equilíbrio da mulher estão fora de questão quando o que importa é contentar o homem.

Entretanto, nessa época, as donas de casa de classe média frequentemente viviam a "experiência do isolamento", sentindo o peso da solidão por passar muito tempo em casa. Educadas para adquirir um senso detalhista e quase obsessivo por limpeza, levadas a manter as aparências e pressionadas a viver praticamente em torno das tarefas domésticas e das necessidades dos familiares, acabavam, muitas vezes, acometidas por indisposições, além de alimentarem ansiedades e insatisfações. Provavelmente, uma parte das dores e agonias das mulheres surgia do conflito entre as prescrições de seus papéis e a realidade de suas vidas, do tédio, ou ainda do problema, relativamente comum, da distância entre o seu cotidiano e o do marido, o que levava à falta de interesse pela rotina um do outro (a expectativa de que a mulher se envolvesse nas preocupações do esposo não tinha contrapartida equivalente). Exibir sintomas socialmente conhecidos como "fraquezas de mulher" permitiam às mulheres alguma fuga de suas responsabilidades e tarefas.[162] Além disso, nunca discutir ou reclamar, colocar seus desejos em segundo plano, engolir frustrações e aceitar como incontestáveis as desigualdades da dupla moral sexual, conforme recomendavam as revistas, podiam acionar válvulas de escape físicas e emocionais. Mas *Jornal das Moças* ou encobre ou desqualifica esses fatos, e o melhor exemplo destas manobras discursivas é o artigo "As mulheres nervosas não são amadas" (de 24 de agosto de 1952) – uma advertência para que as esposas não irritem os maridos e se conformem com a vida que levam.

O artigo explica que a culpa pelo "nervosismo feminino" é das próprias mulheres que se consideram "o centro do mundo"; com seus

239

nervos, elas enganam os homens. Nesse texto, as insatisfações femininas expressas pelos ataques de nervos são duramente criticadas. Suas causas profundas, desprezadas. Não se explora, por exemplo, as razões que levam ao descontentamento e à irritação. Nem se diz por que, se os ataques são mesmo uma estratégia feminina, esse recurso é usado. A revista contenta-se em lembrar as leitoras de que "as mulheres nervosas infernizam a vida do marido e dos filhos", são "instáveis, egoístas e fatigantes", ao passo que os homens "apreciam calma e repouso" e se irritam com cenas de lágrimas e descontrole. Portanto, as esposas devem preocupar-se em evitar crises de choro e ataques nervosos sob o risco de comprometer seu casamento.

O apelo é unilateral: a mulher deve controlar-se e corrigir-se em função do marido. Já os rompantes e destemperos masculinos têm que ser necessariamente perdoados pela esposa, que deve, ainda, encontrar neles indícios para corrigir-se e ser uma companheira melhor. Essa ideia é veiculada não só em *Jornal das Moças* e revistas femininas suas contemporâneas, como também é defendida em *O Cruzeiro* e *Claudia*.

> [...] o homem, pela sua natureza, é mais explosivo. Quando sente que a paciência lhe falta, braveja [...] e a onda passa. Com a mulher, porém, é diferente [...] ela é mais rancorosa. Não perde a oportunidade para a desforra. E pode assim infernizar a vida do marido que *irá procurar consolação fora de casa*, resultando daí mais um pretexto que ela terá para acusá-lo [...]. (Maria Teresa, O Cruzeiro, 21.05.1960, destaques meus)

É comum, nessa época, justificar as atitudes violentas e impulsivas dos homens como comportamentos inatos nos varões e inerentes ao masculino. Eles podem vir à tona caso haja "provocação"; esse argumento é usado, inclusive, para explicar crimes passionais cometidos por maridos e namorados.

Faz parte do ideal de "boa esposa" reproduzido, mas também construído por *Jornal das Moças*, proporcionar *sossego* e *liberdade* ao marido.

> Uma boa esposa não rouba do marido certos prazeres, mesmo que estes a contrariem. Mesmo arriscando-se, por exemplo, a não adormecer, deixa um abajur aceso para que ele possa ler as notícias dos jornais. (*Jornal das Moças*, 06.05.1954 e 12.07.1956)

Isso não quer dizer que *Jornal das Moças* veicule um modelo de esposa exclusivamente submissa e passiva. Como revista feminina, esse periódico se autoassume conselheiro das mulheres e defensor das famílias e dos casamentos que, se mantidos, em última instância, conforme argumenta, favorecem as próprias mulheres. Além disso, em suas receitas de felicidade, a revista precisa oferecer bem-estar às leitoras e acenar com vantagens femininas nas relações conjugais. Assim – defende ela –, a "boa esposa" pode, com muito tato, mudar certos comportamentos desagradáveis do marido.

São frequentes, portanto, as dicas sobre "a melhor maneira" de a mulher fazer valer seus interesses, obter concessões do esposo, atrair sua atenção ou ter algum poder sobre as decisões do marido: usar estratégias ou subterfúgios, lançar mão da feminilidade, aplicar um "golpe". Não adianta discutir, entrar em conflitos diretos, contradizer o esposo; brigas e reivindicações prejudicam o relacionamento do casal e comprometem a "harmonia conjugal". *Jornal das Moças* enfatiza o "*jeitinho feminino*", composto de uma série de truques que fazem com que o marido ceda às vontades da esposa ou não se zangue com ela. Trata-se, por exemplo, de agradar o marido antes de pedir-lhe algo em troca, de mostrar-se frágil e dependente para que ele a defenda e proteja, de comportar-se de maneira sedutora para derrubar suas resistências.

O "jeitinho feminino" em *Jornal das Moças* se aplica a várias situações, desde a simples compra de um vestido até as circunstâncias ligadas ao esquema de funcionamento da casa (administração da economia doméstica, educação dos filhos, escolha de amizades, hospedagem de parentes, opções de lazer etc.).

O uso do "jeitinho feminino" também é apresentado como receita infalível para manter o *marido* feliz e fiel e para espantar eventuais amantes ou, pelo menos, fazer com que elas não atrapalhem a dinâmica familiar e o orçamento doméstico.

Com a noção de "jeitinho feminino", a revista procura transmitir a ideia de que os homens não são os verdadeiros e poderosos senhores, e sim as mulheres, que conseguem, com suas artimanhas e talentos, levá-los para onde bem querem. As receitas de sedução são sempre preferidas em detrimento das discussões – conforme *Jornal das Moças* –, mas também em detrimento do diálogo franco e aberto entre iguais – conforme constatamos a partir de uma leitura crítica da revista.

Enfim, o "jeitinho feminino" é a poção mágica oferecida à mulher para reduzir conflitos, aguentar o cotidiano e defender seus interesses.

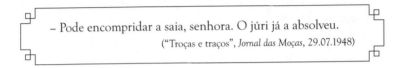

– Pode encompridar a saia, senhora. O júri já a absolveu.
("Troças e traços", *Jornal das Moças*, 29.07.1948)

São vários os contos de *Jornal das Moças* que valorizam o "jeitinho feminino", a *estratégia* sutil e a *conquista* da opinião do esposo. Nas narrativas, a personagem feminina que se utiliza destes artifícios invariavelmente atinge seus objetivos. Ao mesmo tempo, a figura da "mulher dominadora", que muitas vezes se confunde com a da "cheia de caprichos", aparece nos contos, assim como nos artigos e piadas da revista, como alguém que provoca a infelicidade e prejudica a própria família.

No conto "O preço da paz",[163] Lora, uma dona de casa de classe alta, consegue, com seus mandos e desmandos, ameaças de suicídio e discussões intermináveis, obrigar o infeliz do marido a fazer tudo o que ela deseja "em troca de um pouco de paz em sua própria casa".

Helena, personagem de "Com amor não se brinca",[164] toma as rédeas de sua casa; incentiva o marido a fazer fortuna, consegue um casamento milionário para a irmã, mas provoca a morte da própria filha ao opor-se a seu noivado. Termina muito arrependida.

Em "Prêmio maior",[165] uma "esposa dominadora" faz seu marido sofrer. Entretanto, quando, por sua culpa, ele perde milhões na loteria, ela se enche de remorsos e muda de comportamento. O marido conclui: "Com um bilhete de loteria ganhei algo que a maior parte dos homens não pode comprar: ganhei paz, um casamento feliz e uma esposa obediente. Que outra coisa pode pedir um homem à vida?". Ele recupera as atenções de sua esposa cuja "expressão não era servil", mas sim "doce e feliz".

Contos e artigos de *Jornal das Moças* são unânimes nas censuras às "esposas dominadoras" ao reservar a felicidade àquelas que respeitam, pelo menos nas aparências, a hierarquia de poderes estabelecida nas relações entre marido e mulher.

> Não seja dominadora, lembre-se de que você é mulher e faça um esforço para dominar seus caprichos [...]. (Mary Jani, "Siga estes 10 mandamentos se você quiser ser feliz no casamento", *Jornal das Moças*, 27.10.1955)

Pela quantidade de críticas às "esposas dominadoras" em *Jornal das Moças*, podemos inferir que o jogo de poderes dentro do casamento não tem, em vários casos concretos, os homens como vencedores fixos no cotidiano das relações conjugais. Algumas esposas desafiam as normas de gênero e aprendem a garantir, mesmo pelo confronto direto, seu espaço de opinião no dia a dia doméstico e em seu relacionamento com o marido. Apesar das regras sociais, das revistas femininas e das desigualdades de gênero, há, portanto, mulheres que exercem o poder de fato dentro de suas casas. Esse tipo de atitude é capaz de desestabilizar relações que se pretendem fixas e chega a ameaçar os significados estabelecidos de gênero. Daí a explicação para tanta oposição à "esposa dominadora" em *Jornal das Moças* e suas contemporâneas. Essa oposição se faz tanto por meio das críticas dos artigos e das mensagens dos contos quanto das piadas que ridicularizam os casamentos nos quais a mulher é quem manda.

> **Revolta**
> marido – Até agora, foste tu quem sempre mandou; fiques sabendo de que hoje em diante...
> esposa – Que é que estás dizendo?
> marido – ... de hoje em diante, serei eu quem obedecerá.
> ("Troças e traços", *Jornal das Moças*, 03.06.1954)

Fervilham os preparativos para as bodas de Roberto e Marta. O noivo é enérgico e sabe o que quer.
– Desejo que os convidados não sejam mais de trinta. Quero que a cerimônia seja celebrada às 17 horas, que o banquete não se prolongue, porque desejo partir à lua de mel às 21 horas precisamente!
A futura sogra escuta aturdida, depois se inclina para a filha e diz:
– "Eu quero, eu quero, eu quero". Será possível que você...
– Não se preocupe – interrompe Marta. – Roberto está ditando as últimas vontades...

("Troças e traços", *Jornal das Moças*, 16.10.1958)

### No dia seguinte

esposa – Eu de noite ouvi-te falar sonhando.
marido – Mas até o direito de dizer umas duas palavrinhas queres me tirar?

("Troças e traços", *Jornal das Moças*, 04.10.1945)

### Na guerra

– Por que vieste como voluntário para esta luta?
– Porque sou solteiro e quero saber como é a guerra. E tu?
– Porque sou casado e quero conhecer a paz.

("Troças e traços", *Jornal das Moças*, 07.02.1957)

A única vez que um homem tem a última palavra diante de uma mulher é quando lhe pede desculpas.

("Troças e traços", *Jornal das Moças*, 15.11.1945)

Mesmo num casal em que "a mulher é quem usa calças" – a expressão já denota algo fora do lugar –, as aparências têm que ser preservadas. Socialmente, deve-se manter a impressão de que é o homem quem domina, pois as regras determinam que o marido dê sempre a última palavra e tome as decisões mais importantes na família.

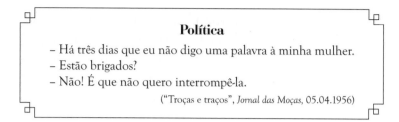

**Política**
– Há três dias que eu não digo uma palavra à minha mulher.
– Estão brigados?
– Não! É que não quero interrompê-la.
("Troças e traços", *Jornal das Moças*, 05.04.1956)

Das mesmas publicações que procuram defender o casamento nos moldes dominantes podem emergir contextos de brigas conjugais, motivos para queixas, situações insatisfatórias, falta de diálogo no convívio do casal.

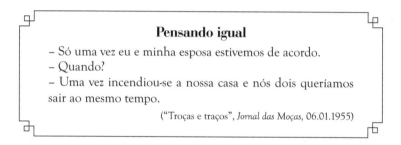

**Pensando igual**
– Só uma vez eu e minha esposa estivemos de acordo.
– Quando?
– Uma vez incendiou-se a nossa casa e nós dois queríamos sair ao mesmo tempo.
("Troças e traços", *Jornal das Moças*, 06.01.1955)

Os artigos de *Jornal das Moças* culpam invariavelmente as *mulheres*, "temperamentais", "egoístas" e "voluntariosas", pelos problemas no matrimônio.

> [Você não deve ser] nunca a esposa descontente e queixosa, tornando desse modo a vida de seu companheiro insuportável, *obrigando-o* a buscar fora de sua casa a tranquilidade e a harmonia que não sabe lhe proporcionar. (*Jornal das Moças*, 16.05.1957)

É forte a ideia de que se o marido é infiel – além de corresponder à sua natureza de macho –, ele o é, em grande medida, por culpa da esposa. Por exemplo, se a mulher – "ocupadíssima em atender o lar e os filhos", "escuta com indiferença" seu marido, este passa a procurar "fora do lar o que nele não encontra [...], outra alma que entenda seus anelos".[166] Ou se, em seu lar, o marido não pode "respirar a presença amorável da esposa" de prendas domésticas que deixa suas marcas em cada objeto, ele poderá afastar-se chegando até mesmo à infidelidade.[167]

A esses exemplos de situações em que a mulher é responsabilizada pela quebra da "harmonia conjugal" juntam-se os casos de esposas "autoritárias", "independentes", perdulárias, mal-humoradas, enfim, de todas aquelas que não cumprem o ideal de "boa esposa".

---

**Causa**

– Doutor, a alienação mental não será causa suficiente para o divórcio?
– Sua esposa está louca?
– Não senhor, louco fui eu quando me casei com ela.

("Troças e traços", *Jornal das Moças*, 02.12.1954)

**Férias**

– Onde irás passar as férias?
– Não escolhi ainda.
– E tua mulher?
– Está esperando que eu resolva para contrariar-me.

("Troças e traços", *Jornal das Moças*, 04.03.1954)

– Continuas apaixonado por aquela loira?
– Não, faz 3 meses que nos casamos.

("Troças e traços", *Jornal das Moças*, 02.12.1954)

---

O que, então, fazer para ser amada? *Jornal das Moças* ensina: tratar bem o marido, amá-lo "sem condições e sem reservas", de modo que ele "corresponda seu amor".[168] Isso, entretanto, não significa esperar que, em nome da "felicidade conjugal", o homem se empenhe da mesma maneira (e com a mesma abnegação) que sua esposa. Corresponder ao amor da mulher, nesse contexto, quer dizer apenas que ele se manterá unido a ela como seu esposo (e, ainda assim, nem sempre fiel). Já no que diz respeito à mulher, o "verdadeiro amor" é conformista e submisso. Essas características, porém, são apresentadas como algo fixado para o próprio bem da mulher ou ainda essenciais para a realização feminina.

> [...] para ser essencialmente feminina, você precisa ser compreensiva, precisa ter um *mestre*, um marido a quem respeitar. Se você tomar o lugar dele, ficará decepcionada, inconscientemente ou não [...]. E as mulheres decepcionadas não são amadas durante muito tempo: o amor não gosta de pessoas tristes, amarguradas e cheias de complexos. [...] Em vez de se perguntar por que não teve a mesma sorte de outras mais afortunadas, o melhor é mostrar-se digna do quinhão de felicidade que lhe cabe. (Senhorita X, "Para ser amada", *Jornal das Moças*, 03.03.1955)

As razões sociais e econômicas que determinam a sua necessidade de viver ao lado de um homem que a sustente e a livre do estigma de "solteirona" são encobertas nesse discurso pelas "razões do coração".

Se a tão esperada felicidade não for alcançada pela esposa, apesar das propagandas a seu respeito feitas pelo discurso dominante, este passa a pregar a aceitação ou, conforme o caso, o recurso ao "jeitinho feminino" de mimar bastante o marido para que, em troca, ele lhe faça as vontades. Em vários momentos, este recurso remete a uma receita de sedução ou uma corrupção revestida de sentimentalismo: as relações entre o casal, das mais exteriores (públicas) às mais íntimas, da delicadeza ao carinho, são encaradas, dessa maneira, em função de sua possível eficácia em termos de vantagens obtidas. As motivações para as ações da esposa partem, assim, menos do desejo e mais das concepções das revistas femininas sobre o que seria o "espírito dos homens" e o "modo de agir das mulheres", cujas armas mais eficazes são "a feminilidade e a delicadeza".

> O homem mal se defende da mulher coquete, porque ela faz tudo para agradá-lo, mas uma espécie de instinto parece protegê-lo contra a mulher autoritária. (Senhorita X, "Para ser amada", *Jornal das Moças*, 03.03.1955)

Não há referências à sensualidade como recurso da esposa, pelo menos diretamente. O apelo para que, se "o amado for um homem calado e introspectivo", a mulher "use as antenas da sua intuição que a fazem adivinhar o que ele deseja", pode ser talvez alguma referência sutil à sexualidade ou apenas mais uma ênfase na ideia de que as vontades do homem devem ser satisfeitas.

*Jornal das Moças* adverte as mulheres não enquadradas no ideal de "boa esposa": podem perder o marido e acabar com seu casamento.

> [...] Só porque sua cama, sua escova de dentes e seu pente estão perto de você, não imagine que ele não pode abandonar esse leito, essa escova, esse pente e você. Ele pode sim. [...] E se não o faz, mas pensa que gostaria de fazê-lo, você já o perdeu para sempre [...]. (Senhorita X, "Para ser amada", *Jornal das Moças*, 03.03.1955)

A esposa nunca está segura! Deve andar na corda bamba das convenções sociais, da aceitação das regras que lhe são impostas e... do "jeitinho feminino".

Mesmo que tenha críticas ou sugestões inteligentes a fazer, a mulher deve esquecê-las ou fingir não ser a autora de tais ideias.

> [...] Não lhe dê lições; no seu trabalho [...] ele pode receber ordens [...], portanto, deixe-o tranquilo quando ele chegar em casa. Mesmo que você saiba mais do que ele, faça de conta que quer aprender, que ele é o mestre [...]. (Senhorita X, "Para ser amada", *Jornal das Moças*, 03.03.1955)

Mesmo que não seja doce, frágil, feliz com o seu cotidiano ou que tenha desejos que não correspondam às expectativas de seu marido, a mulher deve esconder suas características desagradáveis ou inadequadas, sufocar suas vontades conflitantes e fingir que tudo vai bem.

> [...] o homem que ama você faz de si uma imagem tão favorável como uma fotografia retocada. Não o prive dessas ilusões. [...] Na vida real, a princesa pode se transformar numa fada, à condição de que esta varinha mágica, que é o amor, esteja sempre nas mãos das mulheres que sabem manejá-la. (Senhorita X, "Para ser amada", *Jornal das Moças*, 03.03.1955)

A "varinha mágica" que afinal "segura" o homem pode ser a sujeição às imposições sociais que definem que o poder dominante é masculino (fazendo do marido "o chefe", "o mestre") ou a adoção de subterfúgios (manipular, seduzir ou iludir o marido sem que ele perceba). São estas as propostas de Jornal das Moças para garantir a estabilidade das relações conjugais.

Ainda que as revistas falem em nome da realização feminina, é *para o homem* que a mulher joga seus grandes e pequenos jogos, assume *performances*, monta cenas. Mesmo que o objetivo é ser por ele admirada e amada, dificilmente a esposa será reconhecida como igual, poderá demonstrar todos os seus talentos ou revelará abertamente seus desejos, queixas e pensamentos. Nesses casos, Jornal das Moças, por exemplo, não tem escrúpulos em aconselhar as mulheres, nas entrelinhas de alguns de seus textos, a representar um papel diante do marido. Nem que seja nas aparências, o poder masculino deve ter a supremacia.

Numa análise mais profunda, não é só para e pelo homem que a mulher é aconselhada a assumir *performances* condizentes com seus papéis femininos – é também em função da manutenção e reprodução das relações de gênero estabelecidas.

※

Na revista *Claudia* encontramos tanto o modelo da "boa esposa", tal qual o que vigora nas páginas de Jornal das Moças, quanto imagens femininas e propostas que representam alguma ruptura com as ideias mais conservadoras de feminilidade. Porém, sem contar os artigos de Carmen da Silva, pode-se dizer que a presença do ideal tradicional prevalece nessa publicação superando as alternativas.

Aqui, a felicidade da mulher não está única e exclusivamente ligada ao bem-estar do marido, mas o homem continua sendo ponto de referência e as esposas devem empreender grandes esforços (mesmo que trabalhem fora) para manter seu casamento e fazer o marido sentir-se bem em casa. *Claudia* também aconselha as esposas a abrir mão de desejos contrários aos do homem, moderar nas queixas e evitar discussões com o marido (se houver alguma, não pode chegar "às palavras injuriosas" que deixam "traços indeléveis").[169]

A "companheira ideal" modelo *Claudia*:

> [...] Não censura nunca o marido por atrasos, esquecimentos ou desleixos. ("Teste dos casados: o amor continua?", *Claudia*, 04.1962)

> [...] somente em casos excepcionais ela fica nervosa ou de mau humor. [...] Após uma discussão, ela é capaz de dar o primeiro passo para a reconciliação. ("Você é uma boa esposa?", *Claudia*, 12.1962)

> [...] Aconselha o marido sobre seu trabalho sem que ele perceba. ("Você é uma companheira ideal?", *Claudia*, 02.1962)

Embora não dedique tanta tinta como *Jornal das Moças* à figura da "esposa dominadora" ou da mulher cheia de caprichos, *Claudia* também critica as mulheres que querem "impor continuamente sua vontade", condenando tanto as autoritárias quanto as chorosas.

A feminilidade, nesta revista dos anos 1960, ainda comporta paciência, devoção ao marido e uma dose de ingenuidade (ao menos nos aspectos relativos ao sexo), embora o modelo da "esposa prática e ágil" seja reforçado em detrimento da figura da "esposinha pueril".

*Claudia* não defende propriamente que a mulher deva sufocar sua personalidade em função das vontades do marido – como fazem na prática vários textos de *Jornal das Moças*. Propõe, contudo, uma estratégia para garantir a harmonia conjugal que chama de "concessões recíprocas". Essa estratégia, embora seja apresentada como um acordo entre iguais, na verdade reproduz ideias tradicionais como a de que o homem precisa de (tem direito a) certas liberdades, por exemplo, a de fazer programas à noite sem levar sua mulher. Em troca, a esposa "compreensiva" deve receber dele alguma "compensação" que, entretanto, nunca é do mesmo tipo, ou seja, não se trata do direito às mesmas "liberdades" do marido, sendo apenas um *"presentinho"* que ela, ao não se queixar, faz por merecer (mas que mesmo assim não é assegurado, explica a revista, pois não é certo que a esposa faça exigências com aspecto de chantagem).[170]

Justificando as tais "concessões recíprocas" como uma forma de promover um casamento feliz, o discurso de *Claudia* coloca limites para as reivindicações da esposa. O modelo de relacionamento apresentado aqui não abala, pelo contrário, reforça as desigualdades mais amplas de gênero e os valores que possibilitam uma moral distinta para o comportamento feminino e para o masculino.

Em vários momentos, porém, apesar de considerar a esposa dependente do marido (em termos de equilíbrio emocional, afetivo e financeiro), *Claudia* demonstra que a mulher pode exercer certo poder sobre o homem com quem se casou. Um bom exemplo é o artigo intitulado "Ela governa De Gaulle" (de outubro de 1964), a respeito da influência de Mme. De Gaulle sobre o marido e a política francesa.

Não deixam de existir em *Claudia* conselhos para que as mulheres sejam sempre "doces e compreensivas" e não considerem as atenções do esposo simplesmente como uma "coisa devida", uma obrigação. Caso contrário, adverte a revista, quando termina o encanto, o marido poderá desviar suas atenções para *outras* mulheres.[171] Com opiniões como estas, *Claudia* participa da construção e da reprodução da imagem da "boa esposa" obrigatoriamente dedicada ao marido e sempre preocupada em mantê-lo satisfeito e a seu lado custe o que custar.

Entretanto, nessa mesma revista, há algum espaço para *novas propostas* como o perfil da "mulher moderna"[172] desenhado em um artigo de Helena Silveira: alguém com personalidade própria e definida, que estabelece com o parceiro uma relação, não de antagonismo ou revolucionária, mas de "respeito mútuo".

> [A mulher moderna é a que entende] haver uma reconceituação completa das relações entre os sexos [...] não foi educada para agradar o homem e sim para ser pessoa apta a enfrentar a vida, enquadrar-se na sociedade de modo construtivo [...] prepara-se, possivelmente, para o casamento, uma vez que é ele que lhe abrirá as portas da maternidade e lhe dará um lar e um companheiro. Mas não se prepara

*unicamente* para isso. Contempla-se sem o prejuízo avaliador do olhar do outro sexo. [...] Forma-se como um ser completo que irá cumprir um destino, independente da proteção do outro. (Helena Silveira, "O que fazer com o marido infiel?", *Claudia*, 11.1961)

Também há em *Claudia* a imagem da "mulher independente e atuante", a "protagonista", dos textos de Carmen da Silva. Esse tipo feminino continua com responsabilidades na construção da "felicidade conjugal", porém na definição desta felicidade, os desejos pessoais da esposa têm maior relevância: só estando contente consigo mesma é que a mulher poderá viver bem com seu companheiro.

## LIBERDADE PARA OS HOMENS

Os homens têm direito à liberdade. Para manter a "felicidade conjugal" e preservar a "harmonia no lar", a esposa não deve incomodar o marido com suspeitas sobre sua conduta. Não deve duvidar de suas explicações para os eventuais atrasos. Não pode querer controlar seus "programinhas" (que vão da pescaria ou algum outro passatempo até eventuais relacionamentos com outras mulheres, passando pelos encontros com amigos para jogar ou farrear). A mulher não deve nunca demonstrar ciúmes. Precisa saber relevar os "deslizes" masculinos e esquecer suas "aventuras" extraconjugais – melhor ainda que nem procure descobri-los.

Isso tudo faz parte das fórmulas divulgadas por *Jornal das Moças* e outras publicações femininas contemporâneas. Elas ainda advertem as leitoras: reprovar abertamente o marido por suas transgressões fará "perigar a felicidade do lar". Com essa atitude, a esposa corre o risco de perdê-lo, pois ele se aborrecerá da vida conjugal.

Mesmo quando chegam a admitir que a mulher tem motivos razoáveis para se queixar, as reprimendas, as reclamações e as discussões são desaconselhadas pelas revistas com o argumento de que elas irritam o homem. Cansado de tantas queixas, o marido passa a acreditar-se incorrigível e começa a "esconder suas faltas para enganar a esposa"[173] ou acaba reagindo com agressividade. E não seria com brigas que o marido se corrigiria: "porque os homens já sabem perfeitamente quando procedem mal" e não precisam de ninguém para dizer-lhes quando estão errados.[174] (Já as mulheres precisam? Daí tantos conselhos, censuras e advertências...)

A melhor forma de manter o casamento é atrair o marido para si com afeição e serviços, sufocando o amor próprio, as reclamações e as cobranças – assegura *Jornal das Moças*. O artigo "Não discuta sempre" (de 15 de dezembro de 1955) retrata com nitidez os conselhos recorrentes nas leituras para mulheres da era dourada.

> [...] Uma das qualidades que o homem aprecia na mulher é a espiritual, a compreensão e a estima, pois no trabalho se vê combatido, muitas vezes desorientado. A vida seria para ele um mero campo de batalha se não tivesse o consolo de que na intimidade do seu lar reconhecessem o seu mérito e seus esforços, existindo alguém que o ouve e defende. Porém, se a luta para ganhar a vida continua no lar, o amor, pouco a pouco, se transforma em aversão, ódio e pouco caso. E quem perderá com tudo isso? Na maior parte, a esposa, porque quando o homem dissimula ante a mulher a fim de evitar que esta fale sem ter razão, embora estejam fisicamente perto, estarão espiritualmente longe.

A "boa esposa" faz sacrifícios para manter o marido.

> [...] No terreno do amor conjugal, a mulher deve sempre suportar com paciência que dá o amor verdadeiro, deixando que ele [o marido] encontre no lar tudo que deseja, dando-lhe, então, motivos para que, sozinho, veja os erros cometidos fora de casa. [...] Cabe à mulher manter no homem a vontade de voltar para junto dos seus, no lugar reservado para ele, onde encontrará a felicidade esperando-o de braços abertos.

É importante preservar a liberdade do homem. Já os sentimentos que um caso extraconjugal do marido pode despertar na mulher traída (decepção, orgulho ferido, ciúmes) não são tão relevantes.

> *Mais do que orgulho*, o seu dever é mais forte [...] passe uma esponja sobre um *desvio, uma leviandade tão própria dos homens*. Caso contrário, quando ele a abandonar, acha que seu ataque de nervos, a sua crise de orgulho, secará suas lágrimas?

Ser "leviano" é praticamente um direito natural masculino. Permitir que seja exercido é algo justificável não apenas em nome da estabilidade do casamento, mas também de algo mais sublime, o amor. Além disso, uma mulher só pode realizar-se emocional e financeiramente ao lado de um marido. Assim, a dissolução do matrimônio deve ser evitada por ela a todo custo.

> [de amor] todos nós temos necessidades na vida, e, dando-o generosamente, você evitará esta solidão tão intensa [...], porque nós não fomos feitas para viver sozinhas.

Alguns artigos de *Claudia* acompanham *Jornal das Moças*: legitimam a figura do marido ciumento (com advertências para que as esposas evitem provocá-lo) e criticam a mulher ciumenta e desconfiada (que vai atrás de pistas que possam denunciar uma traição).

> [...] para que remexer nos bolsos do marido, ler suas cartas, vigiar seus passos? Não será com essas atitudes que fará "voltar" e, se o ciúme é injustificado, ele acrescentará, à amargura de ver-se acusado inocentemente, o aborrecimento de sentir-se sob controle. ("Para ler na viagem de núpcias", *Claudia*, 07.1962)

O modelo tradicional da "boa esposa" - que "jamais fica amuada e de maneira alguma aborrece a paciência do marido"[175] - também desfila pelas páginas de *Claudia*. Se a "boa esposa" desconfia da fidelidade do marido, simplesmente "redobra os carinhos e as provas de afeto" com relação a ele.[176]

Contudo, esta revista comporta outros pontos de vista com relação à infidelidade masculina e o comportamento das esposas traídas - o que reflete diferentes concepções de "felicidade conjugal" e mesmo de "realização da mulher". Em algumas delas, não há mais lugar para a moral sexual que garante total liberdade para os maridos.

A recorrência desse assunto nas publicações femininas, bem como dos conselhos para que as esposas deixem livres os homens, leva a crer que as aventuras extraconjugais masculinas não só eram práticas correntes como também esperadas. E é provável que muitas mulheres tenham agido, nestas situações, exatamente como a esposa-modelo de *Jornal das Moças*.[177]

## AFINIDADE SEXUAL?

Em *Jornal das Moças*, não há qualquer referência à afinidade sexual como algo importante no casamento. Nem mesmo o apelo sexual como forma de sedução ou a questão do desempenho aparecem mencionados. A esposa é vista antes de tudo como coadjuvante do marido no dia a dia doméstico, além de mãe de seus filhos; não se exige dela talentos de amante, apenas a fidelidade e o afeto lhe são cobrados. Enfim, a qualidade das relações sexuais de marido e mulher não é considerada no detalhado modelo de "felicidade conjugal" dessa revista.

*Claudia*, por sua vez, já trata a afinidade sexual como um fator relevante no bom relacionamento do casal. Entretanto, com uma leitura atenta de seus textos, temos a impressão de que a satisfação sexual está longe de ser a medida principal da "harmonia conjugal"; os parâmetros mais utilizados referem-se à amizade entre marido e mulher, ao companheirismo, ao carinho mútuo, à troca de gentilezas e à preservação das regras de etiqueta da convivência conjugal.

## INSATISFAÇÕES E CONFLITOS

Apesar de toda a propaganda a favor do casamento feita por *Jornal das Moças*, o próprio conteúdo da revista traz indícios de que ele não é um mar de rosas.

> ### Remédio santo
> Os dois namorados estiveram horas intermináveis sentados a um canto da sala em animada conversa. O pai dela entrou e, dando com aquela cena, exclamou com um ar patético:
> – Oh, senhores, já estou farto de vos ver sempre agarrados um ao outro, a cochichar, e beijarem-se pelos cantos. Também o que vale é que tudo isso vai acabar daqui a pouco quando casarem.
> ("Troças e traços", *Jornal das Moças*, 19.02.1953)
>
> ### Exemplos paternos
> a irmãzinha – Olhe, Jorginho, já estou cansada de brincar de papai e mamãe. Vamos fazer as pazes, antes de acabar a brincadeira.
> ("Troças e traços", *Jornal das Moças*, 09.05.1957)
>
> – Por que é que andas sempre contrariando a tua esposa?
> – Tática, meu caro. Já me convenci de que a ofensiva é a melhor defesa.
> ("Troças e traços", *Jornal das Moças*, 16.02.1956)

Os conflitos cotidianos e os casais desiludidos aparecem nas entrelinhas dos artigos, como, por exemplo, nas advertências que a revista faz contra mães que falam mal dos homens para as filhas ou nos retratos depreciativos das esposas "nervosas". Até a enorme preocupação da revista em garantir a "felicidade conjugal" pode ser interpretada como um sinal da existência concreta de muitos matrimônios infelizes. Maridos descontentes e esposas frustradas ou brigas conjugais por questões de dinheiro e ciúme aparecem na revista mais nitidamente nas (poucas) enquetes estrangeiras publicadas[178] e, com grande evidência, na seção de piadas.

esposa – Que farias tu se eu morresse?
marido – Não sei, querida, provavelmente eu enlouqueceria.
esposa – Eras capaz de casar novamente?
marido – Oh! Não! Espero não enlouquecer a tal ponto.

("Troças e traços", *Jornal das Moças*, 17.12.1956)

### Maneiras de ver

– Notei que te agrada a delicadeza com que Paulo te trata. Por que não te casas com ele?
– Por isso; porque me agrada a delicadeza com que ele me trata.

("Troças e traços", *Jornal das Moças*, 04.01.1945)

### Delegacia

– Por que o senhor quebrou sua bengala na cabeça de sua esposa?
– Sr. Comissário, eu não pensava que a bengala fosse tão fraca...

("Troças e traços", *Jornal das Moças*, 19.05.1945)

Contudo, mesmo nas piadas, a vida conjugal parece desapontar mais homens que mulheres.

O homem não conhece a verdadeira felicidade até que se casa. Então aí já é tarde demais.

("Troças e traços", *Jornal das Moças*, 12.05.1955)

esposa – Tu antes me querias mais do que agora. Quase que me devoravas aos beijos.
marido – É verdade.
esposa – E por que não o fazes agora?
marido – Porque não posso digerir-te mais.

("Troças e traços", *Jornal das Moças*, 07.03.1946)

### Profetizando

– Se eu morrer, será em vão que procurarás uma mulher como eu.
– Quem disse que eu procurarei igual?

("Troças e traços", *Jornal das Moças*, 17.03.1955)

– Então, Inês se casou? Quem foi o felizardo? João ou Antônio?
– O João. Ela se casou com o Antônio.

("Troças e traços", *Jornal das Moças*, 22.07.1954)

– Estávamos casados havia dois meses, quando meu marido morreu!
– Ainda bem! Pelo menos, ele não sofreu muito.

("Troças e traços", *Jornal das Moças*, 29.01.1953)

### Lógica

– Seu patrão está em casa?
– Não, foi viajar.
– Na certa foi divertir-se...
– Não creio, foi acompanhado pela patroa.

("Troças e traços", *Jornal das Moças*, 18.04.1957)

ela – O Helinho sempre fez questão de desposar-me, mas eu preferi você.
ele – Bem, agora compreendo por que ele me é tão gentil.

("Troças e traços", *Jornal das Moças*, 09.08.1956)

### Educando

– Você chamou sua mãe de feia?
– Chamei sim, papai.
– Está perdoado, filho. Gosto que diga a verdade.

("Troças e traços", *Jornal das Moças*, 25.09.1958)

Em uma revista em que o casamento é tratado como a fonte por excelência da autorrealização feminina e o paraíso das mulheres, a possibilidade da desilusão feminina com o matrimônio só existe como brincadeira: "Noivado é vinho, casamento é vinagre, o marido é o noivo que azedou".[179]

Já em *Claudia*, as dificuldades e as insatisfações das esposas surgem de maneira mais explícita e com maior frequência. Além das pistas decifráveis nas entrelinhas, são encontrados vários artigos (mesmo os mais conservadores) e cartas de leitoras que tratam do assunto.

Merece destaque a polêmica travada pelos textos de Luciana Peverelli – "Os homens compreendem as mulheres?" – e de Jorge Scebanenco – "O que nos irrita nas mulheres" –, publicados em maio e junho de 1962, respectivamente. O primeiro defende que a relação entre homem e mulher é marcada pela incompreensão, pois eles "não falam a mesma língua", e diz que é a mulher quem sempre acaba cedendo às vontades e opiniões masculinas, enquanto o homem não faz nenhum esforço no sentido de promover a compreensão mútua, já que acredita ter "muitas mulheres à sua disposição". O segundo contra-ataca enumerando as incoerências, limitações e defeitos das mulheres que as tornam incompreensíveis aos olhos dos homens.

Luciana Peverelli aponta o que chama de especificidades da "alma feminina" sem criticá-las ou desvalorizá-las quando se incompatibilizam com os desejos masculinos. Chega a mencionar as disparidades entre o grau de liberdade sexual permitida às mulheres e o que cabe aos homens, constatando que existe certa aquiescência feminina, dócil e ingênua e em favor das aparências, na busca pela "perfeita harmonia".

Jorge Scebanenco se contrapõe abominando a obsessão por afeto e o exclusivismo infantil por parte das mulheres. Ele atribui a esses "sentimentos de posse" uma das razões para o fato de os homens procurarem "divertimentos ilícitos" fora de casa.

Para a autora, o homem dá muito mais importância para o sexo do que a mulher; esta valoriza acima de tudo a afeição espiritual. Na "união física", a esposa deseja do marido demonstrações de ternura, longas e poéticas preliminares e, depois, gratidão – sem isso, sente-se desgostosa e humilhada. A mocinha apaixonada "cede" ao rapaz como prova de amor e acaba desiludida, enquanto o namorado acredita ter-lhe dado uma grande satisfação.

> Pondo-se de parte uma pequena porção de mulheres sensualíssimas, as outras amam com o espírito mais que com os sentidos [...] em geral, acima do bonitão, a mulher ama o homem fraco, que necessita dela e sobre o qual pode derramar seu instinto maternal!

É fácil reconhecer em suas palavras estereótipos consagrados: a mulher passiva, submissa, afetiva e maternal; o homem ativo, viril e sensual. Ainda assim, Luciana Peverelli escapa ao lugar-comum quando afirma que: o homem desejoso de sexo pensa estar agradando a mulher (e não só sendo instintivo ou egoísta); as moças mantêm relações sexuais com seus namorados por amor (e não por leviandade, rebeldia ou ingenuidade); as esposas têm expectativas quanto ao ato sexual (a própria constatação do interesse feminino nesse campo, embora sugira que as mulheres prefiram o "antes" e o "depois" ao ato em si, já constitui uma novidade diante das revistas femininas da década passada).

Essa autora trata da infidelidade masculina como um fato corriqueiro. Não usa expressões fortes como "traição" ou "adultério", e sim a mais leve "aventuras". Porém não deixa de protestar, mais como queixa que como revolta, diante dessa "poligamia masculina" impune e do desprezo que os homens demonstram com relação aos ciúmes – aqui, sofrimentos sinceros – das mulheres.

Por fim, lamenta a indiferença com que os homens tratam a sensibilidade, a vaidade e as aspirações de suas esposas.

> Para amá-la, [o homem] necessita que [sua mulher] esteja inteiramente de bom humor, contente, inteiramente feliz. É necessário que o faça rir, mesmo quando não tem vontade [...], que seja espirituosa, mesmo quando tem dor de cabeça, sempre pronta a aceitar tudo, incapaz de ter mau humor: dócil, graciosíssima ao seu serviço. [...] Toda a compreensão que se terá de sua parte [do homem] será uma

irritada impaciência ou então um febril interrogatório. Na maior parte dos casos, porém, aquele homem dirá: "Como é cacete" [...]. Contudo, vocês terão de compreender o mau humor dele, seus silêncios, suas raivas, suas preocupações. Ele é um homem, naturalmente, e tem tantas disputas, tanta luta, tantas dificuldades.[...] Alguma vez vocês encontraram um homem – [...] que não seja um estranho ou simplesmente um amigo indiferente – que compreendesse suas aspirações, *quando essas aspirações fogem ao âmbito de uma vida tranquila e comum?*

Há nesse artigo sinais nítidos de mudança nas formas de encarar o relacionamento conjugal. Ainda que o texto não traga qualquer proposta nova, apresenta como legítimas insatisfações femininas que antes eram diminuídas ou ridicularizadas, ressaltando as desigualdades entre as expectativas diferenciadas para homens e mulheres no casamento e sugerindo que um marido que apenas cumpre deveres é insuficiente para fazer sua esposa feliz.

O jornalista Jorge Scebanenco reage desvitimizando as mulheres e enumerando todos os sacrifícios que um homem pode fazer pela namorada ou esposa e que, em geral, não são reconhecidos por elas: trabalhar, endividar-se, renunciar aos amigos e à liberdade, brigar para defender sua mulher diante dos molestadores, suportar a comida malfeita e o descaso da esposa para com os botões de suas camisas. Enfim, "sacrifícios" possíveis e alguns, de certa forma, esperados em um relacionamento ainda nos moldes tradicionais, em que a contrapartida feminina é o modelo da "boa esposa".

A infidelidade masculina não é tão séria quanto a feminina, sugere o autor. Pois o homem não se envolve romanticamente com uma garota atraente, não pensa em torná-la sua esposa ou mãe de seus filhos, "seu interesse é inteiramente epidérmico e pertence à esfera menos nobre da personalidade", um simples divertimento. Já a mulher é capaz de impressionar-se por outros homens, mesmo amando seu marido ou noivo, deixando-se levar facilmente pelas fantasias mais românticas, em especial quando se sente carente e incompreendida.

Esses sentimentos se dão, ainda segundo Scebanenco, porque a mulher "perturba-se facilmente", é "demasiado exclusivista" (quer que o marido se dedique só a ela e esqueça os amigos) e é "obcecada pela necessidade de afeto" (esquece a dedicação do homem ao lar e ao trabalho e exige dele provas de carinho nos lugares e momentos mais inoportunos). Quando o homem ignora esses "sentimentalismos infantis", o faz como uma reação legítima – a culpa, afinal, é da própria mulher.

O autor ridiculariza as necessidades femininas ("bobagens", "sentimentos de posse", "nervos de mulher", demasiada carência afetiva) e apresenta os homens como pessoas responsáveis e ocupadas com coisas sérias enquanto as mulheres frequentemente os incomodam com besteiras.

O texto não menciona as exigências de exclusividade sexual que os homens fazem com relação às mulheres, inclusive antes do casamento, e a contrapartida masculina desigual nesse aspecto. Também esquece todo um esquema montado de conselhos e advertências que ensina as mulheres a manter as aparências, usar o "jeitinho feminino" e evitar conflitos quando critica a capacidade feminina de "negar evidências para se defender, porque tem medo da reação do homem se disserem a verdade, ou porque dizer a verdade significa ferir sua dignidade ou pudor".

Jorge Scebanenco também critica as mulheres por serem "ávidas de sucesso social", especialmente as muitas que procuram valer-se do noivo ou do marido para subir na vida, aborrecendo-o com suas exigências econômicas e comparações humilhantes, mas não lembra os obstáculos sociais para a independência financeira e participação feminina no mercado de trabalho.

Reconhece que, muitas vezes, os homens podem ser "rudes e insensíveis", mas ressalta que há facetas femininas "exasperantes". Termina por reforçar a necessidade de as mulheres darem "mostras de feminilidade". E elogia o tipo de esposas que "valem realmente aos olhos *dos homens* e fazem a *sua* felicidade": aquelas que demonstram "ternura", "sensibilidade apaixonada", "o fervor ingênuo e delicioso de sua juventude, ou o terno e sábio afeto de sua maturidade".

São frequentes em *Claudia* artigos e entrevistas que, como esse, trazem opiniões masculinas sobre as mulheres, colocando o homem como juiz do comportamento e dos sentimentos femininos.

Ao publicar "visões femininas" e "masculinas" sobre o assunto das insatisfações no relacionamento, *Claudia* mantém sua aparente neutralidade, mesmo que contraponha um artigo quase que meramente queixoso e melancólico como o de Luciana Peverelli aos argumentos debochados e autoritários de Jorge Scebanenco.

Esposas infelizes costumam escrever para a revista pedindo conselhos ou simplesmente como um desabafo para suas angústias. Várias das respostas dadas, porém, não reconhecem como legítimas as insatisfações e aspirações dessas mulheres; procuram desqualificá-las em função da "estabilidade familiar".

> [...] ele não tem culpa. Se você pudesse acusá-lo de alguma falha, haveria pelo menos uma justificativa psicológica para sua atitude de tédio. Mas sendo ele um marido sincero, bom pai, educado, você não tem razão de "sentir-se cansada" [com o seu relacionamento conjugal] [...]. ("Claudia responde", *Claudia*, 01.1962)

> [...] Mulher romântica, esteja com os pés no chão! [...] Se você deseja constantes manifestações de carinho, pode surgir em seu lar uma atmosfera artificial e uma situação um tanto forçada e ridícula. E o casamento é uma coisa séria! ("Claudia responde", *Claudia*, 03.1962)

> [...] Pense bem. Além de seus interesses pessoais, por mais sérios que sejam, existem dois filhos, que muito sofreriam com a dissolução da sociedade conjugal. Pense neles. ("Direito, mulher e lei", *Claudia*, 07.1964)

Os argumentos variam e alguns são semelhantes aos de *Jornal das Moças*: se o marido cumpre suas funções, a esposa não tem do que reclamar; a mulher tem uma tendência a ser demasiadamente romântica; a mãe de família deve sempre colocar o casamento e os filhos em primeiro lugar...

※

Num evidente contraste com o modo como a revista *Claudia*, em geral, trata das insatisfações e dos conflitos no casamento, o artigo "Uma pequena rainha triste", de Carmen da Silva (de janeiro de 1963), traz uma visão distinta da condição feminina e faz outras propostas de vida para as mulheres.

A sociedade outorga à mulher que é esposa e mãe o título de "rainha do lar", mas essa rainha é infeliz, embora não o confesse nem a si própria – assim, a autora inicia um de seus textos mais polêmicos em toda a história de *Claudia*. Em seguida, desnaturaliza e remete às determinações sociais o "domínio" da mulher circunscrito ao espaço doméstico; bombardeia o ideal tradicional de felicidade e as aspirações de vida comumente atribuídas ao feminino; convida à reflexão a partir de novas ideias (e não mais das normas sociais arraigadas ou do "senso comum"); destrincha o cotidiano "insatisfatório" da dona de casa de classe média.

> A rainha do lar queixa-se constantemente das crianças, das empregadas, da modista, da falta de tempo, da monotonia ou da multiplicidade de suas tarefas. Transforma em tragédia os miúdos inconvenientes da vida diária [...]. Combate com desesperada sanha cada ruguinha incipiente [...]. Suas distrações têm um matiz de intensidade compulsiva: tornam-se outros tantos deveres a cumprir. Ou então renuncia totalmente a distrair-se [...] e assim vai se fechando cada vez mais entre suas quatro paredes.

As insatisfações das "rainhas do lar" podem variar de acordo com as diferenças de nível econômico. Mas sempre estão presentes. Particularmente as de classe média apresentam uma série de doenças, malestares e nervosismos. Elas também adotam uma atitude conservadora diante do mundo e são avessas a qualquer novidade ou expressão original. E, finalmente, tendem a idealizar o destino que deveriam ter tido e a sentir amargura por suas "grandes realizações" frustradas. E, no entanto – escreve Carmen da Silva –, essas mulheres se declaram "fe-li-cís-si-mas, graças a Deus", e afirmam que "a maior glória da mulher é reinar num lar".

Com uma linguagem coloquial, mas sem muitas concessões em nível intelectual, Carmen da Silva tenta demonstrar o que chama de "inconsistência" entre dizer-se feliz sem sê-lo na realidade. Afirma apoiar-se na Psicologia e em trabalhos de Betty Friedman e Margaret Mead para explicar que "incapacidade, dependência e puerilidade" não são características inerentes ao sexo feminino e sim sinais de imaturidade. E conclui que seria melhor para todos que as mulheres fossem mais maduras e independentes. Para as mulheres, porque, ao abraçarem a "mística feminina", no fundo sentem-se insatisfeitas. Para os homens, porque poderiam relacionar-se melhor com mulheres realmente adultas.

> E se os homens gostam delas *apesar* de sua imaturidade, não as amariam e respeitariam mais se elas fossem realmente adultas? Não é verdade que, embora gostando delas, os homens as enganam com assombrosa frequência e leviandade? Não é verdade que nas reuniões os homens procuram outros homens para conversar em nível adulto? Não é verdade que a maioria das donas de casa não tem com seus maridos uma autêntica e profunda comunicação de pessoa a pessoa, além dos acanhados limites do miúdo acontecer cotidiano?

A autora explica que o "processo de crescimento" corresponde ao fortalecimento dos impulsos positivos de ser livre, responsável, ativo, maduro. Se a mulher é *apenas* dona de casa e mãe de família, depende exclusivamente de seu marido e de seus filhos num grau muito acima da "interdependência afetiva normal". A vida dessa mulher é vivida totalmente em função *deles*. Os cuidados com os filhos não vão muito além do nível biológico (alimentação, saúde etc.) se a mãe não é capaz de educá-los para serem independentes e procurarem a realização pessoal.

> [...] ninguém pode dar o que não tem. Se a mãe depende dos filhos, não lhes pode ensinar a serem independentes [...]. Vivendo por delegação, não lhes saberá ensinar a viverem por si mesmos. Essa mãe, quando muito, *disciplina* seus filhos, transmite-lhes normas de conduta e adaptação ao ambiente imediato [...]. Dificilmente seus filhos lhe confiam suas dúvidas e problemas, eles preferem abrir-se com pessoas que tenham uma visão mais ampla.

Com o marido, o relacionamento também é insatisfatório; o vínculo que se estabelece de baixo para cima é de dependência, não de afeto e afinidade. A esposa é mero reflexo do homem com quem se casou; o perfeito funcionamento de seu lar é sua única justificativa diante do mundo e do marido. Contudo, o problema mais grave desse relacionamento marcado pelas "convenções e preconceitos que rodeiam a figura da rainha do lar" é o *sexo* – diagnostica Carmen da Silva. A mãe de família não permite "certas coisas", mantendo uma estrita conduta sexual, o que faz com que, no relacionamento conjugal, a espontaneidade, a subjetividade e a criatividade não tenham muito espaço.

Concluindo que a "rainha do lar" é, na verdade, uma escrava, Carmen da Silva combate o ideal da felicidade doméstica com base nas atribuições femininas tradicionais. Não se restringe, entretanto, à análise crítica. Propõe um caminho a seguir: a mulher deve abrir-se ao mundo e abraçar outras possibilidades de autorrealização. Estas se encontram na profissionalização, no exercício de uma atividade mais ampla que permita à mulher sentir-se comprometida com o mundo, abraçar responsabilidades, enfrentar a competição, os desafios e as derrotas, afirmar-se nos próprios êxitos e desenvolver seus talentos pessoais. Com isso, as mulheres podem criar uma relação de verdadeira complementaridade e harmonia com os seus e podem sentir-se alguém para além dos limites da vida de dona de casa. E isso lhes trará ainda outras vantagens pessoais:

> As mulheres que se sentem alguém não temem as rugas nem as sirigaitas. Sabem que cada pessoa possui algo absolutamente seu, inimitável, intransferível; têm razão de supor que foram escolhidas e amadas por causa desse algo que os anos não roubam, que as outras mulheres, ainda que mais belas, não põem em perigo. Sua personalidade, sua identidade, está nelas, não no marido, nos filhos, na casa.

Carmen da Silva é bastante didática, mas não fornece modelos acabados. Defende a reflexão e o autoconhecimento. Enfatiza o desenvolvimento das capacidades pessoais, para ir além das atribuições tradicionais ligadas à diferença sexual. Entretanto, em sua ânsia de injetar força de vontade e coragem otimista nas leitoras, a autora chega a minimizar o peso das determinações sociais e obstáculos que dificultam, nessa época, o rompimento dos limites tradicionais de gênero. Ela coloca sobre as mulheres praticamente toda a responsabilidade por seu conformismo e inércia.

Ao refutar a tese de que "os homens fogem das mulheres independentes", Carmen da Silva tranquiliza os leitores e afirma que a independência feminina só assusta quando é agressiva e masculinizante, mas esta não seria uma independência genuína e, sim, mais um sinal de imaturidade.

> [Pois] o pleno desenvolvimento da pessoa traz, como de quebra, uma feminilidade (ou masculinidade, conforme o caso) tão franca e indubitável, tão total e harmoniosa, que pode prescindir do apoio de elementos externos, artifícios de aparência e de conduta, de normas pré-fabricadas.

A feminilidade, portanto, não está em questão. A novidade aqui é a defesa de um ideal de mulher casada liberta da condição "rainha-escrava" e atuante num mundo mais amplo que o dos afazeres domésticos.

Após a publicação desse artigo, a expressão "rainha-triste" é repetida em outros textos da seção "A arte de ser mulher" e passa a ser usada por várias leitoras que têm suas cartas publicadas na revista. Carmen da Silva começa, então, a responder pessoalmente nas páginas de *Claudia* alguns dos comentários feitos sobre seus artigos mais polêmicos. No caso de "Uma pequena rainha triste", há tanto reações contrárias quanto favoráveis que se estendem, no mínimo, aos cinco primeiros meses do ano seguinte.[180] Diante das críticas e das afirmações de que "a missão de dona de casa pode ser alegre e frutífera", pois "ela é a alma da família",[181] Carmen reafirma seus argumentos. Diante das manifestações de concordância, Carmen avança em seu "trabalho de conscientização" (como ela própria definiria mais tarde):

> [...] Cada membro do casal tem seu próprio plano de realizações, e o que dá satisfações autênticas não é competir, colocar-se à altura do outro, mas sim fazer algo com entusiasmo e responsabilidade [...]. O acertado é manter a curiosidade alerta, exercitar a mente e ampliar o campo de interesses até que o acaso lhe revele [...] qual é sua verdadeira vocação [...]. (Carmen da Silva, "Claudia responde", *Claudia*, 05.1964)

O tema das insatisfações da dona de casa é retomado em "O complexo da idade" (novembro de 1964), texto em que Carmen da Silva trata do problema das mulheres "extremamente apegadas à juventude" e angustiadas com os sinais da idade como um "complexo" comum entre as mulheres que "se limitaram às tarefas de dona de casa" e "nunca levaram adiante nenhum tipo de realização individual". A angústia, portanto, não teria raízes concretas nos desgastes físicos proporcionados pela passagem do tempo, mas sim na *falta de realização* pessoal.

Carmen da Silva incentiva as mulheres a não mais deixarem sua vida transcorrer ao sabor das decisões alheias e sim a tomar para si os rumos do próprio destino – uma proposta inteiramente nova em termos de revistas femininas e que se contrapõe ao veiculado e defendido até então.

"O complexo da idade" não se dirige apenas às leitoras jovens. Ao falar às mais velhas (inclusive as que experimentam a menopausa), o artigo aconselha que iniciem "*hoje mesmo* um novo estilo de vida", "talhado, precisamente, à medida das condições que só nos anos maduros se dão em plenitude", conclamando *todas* as mulheres a "assumir um lugar no mundo, criar-se responsabilidades amplas".

Nos textos de Carmen da Silva, a "felicidade da mulher" não se confunde mais com a "felicidade do lar". Seu ideal de "harmonia conjugal" inclui aspectos ligados a sexo e é apresentado como mais completo e verdadeiro, pois abarca a necessidade de realização pessoal da mulher, vista agora como alguém que é mais do que meramente esposa e mãe.

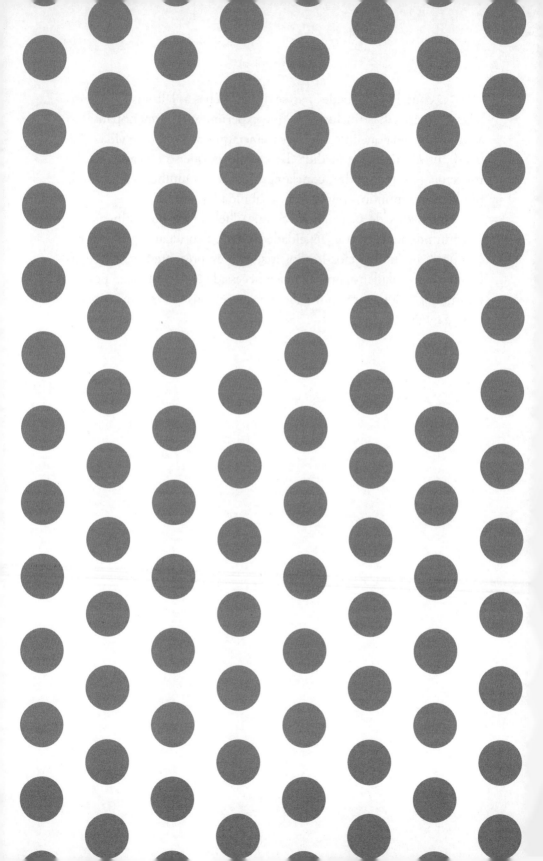

# Poderes femininos

As *mulheres são poderosas!* – as revistas femininas fazem questão de enfatizar.
Não há nada de frágil no retrato que *Jornal das Moças* faz da mulher, porém, ao comentar as várias formas de as mulheres exercerem poder, faz distinções entre as que poderíamos chamar de positivas e negativas.

A mulher "dominadora" ou a "caprichosa", que consegue o que quer à custa do sossego dos homens ou da reversão da hierarquia familiar tradicional, é duramente criticada. Exerce, pois, formas negativas do poder feminino.

As representações positivas desse poder, por sua vez, referem-se às capacidades de administrar o lar, de manobrar o marido, de empregar o "jeitinho feminino", de atuar "nos bastidores" – formas que, num contexto mais amplo, demonstram a enorme força da mulher, e a superioridade feminina, no casamento e na sociedade.

> [...] o fundamento da prosperidade doméstica é a mulher, que indica, com a luz do seu olhar, o caminho do amor e da felicidade àqueles que a rodeiam. (*Jornal das Moças*, 06.09.1945)

Há muitos exemplos em *Jornal das Moças* de imagens femininas poderosas elogiadas e reforçadas. Eles estão ligados às figuras da esposa e da mãe – a fada, a santa e a rainha do lar – e correspondem a um poder (nem sempre evidente) sobre a felicidade da família, o bom andamento doméstico e o potencial de sucesso do marido.

> A puerilidade infantil, peculiar a certas mulheres, é, sem embargo, uma das forças mais intensas que possui uma mulher para fazer de seu companheiro um lutador. (*Jornal das Moças*, 22.03.1945)

Da mesma forma que alguns artigos da revista afirmam explicitamente que "o marido é o mestre", o "chefe", outros revelam serem as mulheres quem realmente detêm o poder na sociedade, lidam com as coisas que realmente importam e são o sexo forte fingindo-se de frágil para obter privilégios como contas pagas, proteção e deferências. Nesse caso, a preponderância masculina é vista como uma fantasia da vaidade dos homens alimentada também pelas mulheres para evitar atritos e discussões.

> [...] Ah! Se nós pudéssemos dizer o que pensamos dos homens... em primeiro lugar eles não seriam tão convencidos; e em segundo fariam nossa vida quase impossível. Isso porque os homens não são felizes senão pensando que são os donos do mundo. E disso nasce sua tendência para proteger as mulheres; atitude esta que as mulheres usufruem e se deixam proteger...

> Sem a debilidade de se acreditarem fortes e por isso mesmo obrigados a amparar os mais fracos, será que os maridos pagariam as contas de suas mulheres [...]. Mentiriam a fim de não afligir as mulheres com suas infidelidades?
> A vaidade faz com que os homens pensem que tudo o que eles fazem é importante. Para evitar atritos [...] as mulheres deixam que eles pensem como queiram [...]. (Glycia Galvão, "Bazar Feminino" – "Como as mulheres veem os homens", *Jornal das Moças*, 05.05.1955)

Outra ideia bastante frequente nessa revista é a da complementaridade dos sexos: o "chefe da casa" e a "rainha do lar"; o homem e a mulher lado a lado, não apesar, mas por causa das suas "diferenças naturais": "as mulheres não podem passar sem os homens e vice-versa", "ambos se completam".

Mesmo nesse esquema, as mulheres são mostradas como detentoras de grande influência sobre os homens, especialmente quando lançam mão do afeto.

> [...] Foram as mulheres que deram vida aos homens [...]. É por isso que os homens estão sempre sob a influência de uma mulher. Passam da influência da mãe para a da professora, da noiva para a esposa. [...] Felizmente para nós os homens jamais se dão conta disso e vivem em perpétua dívida de amor para com as mulheres e a melhor maneira de se conviver com eles é corresponder ao generoso perdão que nos concedem e continuarmos amando os homens como a nós mesmas. (Glycia Galvão, "Bazar Feminino" – "Como as mulheres veem os homens", *Jornal das Moças*, 05.05.1955)

Essas ideias podem levar à conclusão de que, se a relação entre homens e mulheres é definida pela complementaridade, não é preciso questioná-la ou promover mudanças. A harmonia já está garantida.

Em praticamente todos os textos de *Claudia* (com exceção dos artigos de Carmen da Silva), as representações do poder feminino seguem os mesmos parâmetros das de *Jornal das Moças*.

É certo que *Claudia* aconselha e favorece a ampliação do diálogo entre o casal, mas o recurso do "jeitinho feminino" ainda é constantemente invocado aparentemente a favor das mulheres.

Doçura, sensibilidade e alguma ingenuidade (ao menos nos aspectos relativos a sexo) continuam requisitos importantes para as esposas legítimas e as mães "de família".

A ideia de que a mulher tem dons especiais capazes de proporcionar a felicidade do marido e dos filhos também prevalece.

A imagem feminina da dona de casa como "rainha do lar" com grande força "nos bastidores" está presente em diversos textos de *Claudia*, assim como na mentalidade de muitos de seus leitores e leitoras (pelo que podemos perceber nas cartas publicadas).

As atuações distintas de marido e mulher nos moldes tradicionais de divisão entre o "mundo do trabalho", domínio masculino, e o "mundo doméstico", domínio feminino, também são retratadas em várias passagens de *Claudia* como expressão de uma relação de complementaridade.

O afeto e o respeito continuam sendo os vínculos mais importantes no relacionamento de marido e mulher. Mas a dependência da esposa que não trabalha fora em relação a seu marido é vista nos artigos de Carmen da Silva, nas cartas de algumas leitoras e no depoimento de certas jovens entrevistadas como altamente indesejável.

A "mística" criada em torno da figura da "rainha do lar" é criticada por Carmen da Silva, especialmente no que diz respeito às possibilidades femininas de autonomia, do bem viver e da "verdadeira harmonia conjugal". Em outras palavras, seus artigos abordam – como comenta a própria autora – o lado psicossociológico da vida feminina e do relacionamento entre homens e mulheres.

A questão do poder ou da divisão de poderes nas relações conjugais, apesar de mencionada em um ou outro ponto, não é uma preocupação central da autora. O "problema da dependência" da dona de casa em relação ao marido é tratado mais em seus aspectos psicológicos e soluções individuais, ainda que esses aspectos tenham como base representações e práticas sociais.

A ideia da "complementaridade de poderes" do casal também está presente nos textos de Carmen da Silva, mas tal equivalência só é considerada possível quando marido e mulher "compartilham de experiências comuns na vida social".

O "jeitinho feminino" – empregado para iludir o homem e reforçar seu ego, evitar discussões, conquistar a confiança masculina, ganhar "presentinhos", "manobrar" o companheiro – é abominado por Carmen da Silva como uma "conduta indigna e lesiva ao autoapreço feminino". Esse recurso – avalia – coloca a mulher "à disposição do outro" ao mesmo tempo que "reduz o vínculo do casamento às artimanhas e à falsidade, ao silêncio e à falta de uma real comunicação entre homem e mulher".[182] Nessa época, porém, Carmen da Silva é uma voz isolada contra os artifícios femininos.

Desentendimentos e queixas mútuas que surgem no relacionamento entre sogras e noras são temas frequentes nas publicações femininas.

**Franqueza**
– Diga a verdade sobre o estado de saúde da minha sogra.
– Lamento profundamente, mas sua sogra já não corre perigo.
("Troças e traços", *Jornal das Moças*, 29.03.1956)

> **Álbum de família**
> – Quem é esse magricela, mamãe?
> – Seu pai que era alimentado pela grande cozinheira que era sua avó.
> ("Troças e traços", *Jornal das Moças*, 09.02.1956)

*Jornal das Moças*, na maioria das vezes, toma partido das noras, que, na qualidade de esposas, são vistas como as verdadeiras donas da casa, a menos que não cumpram bem esta função e descontentem o marido-chefe do lar. Como causas para os choques entre sogras e noras, capazes de "tomar aspectos francamente dramáticos", a revista aponta: a "excessiva sensibilidade e o nervosismo feminino" (um motivo biológico) ou a disputa por poder no lar, que é, "antes que nada, domínio da mulher"[183] (um conflito territorial).

*Claudia* está de acordo: nora e sogra brigam para ser *a* dona da casa, o que é "precisamente a ambição de toda mulher". A coabitação de ambas é desaconselhável, sobretudo quando a habitação pertence à sogra, pois a nora "nunca poderia atuar como a dona da casa", e "o medo de ser julgada em tudo que faz anularia sua espontaneidade". Uma não deve interferir nas atribuições da outra – defende *Claudia* –, mas é certo que um homem casado deve "ser atendido" por sua esposa e não mais por sua mãe. Além disso, cabem à esposa os direitos de estabelecer o horário do jantar, escolher a empregada, controlar os gastos da feira, receber os convidados.[184]

Deixando de lado explicações deterministas, o que pode ocorrer entre noras e sogras é um conflito de poderes femininos dentro do mundo doméstico, considerado na época um espaço feminino por excelência.

As rixas entre genros e sogras, especialmente quando os dois se encontram com frequência, adquirem aspectos um tanto distintos. A presença da sogra ao lado de sua filha em uma situação de conflito de interesses entre marido e mulher pode fazer pender a balança a favor da esposa, minando a força do poder masculino dentro do lar.

> No auge da discussão diz a esposa ao marido:
> – Já que você me trata assim, vou para a casa da mamãe...
> – Que maravilha! – explode de felicidade o marido – Vá mesmo!
> – ... e peço para ela vir morar conosco.
>
> ("Troças e traços", *Jornal das Moças*, 10.09.1959)

Piadas com sogras – temidas ou detestadas por seus genros – são muito comuns nas páginas de *Jornal das Moças*, revelando implicitamente a existência de figuras femininas com poder (ainda que seja o de infernizar os homens ou de comprometer a hierarquia familiar estabelecida com base nas diferenças de gênero).

> **Temor**
> – Disseram-me que vais te casar.
> – É verdade, mas estou com muito medo do passo que vou dar.
> – Por quê? Tu não dizes que tua noiva é uma pérola?
> – Isso é exato, mas o que eu temo é a madrepérola.
>
> ("Troças e traços", *Jornal das Moças*, 23.06.1945)
>
> **Meio de cura**
> – Quem te curou do vício de beber?
> – Minha sogra!
> – Como assim?
> – É que eu bebia, via duas sogras em vez de uma.
>
> ("Troças e traços", *Jornal das Moças*, 16.12.1958)

> **Defendendo-se**
> – Por que andas sempre com essa gravata horrível?
> – Para defender-me.
> – Como assim?
> – É que minha sogra jurou que não me visitaria enquanto eu a usasse...
> ("Troças e traços", *Jornal das Moças*, 12.05.1955)

# INTERPRETAÇÕES

As relações de poder envolvidas nos casamentos de fins dos anos 1940 até a primeira metade dos anos 1960, em termos genéricos e tomando por base o que nos dizem as revistas, podem ser interpretadas de duas maneiras distintas:

1. O poder está nas mãos dos homens. A relação entre homens e mulheres é uma relação de dominação e subordinação, e o chamado "poder feminino" não passa de uma ilusão que não faz mais que perpetuar a hegemonia masculina.
2. As mulheres não detêm o poder, mas exercem poderes; são capazes de artimanhas e manobras para fazer valer seus interesses frente aos homens e, além disso, possuem o controle do espaço doméstico, seu verdadeiro domínio.

E para delimitar melhor o assunto, vamos nos deter nos dois pontos que podem concentrar as controvérsias: o emprego do "jeitinho feminino" e o papel de "rainha do lar".

A primeira interpretação segue os moldes das críticas feministas mais comuns nos anos 1970, dos trabalhos que estudam as ideologias e/ou a condição feminina privilegiando o aspecto da manipulação e da subordinação das mulheres. Dentro dessa linha de raciocínio, estão as maiores censuras às revistas femininas que aconselham suas leitoras com dicas de como manipular o marido e que valorizam, ingênua ou ideologicamente, o "poder nos bastidores" das donas de casa. Nessa concepção, o "jeitinho feminino" é um falso poder destinado a manter a submissão feminina dentro das relações homem-mulher que conferem supremacia ao masculino, pois, na verdade, quem toma as decisões finais e importantes são os homens. Eles determinam o regime alimentar da família, as mulheres, o cardápio do almoço. Os homens resolvem se os filhos estudarão em um colégio laico ou religioso, suas esposas irão às reuniões com as professoras e às festinhas escolares. Os maridos apresentam as opções de férias, as mulheres podem escolher dentre elas... e cuidar da arrumação das malas. Além disso, é em função dos interesses masculinos que são definidos os limites sociais (a moral dominante, as leis do país, o projeto e a dinâmica familiar).

Nas situações em que a mulher precisa usar o "jeitinho feminino" para lidar com o homem, ocorre simplesmente a confirmação da hegemonia do poder masculino: o homem é o ponto de referência; a mulher se coloca, antes de tudo, diante de sua relação com ele, na dependência de sua boa vontade. É diante de e para o homem que a mulher interpreta seu jogo de feminilidade. E, portanto, não há uma relação direta entre iguais. As receitas para cativar o marido ou manobrá-lo sem que ele se dê conta (pois se essa habilidade oculta for revelada, perde sua força) são apenas formas de compensação ilusórias dada às mulheres por sua condição submissa de fato. Cabe às esposas decifrar os desejos do homem para agradá-lo e montar encenações para convencê-lo de algo em troca de uma (sempre frágil) segurança afetiva e econômica. O "jeitinho feminino" é apenas um recurso *concedido* às mulheres para reduzir ou escamotear conflitos e tensões nas relações com os homens, uma mera adaptação do indivíduo às estruturas e não uma ameaça real às relações de poder estabelecidas e hegemônicas.

Ainda seguindo essa linha de interpretação, a dona de casa não tem sequer poderes significativos nos bastidores domésticos. Como afirma Anne-Marie Dardigna, em seu estudo sobre a imprensa feminina, "o matriarcado da sombra não é mais do que a política do macho; o patriarcado onipresente"; a mulher dominada é persuadida de que é dominante, apesar de viver em um mundo restrito e sem maior importância, um mundo em que as obrigações domésticas são dissimuladas e transformadas em manifestações de afeto.[185] Assim, as mulheres deixam de reivindicar mais poder na sociedade. As esposas que cuidam da administração do lar exercem, na verdade, um papel de coadjuvantes do marido. A vida da dona de casa de classe média é uma vida "na sombra", "vivida por procuração", medíocre, sem criatividade, incapaz de grandes realizações.[186] A ideia de que a mulher é a "rainha do lar" contribui para manter o "mundo feminino separado do masculino pela mesma distância que separa o assessório do essencial".[187] A verdadeira autoridade na família, especialmente no que diz respeito às questões financeiras, é o homem, o provedor do lar. E a cada vez que a dona de casa quer ter acesso a um dinheiro, que só lhe pertence indiretamente, para fazer frente às despesas da casa ou pessoais, precisa dar satisfações e submeter-se ao humor e à condescendência do esposo. Assim, se mantém e se reproduz o sentido de dominação/subordinação nas relações homem-mulher.

A segunda maneira de interpretar se opõe à primeira em muitos pontos. Ela está ligada a um modo de pensar mais característico dos anos 1980, quando as atenções dos pesquisadores se voltam para o cotidiano e eles preferem falar de poderes femininos, no plural. A parcialidade de muitas leis e costumes e da moral a favor dos homens não é negada. Entretanto, nessa perspectiva, os poderes femininos têm bastante peso no jogo de poderes definido a cada momento do desenrolar das relações cotidianas. Por essa visão, a dona de casa, ao administrar o lar, exerce sim um controle do espaço doméstico. Este controle e as possibilidades ampliadas pelo "jeitinho feminino" são algumas das principais formas de expressão dos poderes femininos exercidos de fato. Os "poderes nos bastidores" são, portanto, poderes reais, e as "rainhas do lar" fazem valer o seu título.

A partir daqui, essa linha interpretativa pode explorar vários caminhos:

1. Caracterizar os truques utilizados pelas mulheres como uma forma de resistência à submissão que lhes é imposta ou como um espaço alternativo *conquistado*, admitindo que as mulheres são capazes, inclusive, de manipular estrategicamente a seu favor papéis e comportamentos que seriam subalternos; elas não são sujeitos passivos e destituídos de qualquer margem de manobra, apesar dos limites impostos.
2. Descartar a oposição dominante/dominado e assumir que as relações de poder em um casal se realizam também em termos de complementaridade e solidariedade em função dos projetos familiares e dos interesses de classe, embora existam formas específicas (masculina e feminina) de ação.[188] Isso não significa a negação total dos conflitos e assimetrias que existem nas relações homem-mulher; entretanto, o olhar do analista se desloca para a convivência e a interdependência de marido e esposa, uma certa "troca de favores" entre os cônjuges, ao assumirem atribuições diferentes na vida familiar, e até uma forma diferenciada, mas equilibrada, de manifestar afeto um pelo outro.

Seguindo mais livremente as análises sugeridas, vemos que desempenhar os papéis de esposa, mãe e dona de casa conforme as expectativas permite às mulheres um espaço de manobra e força dentro da própria hierarquia de poderes estabelecida, a princípio, em favor dos homens. Essa *performance* feminina garante o exercício de um poder através do qual as mulheres obtêm favores, controlam as circunstâncias, são alvos de deferências, manipulam o marido – sem que esta situação se explicite – somente desempenhando "sua" fragilidade, feminilidade ou inferioridade.

A administração do lar em questões de economia doméstica e nas "espirituais" (educação religiosa e moral dos filhos, criação e manutenção do aconchego da casa e de redes de solidariedade com outras famílias, vizinhos e amigos) é fundamental na dinâmica das famílias de classe média. Essa dinâmica envolve tanto a reprodução cotidiana quanto as perspectivas de ascensão social. As habilidades femininas neste sentido correspondem a um misto de exigências culturais (construção social) e competência (subjetividade). Assim, a administração do lar é um dos sinais do domínio efetivamente exercido pela mulher, dona de casa, no espaço doméstico e com algum alcance para além deste. Essa função permite também às mulheres exercerem poder sobre o marido e influenciar diretamente na organização da casa, o *seu* espaço de atuação, o *seu* reino. Esse poder feminino não se opõe necessariamente ao masculino, podendo ambos contribuir para favorecer os objetivos e planos da família.[189]

A radicalização desse modo de interpretar a questão do poder feminino desemboca no argumento de que as donas de casa "de visão de mundo e estilo de vida 'conservador'", voltadas para o exercício dos papéis femininos e das prendas do lar, exercem no universo doméstico um poder cuja expressão mais evidente é o controle da organização doméstica e as marcas que evidenciam seu domínio: a culinária, os trabalhos manuais, a decoração da casa, a manutenção dos laços familiares, o cultivo das memórias de família, a preservação de rituais de sociabilidade. Essas mulheres não se enxergam como vítimas ou submissas. A atuação das donas de casa não é medíocre, supérflua ou sem criatividade. Além disso, elas são capazes de tirar proveito da condição feminina. Na década de 1950, a dona de casa, sim, era feliz com seu papel.[190]

Ao confrontar essas duas maneiras de interpretar a questão do poder nas relações homem-mulher, alguns problemas ficam mais claros.

A primeira linha de pensamento não deixa alternativa ao feminino que não seja a submissão às imposições sociais e à dominação masculina. Reconhece as desigualdades entre homens e mulheres e vários dos mecanismos que as constroem e reproduzem, entre os quais estão o uso do "jeitinho feminino" e a ideia de "rainha do lar". Mas descarta as possibilidades de atuação das mulheres, sujeitos históricos, na reformulação das relações de gênero, na dilatação dos limites sociais e na criação de margens de manobra e espaços alternativos dentro destes mesmos limites. Em outras palavras, subordina as relações homem-mulher a formas fixas e estabelecidas; obscurece todo tipo de resistência feminina ou inconformismo e não reconhece qualquer possibilidade política que possam ter o "jeitinho feminino" e a "administração do lar" a favor das mulheres.

Essa primeira tendência desqualifica as prendas domésticas e supervaloriza, como também o faz o discurso masculino, o mundo do trabalho produtivo e a atuação no mercado de trabalho. Contra-argumentando, podemos dizer que as especificidades atribuídas ao feminino muitas vezes criam para as mulheres um "mundo próprio" que não deve ser julgado com critérios externos e preconceituosos de validade, importância e criatividade.

Entretanto, parece estar claro que, nos Anos Dourados, o significado das atividades domésticas delegadas às mulheres estabelece uma relação de desigualdade de gênero. Por mais que as revistas femininas exaltem as virtudes domésticas, o ideal de dona de casa da época contribui para afastar as mulheres de classe média do mercado de trabalho e, consequentemente, para reforçar sua dependência financeira em relação ao homem, pai ou marido, ao mesmo tempo que desqualifica a mão de obra feminina, justificando discriminações em termos de empregos e salários. Acrescente-se ainda a este quadro as insatisfações pessoais (algumas apontadas por Carmen da Silva em *Claudia*) de várias mulheres diante da escassez de opções e dos limites do estilo de vida que pressupõe dedicação exclusiva ao marido, à casa e aos filhos.

Já o ponto de vista que supervaloriza a força do "poder nos bastidores" nas mãos da "rainha do lar" corre o risco de esquecer que a segregação e, mais que isso, a desigualdade não chegam a ser fruto da livre escolha. É apesar da discriminação que se criam espaços alternativos de expressão (e talvez de resistência) como o "jeitinho feminino" e o monopólio da organização doméstica, por exemplo. Exagerar na avaliação do potencial dos poderes da dona de casa pode revelar-se uma armadilha ao serem minimizadas as relações sociais concretas que contextualizam esses poderes e que estabelecem seus campos de ação.

As semelhanças entre as interpretações que afirmam terem as "rainhas do lar" um domínio poderoso no espaço doméstico e nos bastidores da sociedade, ou as que enfatizam a "linguagem feminina", e as ideias veiculadas pelo discurso dominante podem ir além da mera coincidência inofensiva. Os argumentos de vários estudos que procuram resgatar "a heroína do lar" ou "a grande mulher por trás do grande homem", ou ainda demonstrar a complementaridade dos papéis femininos e masculinos em suas formas tradicionais na realização conjunta dos "projetos familiares", confundem-se, por vezes, com as visões conservadoras do discurso dominante presente nas revistas femininas. É bastante razoável pensar que, por exemplo, em troca da inferioridade do feminino na hierarquia de gênero, o discurso da ordem e da estabilidade atribua à dona de casa o título de "rainha do lar" a fim de promover o conformismo e a manutenção das relações estabelecidas. À mulher, obrigada a se responsabilizar pelas atividades domésticas, é concedido exercer – exatamente como afirmava *Jornal das Moças* – uma "doce e compreensiva autoridade de que necessita para reinar com eficácia".[191]

Além disso, existe um perigo em reforçar a noção de "mulher" como o "outro", com particularidades importantes, correndo o risco de legitimar a hegemonia daquele que seria o "centro", o ponto de referência, o homem.

Portanto, a segunda forma de interpretar a questão do poder é capaz de revelar-se politicamente uma faca de dois gumes se isolada do contexto histórico de produção/reprodução das relações de gênero. Do mesmo modo que os artigos das revistas, essa postura pode servir de reforço às desigualdades de gênero, evitando que as mulheres reivindiquem mudanças. Exemplos: por que as mulheres devem mostrar-se fortes e poderosas, se com isso arriscam-se a perder a proteção masculina e certos privilégios concedidos ao "sexo frágil"?; por que se queixar das mentiras do marido se elas podem ser manipuladas em favor da esposa?; por que questionar a prepotência dos homens se isso é mera fantasia diante do domínio feminino no espaço doméstico?; por que procurar participar do mercado de trabalho se as funções tradicionais estabelecidas para homens e mulheres são complementares?; se as mulheres detêm poderes informais, mas significativos, por que contestar o poder masculino?

A ideia de que a mulher é efetivamente a "rainha do lar" pode contribuir para mantê-la como tal sem alternativas. Diante da interpretação que superdimensiona a relevância social do domínio feminino no espaço doméstico – expresso claramente pela possibilidade de controlar a organização deste espaço – surgem as seguintes perguntas: quem reconhece estas habilidades femininas? Não são apenas a própria dona da casa e suas semelhantes?; os homens valorizam as prendas domésticas em pé de igualdade com as capacidades ditas masculinas?; o uso feminino de truques e poderes, que se revelados perdem sua força, estabelece uma relação paritária entre homens e mulheres?

Ao serem levantados, esses questionamentos relativizam a ideia do domínio efetivo e importante das mulheres no lar.

As desigualdades presentes nas relações de gênero em termos gerais não são eliminadas pelo exercício restrito dos poderes femininos, através das "prendas domésticas", no espaço da casa. Mesmo quando as prendas domésticas são valorizadas, elas não o são do mesmo modo que a participação no mundo do trabalho. Além disso, um poder que precisa ser afirmado todos os dias, sob pena de não ser reconhecido, obviamente não é assim tão forte.

Saber se a adequação das mulheres aos papéis atribuídos ao feminino nos Anos Dourados é consciente (ou não), ou se proporciona a felicidade (ou o descontentamento), já é um *outro* problema, que envolve em sua discussão elementos tão diferentes quanto o grau de incorporação dos valores dominantes (o dilema do consentimento) e a questão do envolvimento afetivo como um elemento importante nas relações entre homens e mulheres.

Diante do quadro apresentado, é insuficiente, mesmo que seja por razões político-militantes, aderir a qualquer uma das formas de interpretar a questão do poder desconsiderando completamente a outra. À luz dos debates atuais, não satisfazem mais opiniões do tipo: a dona de casa "feliz com seu papel" era uma alienada ou uma vítima passiva do poder masculino; o "jeitinho feminino" é a expressão acabada do poder que as mulheres exercem sobre os homens; as relações matrimoniais são pautadas basicamente por necessidades econômicas e estratégias políticas, ou, no argumento oposto, basicamente pelo afeto. O problema dos poderes envolvidos no uso do "jeitinho feminino" e no "reinado do lar" deve ser encarado a partir de sua complexidade, das contradições que envolve. O que proponho aqui, portanto, é uma terceira maneira de interpretá-lo.

Na época sobre a qual nos debruçamos, as relações de gênero estabelecem basicamente uma desigualdade entre homens e mulheres: os costumes, a moral sexual, as leis, o acesso ao mercado de trabalho e o controle da política institucional favorecem a hegemonia do poder masculino.

Se uma hierarquia, ou um sentido de dominação/submissão, pode existir nas relações homem-mulher, mesmo que as pessoas não o reconheçam como tal, então a questão dos poderes pode ser analisada para além das representações e dos sentimentos dos envolvidos e da mentalidade de sua época.

O uso do "jeitinho feminino" e o papel de "rainha do lar" tanto contribuem para alimentar a desigualdade básica nas relações de gênero (mantendo as mulheres em seu lugar, traduzindo formas de submissão feminina à ordem social) quanto ameaçam subverter a hierarquia dessas relações (representando poderes exercidos pelas mulheres, espaços alternativos de expressão).

O "jeitinho feminino" é um recurso posto em prática em uma relação que já é hierárquica e não chega a configurar um diálogo (ou uma discussão) entre sujeitos no mesmo nível; nesse sentido, prevalece a assimetria de gênero. O truque, uma estratégia, não é uma força radical que busca ou significa a transformação das relações estabelecidas. O jogo da sedução não faz com que os maridos, por exemplo, reconheçam as mulheres como interlocutores válidos e, além disso, as "reivindicações" femininas feitas nestes moldes são, muitas vezes, recebidas pelos homens com condescendência, desprezo ou gozação. O "jeitinho feminino" alivia as tensões que poderiam surgir no relacionamento do casal, mas não contesta abertamente os privilégios dos homens, convive com eles. O poder feminino dado pelo "jeitinho" se exerce dentro de limites, atua especialmente dentro do lar, onde não há testemunhas que o desvendem ou acusem. A astúcia feminina é desenvolvida à sombra, dentro de um código que se vale das próprias normas estabelecidas. Como tal favorece a ordem básica de distribuição desigual de poder que privilegia os homens. Por tudo isso, o "jeitinho feminino" é uma forma de submissão.

Mas é também uma forma de resistência. Apesar dos limites sociais, da hegemonia masculina legitimada, da necessidade de a mulher preservar sua reputação (e a do pai ou marido), as mulheres que fazem uso dessa estratégia podem, muitas vezes, reverter temporariamente a hierarquia, podem em certos momentos controlar os homens. Assim, o "jeitinho" contribui para a dilatação dos limites impostos à ação das mulheres, possibilitando-lhes uma margem de manobra nas disputas e negociações, acordos e desacordos, que mantêm com os homens no dia a dia.

Quando o sujeito (uma mulher concreta) assume aparentemente a feminilidade com um objetivo estratégico, participa, em certo sentido, da reformulação do significado de "feminilidade": se antes era sinônimo de fragilidade, por exemplo, agora passa a ser de esperteza, de iniciativa. As encenações femininas, conscientes ou não de sua força, podem, com isso, subverter a rigidez das normas tradicionais de gênero.

O "jeitinho", por um lado, reproduz o sistema desigual, mas, por outro lado, ameaça, e até contribui, para minar esse sistema.

O papel de "rainha do lar" pode ser visto praticamente sob a mesma ótica. Se os significados que envolvem a figura da dona de casa partem das discriminações de gênero que delegam ao feminino as atividades domésticas e, portanto, reforçam a ordem estabelecida, eles também possibilitam um espaço de autonomia e controle da vida doméstica e dos familiares que usufruem das prendas da "rainha". A ideia de que a dona de casa, esposa e mãe é a "rainha do lar" ao mesmo tempo que promove o conformismo, representa uma forma de manifestação de poder.

A adequação ao ideal da mulher de prendas domésticas, responsável pela harmonia do lar, que exerce um "poder nos bastidores", reforça a situação de hegemonia masculina na distribuição desigual de poderes entre homens e mulheres na sociedade. Este ideal atribui à mãe de família capacidades de heroína para abnegação, sacrifícios virtuosos em função do marido e dos filhos, além de desfavorecer a participação feminina no mundo do trabalho. Não se pode esquecer que se a mulher é a "rainha do lar", o homem é o "chefe da casa" a quem socialmente são atribuídas as decisões de maior peso dentro da família. Quando, nos Anos Dourados, quem toma essas decisões é a esposa, procura-se manter isso em segredo (no máximo as pessoas próximas reconhecem a situação) para não humilhar o homem e para evitar gozação ou má reputação sobre os membros da família (as piadas que se fazem em torno do marido mandado ilustram bem esses perigos de reprovação social). A autoridade e a superioridade masculina não são, assim, abertamente contestadas.

Ao mesmo tempo, a função de administrar a economia doméstica proporciona certo grau de autonomia e responsabilidade à mulher,[192] que se traduz (ao lado de ser mais um fardo entre as tarefas domésticas) numa conquista, num poder. Se é um poder concedido como compensação à exclusão de outros poderes ou se corresponde a uma das exigências das relações de produção, também pode ser visto como um poder exercido de fato, muitas vezes utilizado a seu favor pelas mulheres.

As relações homem-mulher, quando permeadas pelo uso do "jeitinho feminino" ou pela existência da figura da "rainha do lar", não podem ser enquadradas em classificações estanques de dominação ou subordinação, submissão ou rebeldia. Determinações e contestações aos limites do sistema estão articuladas na construção, reprodução e possível reformulação destas relações. E, mesmo nesses casos, os relacionamentos entre homens e mulheres, além de um jogo de forças, podem envolver intimidade, dedicação, afeto, amor...

# Maternidade

A maternidade é "a sagrada missão feminina". Praticamente indissociável da ideia de ser mulher, ser mãe é quase uma obrigação social. "O mundo continua porque a mulher não perde seu espírito de maternidade"[193] – assegura *Jornal das Moças*. O elogio permanente da maternidade perpassa toda a revista sem alterações ao longo dos anos.

Acima de qualquer papel ou atribuição que as mulheres possam ter ou aspirar, ser mãe só se iguala em importância a ser esposa, sendo que, frequentemente, ambas se confundem ou se complementam.

Mais que um direito ou uma alegria, dedicar-se aos filhos é um dever.

> [...] a mulher pode e tem o direito de desejar ser uma letrada ou cientista, de saber cozinhar e lavar, mas jamais deve ignorar as funções de mãe. (*Jornal das Moças*, 21.03.1949)

> [...] Uma mulher casada, com filhos, não tem o "direito de escolher", pertence aos filhos, sendo suas obrigações intransferíveis [...]. (Dr. Werther, "Falando às Mães", *Jornal das Moças*, 12.06.1958)

"Isto não quer dizer que a mulher-mãe esteja condenada a viver afastada de toda relação social e que não possa desfrutar da vida com o marido" – afirma a mesma revista que chama as babás de "mãos mercenárias", alertando que, se elas forem realmente imprescindíveis, devem ser cuidadosamente fiscalizadas pela mãe da criança.

Como *Jornal das Moças*, *Claudia* reforça e reproduz a ideia de que a maternidade é meta e motivo de felicidade para toda mulher. Entre as imagens femininas presentes nessa revista, a de "boa mãe" é uma das mais fortes. Aqui, porém, os modelos de "boa esposa" e de "boa mãe" não se misturam mais como antes, pois da esposa ideal espera-se uma afinidade com o marido maior do que na época de *Jornal das Moças*, quando, de acordo com o senso comum, gerar filhos saudáveis e cuidar bem da prole de um homem parecia ser suficiente para fazê-lo permanecer casado.

São frequentes em *Claudia* artigos sobre os diversos aspectos do cuidado e educação dos filhos. Por outro lado, praticamente desaparecem os textos que elogiam a "sagrada missão da maternidade", os sacrifícios e as virtudes das mães, ou comparam-nas a "Nossa Senhora" (que eram bem comuns no tempo de *Jornal das Moças*). Em *Claudia*, os filhos exigem das mães responsabilidades e esforços inegáveis, mas os cuidados pessoais e a satisfação da mulher são *quase* tão importantes quanto cuidar e educar as crianças.[194]

Pelos filhos, a mãe deve evitar o desquite e conviver com um homem com quem tem sérias desavenças.[195] Mas a gravidez não é vista como solução para um casamento em crise, pois, "com os filhos não são permitidas experiências. Os filhos não são um meio, são uma finalidade".[196] Por outro lado, a maternidade é apresentada como motivo de orgulho e sinal de responsabilidade mesmo no caso de mães solteiras (devido à opção de prosseguir com a gravidez).

*Claudia* já admite a possibilidade de autorrealização e dedicação feminina no exercício de outras funções sociais além da maternidade e dos afazeres domésticos em geral. Sua articulista Carmen da Silva vai ainda mais longe e chega a afirmar que só uma mulher independente, integrada com o mundo através de uma atividade extralar, comprometida com algum tipo de trabalho ou "causa maior", pode ser boa mãe e educadora (mais que disciplinadora) dos filhos. Com este argumento, dissolve, em parte, a velha e forte oposição entre maternidade e trabalho.

Em parte porque ao homem não propõe que divida com a esposa a responsabilidade pelas atenções diárias para com os filhos; sendo assim, a mulher que trabalha fora acaba somando às funções domésticas sua atividade profissional sem que esse acúmulo de tarefas seja questionado.

Sabemos que cada ideia sobre o que é ser mãe está ligada a uma ideia de pai; a relação entre as duas reflete aquilo que a sociedade elabora a partir de sua percepção das diferenças sexuais.[197] Nos Anos Dourados, a experiência de ter filhos em uma família de classe média é marcada por distinções rígidas de gênero: as fronteiras entre as atribuições do pai e da mãe são bem definidas e não se confundem. Correspondem a critérios preestabelecidos sobre o que compete ao homem e o que é obrigação da mulher e não a uma divisão de tarefas negociada em função de habilidades e interesses individuais. Na época, não há praticamente desacordo quanto ao cuidado diário das crianças ser uma atividade feminina, enquanto o suporte material pertence à esfera masculina de ação.[198]

Não há nas páginas de *Claudia* qualquer sinal mais evidente de que a entrada nos anos 1960 tenha mudado algo na divisão de tarefas entre pai e mãe no que diz respeito aos cuidados diários das crianças; a mulher ainda deve exercer praticamente com exclusividade essa obrigação. E, sem a colaboração do marido, não é fácil para mulheres com filhos investirem o bastante em uma carreira profissional ou dedicar-se em período integral a um emprego que lhes proporcionaria uma melhor remuneração.

Portanto, as concepções sobre as responsabilidades maternas e os modelos de mãe presentes nas revistas femininas (mesmo com diferenças entre elas) reforçam as distinções tradicionais de gênero tanto na esfera familiar quanto no mundo do trabalho.

# Sexualidade entre casados

Sexo no casamento é um tema completamente ausente em *Jornal das Moças*. A "revista 100% familiar" se abstém de tratar de um assunto, para a época, delicado e envolto em tabus. Os termos "relações sexuais" ou "sexo" (e quaisquer outros com o mesmo sentido) sequer aparecem na revista, nem mesmo em seus contos ou piadas. Esse silêncio contrasta com o grande número de textos referentes ao casamento e à maternidade.

O *Cruzeiro*, por sua vez, ensaia alguns comentários ainda bastante tímidos e breves a respeito do "amor sexual entre esposos", considerado um meio de os cônjuges exteriorizarem a "afeição espiritual" que sentem um pelo outro, sendo, portanto, "um aspecto importantíssimo do casamento".[199]

Para se ter ideia de como a simples alusão, fora dos espaços de mais intimidade, à prática das relações sexuais, mesmo entre casados, poderia causar constrangimentos, basta lembrar que, nessa época, inclusive no início dos anos 1960, a gravidez – sinal visível da concretização do ato sexual – era considerada uma situação embaraçosa em repartições públicas e escolas.[200]

A revista *Querida*, no final dos anos 1950, é um pouco mais aberta que suas contemporâneas no tratamento do tema. Um de seus artigos, intitulado "Defenda seu casamento",[201] sugere que o aumento do grau de independência financeira das mulheres e o seu crescente acesso às informações sobre sexo favorecem a liberdade das esposas e o interesse feminino pela satisfação sexual. Entretanto, a palavra "sexo" não aparece no texto. A expressão "relações sexuais" é substituída por "relações físicas" e, no lugar de "educação sexual", vem escrito "educação física".

De *Querida* para *Claudia* ocorrem mudanças significativas quanto à presença e à forma de tratamento do tema *sexo no casamento*. Contudo, cuidados e restrições ainda se fazem sentir em *Claudia*.

O artigo "Para ler na viagem de núpcias" (de julho de 1962) aconselha as noivas sobre os mais variados aspectos da vida de casada – da decoração da casa até como lidar com a interferência dos parentes nas brigas do casal –, mas em nenhum momento toca no assunto do relacionamento sexual. As inseguranças das recém-casadas, que provocam crises de choro e alterações de humor, são mencionadas no texto, mas se referem somente a "um vago medo das responsabilidades" que seriam "os problemas da casa" e a "maternidade, da qual têm informações aterradoras". Os medos relativos à inexperiência sexual sequer são citados e, deste modo, os filhos e a vida doméstica aparecem como as principais questões que afligem as jovens esposas.

Tomando as revistas femininas como fonte de informação, é difícil saber o que se passa nos leitos conjugais e com as preferências femininas. É recorrente a imagem da "boa esposa", dedicada ao marido, mas não muito interessada ou preocupada com o prazer sexual. Contudo, a "esposa atraente" em *Claudia* já é menos tímida e recatada que a de *Jornal das Moças*. Ainda assim, a sensualidade mais explícita na mulher casada de uma década depois está ausente em *Claudia* no início dos anos 1960: a esposa preocupada em ficar bonita para o marido no dia a dia coloca "um aventalzinho elegante sobre o vestido"...

O sexo, mesmo no casamento, ainda é em *Claudia* um tema delicado (ou secundário) e que só vai ser tratado, do ponto de vista "científico", em "Falando claro do amor" (de março de 1963) e, como "assunto de comportamento" pela polêmica Carmen da Silva em "O como e o quando do sexo" (de outubro de 1964).

Apesar de abrir espaço para abordagens do tema, *Claudia* o faz dentro de certos parâmetros: as relações sexuais são restritas ao casamento e são heterossexuais; a presença do tema é precedida de justificativas quanto à sua importância; problemas sexuais não aparecem na seção de cartas; nos artigos, o sexo é vinculado ao amor (conjugal); as distinções de gênero são bem nítidas quando se trata de descrever o "interesse por sexo".

É arriscado afirmar que a existência de artigos sobre sexo em *Claudia* corresponde diretamente a um aumento da ênfase na afinidade sexual dos casais e a uma crescente expectativa das mulheres com relação ao prazer sexual. Porém, talvez não seja muito ousado considerar tal hipótese relacionando-a com mudanças mais gerais na condição feminina e nas relações homem-mulher do pós-Segunda Guerra à primeira metade dos anos 1960.[202] O que pode ser dito com mais convicção é que se essa revista, ainda que cheia de pudores, se aventura a tratar do tema, é porque já existe a possibilidade histórica para que isso ocorra; em outras palavras: interesse, dúvidas latentes, preocupações diversas com sexo e certa valorização da afinidade sexual como um dos ingredientes da felicidade conjugal. *Claudia* interage com as expectativas de seu público leitor. E, ao mesmo tempo, realimenta o interesse pelo assunto.

"Falando claro do amor" é redigido na forma de perguntas e respostas, adotando uma postura mais informativa que opinativa quanto aos aspectos fisiológicos e psicológicos do sexo. O artigo trata de características inatas, mas também menciona a influência da educação e das expectativas sociais na determinação do comportamento sexual diferenciado de homem e mulher. Por exemplo, o homem subordina-se mais diretamente aos instintos que a mulher, enquanto essa, "para realizar-se plenamente, tem necessidade de amar", pois, "sob pena de graves consequências, não pode dissociar o ato do amor que deve inspirá-lo".[203] As reações femininas estão sujeitas, diferentemente do que ocorre com os homens, ao seu estado psíquico. Assim, o marido é aconselhado a ser afetuoso para com sua esposa a fim de evitar-lhe traumas, temores e frigidez.

Conforme o artigo, o desajuste sexual é um problema muito frequente entre os casais. As "uniões incompletas" ocorrem, para além das dificuldades orgânicas, devido à educação moral muito rígida (que associa sexo a pecado e vergonha), à desinformação e, especialmente, à falta de diálogo entre os cônjuges que se traduz no descaso dos maridos (por indiferença, egoísmo ou ignorância) ou no mutismo das esposas (que evitam tocar no assunto). Diante desse quadro de incompreensão, e com vistas a uma maior afinidade sexual entre maridos e esposas, o artigo propõe: "uma educação sexual sadia através da qual os jovens se inteirem que uma união, para ser total, precisa abranger todos os aspectos: moral, intelectual e físico".

Nessa mesma linha, o texto vai contra certos clichês ao afirmar que: as mulheres "do tipo maternal" não são boas esposas (porque adoram crianças, mas não sentem a devida atração pelos homens); a virtude excessiva não deve estender-se às relações conjugais; a menopausa não é "o começo do fim" (é um processo de transformação em que a mulher pode escolher entre manter ou não o viço, sendo que muitas se tornam, então, capazes de se relacionar fisicamente bem melhor com o marido).

A maior parte do texto se dedica à questão da frigidez feminina vista como uma anormalidade que pode ameaçar o equilíbrio da vida conjugal. Cita médicos que afirmam que "de 10 mulheres, 6 a 8 não encontram no casamento as alegrias que esperavam".

A abordagem desse assunto indica uma preocupação com o *prazer sexual da mulher*. Ainda que essa se apresente especialmente por sua relevância com relação à estabilidade conjugal (incrementada pela possibilidade de "fusão completa" entre os esposos), a vontade da mulher "de realizar a própria felicidade" também é considerada.

O artigo "O como e o quando do sexo", publicado 18 meses depois, é anunciado no editorial de *Claudia* como "uma análise sem falsos pudores, realista". Embora seja de autoria de Carmen da Silva, não vem assinado no momento de sua publicação na revista (nenhuma explicação é dada então para esse anonimato, mas talvez possamos atribuí-la ao medo da polêmica...).

Aqui, mais uma vez, Carmen utiliza-se da figura da "moça moderna" que se presta menos ao retrato de uma realidade que à proposta de um novo modelo ligado a mudança de valores e atitudes.

> [...] a jovem de hoje desde a adolescência [vai aprendendo] que na relação normal entre os sexos nada há de traumatizante ou ameaçador. Tem maior consciência de si mesma, de suas motivações biológicas e psicológicas, e da natureza dos laços afetivos que unem homem e mulher [...] a moça moderna, ativa, instruída, equilibrada já não acredita que o sexo seja bicho de sete cabeças.

O termo "jovem de hoje", um recurso argumentativo, é uma elaboração que legitima as ideias do artigo procurando atingir a autoimagem de quem lê com a seguinte mensagem: se você não age dessa maneira, você não é moderna – um mau sinal. A "moça moderna" é apresentada como uma realidade, embora, no decorrer do texto, Carmen da Silva trate das hipocrisias, dos preconceitos e do conservadorismo dos "tempos atuais" com relação ao sexo.

Além de servir à propagação da espécie e ao prazer, o sexo "no ser civilizado" corresponde a um "desejo seletivo", dirigido a alguém específico. Assim – afirma a autora –, entre um homem e uma mulher não há amor espiritual sem desejo sexual; não existe hierarquia entre estes sentimentos: amor e sexo "são duas faces da mesma moeda".

Em termos práticos: são contestadas as ideias recorrentes que atribuem virtude e recato às boas esposas; a esposa apaixonada não precisa ser recatada ou discreta com relação a seus interesses sexuais, pois quando deseja ardentemente o marido é sinal de que o ama. (Com isso, as mulheres mais sensuais podem tranquilizar-se e esquecer antigos moralismos e sentimentos de culpa.)

> Ouve-se com frequência afirmar que o vínculo matrimonial impõe ao sexo uma série de limitações em nome do respeito recíproco. Parece haver-se estabelecido a convenção de que com a *esposa legítima* os homens "não devem fazer certas coisas". Essa frase, comum sobretudo na boca dos libertinos, que com certeza a esgrimem para justificar suas aventuras extraconjugais, tem raízes absolutamente neuróticas. [...] Em

realidade, é justamente a *esposa legítima*, a escolhida para companheira de toda a existência e *mãe dos filhos*, a única que merece do homem a máxima confiança, a mais completa entrega, a mais integral intimidade. (destaques meus)

Assim, o artigo, utilizando-se de expressões consagradas (em destaque), mina a oposição estabelecida entre "esposa legítima" e "amante", "mãe de família" e "mulher liberada". A manifestação desinibida do desejo sexual no casamento é considerada, aqui, não apenas relevante para a harmonia conjugal, mas também uma das bases indispensáveis de um casamento sólido.

Com relação aos procedimentos sexuais, o texto de Carmen da Silva evita receitas prontas. Pelo contrário, afirma que o que importa no modo de se expressar sexualmente é a *subjetividade*, a improvisação, o temperamento pessoal e a espontaneidade.

Em uma sociedade cheia de regras e cobranças – veiculadas num meio de comunicação repleto de fórmulas de felicidade e modelos de comportamento –, ideias que afirmam a subjetividade como parâmetro de escolhas e procedimentos representam novos, outros, termos na construção permanente das relações de gênero (termos esses que nem sempre seriam seguidos pelas revistas femininas em décadas posteriores).

"Não há padrões fixos e nenhuma atitude sexual é decisiva." A meta da satisfação sexual do casal, homem e mulher, pode ser atingida quando ambos estão predispostos a aprender e a se conhecerem melhor, e mesmo percorrer este caminho já é algo prazeroso. O momento da relação sexual depende do grau de afinidade do casal; as brigas e inseguranças não são resolvidas na cama e sim no diálogo franco e aberto.

O artigo claramente parte do pressuposto de que as mulheres chegam inexperientes à noite de núpcias e/ou são mais temerosas com relação ao seu desempenho sexual. Por outro lado, atribui ao homem e à mulher direitos iguais à satisfação sexual e responsabilidades equilibradas em sua busca: se o homem deve contribuir com "apoio, solicitude e ternura", a mulher deve corresponder com confiança entregando-se àquele que escolheu como marido. Carmen da Silva procura transmitir confiança às mulheres, especialmente as jovens, no sentido de encararem o sexo como uma fonte de prazer e cumplicidade maior na relação com o marido.

Para Carmen da Silva – e isso fica bastante claro em "O complexo da idade" (publicado no mês seguinte, novembro de 1964) –, a satisfação sentimental e a sexual são praticamente indissociáveis e extremamente importantes para a felicidade *feminina*.

> No fundo de seu coração nenhuma mulher se resigna a uma união amorosa tênue, diluída, superficial, pura presença física, pura rotina, quase mera coincidência de endereços e interesses materiais [...]. Na prática, nunca são nítidas as fronteiras entre os dois tipos de frustrações [sexual e sentimental]; o pleno desenvolvimento das sublimações que fazem da pessoa um ente social completo requer a existência de uma boa dose de equilíbrio e satisfação emocional; e, reciprocamente, uma vida sentimental rica e feliz depende de uma capacidade normal para sublimar.

Ao valorizar e até atiçar o interesse sexual das mulheres, mesmo dentro dos limites do casamento – conforme é permitido em *Claudia* –, Carmen da Silva participa da reformulação das relações de gênero em sua época. Sua influência é uma entre muitas, já que, nos anos 1960, a ênfase no prazer sexual das mulheres (por parte de médicos, psicólogos, feministas, intelectuais, entre outros) ameaça as bases da moral tradicional. Nessa década são questionados vários dos princípios relativos ao controle da sexualidade feminina, às distinções "naturais" entre a intensidade do desejo sexual de homens e mulheres e às exigências, atribuições e expectativas que compõem o relacionamento conjugal. Parâmetros e cobranças relativos à fidelidade, ao desempenho sexual, à capacidade de entrega, à ideia de companheirismo começam a se modificar. Entretanto, ainda há limites. Mesmo na chamada "década da pílula", esse anticoncepcional só vai provocar abalos mais sérios no modo tradicional de conceber a sexualidade feminina a partir dos seus anos finais.

# Controle da natalidade e anticoncepção

Nos anos que se seguem ao término da Segunda Guerra Mundial, muitas famílias brasileiras de classe média praticam com frequência o controle da natalidade, procurando limitar o número de filhos.[204] O sistema Ogino-Knauss (descoberto na década de 1920) e os preservativos já são métodos conhecidos e utilizados por vários casais que procuram evitar uma gravidez indesejada. A pílula anticoncepcional surge em 1953 e, em 1960, é aprovada para a comercialização nos Estados Unidos; no início dessa mesma década chega também ao Brasil.

Ao longo dos Anos Dourados, cresce o interesse geral por todas essas práticas e métodos. Até mesmo a Igreja Católica, que nos anos 1940 é radicalmente contra seu emprego, em 1951, ambiguamente, afrouxa suas proibições, reconhecendo, através do papa, o direito dos casais à limitação do número de filhos.[205]

Entretanto, *Jornal das Moças* não faz qualquer referência aos anticoncepcionais, ao controle da natalidade ou ao planejamento familiar. Não publica informações nem emite opiniões sobre isso.

*Claudia*, por sua vez, enfrenta o assunto em dois longos artigos que tratam das *pílulas anticoncepcionais*, justificando-se por abordar um tema tão polêmico com argumentos tais como: é preciso controlar a natalidade para que se evite um excesso populacional; as famílias têm o direito de decidir sobre o número de filhos de acordo com seus interesses e condições econômicas.

Esses argumentos se referem a interesses coletivos (problemas demográficos) ou familiares; os individuais são deixados de lado. Explicando melhor: o medo da gravidez indesejada é, nessa época, um dos principais freios às manifestações da sexualidade feminina, especialmente das jovens solteiras. Mesmo assim, *Claudia* não anuncia a pílula como a liberação esperada por muitas mulheres, pelo contrário...

A palavra *anticoncepção* é empregada nos artigos de *Claudia* praticamente como sinônimo de *planejamento familiar*. A liberdade proporcionada à mulher de ter relações sexuais sem correr grandes riscos de que resultem em gravidez não é levada em conta como uma aquisição vantajosa e chega a ser vista como um dos aspectos negativos da difusão da pílula: uma ameaça aos "bons costumes". O máximo que se admite é que, livre do medo da gravidez indesejada, a "esposa legítima" pode liberar-se da "aversão à intimidade conjugal",[206] o que melhoraria a convivência do casal.

Os artigos de *Claudia* sobre a pílula trazem informações gerais a respeito da ação do medicamento sobre o organismo feminino, os nomes comerciais no Brasil, as recomendações médicas, o modo de usar, o preço e a aceitação do produto no mercado. Entretanto, da forma como são redigidos, parecem voltar-se apenas às mulheres casadas, de classe média, que não descartam a possibilidade de serem mães, mas que pretendem controlar o número de filhos ou evitar gravidezes sucessivas – a maternidade permanece nas previsões ideais de um casamento.

Em "As pílulas cor-de-rosa" (de novembro de 1962), entre os pontos positivos da pílula estão a possibilidade de a mulher "evitar filhos sem criar incompatibilidade com o marido" (como ocorre quando o marido quer ter relações e a mulher não quer por medo de engravidar) e a "esperança para todas aquelas – e são tantas! – que desejam ardentemente, mas não conseguem ter filhos".[207]

Uma revista que defende a família no sentido tradicional (ainda que receba críticas ao apoiar as esposas que trabalham) não argumenta, é claro, a favor do potencial subversivo do uso da pílula diante da moral dominante. Este, aliás, fica bastante dissolvido, por exemplo, quando *Claudia* destaca as opiniões das Igrejas Presbiteriana e Católica sobre os "métodos artificiais de controle da natalidade" ou quando publica, em um mesmo número, informações sobre a pílula juntamente com artigos como "Você é uma boa mãe?" (sobre o comportamento materno ideal) e "Eu sou namoradeira" (que alerta as jovens para os perigos de namorar muito e de forma ousada). Além disso, *Claudia* é incisiva ao combater o que chama de "deturpação da finalidade das pílulas", o favorecimento da "decadência dos costumes".[208] A revista não diz exatamente o que isso significa, mas dá a entender que se trata do uso do anticoncepcional por mulheres que se entregam a relações sexuais fora do casamento legítimo.

Quanto ao uso (este sim, aceito) da pílula por mulheres casadas, a revista deixa a critério das próprias interessadas. Para optar, elas devem levar em conta suas condições físicas, financeiras, familiares e seus princípios religiosos.

O artigo "Planejamento da natalidade" (de janeiro de 1964) detém-se quase que exclusivamente nos aspectos científicos da pílula anticoncepcional. Contudo, conclui (mantendo viés moralista) que diversas famílias, "mesmo as de constituição mais sólida e rígidos princípios", já são a favor de controlar a quantidade de filhos.

*Claudia* se apresenta como um veículo apenas informativo que, a princípio, não toma partido em discussões polêmicas e enfatiza "o discernimento de cada um", quando, na verdade, participa da reformulação e da reprodução de padrões de comportamento em sua época. Reformulação, por exemplo, quando fornece informações sobre um produto potencialmente revolucionário como a pílula. Reprodução, por exemplo, quando faz considerações morais a respeito de sua utilização.

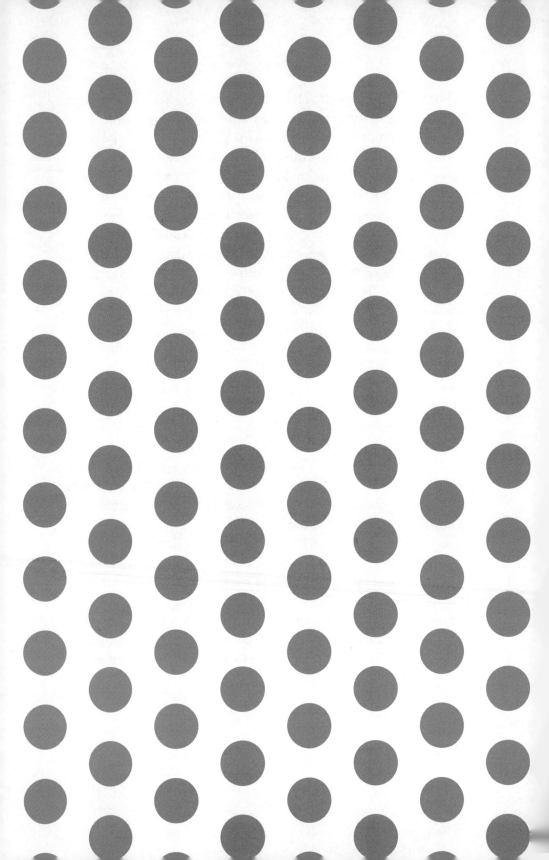

# Infidelidade

Os maridos que têm aventuras extraconjugais, desde que sejam discretos e garantam o conforto material de sua família, são tratados com indulgência. Já as esposas infiéis não devem esperar a condescendência social.

A virilidade, a potência sexual e a capacidade de conquistar várias mulheres são aspectos frequentemente valorizados com relação aos homens, favorecendo as infidelidades masculinas. Os casos extraconjugais dos homens são tratados como algo corriqueiro e sem muita importância. E a prostituição tende a ser aceita pelas famílias e autoridades brasileiras como um mal necessário.

Em termos de liberdade sexual, a sociedade permite ao homem quase tudo que nega à mulher "respeitável", obrigada a ser contida, virtuosa e fiel. Mesmo perante a lei, a situação da mulher é desvantajosa. A acusação de adultério ou a de quebra de fidelidade conjugal pode ser atribuída a uma mulher casada quando há suspeita ou prova de que ela manteve (ou mantém) intimidade ou dependência afetiva e pecuniária para com um homem que não o seu marido, ainda que isso seja esporádico. Um homem casado, entretanto, por tradição, só é considerado adúltero quando conserva uma amante por um longo tempo.[209]

A honra de um homem depende, entre outras coisas, da conduta de sua esposa, que deve lhe proporcionar exclusividade sexual. A honra de uma mulher depende de seu próprio comportamento, ou melhor, do que dizem sobre ele.

A adúltera pode ser castigada pelo marido (inclusive com a morte) e seu procedimento chega a ser tomado como argumento jurídico para justificar um crime passional e liberar seu autor das punições legais. Um homem incapaz de tratar com violência a mulher infiel ou de separar-se dela perde o respeito de seus iguais e passa a ser visto como "corno manso", um insulto considerado gravíssimo.[210]

## MARIDOS INFIÉIS

### Desculpa telefônica

– É o meu marido. Diz que vai chegar mais tarde porque está em reunião com o senhor.

("Troças e traços", *Jornal das Moças*, 19.02.1953)

### Driblando

– Então! Falando no ouvidinho da secretária? Peguei-te em boas?!
– São segredos profissionais, minha querida esposa. O segredo é a alma do negócio.

("Troças e traços", *Jornal das Moças*, 25.10.1956)

### Inocência

Seu Tonico chega tarde como sempre, a mulher passa-lhe uma revista no bolso, e ... oh!
–Sim, senhor! Seu malandrão! Como explica este pé de meia de mulher no bolso do seu paletó?
- Não sei, querida, não posso compreender.
- Não pode, não é, seu conquistador barato!
- Não diga isso, querida, não vê que estou inocente? A pequena com quem saí ontem não usa meias.

("Troças e traços", *Jornal das Moças*, 25.12.1958)

Embebida na mentalidade de seu tempo e compatível com as ideias correntes sobre a infidelidade conjugal, *Jornal das Moças* critica as manifestações femininas de ciúme – sinais de irresponsabilidade e descontrole emocional – e faz constantes apelos para que as ciumentas contenham seus impulsos sob o risco de perder a feminilidade, tombar "pelos degraus da escura escada do ridículo", dar mau exemplo aos filhos ou provocar um escândalo que afaste o marido.

Até na seção de conselhos pediátricos e psicologia infantil, essas manifestações são criticadas, pois do "chefe da casa" não devem ser cobradas satisfações:

> Mãe ciumenta, por que perguntar ao pai de teus filhos e em presença dos mesmos, para onde vai e de onde vem? Por que ensinas a teu filho a ser desconfiado? [...] Os ciúmes sempre pretenderam escravizar as almas dos *homens*, que foram sempre livres [...]. Não feches com teus ciúmes [...] as portas do amor, à espontaneidade, à inteligência e à harmonia. Não dês a teus filhos o ensinamento e o exemplo de ter pretendido domínio sobre a alma e a ação de teu *dono*, porque a criança quererá ser, também, o preponderante [...] desconfiar de ti tal qual desconfiaste de teu companheiro [...] a quem deves honrar com tua fé e tua confiança. (Dr. Werther, "Falando às mães", *Jornal das Moças*, 18.06.1953, destaques meus)

Também de acordo com os valores hegemônicos de sua época, *Jornal das Moças* vê com tranquilidade as aventuras extraconjugais dos maridos, chegando, às vezes, a ponto de legitimá-las diante de suas leitoras. Em *Jornal das Moças*, a tendência masculina para a infidelidade (o "temperamento poligâmico") é considerada um "fato biológico", parte da natureza do homem, sendo, portanto, inútil (e até perigoso) negá-la ou questioná-la.

> Suponhamos que você venha a saber que seu marido a engana, mas tudo não passa de uma aventura banal, como há tantas na vida dos homens. Que faria você?
>
> 1. Uma violenta cena de ciúmes?
> 2. Fingiria ignorar tudo e esmerar-se-ia no cuidado pessoal para atraí-lo?
> 3. Deixaria a casa imediatamente?
>
> Resposta:
> A primeira resposta revela um temperamento incontrolado e com isso arrisca-se a perder o marido, que após uma dessas pequenas infidelidades volta mais carinhoso e com um certo remorso.
> A segunda resposta é a mais acertada. Com isso atrairia novamente seu marido e tudo se solucionaria inteligentemente.
> A terceira é a mais insensata. Qual a mulher inteligente que deixa o marido só porque sabe de uma infidelidade? O temperamento poligâmico do homem é uma verdade; portanto, é inútil combatê-la. Trata-se de um fato biológico que para ele não tem importância.
> ("Teste de bom senso", *Jornal das Moças*, 17.04.1952)

Também não adianta a esposa reclamar se o marido lhe trata com indiferença ou frieza. Frequentemente, a própria mulher é culpada por isso.

### Lógica do marido

Um casal [...] vai ao cinema onde exibe uma fita em que as cenas amorosas são quentes. A esposa, mui romântica, não se contém e diz ao marido:
– Nunca foste assim para mim!
– Ora, querida – responde ele – esse camarada que está se exibindo é pago, e mui bem pago, para fazer esse papel.

("Troças e traços", *Jornal das Moças*, 05.09.1957)

### Vizinhos

[Por cima do muro um casal observa o casal da casa vizinha]
– Olha como o Carneiro beija a mulherzinha todos os dias ao ir para o trabalho. Por que não fazes tu o mesmo?
– De boa vontade o faria, querida, mas suponho que o Carneiro não permitiria.

("Troças e traços", *Jornal das Moças*, 14.10.1959)

### Frieza conjugal

ela – Tu, antes de casarmo-nos, tinhas sempre minhas mãos entre as tuas.
ele – Sim, é bem verdade. Mas naquele tempo havia um piano em tua casa.

("Troças e traços", *Jornal das Moças*, 05.02.1959)

O *Cruzeiro*, que publica uma seção de cartas cujas respostas a casos concretos estão sob a responsabilidade de uma mulher, Maria Teresa, aconselha esposas preocupadas com as infidelidades do marido seguindo os mesmos padrões de *Jornal das Moças*; recomenda paciência e esforços para conservar o esposo e preservar a união.

> [...] seu caso é muito mais comum do que pode supor: homens que até então eram bons esposos e que, no começo de velhice, dispondo agora de recursos folgados, arranjam uma aventura extraconjugal, com o que se afastam da famí-

lia, deixam-se explorar, mas conseguem provar a si mesmos que ainda são capazes de suscitar paixões.

Que lhe cabe fazer? Manter-se no seu *lugar de honra*, evitando a todo custo cenas desagradáveis que só servirão para exacerbar a paixão do seu marido pela outra. Mas envidar todos os esforços para não sucumbir moralmente; procurar manter o ânimo firme, levando tanto quanto possível uma vida normal, sem descuidar do aspecto físico. Acreditamos que por este processo de aparente indiferença pela aventura do D. Juan ele compreenda, por si mesmo, a exploração de que está sendo vítima e o ridículo a que está exposto. (*O Cruzeiro*, 04.06.1960, destaque meu)

A "mulher respeitável" tem, como uma espécie de consolo, a garantia do seu "lugar de honra" como esposa legítima. Contudo, ela não é *obrigada* a tolerar violência da parte do marido:[211] "nesse caso, a separação do casal se opera como um mal menor remediando um mal maior". Mas se a esposa for uma mulher de fibra, saberá suportar as humilhações e os maus tratos da parte do marido para evitar romper os laços conjugais – conclui Maria Teresa.

> [...] sabemos que a missão da esposa assim injustiçada [...] representa um sacrifício inestimável. Mas se, mercê desse sacrifício, ela conseguir o seu objetivo, se sentirá compensada. Compreenderá que sua vida teve uma finalidade, realmente meritória. E a paz de consciência que lhe advirá por ter cumprido à altura seu papel. (*O Cruzeiro*, 15.10.1955)

As promessas do "amor conjugal" são ilimitadas; ele cura todos os males, inclusive os causados pelas traições masculinas.

> [...] Se todas as esposas que sofrem ingratidões do marido tivessem essa intensidade de verdadeiro amor conjugal, muito lar não seria desfeito. Tudo não iria além de uma crise passageira. E depois da tempestade seguir-se-ia, certamente, a bonança. (*O Cruzeiro*, 12.02.1955)

É claro que nem todas as mulheres fazem "sacrifícios" pela "manutenção da família", tais como fingir ignorar as traições do marido e procurar reconquistá-lo sem cobranças. Entretanto, este é de fato o comportamento socialmente esperado e condizente com as ideias correntes de feminilidade, abnegação, dever e "bom senso" nos Anos Dourados. Até os contos de *Jornal das Moças* seguem essa linha.

Em "A magnífica aventura",[212] a esposa "trabalhava demais para ganhar dinheiro", esquecendo-se de dar atenção ao seu marido Jaques, deixando-o "demasiado livre para as tentações...". O marido acabou por traí-la com outra mulher. Mas depois se arrependeu e confessou-lhe o caso. Ela o perdoou, *apesar de saber que ele faria tudo novamente*, pois refletiu:

> Afinal, *de que lhe valia brigar* com Jaques por causa de uma aventura que tivera com outra mulher? Sabia que ele a amava profundamente, que a *culpa* fora dela, deixando-o muito sozinho. [...] Era preciso esquecer e pensar que *quase todo homem é naturalmente polígamo*. O ciúme morava no seu coração, mas a ternura era tão grande que este esmorecia [...].

No final da história, Jaques beija sua esposa "com ardor" e lhe diz: "Tu és a melhor mulherzinha do mundo".

Os estereótipos e as normas que marcam as relações entre homens e mulheres aparecem de maneira clara, quase didática, neste conto: a esposa é, em parte, responsável pela infidelidade do marido; a poligamia masculina é natural; as brigas conjugais são inúteis; a "boa esposa" é infinitamente capaz de compreender e perdoar. O final feliz da narrativa se torna um certificado de garantia da "felicidade conjugal" passado por *Jornal das Moças* às mulheres conformadas.

Nos contos sobre traição masculina (quer sejam assinados por homem ou por mulher), frequentemente, a personagem da esposa é forte e disciplinada, enquanto o marido é retratado como incorrigível, imaturo, leviano e inconsequente – nada, entretanto, que não faça dele "um bom esposo", digno de ser mantido, mesmo porque, embora tenha casos extraconjugais, ele, no fundo, ama sua mulher.

Na história intitulada "Fiel... a sua maneira",[213] Ana já se acostumara com as aventuras extraconjugais de Paul, um escritor famoso que vivia se apaixonando. A respeito disso, o marido se explicava:

> Tens que compreender, Ana. [...] amo a ti... mas sou débil. Trato de não ser, mas a carne é fraca [...] não passou de um beijo sem consequências. Eu te amo [...]. Aventuras sentimentais [...] só tive uma [...]. e foi contigo e já tem duração de quase 30 anos [...]. Na verdade eu sou um pouco leviano com as outras, mas elas não têm a menor significação na minha vida interior [...].

Como as aventuras de Paul eram passageiras, Ana achava que não valia a pena abandoná-lo e o "resto da vida lamentar este ato". Ao tomar conhecimento de mais uma infidelidade, Ana conclui que "Paul *precisa* de romance para viver" e resolve "*conformar-se* e ficar *acima de tudo*". Ela "sabia que não era uma mulher covarde por não abandonar o marido, pelo contrário...".[214]

> E Ana continuou junto de Paul, porque viver sem ele não era vida, e embora a dor e a humilhação lhe cortassem o coração como um punhal, procurou dominar-se [...] sempre quando morria a chama [...], Paul voltava ao normal. E ela, com uma dor silenciosa que o costume suavizara, continuava ao seu lado simulando tudo ignorar.

Manter a união compensa as frustrações. O conto termina com uma declaração de amor do marido a sua esposa, que ele considera "a mulher mais admirável do mundo", explicitando que nada poderia abalar aquele "casamento feliz".

Em outras histórias, mesmo desiludidas e humilhadas até o final, as esposas-heroínas não perdem a altivez; passam a dedicar-se à caridade e permanecem boas mães.[215]

*Jornal das Moças* tem explicações e receitas prontas para as situações de infidelidade conjugal. As aventuras masculinas são apresentadas como passageiras e insignificantes, consequentemente não chegam a abalar as estruturas do casamento. Pelo contrário, por vezes, as infidelidades são válvulas de escape da "natureza poligâmica do macho". Servem, portanto, para garantir a própria estabilidade do casamento e a paz dentro de casa. Sendo assim, espera-se que as esposas continuem firmes em seu lugar e saibam perdoar, já que o marido, nesses casos, nunca abandona o lar. Concluindo, as esposas pacientes sempre vencem (se não vencem as tendências do marido para a infidelidade, pelo menos alcançam uma vitória moral sobre outras mulheres, as amantes).

As capacidades de "sofrer por amor" e de "saber perdoar", ambas "naturais na mulher", são consideradas por *Jornal das Moças* um *poder feminino.*

O conselho de sempre desculpar o marido se apresenta como favorável às mulheres, pois as ajuda a conservá-lo e a suportar melhor as "liberdades masculinas". Uma análise mais profunda revela, porém, as artimanhas do discurso para perpetuar a hierarquia de gênero existente sem enfrentamentos, conflitos ou questionamentos, realimentando desigualdades entre homens e mulheres.

Em *Jornal das Moças*, muitas vezes, a verdadeira ameaça à "harmonia conjugal" não é tanto o comportamento infiel do homem quanto a concorrência que as outras mulheres representam. No conto "A mulher adivinha...",[216] quando Clotilde descobriu a última aventura do marido, um infiel "por esporte", procurou a amante e ameaçou furar-lhe os olhos com agulhas de crochê caso ela o encontrasse novamente. O marido, ao voltar à noite para casa, sem nada saber sobre o que se passara entre as duas, foi recebido com beijos pela esposa que, "com bondade de santa", esperava calmamente "o grande farsante".

As rivais devem ser combatidas pelas esposas com todas as armas permitidas ao feminino, já o marido deve ser compreendido e bem tratado – ensina *Jornal das Moças*. Mulheres vingativas e violentas?... Só nas piadas.

> Estas foram suas últimas palavras: "Podes falar querida. A bruxa da minha mulher está dormindo..." (E não estava).
> ("Troças e traços", *Jornal das Moças*, 22.11.1956)

> **Delegacia**
> – A senhora excedeu-se na defesa de seu lar. Veja como feriu gravemente o ladrão.
> – Mas, senhor comissário, eu pensei que fosse o meu marido que chegava da farra.
> ("Troças e traços", *Jornal das Moças*, 23.12.1954)

Em várias narrativas, as suspeitas femininas mostram-se, ao final, infundadas. Porém, enquanto alimentam suas desconfianças, as mulheres passam os dias se remoendo de ciúmes e fingindo não saber de nada, como faz a personagem da esposa em "Dilema de amor",[217] que opta por "sorrir e não fazer cenas para que o marido, a fim de fugir destas cenas, não caia nos braços de outra e abandone de vez a casa". Ou preocupando-se com a aparência pessoal e avaliando os próprios erros, como faz a heroína de "A outra",[218] que "via-se a si mesma cada dia nesse pequeno mundo de tarefas domésticas, com as mãos grossas, com o rosto cansado [...] estava desligada do mundo das mulheres bonitas". Sua preocupação maior é: "como poderia enfrentar a outra?". Ao final, quando o engano se desfaz, o casal volta a "viver feliz como antigamente" ou começa vida nova e tem um bebê.

A ideia recorrente de que a esposa pode errar em suas suspeitas e que, portanto, qualquer atitude drástica está fora de questão reforça o sofrimento *calado* das esposas.

*Jornal das Moças* apresentava modelos. Quantas esposas não os seguiam? Quantas mulheres traídas não se conformavam com a situação? Quantas protestavam de alguma forma?

> **Preocupação**
> – Eu ando bem preocupado com a memória de minha esposa...
> – Por quê? Ela não se lembra de nada?
> – Pelo contrário: recorda-se de tudo.
> ("Troças e traços", *Jornal das Moças*, 05.09.1945)

Com relação à infidelidade masculina e a reação da esposa, *Claudia* comporta vários pontos de vista.

As seções que respondem às cartas dos leitores adotam as posições mais conservadoras da revista, bastantes próximas às de *Jornal das Moças*. É como se, ao tratar de casos concretos, a publicação não quisesse se arriscar, optando pelas fórmulas consagradas. Por exemplo, para uma leitora, casada há 30 anos, cujo marido a trai com uma cunhada, *Claudia* responde:

> A certa idade, os homens costumam ter essas crises. É consequência de sua insegurança, de sua reação de vaidade ferida, ao sentir que envelhecem. Mas isso passa. Trate de manter com seu marido um clima de amizade e respeito mútuo, baseado nesses 30 anos de convivência e dedicação [...]. Tenha que seu papel não é fácil, mas não existe meio algum de obrigar seu marido a agir como você gostaria. E vale a pena preservar pelo menos a dignidade, a correção e um futuro tranquilo, para quando passar a etapa crítica. ("Claudia responde", *Claudia*, 07.1964)

Repetem-se aqui receitas conhecidas: infidelidade masculina justificada e vista com indulgência; procedimento da "boa esposa" (para manter o marido e garantir o futuro) pautado por abnegação, sacrifício e paciência; ideia de que conservar a "dignidade" (não brigar ou fazer escândalos) faz com que a esposa tenha o marido "de volta".

Quando as cartas envolvem questões legais, as respostas são mais taxativas, pois, além da moral tradicional que prevalece na seção "Direito, mulher e lei", existe o conservadorismo da própria legislação. Em linhas gerais, são comuns, nessa seção, casos semelhantes ao exemplo a seguir.

> Descobri que meu marido tem uma amante [...] ele a ama realmente [...]. Não me conformo de continuar esposa de um homem que só está ao meu lado porque a lei assim o quer. Ele pediu-me para aguentar a situação para não dificultar sua carreira. Estou atordoada [...]. Tenho três filhos que também ele ama muito.

Ao responder essa carta, Dr. Cláudio, em primeiro lugar, levanta aspectos legais da situação e apresenta as consequências de um possível desquite, que é, então, enfaticamente desaconselhado.

> [...] Devidamente provado o deslize de seu marido, você poderia obter o desquite e obrigá-lo a uma pensão alimentícia, extensiva aos filhos, que ficariam em companhia da mãe [...] estaria encerrada sua vida sentimental sob pena de perder o direito à guarda dos filhos e à pensão [...] você jamais poderia pensar em outro enlace ou mesmo um simples romance. Seu marido também jamais poderia ter uma situação regular se se unisse a outra criatura. Passaria a viver em "concubinato adulterino" e a mulher com quem ele morasse teria uma situação ilegal e sem segurança na sociedade e na sua própria vida privada [...].

A seguir, fornece a "orientação apropriada ao caso", incentivando a missivista a tentar "salvar" seu casamento, transferir toda sua raiva para "a outra" e finalmente recuperar o marido e a segurança financeira e emocional.

> Defenda seus direitos e o de seus filhos tudo fazendo para afastar essa moça leviana e sem escrúpulos do homem com quem você se casou. Se preciso, recorra ao vigário de sua cidade que, certamente, muito a ajudará para salvar seu matrimônio, chamando seu marido à razão e dele afastando esta falsa criatura que está destruindo seu lar. Finalmente não se esqueça de que o marido é o provedor do lar, o protetor da família e o companheiro da velhice. Lute para recuperar o seu, pois perdê-lo seria renunciar a um dos mais sagrados direitos da mulher, o de ser esposa. (Dr. Cláudio, "Direito, mulher e lei", *Claudia*, 10.1962)

Em um caso semelhante, Dr. Cláudio aconselha a esposa a permanecer ao lado do marido infiel argumentando que mesmo "um mau marido pode ser um ótimo companheiro na velhice e é sempre um guardião permanente dos filhos com quem habita".[219]

Defende-se que a mulher, acima de tudo, deva pensar nos filhos, na moral estabelecida, no futuro econômico garantido. Diante dessas considerações, seus sentimentos contam muito pouco.

Vários artigos e testes publicados em *Claudia* ensinam as mulheres a não mexer nos bolsos do marido à procura de pistas de infidelidade, ou seja, advogam que os homens sejam deixados em paz. Concomitantemente, esses mesmos textos procuram canalizar as energias femininas contra "a outra": a esposa desconfiada deve desejar ardentemente o mal para "a rival" enquanto investe na reconquista do marido, usa para ele "os seus mais lindos vestidos", passando a chamá-lo "de querido mais amiúde que de costume".[220]

Os contos de *Claudia* também dão uma ideia das representações acerca da infidelidade masculina presentes na revista. Em dois deles – para o consolo das esposas ou das noivas –, apesar das oportunidades, a infidelidade do homem não chega a se concretizar, o que só faz aumentar o amor por sua eleita.[221]

Num terceiro exemplo, o personagem do marido não resiste à tentação de olhar para todas as mulheres bonitas que passam diante dele, mesmo em presença da esposa. Mas ele lhe garante que a ama, apesar de não poder evitar os deslizes e de gostar de ser livre. Ao final da história, a mulher se conforma e pede apenas para que ele não faça tanto alarde do quanto admira outras mulheres.[222]

O conto de *Claudia* que melhor ilustra a ideia de que o-marido-infiel-deve-ser-perdoado – justificada por argumentos que se dizem atrelados ao "bom senso", à "psicologia masculina" e ao "valor da família" – é a narrativa intitulada "Vinte anos depois" (de dezembro de 1961, assinada por Rosa C. Storti). Nessa história, Maria Luísa, dona de casa de 50 anos de idade, procura demover a nora, Ângela, da ideia de se separar do marido, Hugo, por tê-la traído com Glória, além de ter tido várias outras amantes. A mãe justifica o filho – "um belo rapaz, exposto à simpatia tentadora das mulheres" –, tentando fazer sua nora "voltar à razão".

– Pode ser que Hugo tenha errado – admitiu – e daí? Não merece ser perdoado? Ajudado? Basta passar-lhe uma boa repreensão e... [...] que pode significar no seu caminho uma mulher como Glória e todas as outras? [...] Afastá-las deveria ser uma brincadeira para uma mulher hábil e orgulhosa do seu lar [...] se certas mulheres sem escrúpulos não se metessem a arruinar a vida dos casais... Porém, quando a esposa tem paciência [...] as traições dos maridos [...] fazem sempre mais mal a quem não as perdoa...

Ângela, irredutível, acusa a sogra de ser parcial já que a própria Maria Luísa havia se desquitado do marido, há 20 anos, pelo mesmo motivo: infidelidade conjugal. Maria Luísa não desiste e continua censurando a jovem nora e seus impulsos desastrosos. Hugo, por sua vez, garante à mãe que, apesar de seu fraco por outras mulheres, ama a esposa e culpa Maria Luísa por ser um mau exemplo para Ângela.

– Não é uma questão momentânea de perdão, mamãe – disse ele. – Ângela não tem mais confiança em mim.
– Mas você nunca fará isso de novo, não é, meu filho? [...]
– Não sei se o farei de novo, mas não depende disso. Um *homem infiel por natureza* pode ser perdoado pela mulher que ama se ela o conhecer e não tiver medo do pior. [...] Você sabe, mamãe, que muito embora eu procure corrigir-me, tenho alguma coisa de meu pai e Ângela não pode fazer outra coisa senão recordá-lo nessa situação [...] e encontra a lição pronta [...]. Irá embora como você foi um dia também, mamãe. [...] [Ângela] é tão doce e carinhosa quando não está zangada. Mas seu defeito é ser jovem demais para lutar contra a fera [...] que nós homens temos dentro de nós, e que sozinhos não conseguimos derrotar. (destaques meus)

Maria Luísa finalmente se desfaz de seu orgulho e admite ter errado ao separar-se do marido anos atrás. Com isso, ganha forças para julgar a nora intransigente:

Má e doida, pensou, abandonava-o, não queria perdoá-lo. Obstinada a ponto de não compreender o quanto uma mulher indulgente e amorosa é necessária a um homem que cai e precisa que o auxiliem a esquecer sua culpa [...].

Quando finalmente resolve confessar à nora que seu desquite fora um erro, Maria Luísa descobre que Ângela já havia se reconciliado com o marido e retornado ao lar. Então conclui que Ângela havia sido uma mulher "muito sensata".

※

A questão da infidelidade masculina ganha mais profundidade, passando a ser problematizada para além dos clichês, em artigos de *Claudia* como "Que fazer com um marido infiel?" (novembro de 1961), "Infidelidade" (julho de 1964) e na matéria "Infidelidade: duas pesquisas" (maio de 1963). Nesses casos, as posições da revista diferem das encontradas em *Jornal das Moças*.

No primeiro artigo, a autora Helena Silveira separa as mulheres em dois grupos: as do estilo tradicional (que colocam o homem sempre em primeiro plano e a mulher "em degraus subalternos de devoção e submissão") e as modernas (adeptas das ideias de Simone de Beauvoir, que entendem de uma nova maneira as relações homem-mulher).

Em seguida, explica que as mulheres "docemente femininas" foram educadas para agradar e viver em função do homem e, portanto, "nada de estranhar que essas mulheres marchem para o casamento como único escopo na vida [...] [a] única paisagem em que poderão florescer suas virtudes de feminilidade". Sendo assim, "a visão certa, avaliadora, sobre suas pessoas, só pode ser a masculina" e, quando um homem trai este tipo de "mulher satélite" não há espanto, pois, do ponto de vista afetivo, não há ainda emancipação feminina e o homem é o centro das atenções.

O tom crítico da autora é evidente. Para ela, esse tipo de esposa – que se revolta contra as rivais e aceita o comportamento infiel do marido – não é a mulher forte e moralmente superior retratada em *Jornal das Moças* ou em outras páginas de *Claudia*. No retrato feito por Helena Silveira, esposas desse tipo são na verdade tímidas e fracas; seguem numa luta eterna e sem descanso para seduzir o homem sem nunca ter certeza de que ele está totalmente ao seu lado. Em sua vida, há sempre temor de uma infidelidade passageira ou uma perda definitiva.

A estas mulheres do "velho estilo", a autora contrapõe a figura da "mulher moderna" – aquela que não vive exclusivamente para seu companheiro, preparou-se para enfrentar a vida e enquadrar-se de modo mais amplo e construtivo na sociedade; não precisa da proteção e do julgamento masculino para se assumir como um ser completo.

> [...] e assim, quando encontra o parceiro da aventura terrena, é uma personalidade definida que se respeita e sabe respeitar o outro [...]. Em geral, a infidelidade do marido, num caso assim, já é mais grave. É mesmo uma falha quase insanável [...]. Entre estas duas personalidades, subterfúgios não podem ser tolerados porque, desde o início, a mulher não aceitou um papel confuso com direitos vagos. Mas essa rara segunda mulher raramente também enfrenta o drama da infidelidade do marido.

Para esse tipo de mulher – afirma – a traição masculina é algo muito mais grave, mas também muito mais raro.

O artigo não dá receitas para evitar a infidelidade masculina ou mesmo enfrentá-la como parece sugerir seu título. Entretanto, apresenta dois tipos femininos e suas respectivas formas de encarar o seu papel no relacionamento conjugal, decorrentes de distintas opções de vida. Ao delinear o perfil da "mulher moderna", Helena Silveira reconhece quão poucas são as mulheres que nele se enquadram – o que explica pelo fato de ainda faltar às mulheres encontrar seu próprio destino e escapar dos "véus de mistificação que lhes foram impostos pela sociedade".

Constatando que, nesses "tempos de transições", muitas vezes as mulheres reivindicam sem saber exatamente o que querem e emancipam-se em alguns campos enquanto são imaturas e dependentes em outros, Helena Silveira propõe às mulheres um encontro, primeiro consigo mesmas e, depois, com o seu parceiro de vida.

Seu texto escapa ao lugar comum das revistas femininas de até então, trazendo novas ideias e sugerindo algumas mudanças nas relações homem-mulher. Estas passariam pela reformulação da autoimagem feminina e pelo desempenho, por parte das mulheres, de papéis mais amplos que o de ser simplesmente "satélite do marido".

Curiosamente, na mesma *Claudia* em que essas ideias contestadoras são veiculadas, há ilustrações cômicas que reproduzem situações que parecem eternas. As duas cenas que retratam a disputa "lolitas *versus* balzaqueanas" mostram um marido que caminha de braço dado com sua esposa enquanto olha cobiçoso para outra mulher: o que tem uma esposa jovem se sente atraído por uma mulher mais experiente; o que tem uma esposa madura admira uma mocinha.

Outra imagem mostra uma dona de casa de avental e olhar satisfeito, pronta para colocar uma galinha na panela. Ela ilustra a história da "senhora que, sabendo da infidelidade do esposo, vai à casa da rival".

> [...] Robusta, ministra à outra competentes tabefes. Diz-lhe memoráveis desaforos [...]. Quebra objetos, atira coisas às cabeças mais próximas. O escândalo terminado, retorna a seu lar. Porém, ao ser indagada sobre o que fizera ao esposo, responde: "– Que fiz? Canja com uma galinha inteira. E com raminhos de hortelã. Como ele gosta."

A matéria de *Claudia* a respeito da infidelidade conjugal publicada em maio de 1963 apresenta e comenta os dados de uma pesquisa em que a maioria dos entrevistados (53,3%), representantes de ambos os sexos, respondeu que considera a infidelidade feminina muito mais grave que a masculina, sendo que a maior parte dos que condenam principalmente a traição das esposas é composta por homens. Em um distante segundo lugar está a porcentagem das pessoas que atribuem a mesma gravidade à traição de ambos os cônjuges; mais mulheres do que homens optam por esta resposta. E, finalmente, dos 10,7% que acreditam que a infidelidade do marido seja pior, quase todos são mulheres.

Diante desse quadro, *Claudia* toma uma posição que diverge da maioria dos entrevistados. O editorial desse número da revista e os próprios comentários da matéria consideram muito graves tanto a infidelidade do marido quanto a da esposa: a traição deve ser "apontada a dedo, e não corriqueira, quase necessária e sempre perdoada".

As principais causas do problema "de grandes proporções" que é a infidelidade conjugal são – conforme a matéria – a falta de preparo para o casamento, a escolha malfeita e as decepções com o matrimônio, especialmente as relacionadas à satisfação sexual.

> [...] a falta de educação sexual – a mulher na maioria dos casos não tem sequer experiência, o homem, se tem experiência, não tem educação – pode gerar conflitos que abrem o caminho da infidelidade. Há os exemplos clássicos da falta de tato e de respeito do jovem marido desastrado e arrogante [...]. E há [...] mulheres que, condicionadas por educações medievais, consideram falta de tato e de respeito aquilo que é simplesmente natural. Ou mulheres que [...] por terem sido enclausuradas dentro de noções falsas não podem corresponder ao amor do marido [...]. Mais de 30% das esposas [...] atravessam a vida conjugal numa atitude de frieza absoluta, ou quase, em relação aos aspectos sexuais do matrimônio.

"Especialistas" consultados (padres, psiquiatras e advogados – mas *nenhuma* mulher) confirmam a importância da afinidade sexual na questão da fidelidade conjugal e enfatizam o papel da educação no sentido de promover esta afinidade.

O sexo, porém, acaba sendo visto como uma obrigação conjugal, tanto para o marido quanto para a mulher: "a fuga do marido aos seus deveres [sexuais], com ou sem desculpas, é tão grave e prejudicial como a da esposa".

O texto reconhece que os maridos têm mais oportunidades para a infidelidade do que as esposas. Afirma que mais da metade dos homens casados é infiel pelo menos uma vez na vida, mesmo quando têm algum tipo de afeto pela esposa e são correspondidos. No quadro que faz dos principais tipos de marido infiel estão: aquele que trai a esposa em qualquer oportunidade, procurando com isso reafirmar constantemente o que pensa ser virilidade (este nunca se arrepende); o que se mete em aventuras amorosas "alegando que a esposa é um ser sagrado" que merece o respeito que as outras não merecem (este é um homem tipicamente imaturo, capaz de ter pesos de consciência e levar presentinhos à esposa); o fraco, o prepotente, o desiludido, o enfastiado ou o volúvel; o que nunca amou a esposa e se casou por interesse.

O tom crítico adotado para caracterizar os maridos "adeptos de D. Juan" é amenizado no momento em que o texto declara que nem sempre o homem é o único culpado – "a infidelidade tem frequentemente dois responsáveis: o marido e a mulher"; há mulheres que, de uma forma ou de outra, "encorajam a traição do marido".

> Não é incomum o caso das mulheres que, por um motivo ou por outro, procuram escapar às *obrigações sexuais* que o matrimônio subentende [...] [Há também] as esposas que não dedicam ao marido a atenção que a presença dele reclama, as desinteressadas na vida que o homem leva fora de casa, as que não sabem consolá-lo, aconselhá-lo [...] nas horas amargas e regozijar-se com ele nos bons momentos; as más donas de casa [...] que não sabem passar um bife na chapa e as donas de casa impecáveis [...] que ignoram o endereço do escritório do marido; as tiranas, que arrancam a porta no dia de futebol; as ciumentas, que passam em revista os bolsos do marido [...]; as enfadonhas do gênero lamuriento, que não titubeiam em colocar o homem frente a frente com seus problemas miúdos, à base de crianças desobedientes, costureiras impontuais, criadas malcriadas. (destaques meus)

A essas figuras femininas, o texto acrescenta as mulheres que não têm o mesmo nível cultural do marido e aquelas que são elas mesmas infiéis.

Em resumo, aqui *Claudia* critica tanto os maridos que traem sua mulher quanto as esposas que praticamente "empurram" seu cônjuge para os caminhos da infidelidade. No caso da responsabilidade das esposas, mesclam-se argumentos novos em termos de revistas femininas (como os que envolvem a compatibilidade e a disponibilidade sexuais) com os estereótipos mais tradicionais da "má esposa". Já os maridos que justificam suas infidelidades – com argumentos como "o homem, ao contrário da mulher, consegue separar sexo de amor"; "o sexo forte tem necessidades fisiológicas que o fraco não tem"; "só a traição feminina traz consequências graves, tais como filhos ilegítimos" – são chamados de "egoístas" e "abusivos".

A matéria constata que a mulher traída geralmente cede às imposições do homem, aceita o caso consumado, finge não saber, sofre em silêncio ou simplesmente não dá importância ao assunto, mas no íntimo perde a confiança no marido e deixa de admirá-lo. Porém, reconhece que existem mulheres que não toleram a traição e tomam medidas drásticas, como vingar-se, sendo elas também infiéis, e, principalmente, recorrendo ao desquite.

A opção pelo desquite é tachada de muito radical e intransigente, porque dissolve a família. Ao tocar nesse ponto, o texto torna-se ambíguo, pois, ao criticar a possibilidade de separação, ameniza o impacto da traição masculina dizendo não ser motivo suficiente para que se passe "um apagador sobre os anos de felicidade em comum", "compreensão" e "estabilidade econômica".

Um dos caminhos mais adotados pelos casais após a crise é a reconciliação – declara a autointitulada reportagem. As pazes ocorrem quando há compreensão, reconhecimento dos próprios defeitos e paciência, pois é fato que "o marido sempre volta".

Entre os motivos que alimentam a continuidade das uniões, o texto lembra: a preocupação com os filhos; o interesse do marido em não perder os serviços da esposa; o interesse da mulher em manter seu sustento e evitar uma "solidão cheia de mexericos". Há ainda os casais que permitem as infidelidades recíprocas. E, por fim, existem as mulheres que deixam o marido comprar sua tolerância com presentes e atenções variadas.

Ao contrário das projeções pessimistas do editorial – "dentro de algum tempo quem não tiver uma aventura ou uma amante permanente será apontado como um caso raro, um antiquado" –, a matéria revela otimismo com relação ao futuro do casamento estável e monogâmico: apesar dos costumes e preconceitos que pendem a favor do egoísmo masculino, os tempos estão mudando. Sinais dessa mudança seriam os avanços na Psiquiatria, que "vai desbaratando a antiga afirmação de que o homem é polígamo por natureza" e a defesa que a moral e a ciência fazem da monogamia. Uma preparação adequada ao matrimônio para homens e mulheres evitaria enganos e desilusões, e promoveria a superação de velhos tabus e preconceitos com relação ao relacionamento sexual entre casais.

Apesar de marcado por ambiguidades entre visões tradicionais e propostas inovadoras, entre a defendida "igualdade dos sexos" e as tendências e opiniões que privilegiam os homens, esse texto de *Claudia* traz ideias que combatem concepções arraigadas sobre as relações homem-mulher e minimizam desigualdades de gênero.

※

Novamente é Carmen da Silva quem mais ousa em termos de interpretar um assunto e propor mudanças no comportamento e no modo de pensar de homens e mulheres. Em seu artigo "Infidelidade" (de julho de 1964), ela critica a mentalidade que admite o deslize extraconjugal masculino como um direito indiscutível do homem e lembra os sofrimentos, frustrações e inseguranças da mulher apaixonada que se dedica ao marido e o deseja com exclusividade, mas acaba sendo enganada pelo adúltero.

A atenção dada ao sofrimento da esposa traída e o emprego do termo "adultério" dos homens (em lugar de expressões mais amenas como "aventura", "programa", "deslize") já são inovações em relação aos discursos mais comuns nas revistas femininas.

Carmen da Silva contesta o argumento mais utilizado para justificar os adúlteros – o de que "o homem é polígamo por natureza" – afirmando que explicações baseadas em instintos naturais não deveriam ter força em uma sociedade civilizada. Na verdade – ensina –, os dois sexos têm em si tendências para a poligamia e a monogamia, mas a monogamia tornou-se a norma oficial por opção da sociedade, pois parece ser a melhor para a criação dos filhos e para o desenvolvimento do indivíduo.

Diferentemente da matéria "Infidelidade: duas pesquisas" – que lembrava que as leis brasileiras do Código Penal não estabelecem diferenças de sexo (sintonizando-se perfeitamente com a moral cristã ao atribuir a mesma gravidade e punição para a infidelidade de ambos os cônjuges), sem revelar que na prática a aplicação das leis não ocorre dessa forma –, o artigo de Carmen da Silva critica o tratamento diferencial dado a homens e mulheres por parte do aparato jurídico.[223]

> [...] extraoficialmente vigora ainda o conceito [...]: um homem é um homem, que diabo. Os juízes têm de se violentar intimamente para condenar um homem adúltero; mas no caso de infidelidade da esposa, cai sobre ela o peso implacável da lei e do repúdio social; muita gente chega até a achar ridículo o marido que se limita a levar o assunto aos tribunais, em vez de lavar sua honra com sangue, como nos romances de capa e espada. Aliás, homicídios dessa índole costumam ser julgados com grave benevolência.

A própria sociedade, nos casos de adultério, é muito mais rígida com a mulher.

> A sociedade aponta um dedo acusador para a esposa infiel, muitas famílias fecham-lhe as portas; os homens não a respeitam e cada um deles está à espreita da oportunidade de também "tirar sua casquinha", como se a mulher que uma vez enganou seu marido, levada por razões ou impulsos que os outros desconhecem, tivesse, de certa forma, caído no domínio público.

Apontando o problema da discrepância entre a "norma oficial" (a monogamia) e a extrema indulgência social para com as infidelidades masculinas, a autora apresenta, entre os culpados, as próprias mulheres.

Deduzimos de suas ideias que a fatia de responsabilidade pelas traições dos maridos que cabe às mulheres *não* se explica pelo fato de elas não se comportarem como uma "boa esposa" – conforme acusa o discurso tradicional –, mas *sim* porque elas se comportam exatamente como prescreve o velho ideal.

Carmen da Silva observa que as mulheres que são dependentes de seus esposos – vendo no casamento uma forma de sustento e vivendo "à sombra do amparo e do prestígio do marido" – sentem, conscientemente ou não, que devem ao homem algum tipo de compensação, como o direito à infidelidade impune. Além disso, declara que as próprias mulheres respaldam a "dupla moral sexual".

> As mães, tão severas com suas filhas mulheres, acham natural que os rapazes "aproveitem a vida ao máximo"; as jovens são encorajadas a procurar marido, enquanto os moços ouvem sempre o conselho de não se amarrarem tão cedo; as castas noivinhas acreditam-se muito compreensivas e evoluídas quando admitem que seus noivos tenham *desabafos* por aí. A educação sexual da juventude tende, sem o menor disfarce, a cristalizar o falso esquema de que homem-é-homem-que-diabo e tem o privilégio das transgressões, das aventuras, dos deslizes, das brincadeiras sem consequências (isto é o que se pensa) e até mesmo de ferir profundamente, em nome de uma veleidade momentânea, a sensibilidade, a boa-fé e a dignidade de uma esposa enamorada. E a própria mulher lesada aceita a falsa tese da poligamia masculina.

As mulheres também são responsabilizadas pelas infidelidades masculinas quando, diante do fato consumado da traição, adotam atitudes passivas ou sofrem caladas com medo de situações drásticas. Por dentro, cultivam rancores que acabam tornando desagradável o clima familiar, dando então mais desculpas para que o marido procure satisfação fora de casa. As que fazem cenas de choro, acusações e ameaças sem grande convicção, protestam inutilmente e, em última análise, reforçam as traições: o homem joga sua culpa na "natureza masculina", sabendo que as reações da mulher não passam de um blefe e que, ao final, sempre será perdoado por ela.

Os homens enganam suas esposas com tranquilidade, porque não sofrem qualquer pressão social para se manter fiéis, pelo contrário, a pressão os conduz ao adultério – conclui Carmen da Silva, que, diante do problema da infidelidade propõe uma solução que vai muito além de a mulher escolher criteriosamente o companheiro, saber impor sua personalidade ou preparar-se para a vida a dois. Ela advoga o que chama de "uma reforma estrutural": a modificação dos padrões sociais injustos e ambivalentes. E procura envolver as leitoras nessa luta por transformações.

> A sociedade não é uma abstração: ela é composta de indivíduos: você, leitora, seus amigos, eu. É óbvio que os homens não têm interesse em alterar um *status quo* que lhes é tão propício. Cabe às mulheres, principalmente tendo-se em conta que elas costumam ser as responsáveis mais diretas da educação dos filhos, porem-se em campo para derrubar mitos. Mas ninguém combate com verdadeiro fervor sem estar convencido da causa pela qual luta.

Assim – enfatiza –, as próprias mulheres devem modificar sua forma de pensar não se resignando mais com as "veleidades extramatrimoniais dos maridos" e passando a "merecer" um companheiro leal e digno.

Como "solução individual a curto prazo", Carmen da Silva defende a busca da "harmonia conjugal", da afinidade e do entendimento do casal, baseada no que chama de "comunicação". Dando um novo significado à expressão "harmonia conjugal", ela mostra que o desejado equilíbrio não se resume ao superficial "bom entendimento" dos cônjuges, aquele que dispensa um diálogo verdadeiro.

> Conhecem-se reciprocamente os gostos, as manias, as preferências; mas não os sentimentos, as necessidades, as facetas psicológicas. Passeiam e frequentam a sociedade juntos; à noite, conversam sobre os filhos, os conhecidos, os acontecimentos do dia; se têm bom nível intelectual, falam também de arte, política, literatura. Mas nunca mantêm um diálogo genuinamente íntimo, desses de abrir o coração e ficar com a alma leve. Falam, mas só no idioma do convencional; têm relações sexuais, mas

não se perdem um no outro; explicam-se, mas não se intuem; toleram os respectivos defeitos e fraquezas por resignação, mas não por aceitação autêntica e total da personalidade do outro; se brigam e discutem, ficam os dois rancorosos e ressentidos porque suas desinteligências não abordam os pontos fundamentais nem servem para esclarecer nada, deixando, portanto, sedimentos de hostilidade subterrânea. O nexo que os une é superficial. Falta a integração mútua, a "afirmação" interna, a identificação como espírito do que estão realizando (*ou deveriam realizar*) em comum; em síntese, falta o que constitui a própria essência do casamento: comunicação.

Superficialidade não significa indiferença, mas falta de profundidade: "ama-se, mas se ama mal, sem entrega, sem verdadeira fusão amorosa, que, em lugar de dissolver, enriquece a individualidade de cada um".

Para Carmen da Silva, suas ideias sobre a comunicação do casal não são um excesso de romantismo, são uma possibilidade real comprovada por quem tem uma "afetividade livre" e desinibida. Se marido e mulher se relacionam na base do companheirismo e do amor verdadeiro, as "aventuras" e "escapadas" inspiradas por circunstâncias passageiras, estímulos fortes ou fraquezas ocasionais e apoiadas por "preconceitos seculares" podem ser evitadas. Se o homem vê em sua esposa uma companheira com a qual pode realizar amplamente seu "potencial afetivo" (inclusive no campo sexual), sentir-se-á menos tentado a cometer deslizes e será capaz de evitar o adultério. O clima de diálogo franco e aberto proporcionado em grande parte pela esposa corajosa e sensível, que não se contenta com uma união superficial, favorece a criação de uma intimidade no casamento na qual os conflitos e as insatisfações não ficam encobertos. Assim, qualquer diminuição na intensidade das emoções, negligência ou alteração de humor será perceptível. E, ao sentir que algo não vai bem, a esposa é capaz de conversar com o marido sobre o assunto antes que ocorra algo que possa comprometer a felicidade de ambos. Um diálogo desse tipo só é possível quando há um alto grau de intimidade e uma relação de igualdade entre marido e mulher.

Esse artigo de Carmen da Silva não dá conselhos de como enfrentar a traição *depois* que ela ocorre, não fala em medidas drásticas (como o desquite), não se detém no caso dos maridos intransigentes ou nos casais sem afinidades e interesses comuns. Na realidade, o texto se preocupa mais com a atitude social diante da infidelidade do que com o ato em si.

Na seção de cartas de *Claudia*, o texto "Infidelidade" recebe muitos elogios e nenhuma crítica. Algumas leitoras chegam a escrever apoiando a ideia de que cabe às mulheres combater a mentalidade que condena a esposa infiel e apoia o marido adúltero.

A diversidade de opiniões e representações de gênero presentes em *Claudia* traduz de certo modo a variedade das possibilidades coexistentes nas relações homem-mulher no universo dos leitores da revista na primeira metade dos anos 1960.

## "A OUTRA"

"A outra" é o nome dado à amante de um homem casado. Essa amante é retratada em *Jornal das Moças* de diversas maneiras. Nos artigos, "a outra" figura apenas como uma ameaça aos casamentos constituídos, sem mais detalhes. Nas piadas, ela pode ser a empregada doméstica, a secretária do escritório, uma corista... Nos contos,[224] "a outra" já é uma personagem e pode ter até nomes estrangeiros (especialmente franceses, como as prostitutas do início do século): Beth, Brenda, Babette, Manon, madame Lulu...

Na grande maioria das histórias em que aparece, "a outra" é mais jovem que a esposa legítima, sendo que várias das narrativas reforçam explicitamente a tese de que o marido se mete em aventuras extraconjugais para tentar "recuperar a juventude". As personificações da amante (concreta ou potencial) podem ser: uma "moça moderna e elegante"; uma secretária "com modos de gata e cabelos ruivos"; uma francesa; uma mulher "leviana" casada; uma atriz "formosa" que não consegue "dominar seu temperamento" e já tem um passado de vários "casos"; uma viúva "sedutora"; uma mocinha "inexperiente"; uma jovem sonhadora influenciada pelos romances que lê.

Da mulher exótica e sedutora à jovenzinha ingênua, passando pela "mulher independente", a figura da "outra" corresponde a estereótipos consagrados. A amante de um homem casado, em *Jornal das Moças*, em nenhum caso é uma mulher comum à procura de um companheiro estável ou movida mais pelo amor que pela ingenuidade ou pela luxúria. Também não há em qualquer espaço a tentativa de apresentar motivos diferentes ou mais complexos que esses para explicar o que levaria uma mulher a tornar-se "a outra" de alguém. Dessa forma, o discurso da revista consegue manter sua coerência, reforçar a distinção entre o certo e o errado absolutos e separar a "esposa" (respeitável) da "amante" (execrável).

Ao final de nenhum conto o marido deixa definitivamente sua esposa para ficar com a amante, porque "tudo não passa de uma aventura", ou porque "ama realmente" sua mulher e seus filhos, ou ainda porque "nunca se acostumaria à nova companheira". Moral das histórias: *o marido sempre volta.*

O conto "Como nos romances"[225] descreve as desventuras de uma secretária jovem e humilde que vivia em uma pensãozinha longe da família e que se tornou amante de seu chefe, um homem casado. Este lhe comprou um apartamento, onde ela passaria a morar, solitária e desprezada por todos.

Na época em que descobrira que seu amante era casado, a jovem não deu muita importância ao fato, pois pensou que ele não gostasse realmente da esposa:

> Jandira era a vida oficial, a boneca que usava seu nome, mas a Mulher, a verdadeira Mulher, era ela [...]. Achava que, como nos romances que lia, a amante era a verdadeira [...] a heroína dos amores a três.

Mas, finalmente, quando o viu acompanhado da mulher, sentiu ciúmes, vergonha e despeito, dando-se conta de seu "papel grotesco" e de sua situação secundária. E, então, apesar do amor que sente pelo chefe, resolve abandoná-lo e volta a viver na casa de sua mãe, no interior.

Entre ser a esposa enganada ou a amante, a primeira opção é a melhor conforme histórias como esta dão a entender. O caso da jovem secretária funciona também como um exemplo às mulheres que acreditam que a paixão justifica o desprezo pelas regras sociais, ensinando-lhes que o preço a pagar é sofrimento, solidão e discriminação social. Não lhes resta sequer o consolo de finalmente vir ser a única (ou a principal) na vida do homem a quem se entregaram.

Em outra narrativa envolvendo uma jovem secretária (novamente uma secretária!), intitulado "Esta é minha história",[226] a personagem *não* aceita ser amante do chefe que a deseja. Aos 23 anos, ela relata sua experiência como exemplo para outras moças.

> [Vivendo] solteira e livre [em Nova York, um dia] julguei que era chegado o momento de acertar o passo na vida [...] comecei a dar, então, atenção aos galanteios de meu chefe [...]. [Resolvi sair com ele para um passeio no lago] Ali, depois de alguns gestos mais "avançados" no interior de seu carro, o meu patrão disse afinal aquelas palavras, que, hoje eu sei, são o ponto crucial da vida de toda moça inexperiente [...] ele me oferecia uma boa situação no escritório contanto que eu fosse "boazinha" para com ele. E pintou, com cores fortes, a riqueza que me poderia oferecer caso eu fosse sua "girl".

Apavorada, ela pediu demissão, mas logo conseguiu emprego em outro lugar e arranjou um namorado adequado. Assim, pode dizer às amigas:

[...] dentro de alguns meses, estarei *casada* vivendo feliz com um homem que não me prometeu senão aquilo que toda moça deseja ardentemente: casamento, um lar pobre, porém assentado em bases firmes e sólidas. E não é isso apenas que todas nós desejamos?

※

Em *Claudia*, a amante de um homem casado é tratada como uma "leviana sem escrúpulos", "destruidora de lares", "sirigaita". E, como em *Jornal das Moças*, as figuras estereotipadas da secretária bonita ou da atriz sedutora aparecem como rivais em potencial da esposa legítima em exemplos ou comentários de artigos desta revista.

Porém, certas cartas, endereçadas a *Claudia* por mulheres que são amantes de um homem casado ou somente apaixonadas por alguém comprometido, dão uma ideia diversa e algumas pistas sobre quem possa ser de fato "a outra" na vida de um homem. Na seção "Claudia responde", desfilam figuras mais humanas, menos inescrupulosas ou fantasmagóricas e também menos ingênuas do que nos quadros pintados por *Jornal das Moças* e em vários textos da própria *Claudia*. As cartas mostram que podem envolver-se com homens casados: professoras, mães "de família", aeromoças, moças "de formação católica". A amante pode ser bem próxima à esposa legítima: a cunhada, a colega de trabalho, a amiga da família. A realidade complexa das cartas revela mulheres desesperadas e divididas, outras calmas e calculistas, além de paixões duradouras e de casos passageiros.

Às mulheres envolvidas com homens casados que pedem conselhos à revista, *Claudia* responde: deixe seu "amor proibido", abandone suas "ligações perigosas", não destrua um lar constituído, assuma o erro e não o cometa novamente, volte a se dedicar a seu próprio marido.[227]

Um artigo publicado em *Claudia* também se contrapõe às imagens mais frequentes d' "a outra" nas revistas femininas e nos estereótipos correntes. Trata-se de um texto de Helena Silveira[228] que observa que, "nos tempos atuais", a esposa e "a outra" não vivem mais em compartimentos estanques e não são mais figuras que se opõem como antigamente: a "mãe de família" (irritadiça, confinada e atrelada aos afazeres domésticos) *versus* a "amante" (o sedutor "repouso do guerreiro"). Helena Silveira argumenta que, no "sistema de vida moderna", no qual as mulheres trabalham e convivem com os homens em universidades, escritórios, lojas etc., "toda mulher pode ser 'a outra'", até porque os homens continuam praticamente livres para trair suas esposas e a maioria delas continua preocupada em agradá-los.

O maior espaço ocupado em *Claudia* pela questão da relação entre o homem casado e a amante ocasional se dá quando Uma Maria Qualquer (pseudônimo de uma leitora) resolve escrever para a revista relatando suas conclusões sobre as experiências que teve ao envolver-se, "por curiosidade", com vários homens casados. Em sua opinião, *qualquer* esposa (daí a inutilidade dos conselhos das revistas) pode ser vítima da infidelidade do marido, pois o casamento, uma prisão, provoca insatisfação nos homens. Sendo assim, eles procuram nas amantes a emoção da novidade e da conquista, o que é dificílimo encontrar num lar.

*Claudia* responde demonstrando primeiro surpresa diante de tanta "frieza e ousadia" vindas de uma mulher. Em seguida, defende as emoções do casamento e do amor conjugal (conhecidas apenas pelas esposas mães de família) – muito diferentes do amor ligado apenas a sexo ("como só uma 'outra' o compreende").

> [...] O amor conjugal, longe de ser superado pela rotina, cristaliza-se com o hábito, transcende do sexo, estende-se da esposa para os filhos, para a casa, para isso que é chamado de lar. ("Claudia responde", 04.1962)

Essa resposta é recebida com elogios por várias leitoras de *Claudia* e com o "desprezo" irado de Uma Maria Qualquer. Restabelece-se a ordem no mundo de *Claudia*: a esposa legítima vence a amante mais uma vez.

## ESPOSAS INFIÉIS

*Jornal das Moças* sequer discute a questão do direito feminino à liberdade para "programinhas" e "aventuras", que só são permitidos aos homens. Contudo, por todo o conjunto de ideias defendidas pela revista, é fácil deduzir sua postura intransigente com relação à esposa infiel. Silenciar sobre o assunto, nesse caso, também é uma forma de condenar a infidelidade feminina.

A possibilidade de a mulher apaixonar-se por outro homem, que não seu esposo, aparece apenas em alguns contos. E em quase todos eles o adultério não se concretiza; a esposa acaba voltando novamente suas atenções para o marido e os filhos (se não há filhos, então o casal decide ter um), porque descobre que os ama acima de tudo ou porque recupera seu "senso de dever" e resolve conformar-se com a vida que leva.

Os motivos apresentados nas histórias para a infidelidade feminina, ainda que ela ocorra apenas em pensamento, são: paixão, desejo de aventura, fantasias típicas das mulheres, apego ao passado, crise sentimental, decepção diante do descaso do marido, esposo inválido, solidão, problemas com um marido muito mais velho e ciumento.[229] Os quatro últimos motivos recebem, nos contos, a conotação de *explicações* para o descontentamento da mulher com o seu próprio casamento, mas nunca têm o sentido ou valor de *justificativas* para um rompimento com o marido (e menos ainda para se ligar a outro homem).

Nos pouquíssimos contos em que o adultério feminino se concretiza, o final é trágico com uma ou várias mortes entre os personagens.[230]

É bem evidente que, ao lidar com desvios (pensar em outro homem) ou rupturas (trair o marido) com relação ao comportamento desejável da mulher casada, os contos acabam por reforçar uma vez mais o ideal de "boa esposa": que não abandona "seus deveres" e coloca a família acima de tudo, inclusive de suas paixões, quando tais sentimentos "egoístas" ousam se manifestar.

Nos últimos anos da década de 1950, uma contemporânea de *Jornal das Moças*, a revista *Querida*, abre espaço para certos temas polêmicos, entre eles o da infidelidade feminina. Sob esse aspecto, aproxima-se de algumas páginas de *Claudia*.

Um bom exemplo é a série de artigos assinados por Françoise Giroud, intitulada "Defenda seu casamento", publicada entre janeiro e março de 1957. Dentre os problemas que ameaçam o casamento, Françoise Giroud menciona a infidelidade feminina explicada aqui como uma consequência da desilusão das mulheres diante do comportamento dos homens com quem se casaram.

> Tanto são raros os homens que, por mais apaixonados que estejam, casam-se decididos a reduzir o universo "das mulheres" a uma única mulher, quanto raras as mulheres que não sonham com fidelidade absoluta. (*Querida*, 01.1957)

Além das traições, a falta de compreensão e a indiferença da parte dos homens também ameaçam a fidelidade da esposa. *Querida* não chega a criticar explicitamente a infidelidade masculina ou culpá-la por algum tipo de sofrimento que pode causar. Constata apenas que o marido que deixa de se esforçar para conservar a própria mulher – por estar muito ocupado com suas conquistas ou acreditar que a dependência financeira é suficiente para manter sua esposa fiel – corre o risco de ser enganado.

> [...] o homem não acredita que a sua mulher se canse dele fisicamente porque seu orgulho não deixa demorar-se em tal pensamento. Além disso, só há pouco tempo as mulheres descobriram que o que se torna enfadonho com um pode ser delicioso com outro. (*Querida*, 01.1957)

Em outras palavras, a condição econômica e o interesse sexual (ainda que o texto não empregue esses termos) também são pesos nas ponderações sobre a conduta feminina.

Nos últimos tempos – observa Françoise Giroud –, os jovens maridos perderam um pouco da segurança com relação à garantia da fidelidade da esposa, porque as mulheres estão ficando cada vez mais independentes financeiramente e estão sujeitas a uma maior "educação física" (termo empregado como sinônimo de *educação sexual*, sugerindo que as mulheres têm então mais informações e interesse com relação a sexo).

Françoise Giroud não responsabiliza apenas a mulher pela manutenção da "harmonia conjugal": "em um casamento errado há sempre dois culpados". Em seus comentários, a possibilidade de infidelidade é admitida para ambos os cônjuges, ainda que se reconheça que é mais comum que ocorra com o homem – não tanto por motivos "biológicos" (como muitos afirmam) quanto por opção ligada a fatores "psicológicos", tais como a autovalorização através da postura de conquistador, a busca de compensação pelas recriminações ou pela indiferença da parte da esposa ou ainda a contrapartida pela insegurança que o marido sente quando a mulher trabalha fora.

Já as mulheres começam a pensar em outro homem quando o marido deixa de dar "sentido à sua vida" e não corresponde às suas expectativas no campo das "relações físicas" (leia-se: *relações sexuais*).

> Quando uma mulher é mal casada, fica encerrada numa gaiola e dá voltas em derredor procurando a saída de seu casamento [...]. Se os maridos negligentes suspeitassem o que logram acumular em alguns anos de casamento em matéria de rancor, de humilhações, de decepções, no coração de sua esposa, não se admirariam de descobrir, bruscamente ao sabor de um incidente, uma inimiga. As jovens casadas tornam-se o que os homens as fazem. (*Querida*, 02.1957)

Ao se casar, a mulher é flexível, tem boa vontade e está pronta a adotar "o tom, o clima, os hábitos que o homem determinar", já que "cabe a ele fixar o ritmo, o adorno, os ritos das relações físicas". Entretanto, com o tempo, ela pode perceber que está insatisfeita e procurar fora do matrimônio alguém que supra seus anseios.

A novidade de *Querida* aqui é que o comportamento das mulheres que se tornam amantes *não* é explicado em termos de ingenuidade juvenil, leviandade ou luxúria. Os argumentos usados por Françoise Giroud remetem a uma "psicologia" mais sofisticada. Não há o tom de censura às mulheres. Prevalece, entretanto, a ideia da autoimagem feminina dependente do espelho masculino.

> Uma mulher disponível não é uma mulher fácil. Cristina não cairá nos braços de qualquer um. Mas se um homem relativamente próximo a seu ideal a colocar em certa situação psicológica, ela estará pronta a crer que o ama [...] [amará] aquele que lhe oferecerá um reflexo tão gracioso e reconfortante de si própria. É o motivo mais difundido da infidelidade feminina. (*Querida*, 02.1957)

Françoise Giroud informa que "atualmente", em alguns lugares como a Rússia soviética e os países escandinavos, as traições tendem a não resultar mais em crimes passionais, mas na França e nos países latinos a infidelidade feminina permanece uma fonte de dramas que podem acabar em morte. Ainda assim – comenta –, há um movimento de mudança de atitudes dos homens com relação às esposas: os jovens maridos têm procurado compreender melhor suas companheiras e "não mais consideram todas as reações femininas como manifestações pueris de nervosismo periódico";[231] eles reconhecem, cada vez mais, que as angústias femininas podem ser provocadas pela fadiga das tarefas domésticas e o cotidiano da dona de casa. De todo modo, aconselha os maridos a não considerarem sua esposa como "um simples móvel da casa", porque "os móveis não sabem se lamentar, nem resistir, nem partir com outro 'admirador'. As mulheres o fazem, algumas vezes".[232]

Em pleno processo dinâmico de reformulação e reconstrução das relações e significados de gênero convivem ideias e práticas diferentes, mais liberais ou mais conservadoras; havendo espaço, entre as revistas femininas, para *Jornal das Moças* e para *Querida*. Mas, mesmo dentro de uma única revista, como *Querida*, existem visões distintas e, até certo ponto, contraditórias. Por exemplo, na seção de cartas, a conselheira Maria Helena responde a uma esposa apaixonada por outro homem, aconselhando que se mantenha fiel ao marido e busque consolo na religião:

> [...] procure conhecer melhor a grandeza e as graças do matrimônio cristão. Reze [...] pense em tudo que poderá ainda dar a seu marido e a seus filhos. Que Deus a ajude.
> (*Querida*, 08.1961)

※

Na revista *Claudia*, a infidelidade feminina, ainda que justificada em casos excepcionais, é sempre moralmente condenável. *Claudia*, contudo, admite que as esposas estejam sujeitas a tentações e não esconde o problema com o silêncio.

Esposas infiéis escrevem para *Claudia* e recebem respostas diferentes de acordo com cada caso.

Para uma mãe de família que ama um homem casado com filhos, *Claudia* responde da maneira tradicional e esperada (embora sem fazer críticas pessoais): explica que a paixão socialmente proibida é irracional e passageira, lembra a importância dos filhos e da tranquilidade doméstica e aconselha a leitora a terminar com o romance e voltar-se para o seu lar.[233]

Para uma mulher que diz ter sido seduzida pelo chefe no trabalho e que, arrependida, conta tudo a seu marido, o conselho é baseado na "psicologia". *Claudia* convida a esposa infiel a assumir o próprio erro e não imputá-lo ao chefe: "admita que o problema não está na força das tentações, mas sim na força do caráter de quem as experimenta"; se você se responsabilizar por seus atos (e só assim) o seu marido poderá readquirir a confiança perdida e não terá medo de outros possíveis sedutores.[234]

Para uma mulher casada há dois anos com um homem com quem não se dá bem sexualmente ("vivemos como irmãos" – diz ela) e que, apesar de ter uma filhinha e convicções religiosas, se tornou amante de um rapaz cinco anos mais novo, *Claudia* dá uma resposta completamente fora dos padrões dominantes. O conselho (que deve ter surpreendido muitos leitores) valoriza a mulher enquanto sujeito de sua própria vida e dona incondicional de suas escolhas com direito à satisfação sexual se realmente optar por ela.

> Esta convivência de "irmãos", além de absurda, é um abuso que estão cometendo contra você. Se você realmente deseja reconquistar sua liberdade e viver ao lado do rapaz de quem gosta, tem todo o direito de fazê-lo. Mas, antes de decidir-se, analise seus sentimentos [...]. Talvez você não se atreva a se unir a um homem de verdade, para o qual você terá que ser mulher durante 24 horas por dia [...]. Se for assim, continue como até agora [...] cabe-lhe portanto [decidir] sem esquecer que se Deus é o amor, Sua lei nunca é tão severa e intransigente como os homens imaginam. ("Claudia responde", *Claudia*, 03.1964)

Fica claro que, nesse aspecto, a própria seção "Claudia responde" comporta diversas tendências, algumas até se chocam com as visões mais tradicionais de casamento e família. Um sinal dos tempos.

Alguns contos de *Claudia* relatam situações de infidelidade feminina (tanto a que fica só na intenção quanto a que ocorre de fato). Mas os motivos que conduzem uma mulher casada por este caminho ou nem aparecem[235] ou são descritos simplesmente como "paixão" e "pura atração física" (nesse caso, a mulher termina abandonada pelo marido e também pelo amante).[236] Nas histórias em que as personagens reencontram antigos namorados, acabam percebendo que eles não passam de boas lembranças ou fantasias; retornam felizes para os braços do marido.[237]

As adúlteras dos contos de *Claudia* não são tão rigorosamente punidas como nas histórias de *Jornal das Moças*, e uma ou outra passa incólume. Entretanto, todas as narrativas demonstram que continuar com o marido ainda é a melhor opção para as personagens femininas.

Os motivos da infidelidade feminina aparecem esboçados em dois artigos de *Claudia* – "O que nos irrita nas mulheres", de Jorge Scebanenco (publicado em junho de 1962), e "Tentações de uma jovem esposa", de Dona Letícia (de março de 1963) – e na reportagem "Infidelidade: duas pesquisas" (de maio de 1963). Em linhas gerais, o adultério das esposas é explicado por algo mais que "exacerbação do juízo" ou "instintos passionais": o motivo da infidelidade feminina apresentado por *Claudia* como o mais comum é "carência afetiva".

Para Jorge Scebanenco, as mulheres têm uma "desproporcionada necessidade de afeto" e, sentindo-se incompreendidas pelo marido, são capazes de perder a virtude e cair nos braços de qualquer D. Juan astuto que apareça – o *motivo* é considerado tão desprezível quanto irracional.

Para Dona Letícia, "a rotina da vida matrimonial e um vago sentimento de desilusão e cansaço" podem dar à jovem esposa a justificativa "psicológica" para uma "evasão", um desejo de renovar "a magia do amor" (essa *justificativa* é apontada como uma ilusão, "um erro gravíssimo" de quem não compreende a complexidade do amor matrimonial). O encontro afetivo com outro homem que não o marido não pode ser considerado amor. O desencanto para com o casamento se dá porque as noivas sonham com "coisas que um homem normal dificilmente poderia dar". O peso da rotina doméstica, o rancor contra o marido que as "violou e desiludiu" e as "más companhias" também são ingredientes que favorecem o adultério feminino – explica Dona Letícia. Porém, o que quer que leve a mulher a trair não muda os resultados: mesmo que a infiel escape às fofocas, seus atos invariavelmente levarão à insatisfação e ao sofrimento. Assim, quando há problemas no "delicado campo das relações sexuais", é preciso ter paciência e, com sinceridade, procurar contorná-los.

Em ambos os artigos, as razões que moveriam uma esposa infiel são minimizadas, e as mulheres que traem os maridos são retratadas como pessoas quase infantis, sem muita noção da realidade.

O artigo de Dona Letícia procura refrear os impulsos que levariam uma mulher a buscar emoções fora do leito conjugal. Reforça a adequação da esposa à vida matrimonial e ao que lhe é oferecido pelo marido (com todos os seus altos e baixos), também chamado de "amor conjugal", "o mais precioso e o único que tem em si um elemento eterno". A solução é aceitá-lo e cultivá-lo, pois "o casamento tem uma beleza incomparável e merece, da mulher, alguns sacrifícios". A mulher, portanto, precisa convencer-se de que o melhor amor se encontra no casamento e que este nunca diminui, só se modifica com o tempo.

O vínculo do casamento é mantido em seu lugar de honra (algumas vezes, acima dos desejos e além das insatisfações femininas), agora não mais preso (somente) a argumentos referentes à moral, mas sim porque é "a mais bela forma de relacionamento entre o homem e a mulher". Com isso, o discurso muda sem realmente transformar-se, pois a lealdade feminina aos votos do matrimônio e aos papéis que estes estabelecem é garantida e reforçada.

À primeira vista, Dona Letícia defende a ideia de que o amor conjugal deve ser alimentado por ambos os cônjuges, mas um olhar mais apurado pode perceber que muito mais esforços e sacrifícios são exigidos *das esposas*, estabelecendo-se, novamente, uma relação desigual entre homem e mulher.

A reportagem de *Claudia* sobre infidelidade, por sua vez, não condena *a priori* a esposa infiel. Procura, em primeiro lugar, saber por que certas mulheres "enganam" os maridos. O autor arrisca-se a dizer que somente 1 ou 2 mulheres em 10 traem os maridos. Pois dificultam a ocorrência da infidelidade feminina: a educação rígida, a suspeita dos olhares vigilantes e as barreiras íntimas (como o amor materno, o apego ao lar e o sentimento de responsabilidade para com a união da família). Portanto – afirma o texto –, a mulher só é infiel "na eventualidade extrema" de sentir-se fortemente atraída por outro homem que não o marido (a "escapadela" inconsequente é rara no caso das esposas, especialmente as de classe média).

Nesse texto, os maridos são *claramente* responsabilizados pela maior parte dos motivos que levam a esposa ao adultério, "facilitando", oferecendo-lhe justificativas. "Atentam contra a fidelidade" da esposa: os homens negligentes para com seus "deveres conjugais" (relativos a sexo, embora esta palavra seja evitada); os maridos extremamente ciumentos e possessivos; os "tiranos", que se julgam os soberanos únicos da família; os queixosos; os "trabalhadores infatigáveis" que não dão atenção à mulher; os constantemente infiéis.

A matéria reconhece que muitas vezes o adultério feminino, especialmente o "notório", é punido com violência pelo marido traído com o apoio indireto da tradição social (situação esta que não recebe nenhum tipo de crítica nesse texto).

Em *Claudia*, se comparada a *Jornal das Moças*, há uma maior aproximação em relação aos comportamentos aceitos para homens e mulheres. A ênfase no direito feminino de exigir atenção, uma relativa satisfação sexual e alguma redistribuição de poderes dentro do lar promove uma diminuição do grau de desigualdade nas relações de gênero ainda que a hierarquia masculino/feminino continue prevalecendo.

# Separação, desquite e divórcio

O debate em torno da questão do divórcio nunca saiu da pauta no Brasil e, nos Anos Dourados, ganha força a partir do final dos anos 1950. Contudo, o divórcio no século XX só viria como lei em 1977. Até então, o único marco legal da separação de um casal é o desquite, que impossibilita um segundo casamento pelas leis brasileiras. A oposição à legalização do divórcio vem da Igreja Católica, de grupos conservadores organizados, mas também de grande parte da opinião pública. Assim, apesar das tentativas dos divorcistas, nessa época prevalece o conservadorismo que alega defender a sociedade contra "a desorganização da família", "o amor livre" e "a introdução do comunismo".[238]

Até 1977, portanto, o casamento civil no Brasil é monogâmico e indissolúvel. O desquite, a forma legal de separação dos casais, não dissolve os laços conjugais; mesmo com a separação não pode haver um casamento posterior. O matrimônio só é dissolvido se for anulado ou se algum dos cônjuges vier a falecer. A sociedade conjugal e a obrigação da vida conjunta terminam com o desquite, mas o vínculo matrimonial continua existindo entre o casal. Com a separação da sociedade conjugal, cada membro torna-se independente do outro, mas há deveres que não se extinguem como: o da *fidelidade*, o da pensão alimentícia e o da guarda e criação dos filhos menores.

O desquite pode ocorrer por mútuo consentimento (depois de dois anos de casados) ou por justa causa (se um dos cônjuges for considerado culpado de algum dos seguintes motivos: adultério, com penas previstas no Código Penal; tentativa de morte; abandono voluntário do lar durante dois anos seguidos; sevícia ou injúria grave).[239]

Em 1961, o pesquisador Thales de Azevedo constata a partir dos "casos publicados" que "o adultério parece ser a causa mais frequente de separação e a mais invocada contra a mulher", enquanto os homens são mais acusados de "maus-tratos e abandono do lar, uma vez que o adultério masculino é muito mais difícil de provar" e também em razão de o homem (casado ou solteiro) gozar de "bastante liberdade de movimentos e de exercício sexual extramarital".[240]

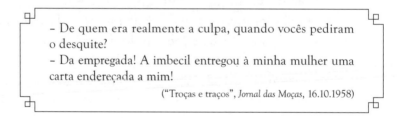

– De quem era realmente a culpa, quando vocês pediram o desquite?
– Da empregada! A imbecil entregou à minha mulher uma carta endereçada a mim!
("Troças e traços", *Jornal das Moças*, 16.10.1958)

Um filho adulterino só pode ser reconhecido (a partir de 1949) se a sociedade conjugal do progenitor adúltero estiver dissolvida.

A mulher desquitada e a mulher que vive com um homem desquitado são socialmente malvistas. A desquitada fica praticamente proibida de ter outras ligações amorosas sob pena de perder o direito à guarda dos filhos e à pensão alimentícia. Porém, o homem desquitado pode, sem ferir sua reputação, até manter uma concubina.

Ainda assim, apesar de todos os obstáculos, os censos demográficos demonstram que, entre 1940 e 1960, a proporção de mulheres separadas, embora pequena, cresce a cada década ao passo que as porcentagens de solteiras, casadas e viúvas são praticamente constantes. Não se sabe, contudo, se "de fato está ocorrendo uma proporção maior de dissoluções matrimoniais", ou se está havendo "uma maior aceitação social da condição de mulher ex-casada" que leva "à declaração mais frequente desse estado". Ou ambas as situações.[241]

Ao lado do aumento lento do número de desquites declarados, multiplicam-se as modalidades de uniões que procuram uma aparência de moralidade, legitimidade ou mesmo legalidade entre pessoas impedidas de contrair, pelas leis civis e da Igreja, um casamento válido. Entre essas modalidades estão o "casamento comercial" (um contrato assinado em cartório, mas sem validade legal como matrimônio) e os casamentos feitos no Uruguai, México ou outros países. Essas uniões tanto podem ser realizadas com uma viagem ao país escolhido quanto "por procuração" através de agências especializadas no assunto, mas restringem-se praticamente aos grupos sociais com mais recursos financeiros, pois seu custo é alto. Porém, pelas leis brasileiras, nem o divórcio, nem o casamento feito no exterior são reconhecidos no país.[242]

Entre os anos 1945 e 1964, a sociedade em geral está apegada a muitos valores tradicionais, mas a opinião pública acompanha com interesse as questões e as polêmicas dos artistas em evidência em torno de temas como separação de casais, guarda dos filhos, sexualidade feminina.[243] Nem mesmo *Jornal das Moças* fica imune às idas e vindas dos relacionamentos matrimoniais e afetivos dos artistas. Nos casos de separações ou desquites efetivados no meio artístico, a revista não emite opiniões, limitando-se apenas a divulgá-los, mas privilegia claramente os desmentidos (do tipo "Ângela Maria não vai se desquitar e diz que quer ser mãe") e as reconciliações.

Na época de *Jornal das Moças*, um questionamento mais evidente dos padrões familiares no que se refere aos aspectos formais ocorre muito mais em setores localizados, como os meios intelectuais e artísticos e os de classe alta, do que na sociedade como um todo.

A possibilidade de dissolução do casamento começa a aparecer nessa revista no final da década de 1950. Percebe-se, por referências feitas a desquites de pessoas famosas, a debates na TV sobre o assunto, a outros países com leis mais liberais etc., que não há mais como escapar dessa questão. É também somente nesse momento que o divórcio surge como tema de artigos em *Jornal das Moças* e, mesmo nessa época, o fato é raro. Quando resolve opinar, *Jornal das Moças* critica o divórcio por enfraquecer a instituição do casamento e proporcionar a dissolução da família.

> O casamento não é um campo de testes ao qual se aplica o lema da probabilidade [...] no terreno das experiências contínuas, mas representa "a estrutura desejada pela vontade divina", que deverá ser, para seus eleitos, um relicário e um campo de frutificação. ("Avulsos femininos", *Jornal das Moças*, 30.04.1959)

A sociedade necessita não do divórcio e sim de "boas escolhas" que façam do casamento "o fundamento indestrutível da felicidade", pois quem escolhe "o amor, a fidelidade e a responsabilidade" no matrimônio "dificilmente verá o malogro de seu ideal".[244] Como solução para os desentendimentos matrimoniais, *Jornal das Moças* propõe a criação de "cursos especializados" com o objetivo de mostrar que "o casamento é a combinação de dois seres, u'amálgama de sentimentos que produzirá o filho" e que o divórcio nunca pode ser considerado "um remédio", pois "separa a mãe do esposo e os filhos dos pais".[245]

Os males que a separação causa aos filhos são um forte argumento de *Jornal das Moças* contra a legalização do divórcio. O divórcio chega a ser comparado à instituição da pena de morte: ambos não curam os males sociais, pois não correspondem às necessidades da sociedade, não servem de exemplo e viciam, sendo que o divórcio é ainda "um veneno maior para a estabilidade social", pois "destrói os laços do contrato mais importante que qualquer outro".[246]

Com uma posição a favor da ordem estabelecida e das relações de gênero tradicionais, *Jornal das Moças* não promoveria algo que pudesse modificá-las. Porém, a revista não pode ficar totalmente alheia ao debate sobre o divórcio. No mesmo ano em que são publicadas as palavras citadas anteriormente, mocinhas de família declaram-se, em entrevistas para a coluna "Um broto por semana", favoráveis ao divórcio... justamente por acreditarem na felicidade de um *bom casamento* (e no direito a uma segunda chance).

Nos contos de *Jornal das Moças*, os desentendimentos entre casais nunca terminam numa separação definitiva, há sempre a reconciliação. As soluções do final feliz seguem algumas das seguintes opções: um cônjuge que havia desconfiado da traição do outro e pensa em se separar descobre ter sido tudo um grande mal-entendido; marido e mulher se reconciliam quando decidem dar mais atenção um ao outro; a esposa se convence do "erro" que cometeu ao abandonar seu marido por ciúme e orgulho, e volta para casa; o marido pede desculpas por suas ofensas e a separação não se concretiza; a esposa deixa de trabalhar fora e passa a se dedicar mais ao lar.[247]

Porém, o principal elo de manutenção dos casamentos nos contos são *os filhos*. E *ter um filho* também coroa a reconciliação.[248]

Mesmo em *Querida*, a revista "para adultos" com contos mais ousados, o divórcio não é bem-visto ou adotado como solução para as desavenças dos casais (ainda que se trate de histórias passadas nos Estados Unidos, Inglaterra ou Canadá). Além disso, invariavelmente, as personagens divorciadas comportam-se mal. Vejamos alguns exemplos.

Em "Nos bons e nos maus tempos",[249] a divorciada Helen tem vários namorados e não cuida bem da filha. Já sua amiga opta por não se divorciar do marido violento, porque o ama e tem filhos com ele. No fim da história, o marido da amiga se regenera e o casamento volta a ser feliz.

A esposa do senador que se divorcia do marido, em "Por razões pessoais",[250] é condenada por todos por abandoná-lo e se torna alcoólatra.

Clive ouve os conselhos de sua mãe, em "Amor e Juízo",[251] e deixa de se envolver com uma mulher divorciada e inconsequente. Em seguida, apaixona-se por Berverly, que é bela e trabalhadeira.

Em "Um presente de Natal para Jimmy",[252] a sensata Jean, que nunca se uniria a um divorciado, casa-se com Jimmy só depois de saber que sua ex-esposa havia morrido.

Apesar de, algumas vezes, darem novas chances às mulheres que "erraram", os contos de *Querida* ainda distinguem a moça ou a esposa respeitável da mulher "leviana" ou "liberada", na qual não se deve confiar como amiga, namorada ou esposa. O discurso da revista coloca a "divorciada" nesta segunda categoria.

Em "A noiva repudiada"[253] e em "Sem família",[254] os casamentos das respectivas heroínas são *anulados* para que elas possam ser felizes casando-se com outros homens. Que fique claro: anulação não é divórcio. Como vimos, o divórcio é reprovado por *Jornal das Moças* e *Querida*, que procuram negá-lo, inclusive como solução e desfecho para maus casamentos. Porém, essas mesmas revistas recorrem constantemente ao fantasma assustador do término da união como uma *ameaça* que ajuda a manter firme o ideal de "boa esposa".

※

Na revista *Claudia*, casamento e família continuam fundamentais na vida da mulher, e a dissolução desses vínculos, ainda que já cogitada, é considerada preocupante e deve ser evitada ao máximo. O assunto da separação dos casais (desquite ou divórcio) aparece como uma realidade que não pode mais ser negada, apesar de suscitar controvérsias. O desquite é visto menos como uma solução que como o início de outros problemas. "Desquite, um problema de nossa época" é, aliás, o título de um artigo publicado em agosto de 1962 com duas partes distintas. A primeira é uma colaboração espontânea enviada pela leitora Nilza Vibonati sobre os vários aspectos que envolvem o desquite. A segunda é composta pelos pareceres de dois homens – o jurista Sylvio Rodrigues e o sociólogo Alceu Amoroso Lima – que avaliam o conteúdo do texto de Nilza.

Na composição do artigo e na caracterização que *Claudia* faz dos autores está implicitamente presente a hierarquia masculino/feminino. Nilza Vibonati é apresentada como uma "senhora-moça, desquitada, com filhos" e sua análise da questão é exibida como um simples "desabafo", parcial e apaixonado, um "depoimento humano de uma desquitada que procura examinar o *seu* problema". Dessa forma, *Claudia* minimiza diante dos leitores o valor da experiência pessoal transformada em reflexão por uma *mulher* "comum". *Paixão, parcialidade, sentimentalismo* – atribuídos ao feminino – são colocados em contraste com as avaliações consideradas *racionais* e *sábias* de dois *homens* caracterizados como "ilustres e ilustrados". Estes dois são apresentados aos leitores com seus respectivos títulos acadêmicos e suas qualidades profissionais, ou seja, como pessoas aptas – com o poder – para examinar o artigo (considerado "depoimento") de uma desquitada e apontar suas "falhas e virtudes". Em outros termos, a palavra final e "os esclarecimentos" são prerrogativa de homens.

Aqui, *Claudia* procura parecer imparcial e moderna; entretanto, submete um texto favorável à possibilidade de um casal separar-se (apresentada como uma liberdade, especialmente para as mulheres) à avaliação de dois autores contrários a ela.

Nilza Vibonati inicia seu artigo tratando da diminuição das distâncias que separam homens e mulheres ocorrida com a crescente participação feminina nos campos do trabalho, das artes e da política. Dessa forma, e acumulando as funções de dona de casa – argumenta –, a mulher passa a ter condições de exigir um relacionamento mais compensatório no casamento e não perdoa mais a "dupla traição" do marido, ou seja, a infidelidade e os gastos excessivos (com as amantes). Está implícita a ligação feita pela autora entre esses motivos e o desquite. A seguir, ela convida as mulheres a pensarem racionalmente sobre a possibilidade de separar-se do marido, pois *os filhos* devem ser postos em primeiro lugar.

Aqui, não vemos nada de egoísmo, nada contra o celebrado "espírito materno", nada de impulsividade. Separar-se é a "solução" quando não há mais nada o que fazer.

> [...] às vezes é impossível manter o casamento, por mais boa vontade que tenha a mulher. Para amar como para brigar, são necessárias duas pessoas. Para viver em paz também. Não é possível, nem seria aconselhável, conservar um lar, quando o marido só tem atitudes negativas, pois isso, com o passar

do tempo, inutilizaria os esforços da mulher e agravaria a situação dos filhos. [...] Nestes casos, a solução seria o divórcio, que não temos. Ou então o desquite.

Essa última frase parece soar como uma bomba terrível diante das pregações mais comuns das revistas femininas a favor de manter o casamento a qualquer custo e, realmente, repercute de diversas maneiras entre os leitores que se manifestam ainda por um bom tempo depois da publicação do artigo.

Nilza Vibonati não é inconsequente e prepara as mulheres para as dificuldades e decepções que surgem após o desquite: os problemas com os *filhos* (a principal preocupação de uma mãe, que deve fazer com que todo o processo lhes seja o menos traumático possível); a *solidão* e o *desamparo moral* sofridos por uma desquitada (que precisa enfrentá-los para poder criar um ambiente equilibrado para a educação dos filhos); a *situação financeira*, que muitas vezes se torna crítica (nesses casos, a solução melhor e mais digna é o *trabalho*: "a única porta suficientemente alta para nos permitir passar de pé", além de ser um bom remédio para as "crises de angústia"); o *assédio* dos homens e o desrespeito dos sedutores diante de uma mulher que já foi de outro homem:

> De cavalheiros românticos, tornam-se agressivos e irritados com a lentidão da conquista. "Como?!" – dirão eles. – "Uma desquitada se fazendo de ingênua? Ou é completamente imbecil e anormal ou está se fazendo de difícil para arranjar marido...".

Diante desses problemas e a partir da opinião de que "é natural que a mulher (principalmente sendo jovem) deseje refazer sua vida", a autora (além de lamentar a inexistência do divórcio no Brasil) aconselha sobre as possibilidades da mulher separada. Seus conselhos não são universais ou arbitrários, as opções vão depender dos interesses de cada mulher.

Nilza Vibonati afirma que o caminho da realização pessoal pode estar no trabalho, nas artes ou na filantropia. Mas se, ainda assim, "a mulher não souber ou não puder viver só", ela deve escolher com critério suas companhias.

Sem fechar as portas à vida sentimental da mulher desquitada responsável pela guarda dos filhos – como faz a moral dominante –, Nilza Vibonati assegura que "é permitido sonhar", mas com lucidez e autorrespeito, "com os olhos abertos".

> A primeira coisa a fazer é selecionar os amigos – de ambos os sexos – pois, quer queira, quer não, eles influenciarão a sua vida, as suas ideias, os seus atos. [...] Avalie o homem [...] pelas qualidades morais. E não faça concessões neste terreno [...] o remorso é tremendamente destrutivo [...]. Se você tiver filhos, não será sacrifício resistir às tentações [...]. Convivendo com pessoas com o seu mesmo padrão moral, não será tão difícil *encontrar o homem* que você imaginou.
> E quem sabe, até "ele" não estaria na mesma situação, com as mesmas dúvidas, ansiando pelas mesmas coisas? (destaques meus)

O texto de Nilza Vibonati contrasta com o que se diz dele. Não é um simples "depoimento" ou um "desabafo", é uma visão lúcida da situação enfrentada pela mulher desquitada baseada na experiência. Nele é evidente a preocupação com os filhos (um dos baluartes dos moralistas antidivorcistas), mas também com a felicidade possível e as chances (inclusive de um novo relacionamento amoroso) da mulher separada. Nesse último aspecto, suas ideias vão contra vários dogmas da moral tradicional: defendem a separação como um recurso da mulher diante de um matrimônio falido e o direito à felicidade e ao encontro afetivo entre homem e mulher fora da instituição do casamento.

Diante das novas e velhas ideias, *Claudia* oscila. No caso do tema desquite (e divórcio), veicula opiniões como as de Nilza Vibonati, mas submete-as ao crivo de um jurista e um sociólogo.

Para o jurista, a separação de um casal é um "mal evitável" pela reeducação da sociedade, pois "o desquite não soluciona nada".

Para o sociólogo, o amor só sobrevive na estabilidade conjugal e a perspectiva do divórcio é uma ameaça constante a essa estabilidade; "no regime do desquite ainda resta a esperança de reconciliação". A possibilidade do divórcio incentivaria as separações, portanto, a solução está no "tratamento preventivo": a "higiene moral".

Após a publicação de "Desquite, um problema de nossa época", *Claudia* registra ter recebido "cartas, telegramas e telefonemas sem conta", o que considera um atestado da "vitalidade do problema". Opiniões diversas dividem os leitores que escrevem para a redação. Ao publicar algumas delas, *Claudia* opta pela convivência de vários discursos com certa tendência para opiniões que não contradizem as leis brasileiras e a doutrina católica.

A uma carta agressiva – que praticamente acusa Nilza Vibonati de imoral e ateia –, *Claudia* dá à sua colaboradora o direito de resposta (está em jogo a própria reputação da revista). Além de afirmar que suas opiniões se baseiam em preceitos cristãos de amor e virtude, Nilza Vibonati reforça suas ideias invocando novas concepções de moral, felicidade familiar e preocupação com os filhos.

> O ideal do Homem, grosso modo, é o sucesso na vida e o divórcio é a admissão tácita do seu fracasso [...]. Quando a compreensão e o respeito são personagens eternamente ausentes do cenário doméstico, quando as manifestações de carinho são substituídas por expressões de ódio ou indiferença, quando toda tentativa de troca de ideias resulta num bocejo ou numa briga, quando, enfim, marido e mulher se transformam em inimigos íntimos, em nome da própria moral e em benefício dos próprios *filhos* é que se deve tomar uma atitude. E qual seria a mais recomendável? [...] eu reafirmaria: "o ideal seria o divórcio" [...].

Aos defensores das soluções utópicas ou de longo prazo que, no momento, não refrescam a situação dos casais que não se entendem, ela responde:

> O número assustadoramente crescente de desquites mostra como as coisas não estão como deveriam estar. Que esses males decorrem de uma porção de falhas da sociedade, da falta de preparo para o matrimônio, não há a menor dúvida. Mas ao escrever eu me referi aos efeitos e não às causas.
> Quando uma pessoa está se afogando, procuramos livrá-la da água e não perguntar, no momento cruciante, porque ela não aprendeu a nadar. (Nilza Vibonati, "Claudia responde", *Claudia*, 10.1962)

Com espaços desse tipo, *Claudia* garante sua credibilidade como revista feminina atenta a seu público e como veículo aparentemente neutro de serviços, informações, debates e ideias.

No próximo artigo sobre desquite e arranjos conjugais que publica, *Claudia* toma mais cuidado para não provocar tanta polêmica: "Tem um novo papai lá em casa" (de novembro de 1964) trata das diferentes possibilidades de reação dos filhos de uma mulher desquitada que resolve morar com outro homem, que vão da amizade dos filhos com o "novo pai" até a revolta que pode chegar aos "extremos da criminalidade".

O "novo pai" é apresentado como um *problema* (uma reformulação deste tipo nos padrões familiares de classe média não é vista com bons olhos na época). As possibilidades de satisfação pessoal da mãe, que também é mulher, e as chances de estabilidade afetivo-financeira da família com a chegada do "novo pai" não são mencionadas. Diante de um desafio "amplo, sutil, delicado, difícil de resolver", "as conclusões que podemos tirar" – diz o artigo – "são apenas de extrema amargura".

> "Mamãe casa de novo" é uma frase que estamos começando a ouvir cada vez com mais frequência. Uma frase que não tem sentido pela Lei brasileira, uma frase que a Igreja católica não pode nem aceitar. Todavia *um problema* que existe. E [...] existem os filhos: os verdadeiros, inconscientes protagonistas destas cinzentas histórias familiares, cujo destino pode se tornar menos amargo com o bom senso dos pais, com uma boa dose de ternura do "novo papai", com a boa vontade de todos. ("Tem um novo papai lá em casa", *Claudia*, 11.1964)

Contos de *Claudia* narram histórias de reconciliação de casais separados ou à beira da separação[255] no mesmo estilo de *Jornal das Moças*.

Entretanto, as seções de cartas de *Claudia*, especialmente a "Direito, mulher e lei", estão repletas de casos complexos envolvendo separações de casais e uniões fora dos moldes estabelecidos. Desfilam, nessas seções, situações concretas cujas especificidades e as várias dimensões não fazem parte de qualquer outro material da revista: esposas infelizes que desejam desquitar-se por vários motivos e preocupam-se com seu futuro e o dos filhos; desquitadas ou separadas com dificuldades financeiras; concubinas com problemas; uniões (e tentativas de) envolvendo pessoas desquitadas; filhos ilegítimos; desquitadas preocupadas com a guarda dos filhos e com a adequação do seu procedimento moral; desquitadas que sofrem preconceitos etc.

Como resposta para grande parte das cartas que recebe, *Claudia* fornece esclarecimentos legais de acordo com cada situação sem emitir qualquer opinião *contrária* à lei se essa não favorece quem escreve para a revista (por exemplo, concubinas, filhos ilegítimos ou desquitadas que querem refazer sua vida amorosa).

Na maioria dos casos em que é consultada por esposas que querem se desquitar, *Claudia* manifesta-se contra a separação. Os argumentos mais usados pela revista são: sempre há esperanças para "salvar um casamento" se a esposa fizer esforços e sacrifícios; os filhos sofrem muito com o desquite; uma mulher desquitada deve renunciar à sua vida sentimental se não quiser perder a pensão e a guarda dos filhos; um marido faz falta como "guardião do lar". Como base, estão referências legais misturadas com conselhos de ordem moral tradicionais.

Somente em dois casos encontrados, Claudia apoia a decisão do desquite: marido que abandona o lar e é bissexual; marido que se recusa a trabalhar.[256] Em ambos, o homem não está adequado aos papéis e atributos masculinos então exigidos pela sociedade. Sendo assim, a mulher é como que autorizada a exigir a separação. Porém, nos casos em que o homem "cumpre seus deveres" dentro das expectativas sociais, isto basta para que *Claudia* tente dissuadir as esposas da ideia de separar-se, independentemente de estarem insatisfeitas com o casamento.

Para Verinha, de 17 anos, filha de pais separados, que mora com o pai, mas demonstra interesse em morar com a mãe que vive em concubinato com outro homem, Dr. Cláudio responde que espere, colocando dúvidas sobre a capacidade da mãe de proporcionar um bom lar à garota.[257] Além de simples esclarecimentos legais, toda uma carga de valores morais. No caso citado, está implícita a discriminação contra a mulher desquitada que escolheu unir-se a alguém que não o marido.

Nos anos 1960, já há mais receptividade para o desquite que nos anos 1950, o mesmo ocorrendo se comparamos as cidades grandes e as cidades pequenas. Para uma jovem mulher desquitada que sofre com a discriminação e os mexericos em sua cidade, *Claudia*, solidária, aconselha: "Vá morar sozinha em uma cidade maior, com mais paz de acordo com seu estilo de vida".[258]

Mesmo para os homens, o rótulo de desquitado pode trazer problemas – preconceitos no ambiente de trabalho, filhos ilegítimos, companheiras discriminadas etc. –, e alguns destes aparecem nas páginas de *Claudia*.

Aos leitores que pedem mais esclarecimentos sobre o *divórcio* ou escrevem a seu favor, *Claudia* responde procurando aparentar neutralidade, mas, muitas vezes, escorrega para posições antidivorcistas.

> [...] tenho o maior respeito por sua opinião e compreendo o seu problema. Mas os argumentos daqueles que são contra o divórcio são tão ponderáveis como os seus a favor. O senhor há de reconhecer que, se não fosse assim, o assunto não estaria cercado entre nós de tantas controvérsias [...] o próprio fato de não serem unânimes as conclusões, faz com que eu não possa encampar nenhum dos dois pontos de vista. A tarefa de *Claudia* é informar, com o máximo de isenção, como tenho feito com relação a muitos outros assuntos delicados [...].("Claudia responde", *Claudia*, 02.1964)

> [...] Quem se casa, por livre e espontânea vontade, sabe que o contrato assinado é insolúvel, sabe disso de antemão [...] em termos religiosos e legais [...]. É a regra do jogo que deve ser observada, é a promessa que deve ser honrada, é, acima de tudo, o sacramento que deve ser respeitado. ("Claudia responde", *Claudia*, 02.1962)

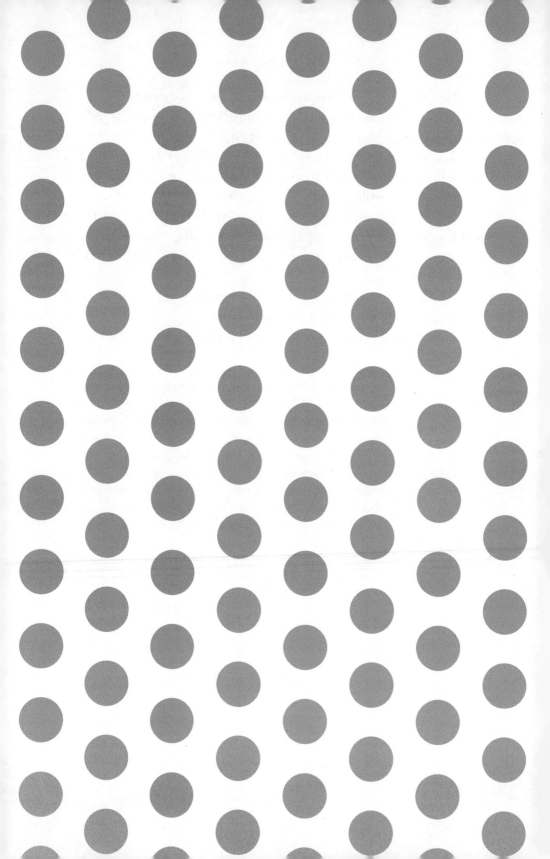

# Novas propostas

A esta altura já é possível perceber como os textos de Carmen da Silva se destacam na *Claudia* dos Anos Dourados, trazendo posições e propostas inovadoras se comparadas às das revistas femininas de até então. Nessa época, ideias como as que ela defende estão quase que restritas à personalizada seção "A arte de ser mulher".

Dentro dos limites e das possibilidades de um meio de comunicação como *Claudia*, Carmen da Silva se preocupa em desenvolver um trabalho constante junto a suas leitoras no sentido de ajudá-las a buscar o que considera uma vida melhor. Para as mulheres atingirem tal objetivo, seria preciso um maior autoconhecimento, uma integração pessoal satisfatória com os mundos doméstico e extralar e um diálogo mais rico com os homens.

Como Carmen da Silva se dirige especialmente à classe média, o alcance de suas ideias muitas vezes fica restrito, particularmente quando trata da questão do trabalho e dos problemas da dona de casa. Em outros momentos, entretanto, ultrapassa os limites de classe e abarca a condição feminina em geral. Além disso, a autora tem também vários homens como seus leitores.

Os textos de Carmen da Silva combatem mitos, estereótipos e valores sociais arraigados. Procuram favorecer o desenvolvimento subjetivo das mulheres sem deixar de lhes propor dois novos e mais abrangentes compromissos sociais: aprimorar as relações homem-mulher em sentido amplo e participar mais ativamente nos acontecimentos de sua época.

Entretanto, a preocupação central da autora, em seus dois primeiros anos na revista, é mesmo com o amadurecimento psicológico de suas leitoras. Para isso propõe atitudes, posturas e soluções basicamente individuais como, por exemplo: libertar-se dos preconceitos, abrir os próprios horizontes, arrumar um emprego, conversar abertamente com o companheiro. Nessa época, Carmen da Silva enfatiza muito a ação do sujeito e poucas vezes faz referência a obstáculos fortes, tais como as determinações sociais, as discriminações e os preconceitos relativos, por exemplo, à participação da mulher no mercado de trabalho. Ela prefere dizer que "o mundo evoluiu" e "está aberto a ambos os sexos".[259] Seus textos não chegam a propor uma ação coletiva e direta (uma campanha, uma manifestação, um movimento social) contra as desigualdades existentes entre feminino e masculino. Sua ênfase recai sobre a psicologia do indivíduo, suas ações particulares, seus desejos e valores aprendidos e assumidos.

O marco cronológico deste livro tem seu ponto final em dezembro de 1964. Portanto, só estamos falando dos artigos de "A arte de ser mulher" que vão até essa data. Em momentos posteriores, sabemos que são rompidos alguns dos limites ou silêncios dos artigos de até então, com relação, por exemplo, ao problema da dupla jornada de trabalho, à questão da reivindicação e da ação coletiva, à proposta de colaboração do homem nas tarefas domésticas, a visões mais abertas sobre o comportamento sexual, entre outros.

No início de seu trabalho como articulista de *Claudia*, Carmen da Silva destaca acima de tudo a busca da felicidade pessoal, baseada na satisfação das aspirações de cada mulher, e a procura de uma comunicação maior no relacionamento entre homens e mulheres. A autora apregoa que existe em cada mulher uma identidade autêntica (para além dos papéis tradicionalmente impostos), cujo processo de descoberta proporciona a autorrealização, a satisfação pessoal e o relacionamento harmonioso com o companheiro. Secundariamente, contudo, quando aborda assuntos que envolvem concepções morais, denota uma preocupação mais ampla no que se refere à necessidade de mudanças estruturais e nas mentalidades coletivas.

Em sua estreia em *Claudia*,[260] Carmen da Silva faz um convite às leitoras para que sejam "protagonistas" de suas próprias vidas, já que – explica ela – nenhuma mulher escapa à insatisfação se não toma consciência de quais são seus verdadeiros desejos para poder assumi-los e lutar por sua realização. Os obstáculos a serem enfrentados são de ordem social e individual: "os séculos de educação altamente restritiva e baseada em conceitos falsos [que] deixaram às mulheres um pesado lastro de inibições, receios, hábitos de dependência e rotina mental" e o próprio medo das mulheres de enfrentar os desafios do mundo.

Nessa proposta, o que conta são as necessidades de cada mulher, segundo seu temperamento, suas inclinações e, de certo modo, seu grupo econômico, social e cultural. A tendência para forjar "falsos ideais" (que "não respondem a um desejo autêntico, mas sim a preconceitos, a noções infundadas ou influências externas") ou seguir "falsos valores" (impostos ou herdados, absorvidos sem reflexão, incorporados por inércia) deve ser combatida.

> O melhor aliado da rotina mental é o conformismo, o apego à fórmula: "Se as coisas sempre foram assim, não há motivo para que sejam diferentes". Tudo pode ser diferente a partir de agora, deste preciso minuto. [...] quem sabe os ensinamentos de nossos pais, tão sensatos e bem-intencionados, já não tenham total vigência no mundo tal como ele é hoje. Abramos a mente aos estímulos que a vida está constantemente oferecendo, aceitemos os desafios de cada dia, sacudamos as traças e teias de aranha que podem ter se alojado

sub-repticiamente em nossa inteligência. Os resultados podem ser assombrosos. Mesmo se nossos pontos de vista não mudarem, mudará nossa atitude com relação a eles: saberemos que são *realmente* nossos. (Carmen da Silva, "A protagonista", *Claudia*, 09.1963)

Somente dessa forma a mulher estará segura de suas opiniões e opções e poderá construir sua própria felicidade sem esperá-la dos outros ou do acaso – conclui a autora.

O potencial subversivo desse texto está em que, a partir das premissas apresentadas, qualquer norma, tradição ou prática social pode ser questionada pela mulher em busca da realização pessoal.

Em outros artigos, Carmen da Silva continua tocando a mesma música – do combate à autorrepressão e aos medos femininos, em favor do autoconhecimento e das atitudes que levam a mulher a "enfrentar a vida" – com variações e intensidades diferentes, enfatizando ora a questão ocupacional, ora as opções de vida que diferem dos papéis tradicionais reservados às mulheres, ora a sexualidade, ora o caráter dos relacionamentos afetivos.

Em "Você vive ou vegeta?", por exemplo, destaca-se a crítica aos limites da vida oferecida às mulheres pelos padrões estabelecidos. Diante da escolha entre "viver intensamente" ou apenas "vegetar" (agir somente de acordo com as expectativas sociais sem procurar outros desafios e formas de crescer como ser humano) – constata Carmen da Silva – as mulheres enfrentam muitas dificuldades.

> Nossa organização tradicional torna essa escolha sumamente árdua para as mulheres, pois muito pouco lhes exige; basta que a menina cumpra com suas responsabilidades escolares, que a mocinha não envergonhe seus pais com atitudes excessivamente deslocadas, que a jovem se case com um rapaz sério e de boa família, que a senhora casada mantenha sua casa razoavelmente em ordem, receba bem e tome certo interesse na educação dos filhos, se os tem. Obtido esse mínimo, dá-se a sociedade por satisfeita e considera que a mulher possui o quanto necessita para sentir-se feliz e realizada. Não lhe pede

mais, não lhe oferece estímulo para mais e tende, mesmo, a atribuir a neurose e frustração qualquer veleidade feminina de ir um pouco além de tão limitados escopos.
Como resultado desse estado de coisas, a própria interessada frequentemente perde a perspectiva e não chega a tomar consciência da estreiteza de seus horizontes. (Carmen da Silva, "Você vive ou vegeta?", *Claudia*, 10.1964)

Carmen da Silva não quer fornecer fórmulas mágicas, e sim uma "orientação básica" sobre a forma de encarar os medos e os obstáculos psicológicos: admitir que tudo é incerto. Isso – garante – diminui a ansiedade ante a perspectiva de um fracasso, fazendo com que situações novas ou necessidades fora dos padrões preestabelecidos possam ser assumidas e enfrentadas com coragem. O esforço pessoal deixa o indivíduo menos vulnerável diante dos fatores externos que não pode controlar – ensina Carmen da Silva.

Em "Um muro é um muro",[261] a autora mapeia as várias modalidades de autorrepressão e revela as formas como elas atuam na vida cotidiana e nos relacionamentos humanos. Faz isso para que, tendo clareza sobre sua realidade, cada leitora possa buscar "sua própria verdade" com bastante lucidez, respeitando especificidades de personalidade e de condições sociais. No caso da esposa traída, por exemplo, Carmen da Silva aconselha que a mulher não prolongue a situação com medo de sofrer e aborde serena e firmemente o marido. Se este não a ama mais, a realidade deve ser encarada sem fantasias. Passado o período de sofrimento, assentada em bases reais, a mulher estará com seu "potencial afetivo" disponível e fortalecido para um novo amor.

Opiniões como essas batem de frente com as ideias mais conservadoras e hegemônicas de uma sociedade pautada por normas e costumes que favorecem as repressões dos sentimentos, especialmente com relação às mulheres, em nome da manutenção da ordem.

O conto de Carmen da Silva, "A casa pela janela",[262] aventura-se sutilmente pelo terreno da sexualidade. Narra a história de Mary, uma americana de 40 anos, diretora de um colégio de "moças de família", em férias no Rio de Janeiro, que resolve ceder aos apelos sensuais estimulados pelo calor e a vibração dessa cidade. Deixa de lado seus anos de vida regrada, seus preconceitos e sua rigidez moral e se entrega a uma aventura com um rapaz quase vinte anos mais novo, sentindo-se, assim, plenamente satisfeita, pois conclui que está vivendo realmente, de acordo com os seus desejos, a sua vida.

Poucos contos de *Claudia* têm, como este, tal grau de sensualidade e de ousadia diante dos padrões morais dominantes. Não há juízo de valores condenando a personagem; o conto é narrado do ponto de vista dos sentimentos da protagonista, e ela está feliz.

Há coerência e mesmo complementaridade entre as mensagens do conto e dos artigos de Carmen da Silva. O exemplo da história – uma mulher que busca o sexo por puro prazer – não poderia ser incluído em "A arte de ser mulher" dessa época, pois um artigo que emite mais claramente uma opinião é capaz de causar mais polêmicas que um conto visto apenas como ficção. O final da história de Mary resume uma das propostas de Carmen da Silva para as mulheres: viver bem, viver intensamente.

Quando o tema central é o relacionamento entre homem e mulher, Carmen da Silva convida leitoras (e leitores) a abrirem os olhos contra a hipocrisia e a superficialidade que marcam grande parte das chamadas relações afetivas. Entretanto, a não ser por referências e críticas de alguns textos (não todos) aos preconceitos sociais, à "dupla moral sexual", à educação diferencial dada às mulheres, essa autora não chega a enfatizar que o que chama de "cegueira mais ou menos voluntária", que caracteriza a maioria dos relacionamentos homem-mulher, é também fruto de uma forte imposição social.

Ela não se furta, porém, de mencionar que muitas mulheres escondem suas frustrações de ordem sexual e afetiva sem tomar qualquer atitude para mudarem de vida. Essa situação pode ser alimentada durante anos, até que "de repente notam, com atroz decepção, que o tempo lhes está levando a tessitura da cútis, o brilho do olhar e a esbeltez da cintura, deixando intactos os defeitos, a frieza, a insensibilidade do homem".[263]

O conformismo feminino à custa da autorrealização das mulheres permanece inalterado, porque – como observa Carmen da Silva – no comportamento afetivo e social existem profundos "resquícios do passado", valores e comportamentos anacrônicos.

> A *relação homem-mulher* é o terreno onde mais frequentemente se observa a persistência de conceitos antiquados; de modos de ver que estão em oposição frontal com as mais importantes conquistas científicas, sociais, políticas e morais dos últimos cem anos, como a abolição da escravatura, o respeito à pessoa humana, o reconhecimento de que o equilíbrio afetivo é fator decisivo de saúde. E muitas mulheres – em realidade, quase a maioria – parecem aceitar com inexplicável complacência o peso dos preconceitos que sobre elas recai. ("Você vive no tempo presente?", *Claudia*, 02.1964, destaque meu)

Como exemplos desta situação, a autora aponta os conselhos dados às mulheres por mães, amigas, homens e "seções especializadas de muitas *revistas*". De fato, critica abertamente ideias veiculadas em publicações femininas (inclusive na própria *Claudia*) e amplamente aceitas por grande parte do público leitor.

> Que tipo de orientação dão à mulher? [...] Se é solteira, ensinam-lhe a maneira de *arranjar* marido [...]. Se é casada, os conselhos se destinam a preservar o bem-estar do marido, seu amor e seu interesse ou, eventualmente, garantir a continuidade de sua presença física no lar, mesmo *sem* amor e *sem* interesse. [...] É evidente que sob o rótulo enganador da doçura feminina, tolerância, compreensão e outras virtudes altamente estimáveis, o que se preconiza à mulher é a submissão, a hipocrisia, a astúcia como armas para *manejar* o homem. Os conselhos [...] em síntese significam: seja um robô; controle seus impulsos, esqueça seus sentimentos, desentenda-se de sua saúde, viva pendente do outro como se sua própria pessoa não contasse, não existisse; não argumente com ele, trate de levá-lo aonde você quer ir sem que ele perceba; se está triste ou aborrecida, disfarce; se está enciu-

mada, disfarce... A simulação e um bom instituto de beleza são assim elevados à hierarquia de supremos instrumentos de comunicação entre os dois seres. ("Você vive no tempo presente?", *Claudia*, 02.1964)

Carmen da Silva compara as mulheres que seguem este tipo de conduta com "bonecas destituídas de reações e sentimentos próprios", que constroem passivamente sua vida em função do homem, prontas "a obedecer seus caprichos, a passar por alto suas transgressões, a abdicar da própria individualidade". Por outro lado – e aqui critica implicitamente o "jeitinho feminino" –, isso tudo pode ser uma "comédia da submissão" que esconde também certa dose de agressividade, burla e desprezo pelo homem que é colocado na condição de déspota, insensível, fútil, vazio ou bobo, pois "na subserviência do escravo invariavelmente se oculta um elemento de agressivo sarcasmo ao senhor".[264]

Carmen da Silva também combate a ideia – que afirma ser muito frequente – de que a mulher deve obedecer ao homem, noivo ou marido, afirmando que o vínculo afetivo pautado pela obediência sofre, no mínimo, de uma "profunda distorção" e que os argumentos "de ordem fisiobiológica" que são usados para justificar esta situação já não têm mais razão de ser numa sociedade civilizada. E conclui: não há mais motivo para a permanência de "antigos conceitos de subalternidade do sexo feminino".[265]

Diante desse quadro, propõe que o ponto de partida para uma união satisfatória entre homem e mulher seja a vontade de assumir e "extravasar plenamente os sentimentos, canalizar as energias sexuais, realizar seus impulsos de entrega e comunicação". Conveniência, imposições sociais, necessidade de amparo econômico ou moral, atitudes submissas, simulações e meias palavras são elementos espúrios, que transformam o amor em paródia e constituem-se em verdadeiros obstáculos à felicidade – diagnostica Carmen da Silva. Já passou a época em que as relações homem-mulher pautavam-se pela "vassalagem do sexo feminino". O que mais aproxima homem e mulher proporcionando uma "intimidade real", uma "genuína compreensão", um vínculo espontâneo, é o *diálogo* entre ambos, pois "só uma comunicação autêntica, profunda e sem disfarces merece o nome de amor".[266]

Essa proposta de diálogo no relacionamento homem-mulher é uma das ideias mais significativas e potencialmente transformadoras do conjunto de artigos de Carmen da Silva e, sem dúvida, representa um discurso novo no âmbito das revistas femininas.

Ao atacar o que chama de os falsos conceitos sobre o papel da mulher na relação dos sexos, Carmen da Silva em nenhum momento opõe homem e mulher. Pelo contrário, faz questão de explicitar que não incita as mulheres a adotarem atitudes reivindicatórias e autoritárias perante os homens. Homem e mulher "não são antagonistas que devam medir suas forças, são dois seres que se unem [...] necessitam um do outro, constroem em comum" – define a autora. Seu conselho: tendo conquistado o "direito à dignidade" e à cidadania, a mulher deve procurar entender-se com seu homem numa relação de igualdade "sem artimanhas de escravo, sem astúcias de oprimido, mas sim como dois indivíduos livres que se estimam, se complementam e fazem de sua felicidade uma tarefa de colaboração".[267]

A ideia da *complementaridade* nas relações homem-mulher está presente em muitos textos de Carmen da Silva, mas aparece mais elaborada no artigo "A favor e não contra os homens".[268] Esse texto vem em resposta à repercussão das ideias de "A arte de ser mulher" entre os leitores de *Claudia* medida pelas cartas que chegam à revista. Muitas discordam da articulista, outras consideram seus argumentos fantasiosos ou pouco práticos e outras ainda perguntam: Afinal, como a mulher pode se realizar como pessoa, como ser independente, sem provocar conflitos no lar, sacrificar a felicidade doméstica ou prejudicar sua condição de esposa e mãe?

Tranquilizando seu público, Carmen da Silva garante que o problema das desigualdades entre homens e mulheres não demanda um conflito entre os sexos, mas sim uma mudança de mentalidade "pessoal e social". "A luta foi ontem" – assegura, referindo-se à necessidade das reivindicações das sufragistas graças às quais, hoje, as mulheres já são reconhecidas como cidadãs. "Hoje", o problema é outro: os conflitos entre os casais não ocorrem mais por uma questão de direitos e sim por *problemas que estão dentro da própria mulher* que ou se obriga a uma falsa opção entre a felicidade familiar e a individualidade ou cai em alguma forma de "abuso, desuso ou mau uso" dos seus direitos femininos adquiridos. Aqui, Carmen da Silva faz questão de se explicar. O "abuso" de que fala refere-se ao clima de competição criado entre marido e mulher, embora no mundo haja lugar para os dois sexos: "dentro do casal harmonioso [...] a autorrealização não implica agressão contra o outro", não deve ser motivo de "guerra dos sexos". O "desuso" consiste na dificuldade, descaso ou falta de coragem de algumas mulheres para assumir *responsabilidades*, porque, quando resolvem estudar ou trabalhar são olhadas com desconfiança e ironia pelo marido e pelos amigos; portanto, a mulher deve preparar-se material e psicologicamente para os desafios dos estudos e da profissão. O "mau uso" diz respeito às "mulheres que se valem de suas tarefas fora do lar para negligenciar as ocupações domésticas".

Segundo Carmen da Silva, na maioria dos casos, a opção da mulher de tornar-se um "membro ativo da sociedade" não é em si motivo de dificuldades conjugais. Estas surgem apenas "quando a atitude da mulher é inadequada: hostil, caprichosa, fantasista, lírica". Nesse momento, a autora reduz a oposição masculina ao trabalho feminino a problemas relacionados à própria mulher. As desigualdades entre o masculino e o feminino não são mencionadas aqui – talvez em função do objetivo de tirar as mulheres da inércia. Porém, independentemente dos motivos, o fato é que essa ausência é nítida.

Como primeiro passo, Carmen da Silva propõe às mulheres uma reflexão sobre seus desejos e sua capacidade em assumir responsabilidades. Aconselha que o marido, como companheiro, participe desse processo, pois assim verá que o fato de a esposa querer trabalhar fora não constitui um desafio agressivo ao homem, um protesto, um modo de evasão ou uma tentativa de se descuidar dos deveres da casa.

A solução dos problemas práticos como a *conciliação* entre casa, família e realização individual deve ser vista como parte integrante das conquistas de cada mulher. Com isso, Carmen da Silva justifica a falta de ideias a esse respeito em seus textos.

Além disso, Carmen da Silva atribui (um tanto tortuosamente) a origem dos preconceitos masculinos e femininos "atuais" que rondam a mulher que trabalha – tachada de "infeliz", "frustrada" e "incapaz de arranjar marido" – às próprias mulheres. Ela explica que essas mulheres sentiriam inconscientemente um complexo de culpa pelas formas agressivas que tomou no passado a luta pela igualdade dos sexos e pela rebeldia aos ensinamentos maternos.

> Cortemos o cordão umbilical, livremo-nos de culpas imaginárias e assumamos nosso papel social junto de nosso homem – e não contra eles. Até mesmo para ser o repouso do guerreiro é preciso estar a seu lado no campo de batalha. (Carmen da Silva, "A favor e não contra os homens", *Claudia*, 03.1964)

A infelicidade amorosa – a maior ameaça à mulher que trabalha segundo o imaginário de homens e mulheres da época e enfatizada em *Jornal das Moças* – cai por terra diante do anúncio de Carmen da Silva de que o sucesso no amor não se contrapõe à autorrealização.

O artigo "As razões da independência"[269] reforça a tese de que as mulheres precisam "conquistar sua independência". Mais uma vez o ponto de referência para o texto são as cartas dos leitores de *Claudia*, especialmente os protestos indignados contra as ideias da autora que chegam à redação da revista.

> Os homens reagem como se alguém – no caso, a articulista – estivesse tentando *desencaminhar* suas noivas e esposas com a mais censurável leviandade, metendo-lhes perniciosas caraminholas na cabeça. [...] as cartas das mulheres deixam transparecer, sob tom enfático e aparente racionalidade de conteúdo, uma corrente subterrânea de pânico, uma velada e quase patética imploração: "Deixe-nos em paz, queremos continuar acreditando que tudo está bem assim; quem é a senhora para vir pôr o dedo na chaga que preferimos manter oculta?" (Carmen da Silva, "As razões da independência", *Claudia*, 12.1964)

Usando as críticas a seu favor, Carmen da Silva afirma que se os homens se preocupam com as más influências sobre suas mulheres é porque admitem implicitamente o valor da independência (alguém livre e de pensamento autônomo é bem menos influenciável). Já as mulheres que se recusam a questionar os papéis femininos tradicionais vivem, na verdade, um conflito interno e ocultam suas insatisfações.

A independência é vista nesse artigo como uma "necessidade vital do ser humano", que, entretanto, muitas mulheres têm medo de assumir. O texto descreve as características de uma pessoa dependente; estas se ajustam perfeitamente às condições de vida de muitas mulheres, combinam com vários dos conselhos dados por revistas femininas e estão de acordo com diversos pontos das normas de gênero tradicionais:

> [...] [pessoa dependente é a que] vive sob o amparo material e moral de outra [pessoa], absorvendo as opiniões que já lhe vêm pré-fabricadas, deslizando sobre a superfície da realidade sem jamais submergir nela, escudando-se na rotina e nas preocupações imediatas para manter a distância o mundo com seus desafios e suas incitações, aceitando – com boa vontade, indiferença ou amargura – sua vida em lugar de construí-la [...] reconhecendo-se apenas como membro de um determinado grupo de família, mas não como parcela decisiva da humanidade [...]. ("As razões da independência", *Claudia*, 12.1964)

Para a autora, a confusão conceitual que deturpa o sentido da palavra *independência* (relacionando-a a desajustamentos, atitudes antissociais e arbitrariedades) e os argumentos de ordem sentimental (do tipo "os homens não gostam de mulheres independentes") são apenas "disfarces do medo" de ser independente.

Carmen da Silva reveste de explicações psicológicas o que poderia ser interpretado como artifícios do discurso hegemônico que garantem a manutenção da ordem estabelecida. Entretanto, os argumentos da autora não deixam de funcionar como questionamentos a determinadas ideias, tomadas comumente como verdades, sobre as quais esta ordem também se sustenta.

E qual o real significado do termo *independência*? A autora responde:

> [...] agir com coerência, mesmo quando o mundo circundante deixa de fazê-lo; guiar-se pela razão e pelos sentimentos, em vez de se orientar pela rotina e pelas convenções; opinar com equanimidade, em lugar de unir sua voz ao coro ou contradizê-lo sistematicamente; desfrutar seus prazeres sem entrar em choque com a própria consciência; conciliar seus interesses com os de outrem sem excessos de renúncia e abnegação; ceder quando nada de fundamental está em jogo e manter-se intransigente quando entram em causa os fins superiores; inserir cada um de seus atos importantes dentro da linha diretriz livremente escolhida e conscienciosamente imposta a sua existência, permanecendo, ao mesmo tempo, capaz de aceitar com espontaneidade e alegria as mil pequenas solicitações que surgem no processo de viver em lugar de ser joguete do destino [...]. ("As razões da independência", *Claudia*, 12.1964)

Para Carmen da Silva, a possibilidade de independência feminina assusta os homens porque determina mudanças nos "hábitos e rotinas mentais enraizados de longa data". O "dono e senhor", o marido, perderia muitos dos seus privilégios atuais. Porém, como compensação – defende a autora –, ele teria uma verdadeira companheira, que preencheria, inclusive, necessidades que hoje justificam suas infidelidades. Carmen da Silva insiste em afirmar que, com a independência feminina, a qualidade da relação a dois melhora muito. E para aqueles totalmente incapazes de aceitar essa independência, ela reserva o rótulo de "seres de segunda categoria" e "infelizes exceções".

O artigo também combate a velha (mas bem viva) ideia de que a independência feminina conduz à solidão ao dizer que alguém dependente é muito mais só, pois permanece "incompleto" e não pode interagir plenamente com outra pessoa.

Quanto ao problema de a independência feminina atrair assédios masculinos gratuitos e grosseiros, aconselha que, para evitá-los, basta que a mulher seja mais exigente na escolha de suas companhias.

A "independência" que "A arte de ser mulher" preconiza para as mulheres não significa falta de reciprocidade (de troca) com o companheiro, pelo contrário, estabelece uma relação de *interdependência equilibrada* no relacionamento homem-mulher, um componente considerado vital para "uma ligação amorosa feliz".

As explicações dadas pela autora para o "medo da independência" vêm da Psicologia e referem-se às influências recebidas durante a infância. Nesse ponto, não são evidenciadas as distinções de gênero ou mencionadas quaisquer determinações sociais e históricas mais amplas.

❦

Os artigos de Carmen da Silva não encaram as relações desiguais entre homens e mulheres como sendo marcadas propriamente pela *subordinação/dominação*. Ela opta por caracterizar o relacionamento homem-mulher tradicional pela *dependência* feminina alimentada em grande parte pelas próprias *mulheres*, que ainda não "cresceram", não se libertaram dos preconceitos e não se mostraram capazes de ocupar um espaço maior e mais ativo na sociedade.

Se por um lado essa visão coloca um grande peso sobre as mulheres, ofuscando, de certo modo, as imposições do sistema, por outro lado, ela possui um aspecto positivo, que é o de convidar as mulheres a agir ao invés de ficarem imóveis, culpando a ordem social pelas desigualdades, pelas insatisfações pessoais e pelos problemas no relacionamento homem-mulher. Carmen da Silva de fato incita as mulheres a assumirem a responsabilidade por suas vidas.

Concluindo, podemos dizer que, propondo transformações que visam quer às questões morais e de prática social, quer à autorrealização das mulheres e à satisfação no relacionamento a dois, ou tudo ao mesmo tempo, o trabalho de Carmen da Silva em *Claudia* contesta vários aspectos das relações de gênero estabelecidas em sua época.

Lembrando que o movimento feminista só adquire força realmente no Brasil no final da década de 1960, fica mais fácil a compreensão das polêmicas, dos efeitos e do significado dos textos de Carmen da Silva em seus primeiros momentos em *Claudia*.

O trabalho de Carmen da Silva, nesses anos, sofre limitações e influências do meio onde é veiculado, das exigências e respostas do público, da abordagem voltada para a Psicologia e, enfim, das possibilidades do seu próprio tempo. Entretanto, não deixa de ser um trabalho de vanguarda, que reformula vários dos próprios limites que o cercam e que é capaz de influenciar valores e ideias do contexto onde se encontra.

Várias de suas propostas desse período guardam ainda hoje uma atualidade surpreendente.

# Conclusão

As diferenças entre os sexos pareciam claras, definitivas e irremovíveis nos Anos Dourados. As revistas consideravam-nas "naturais" e as evocavam para definir normas, identidades e papéis que implicavam desigualdades entre o masculino e o feminino, entre homens e mulheres e entre os que podiam e os que não podiam (como as classes baixas) viver de acordo os modelos dominantes.

A leitura feita aqui de *Jornal das Moças*, *Claudia*, *Querida*, *O Cruzeiro* e outras revistas da época demonstra *como* tais publicações promoviam valores sociais hegemônicos que estabeleciam distinções de gênero, base da dupla moral sexual, das atribuições diferenciadas para homens e mulheres na sociedade, assim como da própria submissão feminina. Observando as revistas com o instrumental que só a História propicia, pudemos ver, em uma época determinada e uma situação particular, os relacionamentos que envolviam homens e mulheres sendo definidos como relações de poder marcadas, quase sempre, por uma hierarquia: o masculino era privilegiado, e tudo aquilo que se referia ou era considerado feminino ocupava uma posição subordinada. No pensamento dominante (refletido pelas revistas), as relações de gênero tradicionais apareciam como a única possibilidade válida, encobrindo conflitos, contradições e questionamentos e legitimando a discriminação das mulheres. Na prática, porém, isso não significava ausência de disputas e negociações interpessoais nem impedia que outras variáveis – como classe social, faixa etária e etnicidade – interferissem nas relações de gênero existentes. A própria superioridade masculina ficava ameaçada em muitos momentos, como vimos aqui, pela criação de espaços alternativos de contestação e de expressão de poderes femininos. A complexidade das relações de poder nos relacionamentos de homens e mulheres fica mais clara quando, no mergulho feito nas páginas das revistas, examinamos "o jeitinho feminino", "o poder nos bastidores", "a conquista sutil do namorado", o "freio aos impulsos" no namoro, o casal que "se completa" e as figuras da "rainha do lar", da jovem "rebelde" ou "caprichosa", da "garota fácil", da "outra", da mulher "dominadora".

Este livro mostrou como as revistas dialogaram com seu tempo. Isso significa que elas tentavam subverter as relações sociais? Não, de modo algum. Seu objetivo era apenas acompanhar as mudanças ocorridas na própria sociedade, refletindo e não jogando luz sobre as relações de gênero. Para isso, muitas vezes transmitiam um ideal único de felicidade; procuraram enquadrar as leitoras nos padrões moralmente aceitos revestindo valores tradicionais com novas roupagens e encobriram as lacunas e contradições do discurso dominante. Entretanto, como dependiam do mercado consumidor (e eram feitas por pessoas também capazes de ideias próprias), as revistas também incorporaram determinadas alterações sociais e puderam, inclusive, abrir espaços para novas propostas, como no caso mais evidente dos artigos de Carmen da Silva publicados em *Claudia*.

O desenvolvimento capitalista e urbano, o aumento da participação das mulheres de classe média no mercado de trabalho, o incremento educacional no país, o surgimento da pílula anticoncepcional, as influências estrangeiras, a rebeldia de alguns e o interesse de outros em aprimorar os relacionamentos interferiram na condição feminina, nas ideias correntes de feminilidade e de masculinidade e nos valores morais vigentes. Todas essas transformações possibilitaram o surgimento de concepções alternativas à versão dominante e mexeram com as relações homem-mulher nos quase 20 anos abarcados por este livro. Aqui, as mudanças econômicas e sociais foram contempladas na mesma medida que a atuação dos sujeitos históricos.

Para as pessoas que viveram nos Anos Dourados – como de resto em qualquer época histórica –, o contexto social definiu os parâmetros das escolhas possíveis, e elas, por sua vez, participaram da reprodução ou da reformulação das representações de gênero e da distribuição de poderes na ordem social. Vimos que essa ordem foi ameaçada quando chegou a ser questionada pela ação de garotas e mulheres que – conscientemente ou não, coletiva ou individualmente – a desafiaram, burlaram ou tentaram ultrapassar obstáculos. Assim, quando elas assumiram atitudes distintas do prescrito pelas normas do comportamento feminino apropriado, contestaram os moldes estabelecidos para o relacionamento homem-mulher e participaram do processo de sua transformação. Interpretando o que diziam as revistas femininas, nos deparamos com exemplos de como rebeldias juvenis, brigas conjugais, situações de independência feminina e opiniões contrárias à moral sexual dominante ameaçaram as regras sociais e atuaram na mudança das relações de gênero nos Anos Dourados.

Enfim, aqui está uma colaboração ao conhecimento de gênero sob uma perspectiva histórica com vistas a possíveis e desejadas interferências no tempo presente.

Seria bom imaginar uma realidade social em que as relações entre homens e mulheres pudessem ser pautadas mais por sentimentos e emoções do que por jogos de poder, normas sociais e conveniências espúrias.

# Notas

## Capítulo "Os Anos Dourados"

1. Edgard L. Barros, *O Brasil de 1945 a 1964*, São Paulo, Contexto, 1990, p. 8.
2. Um rápido olhar aos presidentes da República do período: somente dois cumpriram seus mandatos até o fim, um suicidou-se, outro renunciou, e outro ainda foi deposto por um golpe militar.
3. Edgard L. Barros, op. cit., pp. 43 e 45.
4. Wilson Cano, "Transformações da economia e repercussões no mercado de trabalho: roteiro para uma investigação histórica (1920-1986)", em *Anais do V Encontro Nacional de Estudos Populacionais* ABEP, v. 2, Águas de São Pedro, 1986, pp. 881-2.
5. P. Singer. e F. Madeira, "Estrutura do emprego e do trabalho feminino no Brasil: 1920-1970", em *Cadernos Cebrap* 13, São Paulo, Cebrap, 1973; Wilson Cano, "Transformações da economia e repercussões no mercado de trabalho: roteiro para uma investigação histórica (1920-1986)", em *Anais do V Encontro Nacional de Estudos Populacionais* ABEP, v. 2, Águas de São Pedro, 1986.
6. Letícia B. Costa, *Participação da mulher no mercado de trabalho*, São Paulo, CNPq/IPE-USP, Série Ensaios econômicos, v. 30, 1984.
7. Heleieth I. B. Saffioti, *A mulher na sociedade de classes: mito e realidade*, Petrópolis, Vozes (Coleção Sociologia brasileira, v. 4), 1979; Letícia B. Costa, op. cit.
8. Antonio Candido, "The brazilian family", em Lynsmith e Marcant (orgs.), *Brazil, portrait of half a continent*, New York, The Dryden Press, 1951; Heleieth I. B. Saffioti, op. cit.; Letícia B. Costa, op. cit.; Thales de Azevedo, *As regras do namoro à antiga*, São Paulo, Ática, 1986.
9. Patarra e Baeninger, *Família na transição demográfica; o caso de São Paulo*, trabalho apresentado no 46th International Congress of Americanists, Amsterdam, 1988.
10. Elza Berquó, "Família: em busca de um novo modelo", Coluna Ideias/Ensaios, em *Jornal do Brasil*, Rio de Janeiro, 30.07.1989.
11. Alves e Barsted, "Permanência ou mudança: a legislação sobre família no Brasil", em I. Ribeiro (org.), *Família e valores: sociedade brasileira contemporânea*, São Paulo, Loyola, 1987.
12. José Reginaldo Prandi, "Catolicismo e família: transformações de uma ideologia", em *Cadernos Cebrap* 21, São Paulo, 1975; Riolando Azzi, "Família e valores no pensamento brasileiro (1870-1950): um enfoque histórico", em I. Ribeiro (org), op. cit.
13. Cláudio de Cicco, *Holllywood na cultura brasileira: o cinema americano na mudança da cultura brasileira na década de 40*, São Paulo, Convívio, 1979; Sfat e Caballero, *Palmas pra que te quero*, Rio de Janeiro, Nórdica, 1988.

Mulheres dos Anos Dourados

[14] Renato Ortiz, *A moderna tradição brasileira*, São Paulo, Brasiliense, 1988.
[15] Esta situação permanece até meados da década de 1960, quando a disputa entre TV e imprensa escrita passa a se dar mais em função do tempo dedicado pelo consumidor a cada um desses meios do que em função do conteúdo. A imprensa escrita continua prevalecendo, por exemplo, como fonte de informação.
[16] Mirian Goldfeder, *Por trás das ondas da Rádio Nacional*, Rio de Janeiro, Paz e Terra, 1980; Alcir Lenharo, "Fascínio e solidão: as cantoras do rádio nas ondas sonoras de seu tempo", em *Anais do Seminário Perspectivas do ensino de História*, São Paulo, Faculdade de Educação da USP, 1988.
[17] Dulcília H. S. Buitoni, *Imprensa feminina*, São Paulo, Ática, 1986, Série Princípios.
[18] Renato Ortiz, op. cit.
[19] Carlos A. M. Pereira, *O que é contracultura?*, São Paulo, Nova Cultural/Brasiliense, 1986.

## Capítulo "As revistas femininas"

[20] O primeiro dado refere-se à pesquisa feita em São Paulo, o segundo a São Paulo e Rio de Janeiro. O termo "revista feminina" não leva em conta revistas de rádio, cinema e fotonovela, também bastante populares na segunda metade dos anos 1950 como revelam os dados do Ibope.
[21] De acordo com o Ibope paulista, o público leitor de *Claudia* nos anos 1962-1964 é predominantemente das "classes A e B".
[22] Citado por M. Lygia Q. de Moraes Nering, *Família e feminismo: reflexões sobre papéis femininos na imprensa para mulheres*, São Paulo, FFLCH-USP, 1981, pp. 103-4. Os destaques dados a palavras no texto são meus.
[23] Carmen da Silva, *Histórias híbridas de uma senhora de respeito*, São Paulo, Brasiliense, 1984, p. 20.
[24] Entrevista concedida a M. Lygia Q. Moraes Nehring, publicada em M. Lygia Q. de Moraes Nering, op. cit., pp. 135-45.
[25] M. Lygia Q. de Moraes Nering, op. cit., p. 136.

## Capítulo "'Aprendendo a ser mulher' ou 'Em direção ao casamento'"

[26] Thales de Azevedo, "Família, casamento e divórcio no Brasil", *Journal of Inter-Americam Studies*, School of Inter-American Studies, Gainesville, University of Florida, april, 1961; Thales de Azevedo, *As regras do namoro à antiga*, São Paulo, Ática, 1986, p. 84; Antonio Candido, "The brazilian family", em Lynsmith e Marcant (orgs.), *Brazil, portrait of a half a continent*, New York, The Dryden Press, 1951; Emílio Willems, "A estrutura da família brasileira", em *Sociologia* (v. XVI, n. 4), São Paulo, Escola de Sociologia e Política de São Paulo, out. 1954.

## Capítulo "Namoro"

[27] Em 1954, o sociólogo Emílio Willems afirma: "os pais e irmãos nunca abriram mão do seu tradicional papel de vingador, de quem se espera reação quando a honra da filha ou da irmã tenha sido ultrajada", Emílio Willems, op. cit., p. 331. Mesmo não sendo tão categóricos, podemos dizer que se eles cedessem seriam considerados covardes e desonrados.
[28] Thales de Azevedo, *As regras do namoro à antiga*, São Paulo, Ática, 1986, pp. 46 e 47.
[29] A título de curiosidade, mas que não deixa de causar espanto: em 1989 a revista feminina *Nova* publica o artigo intitulado "Os homens revelam: o que me faz marcar (ou não) um segundo encontro (descubra, por esses depoimentos, o que faz com que ele queira ver você uma segunda, uma terceira, uma porção de vezes)". É claro que os termos mudam - por exemplo, aparecem questões como ter ou não relações sexuais no primeiro encontro -, mas as semelhanças com uma velha pergunta de 1955 chegam a assustar.
[30] Thales de Azevedo, op. cit., pp. 28 e 29.
[31] *Querida* de janeiro de 1959 publica uma pesquisa que mostra que 25% das moças já romperam o namoro devido à desaprovação dos pais, e 22%, devido ao "atrevimento do rapaz".

[32] Ver *Jornal das Moças*, 16.08.1945 e 09.05.19465.1946.
[33] Queixas que aumentam nos anos 1950.
[34] Esses conselhos se encontram em *Jornal das Moças*, nos exemplares de 14.06.1945, 18.06.1953 e 09.05.1946, respectivamente.
[35] *Querida*, 12.1957, destaque meu.
[36] Este trecho é um exemplo do mais próximo que os contos chegam para descrever uma relação sexual na revista *Querida*.
[37] Contos publicados em *Jornal das Moças*, 17.10.1957 e 01.10.1959, respectivamente.
[38] Como a personagem de "A casa de cômodos" (*Jornal das Moças*, 04.10.1945), que se suicida de vergonha por ter tido relações sexuais com um milionário.
[39] Por exemplo, em "E Deus deu-lhe a recompensa" (*Jornal das Moças*, 08.01.1959).
[40] Por exemplo, em "Cegueira de amor" (28.07.1955) ou em "Sete caminhos" (15.07.1948), em que se lê que "os pais são os que governam depois de Deus" – ambos contos de *Jornal das Moças*.
[41] Exemplos de *Jornal das Moças*: "De mãos postas" (04.01.1945), "Luzes da ribalta" (19.03.1953), "Memórias de teus caprichos" (05.11.1959), "Secreto anseio" (21.05.1959), "Boneca" (08.03.1945).
[42] O artigo "Conversa com pais e filhas" (*Querida*, 02.1959) reforça a responsabilidade dos pais pela conduta das filhas e as aconselha a obedecerem-nos (se eles forem rígidos demais, as garotas devem usar paciência e persuasão, mas nunca a indisciplina, para obterem o que desejam). A matéria com entrevistas "Pais e filhas" (*Querida*, 08.1961) conclui que: "Quanto ao casamento, todos os pais [...] desejam para suas filhas o partido que for de sua [delas] escolha, mas que nem por isso deixarão de manter o olho 'muito vivo' [...] a fim de aconselhá-las".
[43] Ver: Thales de Azevedo, "Família, casamento e divórcio no Brasil", *Journal of Inter-Americam Studies*, School of Inter-American Studies, Gainesville, University of Florida, april, 1961, p. 222; Emílio Willems, op. cit., p. 331.
[44] "Carnet das jovens", *Jornal das Moças*, 06.05.1950.
[45] "Evangelho das mães", *Jornal das Moças*, 10.03.1955.
[46] Ver, por exemplo, de *Claudia*: "A estrada" (08.1962); "O ramo lilás" (08.1962); "O adeus" (01.1962); "Marta, não brinque com o amor" (09.1962).
[47] *Claudia*, 03.1962.

## Capítulo "Noivado"

[48] Em *Claudia*, ver, por exemplo: "O homem que inventou a noiva" (01.1962); "O hóspede" (02.1964); "O adeus" (01.1962).
[49] *Jornal das Moças*, 30.05.1946 e 25.10.1945.
[50] Roberto Moura Torres, "Bom dia, senhorita", *Jornal das Moças*, 24.02.1955.
[51] *Jornal das Moças*, 07.04.1955.
[52] Conforme a tabela do *Informe demográfico do estado de São Paulo* sobre "frequências anuais médias de casamento segundo sexo e idade" (para 1940, 1950 e 1960): a maioria dos homens se casa entre 20 e 24 anos, seguidos pelos que se casam entre 25 e 29 anos; a maioria das mulheres, mas em proporção menor que os homens, se casa entre os 20 e 24 anos, seguidas de perto pelo grupo que se casa entre os 15 e 19 anos.
[53] Muitos jovens "conservam o velho ideal de que a esposa não deve trabalhar com objetivo econômico. [...] Isto dá lugar a que não poucos protelem os seus casamentos para permitirem à sua esposa esse privilégio de não tomarem um emprego fora do lar". (Thales de Azevedo, op. cit., p. 220).
[54] Uma crônica cômica publicada na revista *Senhor*, "Como casar com um rapaz solteiro" (06.1959), "ensina" que para "transformar o casamento numa operação absolutamente indolor", é preciso "não dar a perceber ao noivo que ele já se casou, que não é mais livre e que está cheio de responsabilidades."
[55] "Não se espera que o matrimônio canalize ou restrinja suas atividades sexuais. Normalmente, o homem se considera livre para ter relações sexuais com tantas mulheres diferentes quantas conseguir." (Emílio Willems, op. cit., p. 332).

[56] Ver, entre outros: Mariza Corrêa, *Morte em família: representações jurídicas de papéis sexuais*, Rio de Janeiro, Graal, 1983.
[57] Roberto Moura Torres, "Bom dia, senhorita", *Jornal das Moças*, 06.10.1955.
[58] Frase do conto "Amor ideal", *Jornal das Moças*, 20.06.1957.
[59] *Claudia* explica que "D. Juan" é aquele que compreende, ou finge compreender, a sensibilidade feminina melhor que os homens comuns e se utiliza deste talento para se aproveitar das mulheres.
[60] *Claudia*, 07.1962.
[61] Emílio Willems, op. cit., pp. 329-30.
[62] "Claudia responde", 03.1962.
[63] "Claudia responde", 07.1962.
[64] "Claudia responde", 02.1962.
[65] "Claudia responde", 03.1962.
[66] Os termos entre aspas são de *O Cruzeiro*, 30.07.1960.
[67] "Perigos do noivado longo" faz parte de um texto maior, intitulado "O noivado", publicado em *Claudia*, 02.1962.

## Capítulo "A moral sexual"

[68] Heleieth I. B. Saffiotti, op. cit., p. 180.
[69] Em famílias de classe alta, nos meios artísticos ou nos intelectualizados, por exemplo, não há tanta rigidez nesse sentido.
[70] Emílio Williems, op. cit., p. 329; Antonio Candido, op. cit., pp. 309-10.
[71] Thales de Azevedo, op. cit., p. 87.
[72] João Mohana, *A vida sexual dos solteiros e casados*, 2. ed., Rio de Janeiro, Globo, 1962.
[73] Existiam livros sobre o assunto nas estantes ou gavetas de várias casas de família, os quadrinhos de Carlos Zéfiro e publicações pornográficas circulavam entre rapazes, romances "proibidos" eram lidos por algumas moças e, certamente, em determinados círculos restritos havia troca de informações. Por outro lado, em muitos casos, apenas a proximidade do casamento permitia que a jovem recebesse noções sobre o que é e como ocorre uma relação sexual, sendo que várias não tinham qualquer ideia sobre isso. Cheguei a ouvir depoimentos de mulheres que, naquela época, pensaram ter engravidado após o primeiro beijo ou acreditaram ter se tornado prostituta (ou "suja") depois de terem acariciado o corpo do namorado.
[74] A transcrição de trechos da entrevista feita com Verissimo sugere um espírito liberal por parte do escritor gaúcho. A matéria, porém, apresenta as declarações de Amado e Verissimo como se pertencessem a dois polos opostos – o que demonstra características tendenciosas desse texto de *Claudia*.
[75] A Suécia é mencionada como exemplo de país liberal em vários textos publicados em *Claudia*, o que demonstra a influência de uma referência estrangeira na mentalidade das mulheres brasileiras.

## Capítulo "Juventude"

[76] Cláudio de Cicco, *Hollywood na cultura brasileira: o cinema americano na mudança da cultura brasileira na década de 40*, São Paulo, Convívio, 1979.
[77] Rosenfeld, "Der Einfluss Hollywoods in Brasilien", em *Staden Jahrbuch*, São Paulo, Instituto Hans Staden, 1959, v. 7-8, pp. 175-86, citado em Cláudio de Cicco, op. cit., p. 110.
[78] Renato Ortiz, *A moderna tradição brasileira*, São Paulo, Brasiliense, 1988.
[79] Os filmes "água com açúcar" tinham grande influência nas concepções das moças sobre o amor, desejo e ideal de felicidade. Em sua autobiografia, Dina Sfat relata ter sonhado, como muitas de suas contemporâneas de juventude, em se tornar "uma mulherzinha americana com possibilidades de virar um anjo cor-de-rosa, para dançar nas nuvens com Gene Kely" e ter a "vida feliz" reservada à mulher pelos filmes: um "dia a dia envolto em fraldas, aventais e amor". Dina Sfat e Mara Caballero, *Palmas pra que te quero*, Rio de Janeiro, Nórdica, 1988, p. 38.

Notas

[80] Sueann Caufield, *Getting into trouble: dishonest women, modern girls and women-men in the conceptual language of Vida Policial (1925-1927)*, mimeo, 1991, p. 26.

[81] Nas palavras de Rosane M. Prado, que estudou os modelos masculinos e femininos veiculados nas obras de M. Delly e concluiu que a heroína inexperiente, desamparada, subordinada, é o protótipo do "sexo frágil" em oposição ao herói corajoso, protetor e dominador, sendo que a relação entre eles aparece fundamentada na diferença biológica. A atuação da mulher se restringe à esfera privada enquanto o homem pertence prioritariamente ao mundo público. A mulher é valorizada pelo seu "interior", sua "pureza", recato e "nobreza espiritual" e o homem pelos seus "poderes externos". O amor (não há quase contato físico ou erotismo) aparece estreitamente ligado ao casamento, que coroa a união do casal. No decorrer das narrativas, o herói faz a mediação entre a heroína e o mundo externo, defendendo-a; ela, que tem um poder de influência sobre o homem, por sua vez, faz com que ele se volte mais para a vida doméstica. As heroínas de M. Delly não são passivas, pois são capazes de transformar os homens, mas não transgridem o comportamento modelar e é por isso que "merecem" ficar com o herói (Rosane M. Prado, "Um ideal de mulher; estudos dos romances de M. Delly", *Perspectivas antropológicas da mulher*, Rio de Janeiro, Zahar, 1981, p. 101).

[82] Nas palavras de Carlos A. M. Pereira, *O que é contracultura?*, São Paulo, Nova Cultura/ Brasiliense, 1986, p. 26. Sobre as tendências com relação à juventude: Carlos A. M. Pereira, op. cit.; John R. Gillis, *Youth and history: Tradition and change in European age relations 1770-present*, New York, Academic Press, 1981.

[83] Jorge Americano, *São Paulo, 1935-1962*, São Paulo, Melhoramentos, s/d., p. 204.

[84] Idem, p. 206.

[85] Thales de Azevedo, op. cit., p. 32.

[86] A Igreja Católica, por exemplo, tem na época essa mesma postura; além disso, censura também a moda, a maquiagem e a publicidade. Muitas vezes, por estes motivos, encontra dificuldades no diálogo com os jovens. (José Reginaldo Prandi, "Catolicismo e família; transformações de uma ideologia", em *Cadernos Cebrap* 21, São Paulo, 1975).

[87] A reportagem é assinada por Luís Weis e Cleusa Vieira. *Claudia* afirma ter entrevistado 400 jovens entre 17 e 25 anos, de vários estratos sociais, residentes com a família em São Paulo e na Guanabara.

[88] É claro que *Claudia* se refere a uma juventude específica, a dos centros urbanos, especialmente das "classes A e B", um universo de interesses mais próximo ao dos leitores da revista.

[89] Thales de Azevedo, op. cit., p. 220.

[90] Idem.

[91] Assinada por Mino Carta, apresenta as conclusões de entrevistas feitas com 500 moças entre 15 e 20 anos de idade, de "todas as condições sociais", em São Paulo e no Rio de Janeiro.

[92] Entrevistas feitas com 1.100 jovens de ambos os sexos, entre 11 e 20 anos de idade, em Curitiba.

[93] Ainda da matéria "O que desejam as jovens?", de *Claudia*, 04.1964.

[94] Décadas depois, os historiadores que apontam seus binóculos para os anos 1960 enxergam vários jovens tidos como "burguesinhos" participando ou sendo perseguidos por suas posições e lutas políticas, sendo que vários morreram por suas convicções.

[95] As "garotas Zona Sul" são um fenômeno tipicamente carioca. Porém, em outras cidades grandes, modelos semelhantes podem ser encontrados, por exemplo, as "garotas da rua Augusta", em São Paulo.

[96] Em "A chamada idade difícil", *Claudia*, 12.1963.

## Capítulo "Estudos, trabalho, emancipação"

[97] A porcentagem da força de trabalho feminina urbana ocupada nos serviços de consumo coletivo é: 9,3% em 1940, 15,8% em 1950 e 18,3% em 1960. Paul Singer e Felícia Madeira, "Estrutura do emprego e do trabalho feminino no Brasil: 1920-1970", em *Cadernos Cebrap* 13, São Paulo, Cebrap, 1973.

[98] Paul Singer e Felícia Madeira, op. cit., pp. 58-9.

[99] Dados relativos a São Paulo coletados por Letícia B. Costa, op. cit., pp. 8-10.

[100] Heleieth I. B. Saffioti, op. cit.

[101] Emílio Willems, op. cit., p. 330.

102 Idem, p. 334.
103 Idem.
104 "[Nos anos 1940] as transformações por que vai passar a economia brasileira [...], com a modificação da estrutura ocupacional, não vai encontrar na mensagem católica nenhuma palavra significativa de incentivo para a participação da mulher na força de trabalho. É possível que, apenas quando a ordem das transformações já se tenha estabelecido através da participação efetiva da mulher nos setores da economia cujos centros de produção não estejam localizados na família, a mulher venha a encontrar no catolicismo brasileiro alguma legitimação de seus novos papéis [...]. Em uma segunda fase, associada cronologicamente, sobretudo, com os anos 50 e 60, parece discreta a aceitação do desempenho dos novos papéis para a mulher na sociedade – estudo, trabalho, lazer – não devendo ela, porém, descuidar-se de suas atribuições fundamentais junto à família". José Reginaldo Prandi, "Catolicismo e família: transformações de uma ideologia", em *Cadernos Cebrap 21*, São Paulo, 1975, p. 33.
105 Heleieth I. B. Saffioti, op. cit., p. 179.
106 Ver: Mariza Corrêa, *Morte em família: representações jurídicas de papéis sexuais*, Rio de Janeiro, Graal, 1983; Heleieth I. B. Saffioti, op. cit.; Alves e Barsted, "Permanência ou mudança: a legislação sobre a família no Brasil", em L. Ribeiro (org.), *Família e valores: sociedade brasileira contemporânea*, São Paulo, Loyola, 1987.
107 Em exemplar de 15.01.1959.
108 Ainda que as mulheres sempre tenham trabalhado ao longo da história da humanidade, as revistas parecem reconhecer apenas o trabalho feminino de sua época e se espantam diante da "novidade", provavelmente por estarem especialmente preocupadas com as famílias de classe média.
109 "Emancipação feminina", *Jornal das Moças*, 15.07.1954.
110 *Jornal das Moças*, 17.09.1959.
111 Ver os contos de *Jornal das Moças*: "Senhora de si" (09.08.1945), "Cruz de uma vida" (09.05.1957), "Senhora de si mesma" (27.03.1958), "Nascera para ser solteira" (27.10.1957), "Onde estiveres..." (18.01.1951).
112 Ver, por exemplo, os contos: "Negócios de amor" (09.08.1956), "À meia-noite na estação" (31.07.1958), "Reconciliação" (14.08.1958), "Casais felizes" (16.08.1956). Um único conto encontrado em que a esposa mantém sua carreira após o casamento, "Noite de estreia" (05.08.1954), é sobre uma atriz de teatro. Outra concessão feita à profissão artística é o conto "Entre duas paixões" (25.09.1958), sobre uma cantora lírica que abre mão das vontades de seu "marido egoísta" para "cumprir seu destino" de trabalhar no palco – e aqui, novamente, a questão é de sorte previamente traçada mais que de opção pessoal.
113 Ver, por exemplo, o artigo "Para as jovens que trabalham" (05.01.1956), sobre funcionárias que pretendem conquistar (afetivamente) seus chefes; e os contos "A melhor remuneração" (04.03.1954) e "Como nos romances" (09.08.1945).
114 *Jornal das Moças*, 07.05.1959.
115 Artigo de Louis Dejux publicado em 08.07.1954.
116 Como mostram os dados levantados sobre os alunos, homens e mulheres, nos cursos secundário, comercial e industrial em 1954 e no curso médio em 1963 por Heleieth I. B. Saffioti, op. cit. Para observá-los em gráficos, ver Carla S. B. Bassanezi, *Virando as páginas, revendo as mulheres (relações homem-mulher e revistas femininas, 1945-1964)*, 1992, Dissertação (Mestrado), FFLCH – Universidade de São Paulo (USP), pp. 447-9.
117 O cálculo sobre o ritmo de crescimento foi feito aqui com base nos dados do Censo Demográfico sobre a "Distribuição percentual da população por curso completo, por sexo (10 anos), estado de São Paulo" apresentados por Letícia B. Costa, op. cit.
118 Fundação Carlos Chagas, *Mulher Brasileira: bibliografia anotada*, v. 1, São Paulo, Brasiliense, 1981.
119 Maria Cândida D. Reis, "Crescer, Multiplicar, Civilizar", em Marcos Silva (org.), História em quadro-negro. *Revista Brasileira de História*, n. 19, São Paulo, ANPUH/Marco Zero, set. 1989/ fev. 1990, p. 85.
120 "A valorização social deste setor da cultura como típico ou pelo menos próprio para a mulher, corroborada pelas restrições legais à penetração das normalistas em outros cursos ou pela permissão apenas mediante a prestação de exames, constituiu um fator decisivo na orientação profissional do elemento feminino". Heleieth I. B. Saffioti, op. cit., p. 228.

[121] Cálculos feitos pelo matemático Rodney Bassanezi – com base na tabela sobre a "Distribuição percentual da população por curso completo, por sexo (10 anos), estado de São Paulo", apresentados por Letícia B. Costa, op. cit., p. 42 – mostram que, em 1940, a quantidade de homens com curso superior é aproximadamente 7,2 vezes maior que a de mulheres. Em 1950, essa diferença é ainda maior, para cada mulher com curso superior tem-se 8,6 homens. O crescimento absoluto da porcentagem de homens no ensino superior (0,62%) no período de 1940 a 1960 é muito maior do que o das mulheres (0,15%). O ritmo de crescimento da escolaridade superior das mulheres é, contudo, bastante significativo no período de 1950 a 1960, sendo o dobro da década anterior, enquanto que, para os homens, o aumento é de apenas 35%. No período de 1950 a 1960, a proporção de homens com curso superior em relação à de mulheres com o mesmo nível de escolaridade declina, passando a ser, em 1960, de 5,6 por 1. Essa proporção continua diminuindo nos próximos anos, chegando a 3 por 1 em 1970.
[122] *Jornal das Moças*, 04.09.1958.
[123] A preocupação com estatísticas é uma novidade de *Claudia* em relação a outras revistas femininas, que se baseavam no "senso comum", em impressões subjetivas ou dispunham apenas de dados estrangeiros.
[124] Seguem-se, ao longo dos exemplares publicados, matérias com informações gerais sobre as profissões de manequim, decoradora, assistente social, nutricionista, aeromoça, repórter, bibliotecária, diplomata etc.
[125] Trechos extraídos de artigos publicados em abril de 1964 e março de 1964, ambos assinados por Nelson Coelho.

## Capítulo "O auge do casamento tradicional"

[126] Segundo demógrafos e pesquisadores das áreas de Estudos de População e História da Família.
[127] Elza Berquó, "Família: em busca de um novo modelo", *Jornal do Brasil*, Ideias/Ensaios, Rio de Janeiro, 30.07.1989.
[128] Alves e Barsted, "Permanência ou mudança: a legislação sobre a família no Brasil", em L. Ribeiro, op. cit.
[129] O conteúdo das revistas femininas não destoa do espírito das leis. *Claudia*, em particular, contemporânea da criação do Estatuto da Mulher Casada, é de certo modo fruto das mesmas mudanças sociais que possibilitaram esta novidade legal, com seus avanços, mas também limites.
[130] Mariza Corrêa, op. cit., Introdução e p. 144.
[131] Em 1950, por exemplo, 36% da população feminina declararam-se solteiras no censo e, destas solteiras, 13% têm filhos. Patarra e Baeninger, *Família na transição demográfica: o caso de São Paulo*, trabalho apresentado no 46th International Congress of Americanists, Amsterdam, 4 a 8.07.1988.
[132] Pesquisas e trabalhos que tratam da sociedade, da legislação, dos procedimentos jurídicos, de outros meios de comunicação, do discurso da Igreja católica, de instituições de ensino, assim como depoimentos coletados, constatam ou remetem a este ideal. Ver M. Isabel Mendes de Almeida, *Maternidade: um destino inevitável?*, Rio de Janeiro, Campus, 1987; Alves e Barsted, op. cit.; Riolando Azzi, "Família e valores no pensamento brasileiro (1870-1950): um enfoque histórico", em L. Ribeiro (org.), op. cit.; Antonio Candido, op. cit.; Mariza Corrêa, op. cit.; José Reginaldo Prandi, "Catolicismo e família; transformações de uma ideologia", *Cadernos Cebrap* 21, São Paulo, 1975; Heleieth I. B. Saffioti, op. cit.
[133] Texto de *Jornal das Moças*, 05.10.1944, ilustrado com a imagem de um casal: ela de vestido de noiva, ele de farda do exército.
[134] *Claudia*, 04.1962.
[135] "O que desejam as jovens", *Claudia*, 04.1964.
[136] *Jornal das Moças*, 02.04.1959.

## Capítulo "'Felicidade conjugal'"

[137] Talentos relacionados ao bordado ou ao tricô são igualmente valorizados pela revista, mas são alvo de atenção e admiração muito mais da parte das mulheres que dos homens, portanto, eles não pesam tanto na "felicidade do casamento".

138 *Jornal das Moças*, 10.05.1945.
139 Esses conselhos aparecem, por exemplo, em "Você é uma companheira ideal?" (02.1962), "Teste dos casados" (04.1962), "Você é uma boa esposa?" (12.1962) e em várias respostas da seção de cartas "Claudia responde".
140 Ver, por exemplo: "O ponto de vista dele" (11.1961), "Pró e contra" (11.1961), "Você é uma boa esposa?" (12.1962) e "Claudia responde" (03.1962).
141 *Jornal das Moças*, 19.02.1953.
142 Por exemplo, em *Jornal das Moças*, 27.10.1955.
143 *Jornal das Moças*, 11.07.1957. Muitas vezes os gastos femininos com o consumo de ostentação fazem parte da estratégia familiar que visa a ascensão social ou a manutenção do *status* da família em determinados grupos.
144 *Jornal das Moças*, 06.10.1955.
145 "Para ler na viagem de núpcias", *Claudia*, 07.1962.
146 *Claudia*, 07.1962.
147 Nos Anos Dourados, muitas mulheres se casavam em busca de liberdade, a qual pensavam obter saindo da casa dos pais. Entretanto, o domínio do marido podia acabar sendo tão intenso quanto o paterno.
148 Emílio Willems, op. cit., p. 331.
149 *Jornal das Moças*, 08.02.1945 e 17.12.1953.
150 *Jornal das Moças*, 04.02.1954.
151 *Jornal das Moças*, 10.05.1945.
152 *Jornal das Moças*, 05.11.1959.
153 *Jornal das Moças*, 20.03.1958.
154 *Jornal das Moças*, 28.08.1946.
155 "Você é uma boa esposa?", *Claudia*, 12.1962.
156 "Você é uma companheira ideal?", *Claudia*, 02.1962.
157 "Teste dos casados: o amor continua?", *Claudia*, 04.1962.
158 Idem.
159 *Jornal das Moças*, 12.11.1959.
160 "Deveres matrimoniais" e "A dona de casa completa", ambos em *Jornal das Moças*, 10.05.1945.
161 "Devem os recém-casados evitar as discussões conjugais?", *Querida*, 08.1957.
162 Jane Lewis, *Women in England (1870-1950): sexual divisions & social change*, Bloomington, Wheatsheaf Books, Sussex Indiana University Press, 1984, p. 112.
163 *Jornal das Moças*, 02. 04.1959.
164 *Jornal das Moças*, 01.01.1959.
165 *Jornal das Moças*, 09.01.1958.
166 *Jornal das Moças*, 09.02.1956.
167 *Jornal das Moças*, 26.04.1956.
168 Senhorita X, "Para ser amada", *Jornal das Moças*, 03.03.1955.
169 "Para ler na viagem de núpcias", *Claudia*,07.1962.
170 Idem.
171 Idem.
172 A expressão "mulher moderna" rotula diversos tipos femininos em artigos de distintas tendências publicados em *Claudia*.
173 Maria Teresa, *O Cruzeiro*, 21.07.1962.
174 "Não discuta sempre", *Jornal das Moças*, 15.12.1955.
175 "Você é uma boa esposa?", *Claudia*, 12.1962.
176 "Você é uma companheira ideal?", *Claudia*, 02.1962.
177 Sobre seus contemporâneos, o sociólogo Emílio Willems registrou: "Há uma separação nítida entre o conquistador virtuoso e irresponsável que o homem brasileiro gosta de parecer aos olhos de seus companheiros fora do lar, e o devotado pai de família e chefe de casa que ele parece ser entre os membros de sua família [...]. Por outro lado, sua família, especialmente sua esposa, ignora ou pretende ignorar as liberdades do marido. Há uma forte tendência para não levar 'essas coisas' [infidelidades

ocasionais] a sério a menos que elas interfiram na contribuição que o homem dá ao sustento e à direção do lar." (Emílio Willems, op. cit., p. 333). Exagero? Talvez, mas são observações que corroboram a postura das revistas.
[178] Como "Felicidade, onde estás?" (*Jornal das Moças*, 28.10.1954) e "Você se casaria de novo com sua própria esposa?" (*Jornal das Moças*, 21.08.1958).
[179] "Traços e troças", *Jornal das Moças*, 23.08.1945.
[180] Lembrar que nem todas as cartas enviadas acabam publicadas na revista. Carmen da Silva afirma ter recebido uma "avalancha de cartas" após a divulgação desse seu texto.
[181] "Claudia responde", *Claudia*, 03.1964.

## Capítulo "Poderes femininos"

[182] Carmen da Silva não usa a expressão "jeitinho feminino", mas seus exemplos se encaixam no sentido dado a ele neste livro. As opiniões mencionadas nesse parágrafo encontram-se no artigo "Você vive no tempo presente?", *Claudia*, 02.1964.
[183] *Jornal das Moças*, 17.11.1949.
[184] "Claudia responde", *Claudia*, 01.1962.
[185] Anne-Marie Dardigna, *La Presse "feminine": fonction idéologique*, Paris, Maspero, 1978, pp. 34, 72, 74 e 76.
[186] Essas ideias marcam muitos artigos de Carmen da Silva em *Claudia*.
[187] Anne-Marie Dardigna, op. cit., pp. 78-9.
[188] Alice I. de O. Silva, "Abelhinhas numa diligente colmeia; domesticidade e imaginário feminino na década de 50", em Costa e Bruschini (orgs.), *Rebeldia e submissão*, São Paulo, Vértice e Fundação Carlos Chagas, 1989, pp. 3, 5 e 6.
[189] Idem.
[190] Esses argumentos aparecem especialmente explícitos em Alice I. de O. Silva, op. cit., pp. 171-2.
[191] *Jornal das Moças*, 12.05.1949.
[192] Este grau varia em cada família. Nos Anos Dourados, há casos em que os maridos controlam até os mínimos gastos feitos por suas esposas.

## Capítulo "Maternidade"

[193] *Jornal das Moças*, 16.05.1957.
[194] "Claudia responde", *Claudia*, 07.1962.
[195] "Direito, mulher e lei", *Claudia*, 07.1964.
[196] "Claudia responde", *Claudia*, 03.1962.
[197] Michèle Ferrand, "Relações sociais de sexo, maternidade e paternidade", em *Relações sociais de gênero x relações de sexo*, São Paulo, Núcleo de Estudos da Mulher e Relações Sociais de Gênero, 1989.
[198] M. Isabel Mendes de Almeida, *Maternidade: um destino inevitável?*, Rio de Janeiro, Campus, 1987.

## Capítulo "Sexualidade entre casados"

[199] Maria Teresa, *O Cruzeiro*, 13.08.1960.
[200] Em certos estabelecimentos de ensino, as grávidas ficavam proibidas de frequentar as aulas para evitar "atiçar a curiosidade" das colegas.
[201] *Querida*, 02.1957.
[202] Jane Lews, a partir de documentos como cartas e diários, afirma que da Segunda Guerra em diante ocorre um aumento do interesse das mulheres pela satisfação sexual, o que chega a refletir nas suas escolhas matrimoniais, na harmonia conjugal e até no número de separações de casais na Inglaterra. (Jane Lewis, op. cit.) Infelizmente, não há pesquisas semelhantes para o caso brasileiro.
[203] Este argumento também é bastante usado para justificar o interesse sexual masculino por várias mulheres e restringir o desejo da mulher por mais de um homem. Serve, além disso, para legitimar

as aventuras extraconjugais dos maridos como algo que corresponde à natureza masculina e que, portanto, não deve abalar os casamentos constituídos; as infidelidades da esposa são, pela mesma lógica, consideradas muito mais graves e comprometedoras.

## Capítulo "Controle da natalidade e anticoncepção"

[204] Ver, por exemplo: Antonio Candido, op. cit.; Thales de Azevedo, op. cit.
[205] Ivete Ribeiro, "O amor dos Cônjuges", em D'Incao (org.), *Amor e família no Brasil*, São Paulo, Contexto, 1989, pp. 145-6.
[206] "Falando claro do amor", *Claudia*, 03.1963.
[207] Segundo o texto, as pílulas tomadas por um determinado período "regulam as variações da mucosa uterina e facilitam a fixação do óvulo".
[208] "As pílulas cor-de-rosa", *Claudia*, 11.1962.

## Capítulo "Infidelidade"

[209] Thales de Azevedo, op. cit., pp. 219-20.
[210] Antonio Candido, op. cit.; Emílio Willems, op. cit.; Heleieth I. B. Saffioti, op. cit.; Mariza Corrêa, op. cit.
[211] A respeito da violência dos maridos contra suas mulheres, Mariza Corrêa observa: "Que uma mulher apanhe do marido e sofra certos vexames sexuais, muito bem; embora desaprovado publicamente, esse comportamento está implícito numa relação que é ao mesmo tempo pública e privada. Mas há limites para o que uma mulher 'normal' aceitaria sem reagir." Mariza Corrêa, op. cit., p. 285. A questão da violência física contra as esposas não aparece com detalhes neste livro porque as revistas femininas da época não faziam qualquer referência ao assunto.
[212] *Jornal das Moças*, 10.06.1954. Os destaques na citação são meus.
[213] *Jornal das Moças*, 07.02.1957.
[214] Os termos destacados por mim demonstram a recorrência dos argumentos que conduzem a aceitação do comportamento masculino infiel: a necessidade incontornável que leva o homem a procurar relacionar-se sexualmente com várias mulheres e a posição moralmente superior da mulher que tolera a situação sem se queixar.
[215] Por exemplo, em *Jornal das Moças*: "Ídolo partido" (09.04.1959) e "Renúncia" (10.09.1959).
[216] *Jornal das Moças*, 02.10.1958.
[217] *Jornal das Moças*, 08.03.1956.
[218] *Jornal das Moças*, 03.01.1957.
[219] "Direito, mulher e lei", *Claudia*, 11.1962.
[220] Dona Letícia, "Precisa-se de uma esposa ciumenta", *Claudia*, 11.1962.
[221] "Reflexões de um marido em estado de cigarra", *Claudia*, 01.1964; "Coisas de ontem", *Claudia*, 05.1964.
[222] "Uma tarde na 5ª Avenida", *Claudia*, 05.1963.
[223] Críticas ao aparato jurídico não são encontradas em nenhum outro espaço de *Claudia*, a não ser nos textos de Carmen da Silva.
[224] Ver, por exemplo: "As moedas de ouro" (12.02.1959), "A primeira mentira" (06.05.1954), "Renúncia" (10.09.1959), "Fiel... à sua maneira" (07.02.1957), "A mulher adivinha..." (02.10.1958), "Dilema de amor" (08.03.1956), "O azar do Amadeu" (10.01.1957), "Ídolo partido" (09.04.1959), "O pijama de Manon" (29.07.1954), "A boneca" (02.02.1956), "Como nos romances" (09.08.1945).
[225] *Jornal das Moças*, 09.08.1945. Essa é uma das raras histórias narradas do ponto de vista da personagem que é uma amante. A maioria das narrativas nem sequer dá voz a essa figura, facilitando a canalização da raiva das esposas para a "outra" e não para o marido adúltero.
[226] *Jornal das Moças*, 19.06.1958; os destaques nas citações são meus.
[227] "Claudia responde": (02.1962), (05.1962), (03.1964), (11.1964), (12.1964).
[228] "Que fazer com o marido infiel?", *Claudia*, 11.1961.
[229] Ver, por exemplo, os contos publicados em *Jornal das Moças*: "Tormento de amor" (23.08.1956); "Romance" (12.08.1954); "Uma folha de papel" (08.11.1956); "O retrato" (21.05.1959); "História de

uma alma" (21.05.1959); "Dúvida esclarecida" (25.08.1959); "Quando a vida diz não" (07.03.1946); "Uma lição de vida" (18.03.1954).
[230] Por exemplo, em *Jornal das Moças*: "Está na hora" (13.12.1956); "Olhos negros" (21.03.1946); "O retrato" (09.08.1945); "História de uma alma" (21.05.1959).
[231] Lembrar que *imaturidade* e *nervosismo* são características frequentemente atribuídas às mulheres por *Jornal das Moças* e também por alguns textos de *Claudia*.
[232] *Querida*, 02.1957.
[233] "Claudia responde", *Claudia*, 02.1962.
[234] "Claudia responde", *Claudia*, 11.1964.
[235] Ver, por exemplo, em *Claudia*: "O colar de pérolas" (04.1962); "A rua Aurora" (10.1962); "Missa do galo" (12.1963).
[236] "A mulher do próximo" (01.1964); "Virtude" (03.1962).
[237] "Uma lembrança" (11.1961); "Um pequeno e antigo *flirt*" (11.1962).

## Capítulo "Separação, desquite e divórcio"

[238] Thales de Azevedo, op. cit., p. 233; José Reginaldo Prandi, op. cit.; Riolando Azzi, "Família e valores no pensamento brasileiro (1870-1950): um enfoque histórico", em L. Ribeiro (org.), op. cit., p. 8.
[239] Conforme informa *Claudia* na seção "Direito, mulher e lei", em dezembro de 1962.
[240] Thales de Azevedo, op. cit., pp. 233-4.
[241] Letícia B. Costa, op. cit., pp. 401.
[242] Thales de Azevedo, op. cit., pp. 236-7.
[243] Ver, por exemplo, Alcir Lenharo, "Fascínio e solidão: as cantoras do rádio nas ondas sonoras de seu tempo", em *Anais do Seminário Perspectivas do ensino de história*, São Paulo, Faculdade de Educação, USP, 1988, p. 186.
[244] "Avulsos femininos", *Jornal das Moças*, 30.04.1959.
[245] Alberto M. Corrêa, *Jornal das Moças*, 16.05.1957.
[246] Idem, 17.09.1959.
[247] Ver em *Jornal das Moças*, entre o grande número de exemplos, os contos: "Carta anônima", 05.08.1954; "A volta do amor", 01.03.1956; "A força do amor", 01.11.1956; "Ciúmes", 19.07.1956; "O relicário", 02.02.1956; "Amor de Ruby", 02.05.1957; "O colecionador de pin-ups", 06.03.1958; "Seguirás teu marido", 20.02.1958; "Dorinha", 06.09.1945; "A rival", 18.06.1953; "A outra", 01.03.1956"; "Os filhos mandam", 08.01.1959.
[248] Ver, em *Jornal das Moças*, os contos: "O engano", 04.01.1945; "Quatro cupidos", 19.01.1956; "Amor impossível", 18.07.1957; "Entre o amor e o interesse", 10.01.1957; "Flor das trevas", 26.04.1956.
[249] *Querida*, 01.1959.
[250] *Querida*, 02.1959.
[251] *Querida*, 08.1961.
[252] *Querida*, 12.1957.
[253] *Querida*, 01.1959.
[254] *Querida*, 02.1959.
[255] Publicados em *Claudia*: "O doutor se enganou", 10.1962; "De marido e de mulher", 05.1964.
[256] "Direito, mulher e lei", *Claudia*, 12.1964 e 05.1964, respectivamente. As respostas da revista são assinadas por Dr. Cláudio.
[257] "Direito, mulher e lei", *Claudia*, 12.1964.
[258] "Claudia responde", *Claudia*, 11.1964.

## Capítulo "Novas propostas"

[259] A protagonista", *Claudia*, 09.1963.
[260] Com o texto "A protagonista", de setembro de 1963.

[261] Publicado em *Claudia*, em julho de 1964.
[262] Idem.
[263] "O complexo de idade", *Claudia*, 11.1964.
[264] "Você vive no tempo presente?", *Claudia*, 02.1964.
[265] Idem.
[266] Idem.
[267] Idem.
[268] Publicado em *Claudia*, em março de 1964.
[269] Décio Saes, "Classe média e política no Brasil (1930-1964)", *História geral da civilização brasileira*, São Paulo, Difel, 1981, t. III, v. 3.

# Bibliografia

ALMEIDA, M. Isabel Mendes de. *Maternidade*: um destino inevitável? Rio de Janeiro: Campus, 1987.
ALVES, Denise. *O desencontro marcado*: a velha-mulher-nova e o machão moderno. Petrópolis: Vozes, 1975.
ALVES, Branca M.; BARSTED, Leila de A. L. "Permanência ou mudança: a legislação sobre a família no Brasil". In: RIBEIRO, Ivete. (org.). *Família e valores*: sociedade brasileira contemporânea. São Paulo: Loyola, 1987.
AMERICANO, Jorge. *São Paulo, 1935-1962*. São Paulo: Melhoramentos, s.d.
ANDERSON, Michel. *Elementos para a história da família ocidental, 1500-1914*. Lisboa: Guerco, 1984.
ARIES, Philippe. *História social da criança e da família*. 2. ed. Rio de Janeiro: Guanabara, 1986.
AZEVEDO, Thales de. "Família, casamento e divórcio no Brasil". In: *Journal of Inter-American Studies*. School of Inter-American Studies. Gainesville, University of Florida, april, 1961.
_____. *As regras do namoro à antiga*. São Paulo: Ática, 1986.
AZZI, Riolando. "Família e valores no pensamento brasileiro (1870-1950): um enfoque histórico". In: RIBEIRO, Ivete (org.). *Família e valores*: sociedade brasileira contemporânea. São Paulo: Loyola, 1987.
_____. "Família, mulher, sexualidade na Igreja do Brasil (1930-1964)". *Simpósio Família, Mulher, Sexualidade e Igreja*. CEDHAL/CEHILA, São Paulo, ago. 1989.
BARROS, Edgard L. *O Brasil de 1945 a 1964*. São Paulo: Contexto, 1990.
BASSANEZI, Carla S. B. *Virando as páginas, revendo as mulheres*: relações homem-mulher e revistas femininas, 1945-1964. São Paulo, 1992. Dissertação (Mestrado) – FFLCH-USP.
_____ (ed.). *Desacordos, desamores e diferenças*. Cadernos Pagu (3). Campinas, Núcleo de Estudos de Gênero Pagu/Unicamp, 1994.
_____.*Virando as páginas, revendo as mulheres*: relações homem-mulher e revistas femininas, 1945-1964. Rio de Janeiro: Civilização Brasileira, 1996.
BENERÍA, L.; SEN, G. "Desigualdades de clase y de género y el rol de la mujer en el desarrollo económico: implicaciones teóricas e prácticas". *Sociedad, subordination y feminismo*. Colômbia, ACEP, 1982.
BERQUÓ, Elza. "Família: em busca de um novo modelo". *Jornal do Brasil*, Ideias/Ensaios, Rio de Janeiro, 30 jul. 1989.
BICALHO, M. Fernanda B. "O Bello Sexo: imprensa e identidade feminina no Rio de Janeiro e fins do século XIX e início do século XX". In: COSTA, Albertina; BRUSCHINI, Cristina (orgs.). *Rebeldia e submissão*: estudos da condição feminina. São Paulo: Vértice/Fundação Carlos Chagas, 1989.
BOCK, Gisela. *Storia, storia delle donne, storia di genere*. Firenze, Estro Strumenti, 1988. (Collana di Studi Sulle Donne)

Bosi, Ecléa. *Cultura de massa e cultura popular;* leitura de operárias. 2. ed. Petrópolis: Vozes, 1973.
Bruschini, Cristina; Costa, Albertina O. (orgs.). *Rebeldia e Submissão.* São Paulo: Vértice/Fundação Carlos Chagas, 1989.
Bruschini, Cristina; Rosemberg, Fúlvia (orgs.). *Vivência:* história, sexualidade e imagens femininas. São Paulo: Brasiliense e Fundação Carlos Chagas, 1980.
Butoni, Dulcília H. S. *Mulher de papel:* a representação da mulher na imprensa feminina brasileira. São Paulo: Loyola, 1981.
_____. *Imprensa feminina.* São Paulo: Ática, 1986. (Série Princípios).
Candido, Antonio. "The Brazilian family". In: Lynsmith, T. Lynn; Marchant, Alexander (orgs.). *Brazil, portrait of half a continent.* New York: The Dryden Press, 1951.
Cano, Wilson. "Transformações da economia e repercussões no mercado de trabalho: roteiro para uma investigação histórica (1920-1986)". *Anais do v Encontro Nacional de Estudos Populacionais ABEP,* v. 2, Águas de São Pedro, 1986.
Caufield, Sueann. *Getting into trouble:* dishonest women, modern girls and women-men in the conceptual language of *Vida Policial* (1925-1927), mimeo, 1991.
Cicco, Cláudio de. *Hollywood na cultura brasileira:* o cinema americano na mudança da cultura brasileira na década de 40. São Paulo: Convívio, 1979.
Corrêa, Mariza. *Morte em família:* representações jurídicas de papéis sexuais. Rio de Janeiro: Graal, 1983.
Costa, Letícia B. *Participação da mulher no mercado de trabalho,* v. 30, São Paulo: CNPq/ipe-usp, 1984. (Série Ensaios Econômicos).
Dardigna, Anne-Marie. *La Presse "feminine":* fonction idéologique. Paris: Maspero, 1978.
Davis, Natalie Z. "As mulheres por cima". *Culturas do povo:* sociedade e cultura no início da França moderna. Rio de Janeiro: Paz e Terra, 1990.
D'Incao, M. Ângela (org.). *Amor e família no Brasil.* São Paulo: Contexto, 1989.
Ferrand, Michèle. "Relações sociais de sexo, maternidade e paternidade". *Relações sociais de gênero x relações de sexo.* São Paulo: Núcleo de Estudos da Mulher e Relações Sociais de Gênero, 1989.
Fonseca, Cláudia. "A história social no estudo da família: uma excursão interdisciplinar". *BIB* (27). Rio de Janeiro, 1º sem., 1989.
Foucault, Michel. *Microfísica do poder.* 4. ed. Rio de Janeiro: Graal, 1984.
Francis, Paulo. "Os decadentes: um estudo muito pessoal da chamada juventude transviada". *Senhor,* Rio de Janeiro, maio 1959.
Fundação Carlos Chagas. *Mulher Brasileira:* bibliografia anotada. São Paulo: fcch/ Brasiliense, 1979.
_____. *Mulher brasileira:* bibliografia anotada v. 2. São Paulo: fcch/ Brasiliense, 1981.
Gillis, John R. *Youth and history:* tradition and change in European age relations 1770-present. New York: Academic Press, 1981.
Golberg, Anette. "Tudo começou antes de 1975: ideias inspiradas pelo estudo de um feminismo 'bom para o Brasil'". In: *Relações sociais de gênero x relações de sexo.* São Paulo: Núcleo de Estudos da Mulher e Relações Sociais de Gênero, 1989.
Goldfeder, Mírian. *Por trás das ondas da Rádio Nacional.* Rio de Janeiro: Paz e Terra, 1980.
Harbert, Angelúcia. *Fotonovela e indústria cultural.* Petrópolis: Vozes, 1974.
Hartmann, Heidi. "O casamento infeliz do marxismo com o feminismo: por uma união mais progressista" (texto do Núcleo de Estudos da Mulher e Relações Sociais de Gênero - usp), traduzido do ensaio publicado. In: Sargent, Lydia (org.). *Women and Revolution.* Boston: South and Press, 1981.
Lenharo, Alcir. "Fascínio e solidão: as cantoras do rádio nas ondas sonoras de seu tempo". *Anais do Seminário Perspectivas do ensino de história.* São Paulo, Faculdade de Educação, usp, 1988.
Lewis, Jane. *Women in England (1870-1950):* sexual divisions & social change. Bloomington, Wheatsheaf Books: Sussex Indiana University Press, 1984.
Lobo, Elisabeth. "Os usos do gênero". In: *Relações sociais de gênero x relações de sexo.* São Paulo: Núcleo de Estudos da Mulher e Relações Sociais de Gênero, 1989.
Longo, Giola de C. (org.). *Immagine donna:* modelli di donna emergenti nei mezzi di comunicazione di massa. Roma: Comissione Nazionale per la Realizzazione della Paritá tra Uomo e Donna, 1986.

## Bibliografia

LUSTIG, Sílvia. *Mãe, obrigada*: uma leitura da relação mãe/filho no Suplemento Feminino d'OESP (1953-1979). São Paulo: ECA-USP 1984.
MADEIRA, Felícia; SINGER, Paul. "Estrutura do emprego e do trabalho feminino no Brasil: 1920-1970". *Cadernos Cebrap* 13. São Paulo, Cebrap, 1973.
MASCARO, Sônia de A. *A Revista Feminina*: imagem de mulher (1914-1930). São Paulo: ECA-USP, 1982.
MATTELART, Michèle. *La cultura de la opressión femenina*. México: Nueva Era, 1977.
_____. *Mujeres e industrias culturales*. Barcelona: Anagrama, 1982.
MOHANA, João. *A vida sexual dos solteiros e casados*. 2. ed. Rio de Janeiro: Globo, 1962.
NEHRING, M. Lygia Q. de Moraes. *Família e feminismo*: reflexões sobre papéis femininos na imprensa para mulheres. São Paulo: FFLCH-USP, 1981.
ORTIZ, Renato. *A moderna tradição brasileira*. São Paulo: Brasiliense, 1988.
PATARRA, Neide; BAENINGER, Rosana. *Família na transição demográfica*: o caso de São Paulo. Trabalho apresentado no 46th International Congress of Americanists. Amsterdam, 4 a 8.07.1988.
PEREIRA, Carlos A. M. *O que é contracultura?* São Paulo: Nova Cultura/ Brasiliense, 1986.
PERROT, Michelle (dir.). *Une Historie des femmes est-elle possible?* Paris: Rivages, 1984.
_____. *Quinze ans d'histoire des femmes*. *Dossier femmes*: universalité et exclusion. Sources Travaux Historiques, n. 12, 1987.
_____. *Os excluídos da história*: operários mulheres e prisioneiros. Rio de Janeiro: Paz e Terra, 1988.
_____. "Práticas da memória feminina". In: BRESCIANI, M. Stella (org.). *A mulher e o espaço público – Revista Brasileira de História* 18. São Paulo, ANPUH/Marco Zero, ago./set., 1989.
PRADO, Rosane M. "Um ideal de mulher; estudos dos romances de M. Delly". *Perspectivas antropológicas da mulher*. Rio de Janeiro: Zahar, 1981.
PRANDI, José Reginaldo. "Catolicismo e família; transformações de uma ideologia". *Cadernos Cebrap* 21, São Paulo, 1975.
PRIORE, Mary del. *A mulher na história do Brasil*. São Paulo: Contexto, 1988.
RAGO, Margareth. *Os prazeres da noite*: prostituição e códigos da sexualidade feminina. Campinas: IFCH/Unicamp, 1990.
REIS, Maria Cândida D. "Crescer, Multiplicar, Civilizar". In: SILVA, Marcos (org.). *História em quadro-negro – Revista Brasileira de História* 19. São Paulo, ANPUH/Marco Zero, set. 1989/ fev. 1990.
RIBEIRO, Ivete. "O amor dos Cônjuges". In: D'INCAO, M. Ângela (org.). *Amor e família no Brasil*. São Paulo: Contexto, 1989.
ROIG, Mercedes. *Através de la prensa, la mujer en la história*: Francia, Itália, Espana (siglos XVIII-XX). Madrid: Ministério de Assuntos Sociales, 1989.
ROSALDO, M. Z.; LAMPHERE, L. (orgs.). *A mulher, a cultura, a sociedade*. Rio de Janeiro: Paz e Terra, 1979.
SAFFIOTI, Heleieth I. B. *A mulher na sociedade de classes*: mito e realidade. Petrópolis: Vozes, 1979. (Col. Sociologia Brasileira v. 4).
SAMARA, Eni de M. "A História da família no Brasil". In: SAMARA, Eni de M. (org.). *Família e grupos de convívio – Revista Brasileira de História* (17). São Paulo, ANPUH/Marco Zero, set. 1988/ fev. 1989.
SARLO, Beatriz. *El imperio de los sentimientos*: narraciones de circulación periódica en la Argentina (1917-1927). Buenos Aires: Catálogos, 1985.
SARTI, Cynthia; MORAES, M. Lygia Q. de. "Aí a porca torce o rabo". In: BRUSCHINI, Cristina; ROSEMBERG, Fúlvia (orgs.). *Vivência*: história, sexualidade e imagens femininas. v. 1. São Paulo: Brasiliense/ Fundação Carlos Chagas, 1980.
SCOTT, Joan W.; HUFTON, O. "Survey articles women in history". *Past & Present*, n. 101, nov. 1983.
_____. "Gender: a useful category of historical analysis". *The American Historical Review*, v. 91, n. 5, dec. 1986.
_____. *Gender and the politics of history*. New York: Columbia Univertsity press, 1988a.
_____. "Deconstructing equality-versus-difference; or the uses of poststructuralist theory for feminism". *Feminist Studies*, v. 14, n. 1, Spring 1988b.
SEADE. *Informe demográfico*. n. 5, São Paulo, 1982.
SFAT, Dina; CABALLERO, Mara. *Palmas pra que te quero*. Rio de Janeiro: Nórdica, 1988.
SILVA, Carmen da. *A arte de ser mulher*. Rio de Janeiro: Civilização Brasileira, 1966.
_____. *Histórias híbridas de uma senhora de respeito*. São Paulo: Brasiliense, 1984.

SILVA, Alice I. de O. *Rendas, babados, bilros e crochê*: a construção da mulher de prendas domésticas. Campinas, 1985. Dissertação (Mestrado) – IFCH, Unicamp.

_____. "Abelhinhas numa diligente colmeia; domesticidade e imaginário feminino na década de 50". In: COSTA, Albertina; BRUSCHINI, Cristina (orgs.). *Rebeldia e submissão*. São Paulo: Vértice/Fundação Carlos Chagas, 1989.

SILVA, Marcos A. da. *Prazer e poder do Amigo da Onça: 1943-1962*. Rio de Janeiro: Paz e Terra, 1989.

SILVA, Telma C. da. "A especificidade da argumentação feminina face às determinantes culturais". In: BRUSCHINI, Cristina; ROSEMBERG, Fúlvia (orgs.). *Vivência; história, sexualidade e imagens femininas*. São Paulo: Brasiliense/ Fundação Carlos Chagas. v. 1, 1980.

SULLEROT, Evelyne. *La Presse féminine*. Paris: Armand Colin, 1963.

TILLY, Louise A.; SCOTT, Joan W. *Women, work and family*. New York: Holt, Rinehart & Winston, 1987.

VARLKAS, Eleni. *"Jornal das Damas*: feminismo no século XIX na Grécia". In: *Relações sociais de gênero x relações de sexo*. São Paulo: Núcleo de Estudos da Mulher e Relações Sociais de Gênero, 1989.

_____. *Genre, experience et subjectivité*: a propos du desaccord Tilly-Scott. Texto do Centro de Estudos de Gênero Pagu/Unicamp, s.d.

WEIBEL, Kathryn. *Mirror, mirror*: images of women reflect in popular culture. New York: Anchor Books, Anchor Press/ Doubleday, 1977.

WILLEMS, Emílio. "A estrutura da família brasileira". *Sociologia*. v. XVI, n. 4, São Paulo, Escola de Sociologia e Política de São Paulo, out. 1954.

# CURTA NOSSA PÁGINA NO

Participe de sorteios, promoções, concursos culturais e fique sabendo de todas as nossas novidades.

www.editoracontexto.com.br/redes

HISTÓRIA • LÍNGUA PORTUGUESA • GEOGRAFIA • EDUCAÇÃO • MEIO AMBIENTE • JORNALISMO • INTERESSE GERAL
FORMAÇÃO DE PROFESSORES • SOCIOLOGIA • FUTEBOL • GUERRA - MILITARIA • ECONOMIA • TURISMO

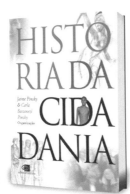

Cadastre-se no site da Contexto e fique por dentro dos nossos lançamentos e eventos.

www.editoracontexto.com.br

**GRÁFICA PAYM**
Tel. (11) 4392-3344
paym@terra.com.br